主　编：关永豪　张　雷

副主编：肖　军　吕慧芳　易　磊

编写人员：（按姓氏笔画排序）

王利昭　关永豪　吕慧芳　肖　军

张宏大　张　雷　张　玥　张文宏

易　磊　赵得智

目录

前 言

陆疆是指国家或地区的陆地领土范围，其大小通常由一个国家或地区的陆地面积和边界线长度决定。陆地边界线是国家主权管辖空间的标志。陆地边界线，也可以称为国界，是将相邻国家或地区分开的一条线，它代表一个国家主权和行政控制所能达到的范围，它的功能包括防御、法律、贸易、税收和监督等方面。

国界是近代历史的产物。过去，某些国家之间不是通过国界直接相邻，而是在两国间存在一个具有一定宽度的地带，那里行政管理薄弱或者没有行政管理，这种国家间的边缘地区称为边疆。边疆往往是人口稀少的空旷地区，这一缓冲地区可以减少两国间直接的或潜在的冲突。

国界的进退将影响到国家疆域的变化，国界和领土问题直接关系到国家主权，因此，国界问题和领土争端一直是造成世界动荡不安的重要因素。两国国界的确定，先要通过谈判，达成并签署国界条约，然后在地图上划定界线，并在一定地区设立国界标志（如界碑、界墙、堡垒、栅栏等）。这看起来十分简单，但在实践中，由于有关国家观点相去甚远，领土要求互不让步，加上情报不足、地图不准确、地面崎岖等原因，勘界问题很多。

目前，大多数国家间的国界是确定的，还有一些国家间的部分国界由于历史、政治、文化等多种原因尚未正式划定。就是这些尚未确定的边界线带来了陆疆争端，不时引起国家间或地区间战争与冲突，给人民的正常生活带来灾难，直接影响到国家安全和世界和平发展。

近年来，随着各种国际政治力量的活跃与失控，新的安全问题在国际政治舞台上凸显，“非传统安全”问题日益突出。以“9·11”事件为转折点，长期在国际关系领域中居于支配地位的政治、军事对峙关系逐渐让位于恐怖主义、分裂主义和极端主义，这些非传统安全因素构成了当今国际安全的主要威胁。

严峻现实冲击着传统的安全观念和安全理论，国家安全的内涵逐渐从传统的军事和政治安全拓展延伸到社会、经济、资源、环境、文化等人类生活的各个领域，新型、现代国家安全观在逐渐形成。

多数国家认为，现代国家安全应适应国际安全形势变化需要，开辟安全合作新途径，顺应时代潮流，抛弃冷战思维，积极探索维护和促进国家安全和国际安全的新思路。现代国家安全观的核心是发展共同利益，形成新的地缘政治共识，不断通过相互信任、平等协商、互利合作，建立一种新型国家关系和新型地区安全模式。

为了维护共同利益，携手应对非传统安全挑战，在现代国家安全观新的安全思维作用下，毗邻国家的对话与合作不断加强，国家和地区间的边界争端进一步得到缓解，在不涉及国家核心利益的边界地区逐步衍生出倾向于合作协商的和谐式、无疆界和不设防陆地边界模式。

在国际传统安全形势趋于缓和的背景下，我们应该清醒地看到国家领土安全不能完全寄希望于缓和的国际形势。一个国防力量弱小的国家始终存在被人宰割的危险。

巩固的国防是民族生存之盾，强大的军队是国家发展之本。没有一支强大的军队，就不可能抵御外来武装侵略和颠覆，就不可能从根本上化解危害国家安全的各种威胁，就不可能有效地捍卫国家主权和领土完整，就没有国家的安全与尊严，也就没有人民的一切。

面对国家安全形势的新发展新变化，面对维护国家安全利益的新问题新挑战，我们要避免历史悲剧的重演，就必须不断增强忧患意识、责任意识和使命意识，全面提高我军应对多种安全威胁、完成多样化军事任务的能力，努力建设一支与我国国际地位和国家发展利益相称的强大军队，更好地肩负起新世纪新阶段我军历史使命，以威武之师铸就保卫我国陆疆安全的坚强后盾。

编　者

2014 年 3 月

第一部分
探寻陆地边界的形成轨迹

国防法规定：国家的边界是指划分一个国家领土和另一个国家的领土或一个国家的领土和未被占领的土地、一个国家的领土和公海以及国家领空和外层空间想象的界线，边界是有主权的国家行使主权的界线。

“威加海内兮归故乡，安得猛士兮守四方？”

——刘邦《大风歌》

第一章 漫长边界勾勒国土

每当打开世界地图，一眼就能看到许多或蜿蜒或笔直的国家之间的陆地边界线。这些边界线勾勒了国家的陆地疆域范围，通常也被称为国界，是将相邻国家或地区分开的一条线，它的长短反映着国家疆域的大小，代表着国家或地区主权和行政控制所能达到的范围。

汉高祖刘邦曾在《大风歌》中感慨：“威加海内兮归故乡，安得猛士兮守四方？”这位忙于征战的开国之君，既感到了“威加海内”之后衣锦还乡的风光，也为如何得到猛士守卫四方而思考。其实，这里提到的“威加海内”与“猛士受边”，都是中原王朝边疆治理中的重要问题，都需要用武力解决。前者以大军征讨不肯归附的边疆民族及其政权，或者抵御其内犯，或者平定已归附地区的叛乱；后者是指派军驻守边疆，以巩固国土疆界，震慑边疆地区的人民，并防范域外敌人的入侵。

第一节 国土边界在哪里

边界指划分相邻区域空间格局的界线。按性质，分为划分自然环境空间的自然地理边界和划分人类社会经济活动的人文地理边界。人文地理的边界又分为政治地理边界、经济地理边界、军事地理边界、文化地理边界等。其中，政治地理边界分为划分主权归属的国界，划分行政权的区界、省界、州界、县界，划分政治集团区域的界线等。

陆地边界的表现形式有无形边界和有形边界、自然边界和人为边界以及地形边界、人造边界、几何边界、天文学边界等。这些陆地边界隔开不同国家与人民，显示着国家或地区政权的客观存在。

以自然要素作为划分边界依据的陆地边界叫做自然边界。它属于有形边界，是最早的陆地边界形式。一般以独特的地貌特征为根据，如高山、海洋、河流、湖泊、沙漠、森林等。主要有界山、界河、界湖、海峡等。

以民族、宗教信仰、语言、意识形态等因素作为划分边界依据的陆地边界叫做人为边界。这种边界可以是有形的，如双方竖立的界桩、界标、界石、栅栏、铁丝网、墙垣、壕沟、运河等人造边界标志；也可以是无形的，如以经度和纬度等地理位置作为划分边界的根据，这类在形式上没有任何标志。

在当代，人为边界还以政治力量作为划界标准，这种边界既存在于国与国之间，如朝鲜半岛的北纬38°线；也存在于政治集团与政治集团之间，如“东欧”与“西欧”之间的界线；还有政治、经济和地理综合性边界，如毗连区、专属经济区的边界等。

中国与哈萨克斯坦边界界碑

国界是确定国家领土范围的界限。包括地面国界线、领海线及其向上向下作垂直面，构成该国大气层空间和底土的界限。国界决定一个国家的存在空间，限定其行使领土主权的范围，具有相对的稳定性、确定性和不可侵犯性。一个国家陆地边界的长短和包容面积的大小反映了一个国家陆地领土的多少。世界上领土最大的国家是俄罗斯，俄罗斯继承了苏联绝大部分的领土范围。

【地理小常识】苏联

苏联，全称为苏维埃社会主义共和国联盟，是一个由15个平等权利的苏维埃社会主义共和国（加盟共和国）按照自愿联合原则组成，存在于1922～1991年的联邦制国家，是当时世界上陆地面积最大的国家，占有东欧的大部分，以及几乎整个中亚和北亚。其陆地与挪威、芬兰、波兰、捷克斯洛伐克、匈牙利、罗马尼亚、土耳其、伊朗、阿富汗、中国、蒙古及朝鲜接壤，与瑞典、日本、美国及加拿大隔海相望。

第二次世界大战后，苏联与美国一同成为当时世界上最强大的两个国家，被称为“超级大国”，同时占领了东欧国家，培植了卫星国。苏联与其卫星国组成了华沙公约组织，与以美国为首的北大西洋公约组织对峙。1991年，在内外诸多复杂矛盾的冲突下，苏联在瞬间解体，在政治斗争中获胜的叶利钦所领导的俄罗斯继承了主要的军事、经济和国际地位。

克格勃前身“契卡”的创始人捷尔任斯基的雕像伫立在克格勃总部大楼前

苏联各联邦之间的分界线不是国界而是划分行政区域的边界，是行政区域的划分。解体后，各联邦之间的分界线就是国与国之间的边界，即国界。

在苏联解体前，一个神秘的间谍案加速了苏联这个曾经是世界上陆地边界最长国家的解体。

“费韦尔”，一个神秘的苏联克格勃间谍，西方观察家对他的评价是，由于这位克格勃官员的倒戈，大大加速了苏联解体的历史步伐。此话虽有吹嘘之嫌，但美国总统里根却有如下判断：“这要算是20世纪最大的一桩间谍案了！”

不过费韦尔无意成为名人，更非蓄意要成为20世纪国际间谍舞台上最重要的角色之一。他的初衷只是出于对克格勃进行“个人”报复。诚如他在他的政治遗嘱中所说：“我唯一的遗憾，是没能给克格勃造成更大的损失！”因此，至少可以这样判断：费韦尔至死也没有想到他的行为竟加速了苏联解体。

1. 命运之神对法国的偏爱

1981年7月14日这一天，以癌症之身击败在职总统德斯坦当选的新任法国总统的弗朗索瓦·密特朗，在法国爱丽舍宫后花园举行了盛大的庆祝宴会。

正在这时，内政部长加斯东·德费尔和国家领土监护局局长马塞·夏莱迈着急促的脚步来到密特朗面前。

弗朗索瓦·密特朗

“总统先生，有一名以莫斯科为基地的克格勃高级特工有意向法国提供一大批极为重要的机密情报，其中包括苏联人窃取西方最尖端技术的系统及网络问题。”

“这是一个好消息！”密特朗从侍卫的杯盘中取过两只满满的酒杯，向给他履任新职报功的部下表示“祝贺”。

当然，此时密特朗总统也不能准确判断出这个间谍日后的重要作用，但他的潜意识告诉他：“被服务”肯定比“被出卖”要光彩。他当即指示部下：“此案事关重大，不得泄露半点风声，只限我们三个人知道。”

而此时的内政部长加斯东·德费尔庆幸自己的老谋深算得到了肯定。此前，他警告马塞·夏莱局长说：“千万别告诉多嘴的埃尔尼（时任法国国防部长），否则，整个巴黎的人都会知道！”

法国情报机关的工作方法就是这样令人不可思议。然而，不管怎么说，这次却让他们歪打正着，事实证明了他们此举的“英明”。1996年，法国一家杂志披露，当年的国防部长埃尔尼曾经为苏联和东欧的情报部门效力。

作为政治家的密特朗敏锐地感到，苏联作为超级大国在西方风头日下，国内经济也处于某种“不稳定”状态，加之又接连发生克格勃高级军官叛逃法国事件。这是命运之神对法兰西的偏爱；还是苏联运数当尽？败象频现。

2. 改变命运的一次车祸

为法国国家领土监护局提供这一消息的，是法国著名的汤姆逊电子设备公司的高级职员雅克佩沃斯特。他带来一封寄自莫斯科的信，写信人名叫弗拉基米尔·伊勃利托维奇·韦特罗夫，是雅克佩沃斯特的老朋友。韦特罗夫在信中表示，愿为法国情报部门效力。

“我已经陷入了生死攸关的交叉路口，除此似乎别无选择……”这封信的最后这样痛苦地强调。

这个名字虽然并不重要，但在国家领土监护局的档案里，还是能够调出有关他的材料。因为韦特罗夫曾在巴黎供过职。资料显示，韦特罗夫1932年10月10日出生于莫斯科，大学毕业后便被克格勃作为“优秀人才”招进工作，他的才华和成绩也曾受到克格勃的赏识和重用，这使得他有机会接触和了解苏联情报机构的核心机密，其中包括涉及“国家重大利益”的机密文件。

【知识小链接】克格勃

克格勃，即苏联国家安全委员会，是1954年3月13日～1991年11月6日期间苏联情报机构，以实力雄厚和情报手段高明而著称于世。其前身为捷尔任斯基创立的“契卡”，苏联早期的情报机构“契卡”将总部设在彼得格勒（圣彼得堡）霍瓦亚大街2号，1918年苏俄政府迁都莫斯科，“契卡”总部也在1920年迁到莫斯科克里姆林宫附近的卢比扬卡广场11号。克格勃的职权范围大致与美国的中央情报局（CIA）和联邦调查局（FBI）的间谍、反间谍部门相当，在某方面甚至超过美国。

1991年苏联解体后，俄罗斯继承了克格勃的相关机构，改制为俄罗斯联邦安全局，其第一总局独立组建俄罗斯对外情报局，与英国军情六处、美国中央情报局和以色列摩萨德一起，并称为“世界四大情报组织”。随着俄罗斯经济实力的逐渐恢复，为应对北约东扩、格鲁吉亚等传统势力范围的不断被蚕食和国内分裂势力抬头的新局面，俄罗斯的情报机构开始重新纳入国家安全的重点领域，情报活动也重新活跃起来。

俄罗斯联邦安全局大楼

1965 年，韦特罗夫被克格勃派往法国巴黎。根据克格勃指示，韦特罗夫的任务主要是搜集法国民用和军用方面的科技情报，同时物色和发展情报人员。韦特罗夫巧妙地周旋于工程师和生意人之间，从他们口中套取情报，进而拉拢他们为莫斯科效力。他出手不凡，没用多久，就在一些大公司发展了几名情报人员。

然而不幸的是，他渐渐地受到西方生活的腐蚀，对巴黎纸醉金迷的奢华生活产生无限眷恋之情。“生活啊，多么美好！”这位东方世界的克格勃军官向资本主义的巴黎发出了藏在心底的呼唤。

韦特罗夫给人留下的印象是，他在法国的生活远比国内奢华，尤其是他的妻子斯韦特拉娜更是沉溺其中难以自拔。但韦特罗夫这些变化并没有引起克格勃的警觉。况且他不辱使命，搞到了令上级满意的情报，他的任务也算完成了。

1970 年 7 月，韦特罗夫奉命回国，接到这一通知，他不禁心烦意乱，叫苦不迭。他实在还没有“充分”享受够自由世界的“美好生活”。最后，他让妻子先按时回国，自己却在巴黎多留了 10 天，他要弥补损失。

然而，也就是这短短的 10 天内，一场“车祸”使他今后的生活彻底地改变了。法国反间谍机关通过对这位打着外交官旗号的克格勃间谍进行严密监视和调查，对他大脑深处对资本主义的迷恋思想和向往了解得一清二楚。

在韦特罗夫独自一人逗留巴黎的几天里，他在生意场上认识的朋友佩沃斯特，对他更是殷勤周到，下餐馆，上剧院，逛“红灯区”，好不惬意。但是韦特罗夫不知道佩沃斯特其实是法国的谍报人员。他把从总部那里得到的经费，投在了这个有“希望”的克格勃身上。

就在这位苏联“外交官”返国前的一个晚上，法国反间谍机关安排了一次车祸。这天晚上，韦特罗夫在晚宴后驾车朝巴黎市郊的住所急速行驶，在酒精的作用下不小心把车子撞坏了。这对一名克格勃官员来说，此事非同小可，如果发现他是酒后驾车，处罚会更重。克格勃有这方面的明文禁令。

万般无奈之下，韦特罗夫打通了佩沃斯特的电话。而这个老朋友也真的很够意思，迅速赶到，并帮他“摆平”了这件事。

韦特罗夫对于佩沃斯特的鼎力相助，真是感激流涕，铭记于心。一次小小的车祸，使韦特罗夫与佩沃斯特的关系更进了一层，已不亚于“生死之交”，法国反间谍机关巧妙地达到了目的。

3. 对克格勃进行疯狂报复

对于韦特罗夫，法国国家领土监护局已经预料到他的投靠可能具有巨大作用及价值。但即使这样，他们仍出于职业习惯，显得谨小慎微。毕竟，他们吃不准，韦特罗夫是否出于真心？这会不会是克格勃的圈套？这在冷战时期，的确是谁也搞不准的事。为了摸清韦特罗夫的虚实，他们迅速派出了一名资深的“007”式法国谍报人员——60岁的扎维埃·阿迈耶，赴莫斯科与韦特罗夫联系。

其实，1970年韦特罗夫奉召回国后，一直是“身在曹营心在汉”，那颗不安分的心再也平静不下来。虽然他一回来就被安排在负责科技情报的T处，这可是个热门去处，可他却心不在焉。他和妻子怎么也无法忘记那长达5年的“富裕”和“自由”的生活，更难摆脱对这种生活的热切向往和渴盼。在他们眼里，美丽的“莫斯科郊外的夜晚”与巴黎五光十色、自由自在的日子相比，简直单调乏味之极，沉闷压抑之极。他一门心思只想出国，重温旧梦。

1974年4月，韦特罗夫终于如愿以偿地被派到了加拿大。但好景不长，他甚至连一年都没呆满就被急召回国，原因之一是他的妻子见钱眼开，贪得无厌，卷入了一桩不光彩的珠宝失窃案；另一个原因是美国人和加拿大人通过法国情报部门，弄清了他的底细。克格勃发现苗头不对，紧急把他召回了苏联。

回国后，他依然受到重用，被派到了T处的信息和分析中心，主要是根据苏联间谍搜集来的情报撰写综合报告。显然这仍是一项机密性极高的工作，而且他也被提拔为T处的总工程师，并被授予上校军衔。

晋升以后，韦特罗夫一家住在一条全是苏联特权阶层居住的漂亮大街上，拥有一所设施较齐全的住房。但是，韦特罗夫始终魂牵梦绕、难以忘怀的仍是巴黎。他认为与豪华的巴黎住宅相比，现在自己的住处只能是一所普通人居住的公寓。

尤其让他情绪低落的是：他提出的一些改进建议没人理睬，久而久之，他变得心灰意冷。这时，他身边的一些高干子女明明表现平平，却能连连得宠，青云直上，让他很是愤愤不平，大有怀才不遇，有志难酬之感。而此时，他那爱慕虚荣的妻子，眼见丈夫前途暗淡，开始移情别恋，与一些前途看好的人频频偷情。上司的冷落，同僚的轻视，妻子的背叛，朋友的疏远，极大地刺伤了韦特罗夫的自尊心。

他认为，所有这一切，都是克格勃造成的。他不甘心就这样窝窝囊囊地混下去，他想出人头地，想一鸣惊人。思量再三，他终于打定主意：对克格勃进行报复！1981年年初，他大脑深处的潜意识就像酝酿多年的火山一样喷发了。在这种意识的支配下，他寄出了给佩沃斯特的信，迈向了叛国的深渊。

韦特罗夫之所以选中法国国家领土监护局，首先是出于安全方面的考虑。他很清楚，克格勃已经打入西方所有重要的情报机关，其中，美国中央情报局首当其冲，法国国外安全总部也未能幸免。

相对而言，法国国家领土监护局因为是反间谍机构，活动范围限于法国本土，所以不易被渗透。况且，苏联并未把法国视为真正的敌人。因此，在莫斯科的法国人同英国人和美国人相比，受到的监视要松得多，韦特罗夫冒的险也小一些。

法国国家领土监护局

其次，佩沃斯特和韦特罗夫是老交情，可以为他牵线搭桥。

经过多方面考查，阿迈耶向巴黎总部发回了他的秘密报告："并不只是投奔西方的思想起作用，韦特罗夫的真正目的是想从内部将克格勃整垮。"

4. 送给里根一份"大礼"

韦特罗夫提供的情报，在瞬间导致分布在 15 个国家中的 70 名被克格勃发展的特工及 450 名在西方工作的克格勃情报人员集体暴露，并被所在国家的反情报组织搜捕、抓获。

此外，最令西方国家震惊的是，韦特罗夫提供的几份绝密文件披露，苏联人正在大肆窃取西方的先进技术，为自己的军工企业服务。直到此时，西方最高权力层才如梦方醒。

"亡羊补牢，犹为未晚。"法国人断言："由于这些间谍网的破获，使苏联经济遭受到了重大创伤。"

法国国家领土监护局这才如获至宝地意识到，对于整个西方情报部门来说，韦特罗夫是他们迄今在克格勃心脏里挖到的最重要"内线"。为此，局长马塞·夏莱亲自为他取了"费韦尔（Farewell）"这个英文代号，这个词有"万事如意""一帆风顺"和"再见""永别"的双重意思。"用英文代号可以起到混淆视听的作用。使苏联情报机构误以为，与这个间谍联系的是美国人或英国人，而很难想到竟是法国人。"夏莱这样解释说。

1981 年 7 月 19 日，一年一度的西方七国首脑会议在加拿大首都渥太华举行，这也是法国总统密特朗与各盟友首脑的首次会晤。不过，初来乍到的密特朗却成竹在胸，他深信自己准备的见面礼，足以让里根总统对他刮目相看。密特朗透露说，对于美国人酝酿已久的"星球大战"计划和载有 M4 核弹头的战略导弹的特点及其设计原理，苏联已经了如指掌，美、苏一旦开战，苏联军队有能力进行毁灭性打击。

果不其然，里根总统闻言，不由得惊出一身冷汗。密特朗的这个情报，促成了美国加快发展完善“星球大战”的国防计划。

1983 年 3 月 23 日晚，里根向全国发表电视演讲，宣布美国实施“战略防御计划”，加紧研制空间时代的超级武器，声称一旦爆发核战争，这种超级武器能在苏联的导弹打到美国之前，就在空中予以截获摧毁。

1983 年，美国总统里根发表了后来被称为“星球大战”的演讲

密特朗透露了苏联克格勃特工“费韦尔”叛逃法国的“超级间谍事件”的内幕，以此说明某些“变质”的共产党人对西方世界的重要价值。事实上，密特朗等于公开提醒了西方世界最高当局，他手里这张“王牌”，不仅对法国政府起着巨大的作用，而且也与盟友国家的经济、科技发展战略密切相关。

5. 费韦尔把“火”玩大了

根据密特朗的特批，国家领土监护局“独家”负责指挥远在莫斯科的费韦尔。费韦尔提供的情报数量十分惊人，情报密级也不断升级。前后 10 个月的时间，他提供的文件多达 3000 余份，平均每天就有 10 份，而且均标有“绝密”字样，极具价值。其中，许多文件上有克格勃头目安德罗波夫的亲笔批注的签字，有一份材料甚至还有苏共总书记和国家元首勃列日涅夫的亲笔批示。

这些主要情报包括，苏联在西方国家中盗取科技情报的手段与方式；被盗来的先进科技成果如何解决苏联的需求并应用于苏联的军工、民用企业。北约“阿丽亚纳”火箭的燃料室的机密技术；英国旋风轰炸机的图纸、雷达射击控制系统、电子炮系统、战略和战术导弹等尖端科技情报。

西方分析家据此认定，苏联正在与西方进行一场没有硝烟的战争。以叛变美国的科学家威廉·贝尔为例，他先后参与过美国雷达系统、空对空导弹和地对地导弹领域里最前沿的研究工作，他从1978～1981年向苏联情报部门提供的情报，使苏联人至少节省了数千万卢布，并使他们在上述领域的研究时间缩短了5年。看到自己尖端情报被泄露，西方国家第一次透心彻骨地感到了自己的军事安全受到了迫在眉睫的威胁。

不过，由于费韦尔的倒戈，使苏联在国外的科技间谍网陷入瘫痪，科技情报来源枯竭，为此，苏联不得不投入成百上千倍的物力同美国进行军备竞赛，此举直接加速了20世纪80年代苏联经济的崩溃。

西方国家反间谍机构毫不掩饰地吹嘘说，费韦尔案件是“导致两大阵营力量平衡发生急剧变化的重要因素，也是导致10年后超级大国苏联解体的重要原因之一”。费韦尔对苏联克格勃实施报复的个人行为，在不经意间将火玩大了。

6. 法国人弄巧成拙

1982年2～9月，法国情报部门突然与费韦尔失去了联系。原来，此时费韦尔正陷入一桩刑事案。他的情妇柳德米拉·奥切基娜近来一直要求费韦尔与妻子离婚，并终身追随于她，但这一请求被费韦尔拒绝了。2月22日这天晚上，费韦尔开车送柳德米拉·奥切基娜回家。

途中，他们在一家停车场停下，打开一瓶香槟酒喝了起来。突然，费韦尔像疯了一样，拼命殴打柳德米拉，接着又抽出一把匕首，朝着她身上连捅数刀。浑身是血的柳德米拉挣扎着跳下车，高喊救命。一名退休老警察闻声过来救她，费韦尔赶上前将他杀死。然后，他回到车上，想用车将柳德米拉轧死灭口，但没有得逞，随后驾车逃逸。当晚，费韦尔被捕。

费韦尔为何与情妇柳德米拉反目成仇，没人说得清楚。有人猜

测说，柳德米拉知道了他和法国人的关系，想借此敲他一笔钱，结果险些引来杀身之祸。但是，据柳德米拉后来讲，当时她提出和费韦尔一刀两断，但费韦尔坚决不同意，在绝望之中动了杀机。

也有人分析认为，克格勃已经对费韦尔的变节有所察觉，因而故意制造事由将他收监。费韦尔被捕后，被关在专门关押克格勃叛徒的列福尔托沃监狱。1982 年 10 月，他以过失杀人罪被判处 15 年徒刑。

费韦尔的被捕，使得苏联历史上最大的泄密行动无意中中止了。但是，此时法国方面对此仍然一无所知，或许这就导致了法国人一项决定的失策：1983 年 4 月短短几个小时内，法国一口气驱逐了 47 名苏联“外交官”，其中包括法国外交部部长的助手希尔。为了证明此举行之有据，法方向苏联使馆出示了数份由费韦尔提供的文件。不幸的是，法国方面弄巧成拙了！

显然，苏联人起初并不知道费韦尔的变节行为，只是把他当作了一般的刑事犯。直到法国人开始了“驱逐”行动，克格勃才发现了费韦尔的秘密。

关于这次行动，有人说，法国人的确不知内情，才出此“臭棋”的。但据美国中央情报局称，他们在 1982 年 9 月已经把费韦尔的下落通报了法国方面，这使得法国万分惋惜。也有人说，法国此举表明费韦尔已经不再具有利用价值，是“有意”将他抛弃的。因为事后发现，费韦尔在西伯利亚的伊尔库茨克服刑期间，曾通过妻子向法国间谍机构写信求救。

总之，不论是有意还是无意，反正无疑是送给了苏联一条追查泄密者的重要线索。当然，也不排除这种可能性：费韦尔被捕后，他的妻子为了免受牵连，出卖了自己的丈夫，也正好公开投入他人的怀抱。另外，还有一种假设，身受重伤的柳德米拉为了报复，向克格勃告发了费韦尔的秘密。然而，这些也许永远都是谜。

仅仅几个月以后，被判 15 年的刑事犯费韦尔，1983 年夏天被苏联司法部门改判叛国罪，判处死缓。后来苏联最高法院军事法庭又改判费韦尔死刑。1985年1月23日，费韦尔被执行枪决。

1991年12月，苏联宣告解体。虽然法国人为他写下了《来自阴间的访问》，但毕竟费韦尔至死也没有想到他的行为，不仅断送了自己的性命，更加速了他的国家——苏联的解体。

【历史小常识】苏联解体

苏联解体是由体制僵化、改革失败、领导失职、和平演变、军备竞赛、民族问题和政党腐败等内外多种原因造成的。1991年3月27日，戈尔巴乔夫在全苏进行了是否继续保留联盟的全民公投，76.4%的苏联公民赞同保留联盟。然而，苏联的解体与否，只取决于苏联政府权力阶层的决策。其中，波罗的海三国（立陶宛、拉脱维亚、爱沙尼亚）、亚美尼亚、格鲁吉亚、摩尔多瓦抵制了公投。戈尔巴乔夫并没有利用公投带来的舆论优势抵制分裂势力，叶利钦等支持分裂的苏联高官们在政治斗争中获得优势，最终导致苏联走向解体。

苏联解体局势图

第二节 边境范围有多大

边境是指在国界线两侧一定宽度的区域，是国家为保卫边界不受侵犯，维护边界地区安全和稳定，防止与邻国发生边界纠纷，而在国界线浅纵深内划定的区域。有的国家以相应的行政区域划分，也有的国家以国界内侧的垂直等距离线划定，宽度一般在 20 千米左右。国家通常对边境地区实行特殊的管理制度。

我国的边境地区建设是本着促进经济发展的基本精神，从边境地区的实际情况出发，以邻近国界的乡、镇辖区为基础，因地制宜划定的，并以国内法和与邻国的国际协定的方式建立了边境制度。边境地区发挥着维护边界标志，保卫国家安全，维护社会治安，方便边民往来，利于贸易管理，便于群众生活等作用。

对于我国，除去边境地形地貌复杂多样的客观环境外，周边小国居多，历史渊源悠久，许多地区存在跨境民族，近代西方殖民侵略所带来的边境问题使得建国后的边界划定的任务异常艰巨，处理不当就会引发冲突甚至危机，中缅边境问题就是典例。

1. 殖民主义埋下祸根

明代以前，缅甸为我国外藩，尺土寸地都属中国所有，对于疆界自然无严格的划分。英国殖民势力到达印度后，缅甸不久亦燃起战火。从这个时候起，不仅缅甸内部发生分化，中缅之间的关系也一天天恶化起来。到 1885 年（光绪 11 年），中缅关系即告断绝，中缅界务问题遂引起争端。

1885 年（光绪 11 年），曾纪泽出任英法大臣，奉命赴伦敦向英政府提出：英军以武力侵占缅甸时，不得侵占中国土地。英人问：中缅边界在哪里？曾不能答，仓促回应：“中国军队和旗帜所在之处，即为中国土地。”英政府乃急令缅甸英军向云南推进，进至八莫没有遇到中国军队，又推进至红蚌河遇到马相武部，才停止下来。

曾氏这一满嘴跑舌头的失策，为后来交涉带来巨大麻烦。而曾氏思维可谓之“旗帜论”，现在类似的叫“亮剑论”，都是典型的“文青思维”，即“情况不明决心大，心中无数办法多”。

问题出来了，即开始交涉。中缅界务的商定，始于光绪 12 年（1886 年）的《中英缅甸条约》。其后，清政府驻英公使薛福成和英外相劳思伯签订了《中英续议滇缅界务商务条款》（光绪 20 年，即 1894 年），大学士李鸿章和英使窦纳乐签订《中英续议缅甸条约附款》（光绪 23 年，即 1897 年），才将双方界限的分划规定在条约内，但关于中缅边界北段未定界（康藏至尖高山段）和南段未定界（南丁河至南板河段）。当时，因为清政府尚不很明了边界的实际情形，在没有切实勘察之前，无法详细划定，只好在条约上规定，拟另派大员查勘确定。这时候，清政府未能及时派人勘察，早日了结，遂酿成日后滇缅边界上不少的纠纷。

1911 年在武昌起义的炮声中，清朝迅速崩溃瓦解，中国从此结束了两千多年的封建帝制，开始进入民国时期。中英两国未能解决的中缅边界划定问题，也随之遗留给了新政府。此时，英政府停止了中缅划界问题的交涉，转而采取了单方面实现其划界主张的军事行动，对争议中的中缅北段未定界地区实行了军事占领。

如江心坡的丢失。民国 15 年（1926 年）秋，英军出动 300 人侵入江心坡，坡内中国山官（即整个村寨的世袭头人）非常愤怒，组织土民埋伏山中，暗杀一名英官。英国因此借题发挥，大肆横行，焚烧坡内大小村寨十余处，杀伤土民 300 余人，并捕去中国山官 5 人、要员 6 人。当年冬天，英军再度分三路进兵，当时土民一面盼望政府援救，一面积极抵抗，伏击中以弓箭射杀英军武官一名及士兵数名。英军见此，转而实施软化政策，派受过英化教育的土民潜入坡内宣传，告以此地非中国所有，中国不会出兵等语。土民久候中国援军不至，遂在英人积极煽动蛊惑下投顺。

民国政府时期，民国政府认定滇缅界址共分 4 段：第一段自康藏至尖高山，第二段自尖高山至南丁河，第三段自南丁河至南板河，第四段自南板河至越南。上述四段边界中，第二段和第四段系在光绪年间划定；第三段界则在民国30年（1941年）6月18日始划定，即“1941年线”；唯第一段界当时悬而未决。

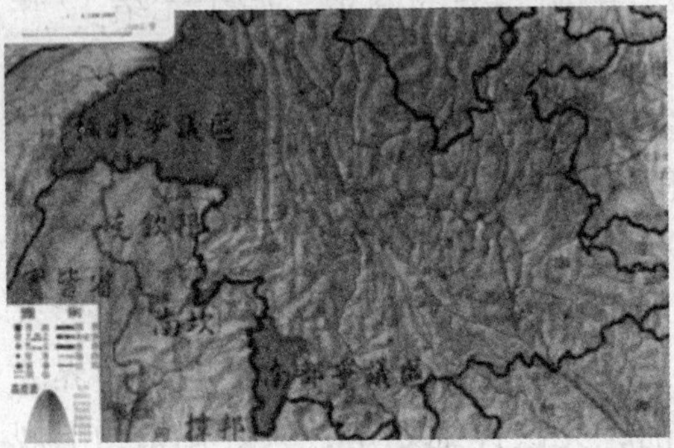
中缅争议区

1949年新中国成立后，遗留给新中国的中缅边界问题一共有三块，一是没有划定过的中缅北段未定界，一是签订了边界协议但还未来得及实地勘界的中缅南段“1941年线”，以及明显带有帝国主义色彩的中段勐卯“永租”三角地。

【历史小知识】“1941年线”

1941年，英国趁当时中国在抗日战争中所面临的危急情况，以封闭滇缅公路作为压力，与国民政府于6月18日用换文的方式在佧佤山区划定了一条对他片面有利的边界，将部分班老、班洪地区划归英缅。由于不久就发生了太平洋战争，当时在这条线上并没有竖立界桩。但这次草率划界，又为后来中缅界务留下了新的麻烦。

2. 黄果园事件

缅甸遭受了英国殖民主义的侵凌，但英国势力撤离、缅甸赢得民族独立后，却继承了英国殖民主义的界务遗产。

中缅向来友好。缅甸是我国友好邻邦，是与我国社会制度不同的国家中最先承认我国的一个国家。1950年6月8日，中缅两国宣布正式建交并互派大使。但中缅之间也发生了“黄果园事件”。黄果园位于中缅边界“1941年线”附近，由于这段边界只经过换文划定，没有实地勘界，边界线位置并不清楚。1949年，中国人民解放军向大西南挺进时，驻守云南的国民党军队，除云南省主席卢汉率其嫡系部队第74军（军长余建勋）、第93军（军长龙泽汇）宣布起义，国民政府中央派驻云南的第26军（军长余程万）和第8军（军长李弥）都相继向滇南转移，与解放军在滇南展开战斗。第8军主力于1950年1月下旬在元江附近被击溃，第26军主力退入越南，在莱州被法军缴了械。两军的残部经车里、南峤一带进入了缅甸的猛捧（Mong Pong）地区，集中于景栋（Kengtung，即孟良）、佤邦以及八莫地区。分别组建新军，划归李弥指挥，因此也统称之为李弥部队。

缅甸继承了英国殖民主义的界务遗产

我解放军到达“1941年线”后即未再前进。朝鲜战争爆发后，李弥部队利用美国援助，于1951年4月开始向云南边境推进，两月之间即攻占了云南边境的镇康、双江、耿马、孟定、沧源、澜沧、宁江、南峤八个县治。但到7月，李弥部队因枪械弹药补给不足，部队又缺乏训练，无法抵挡解放军的军事压力，再度退回缅境。我军乘胜追击，进入了“1941年线”以西地区。后来一小部分军队退回，另一部分则继续留在“1941年线”以西，以防李弥残部返回该地区继续袭扰我边境。当时缅甸内战还未结束，无暇顾及这个地区。

到1954年，缅甸内战已经结束，开始向这里派遣部队。在黄果园附近同我军遭遇，互相开了枪，发生了一次小冲突，是为“黄果园事件”。事件发生后，缅甸舆论把问题说得很严重，如缅甸英文报纸《NATION》（民族报）报道说，中国抢占了缅甸领土，可能还要继续南进。不久，缅甸军队在北段边界又占领了五个地方。

在这种情况下，新中国政府将中缅边境问题的解决提上了日程，希望通过中缅界约的签署，以安四邻，粉碎西方国家对中国的包围封锁。与此同时，缅甸则希望借助新中国政府力量以驱除当时由大陆败退到缅甸北部的国民党军队势力。因此，在整个中缅界约签署过程中，两国政府各自遇到的阻力都不是很大。

3. 盘踞缅甸的“国军”

1950 年 1 月，国民党政府已经逃往台湾，蒋介石将仍然留置云南的“国军”残部扩编成第 8 兵团，由汤尧兼任兵团司令。解放军 38 军和 13 军官兵在桂滇黔边纵队的配合下，将国民党军大部歼灭，生俘汤尧以下官兵 6000 余人。此役，部分国民党残军侥幸脱逃，仓皇进入缅甸境内。1950 年 4 月 20 日，残军在缅甸东北小孟捧村打出了“复兴部队”的旗号，一时间，从云南外逃的散兵、土匪、地主武装纷纷前来投靠，残军很快由 1500 余人扩充至 3000 余人，成为老缅泰边境地区最大的一股武装力量。

残军的迅速壮大，出乎国民党当局的意料。1950 年 9 月，蒋介石派原第 8 军军长李弥来到缅北，纠集残部，组成“云南人民反共救国军”，配合台湾“反攻大陆”。1951 年 5 月下旬，李弥指挥残军 5000 余人分两路进犯云南临沧、思茅地区，结果遭到解放军迎头痛击。此役过后，国民党残军再不敢做反攻大陆的美梦，只一门心思考虑如何在缅甸站稳脚跟，求得生存。经过一年多的休养生息和台湾方面的援助充实，逃缅残军实力增加到万余人。

国民党残军在缅北长期盘踞，且势力不断壮大，对缅甸政府构成了极大威胁。缅甸政府一面派军队进剿，一面向联合国控诉。在国际舆论的压力下，台湾当局被迫同意把逃到缅北的残部撤往台湾。但心有不甘的台湾当局又派原副总指挥柳元麟返回缅北搜罗旧部，于 6 月成立“云南人民反共志愿军”。恰逢此时缅甸政府正集中精力对付本国的反政府武装，无暇顾及残军。上世纪 60 年代初，残军达到主力撤台后的鼎盛时期，部队有近万人。

国民党残军的存在，是缅甸边境上的一个祸根。同时也影响中国边境地区的安全。1960年缅甸“看守内阁”总理奈温访华时，与中国政府签订了《关于两国边界问题的协定》，同年10月缅甸总理吴努和总参谋长奈温访华，与周恩来总理签订了《中华人民共和国与缅甸联邦边界条约》。为确保勘界工作顺利进行，并根据缅甸政府的请求，经两国政府协定，双方共同出兵打击和歼灭这股敌人。

周恩来与奈温在中缅边界问题的协定签字仪式上互致祝贺

4. 制约攻击纵深的“红线”

1960年10月，中央军委向昆明军区下达了预先号令，准备入缅与蒋军残部作战。11月初，经中缅两国政府商定，云南省军区副司令员丁荣昌和总参作战部边防警备处处长成学渝等，与昂季、山友准将率领的缅方代表团就联合勘界警卫作战进行商讨，双方签署了勘界警卫工作协议。协议规定：对盘踞在勘界工作地区的国民党残军，由中缅双方共同围歼。中国负责清除中缅边界旧30号至旧62号界桩地区，即云南孟遮至南腊河与澜沧江交汇点两侧的国民党军残部，可进入缅方20公里遂行作战任务。根据此协议，解放军入缅作战纵深为20公里，这条分界线即为“红线”。两国军队既要协同作战，解放军的军事行动又要受这条“红线”的制约。

11月14日，根据周恩来总理指示，军委正式下达入缅歼灭残余蒋军的作战命令，向部队强调：只准打好，不准打坏；要打歼灭战，不打击溃战；断后路，包围住，先围而后歼；作战行动严格控制在协议范围内，如敌人向老挝境内逃跑，不准追击；遇到新情况，必须与缅方达成协议后才行动；不准误伤当地居民。

昆明军区受命后，决定以13军39师和14军40师各1个团、云南省军区思茅军分区3个团共39个连约6500人入缅作战。昆明军区组成了由云南省军区司令员黎锡福任指挥，第13军副参谋长崔建功、省军区副司令员丁荣昌任副指挥的前方指挥所，于1960年11月上旬在佛海开设完毕。

国民党残军所占据的地盘正面约300公里，纵深100公里，地理条件同云南相似，属典型亚热带山岳丛林地区。气候炎热，雨季较长，山区和坝区多雾，能见度不良。山高谷深、河溪纵横、道路少且多为小路，交通十分不便；杂木丛生，茅草、刺藤遍布，人烟稀少，居民贫困且语言不通。地形起伏大，部队行动极易迷失方向，行动速度受到很大限制。

5. 解放军入缅清剿

解放军入缅作战正面为300公里，主要目标是打击国民党残军1、4军军部等22个据点，约800余人。这部分残军分三线部署，国境线附近残军为第1军所部150人，除景康据点外，都以南洛河为屏障，背靠黑山森林。各据点筑有少量土木质工事和交通壕，通往中国方向的道路上埋有地雷，并且设置了警戒部队。第二线为第4军，布防在孟勇以东和以南地区，其中1404高地驻有第4军所属35团约200人。第三线为孟白了和江勒地区的柳元麟总部，其中孟白了地区为总指挥部，有教导队、警卫团、通信营等共约450人。江勒地区是后勤总部和教导一大队，约200余人。其装备既有外逃时携带的老式武器，也有后来台湾补充的美式装备。

针对残军的分布情况，解放军昆明军区前指决定采取多路远距离奔袭，先断敌后路，然后分片合围，全歼残军。13军、39师攻歼孟马之敌，该部残军439名（实为334人），参战解放军2646人，敌我兵力对比为 1：7.9。第 14 军 40 师攻歼孟瓦之敌共 265 人（实为 156 人），参战解放军 2835 人，敌我双方兵力对比为 1：18.2。思茅军分区边防 11 团攻歼孟歇之敌共 59 人（实为 81 人）。以边防 9、10 团攻歼蛮窝之敌共 159 人（实为 171 人），参战解放军 1158 人，敌我兵力对比为 1：6.7。解放军参战部队分为 22 路，于 1960 年 11 月 22 日凌晨，越过国境，各自向作战目标奔袭。

奔袭国民党军曼俄乃据点的解放军边防 9 团 2 连和边防 10 团 2 连，于当日 5 时到达指定位置。当发现敌人逃跑后，他们立即改变作战方案，除留小分队就地搜索外，指挥 4 个连分别向孟马方向追歼逃敌。经过 10 里奔袭后赶上了逃敌，激烈交火后，该部将从曼俄乃等据点逃窜的国民党军 33 人歼灭，并击毙国民党军 5 师师长李泰。

入缅部队向残敌发起攻击

117 团出击分队在 39 师副师长阎守庆指挥下，全歼驻踏板卖据点国民党军第 2 师师部 60 人，和驻孟歇据点的国民党军第 7 团团部 62 人，国民党军第 2 师少将师长蒙宝业、上校副师长蒙显被击毙。118 团出击分队在 90 师副师长赵世英指挥下分别进攻孟瓦、景康、孟育、孟景之敌，歼敌百余人，第 3 师上校副师长兼 8 团团长叶文强被活捉。经过几个小时战斗，该部全歼残军第 2、5 师师部和第 7、8 团团部，部分歼灭第 1 军军部、第 3 师师部。

但是，个别部（分）队因对当地的亚热带山岳丛林地行军作战的特点研究不够，加之少数干部指挥不力，致使 6 路迂回部队有半数未迂回到位，16 路正面攻击部队有 7 路未到。在这种情况下，参战部队积极主动，与敌展开激烈战斗。经艰苦奋战，16 个攻击目标有6个被全歼，其余大部溃散。部队随即转入追击和全面清剿，又歼灭了部分敌人，拔除了一些据点。至1960年12月20日，“红线”内的残军基本被肃清。此次作战共计歼敌467名，占预计歼敌总数的53.4%。

蒋军残部被肃清后，应缅北军区的请求，周恩来总理指示：作战部队留驻缅境，占据有利地形和作战要点，加强戒备严防敌人袭扰，掩护勘界工作的正常进行。

6. 第二次越境歼敌

按照中缅两国协议和预定作战计划，我军由北向南打到缅甸境内20公里处即停止前进，驻扎下来，掩护勘界竖桩工作。此时，缅甸国防军由南往北，协同我军进攻国民党军。在受到两面夹击的情况下，国民党军自知实力相差悬殊，不敢与解放军正面对抗，转而全力攻击缅军，采取了“避中击缅”的战术，对北面的解放军避而不战，对南面的缅甸国防军则重点反击。

缅军的作战能力较弱，其战线日见紧迫，不得已停止进攻。由于缅甸在求助外军支援的问题上曾吃过苦头（如缅军在第二次围剿国民党军时，曾雇佣了以印度人为主体的“国际兵团”4000人，这些人行军时计程讨钱，作战中议价毙敌，加之军纪败坏，掠民无度，使缅方极为头疼），缅甸政府、军方难免对我军入境作战产生种种顾忌和疑虑。

但我军入境后，军纪严明，秋毫无犯，做到了“客随主便”，来去进止均听从缅方意见，严守不越线作战、不干涉缅甸内部事务、不进行政治宣传、不要求缅方供应物资的“四不”规定，并且将缴获的武器弹药、金银财宝全部交给缅方。这些实际行动，彻底消除了缅方的顾虑和畏惧。

在战局发展的紧要关头，缅方清楚地认识到，只有让中国人民解放军越过“红线”，深入纵深作战，才能有效打击蒋军，解救危局。因此，缅方于1961年1月18日晚向中方勘界警卫联络官提出请求，希望解放军配合缅军进剿缅境20公里外的残军。中央军委经过反复研究，指示参战部队用7个营、6个连、2个便衣队共5800人，于1961年1月下旬越过“红线”向前推进50公里，打击缅方纵深的3000余国民党军残部。作战部队由13军副军长崔建功任指挥,14军参谋长梁中玉、昆明军区政治部副主任段思英任副指挥。

根据作战计划,117团攻打位于南昆的敌第4军、第2师残部，敌总兵力为1270余人，参战解放军2966人，敌我双方兵力对比为1∶2.3。第118团攻打敌南线总部直属队、警卫团、教导总队、第3军35团、军官训练团等部共约1200余人。参战解放军3012人，敌我兵力对比为1∶2.5。思茅军分区部队边防10、11团攻打敌索永指挥所、位于八卡的第2军军部和位于大棱河渡口的1军军部等敌军,敌总兵力约682人,参战解放军1420人,敌我兵力对比为1∶2。

解放军各部根据中央军委和昆明军区前指命令，于1961年1月25日开始出击。柳元麟的部队察觉到解放军出击，连夜向老挝境内撤退。至26日，解放军先后攻占巴西里、索永、孟白了等地的国民党军据点，歼敌一部。之后，解放军在作战地区搜剿残余。由于对作战地域缺乏了解，解放军攻击部队除思茅军分区巴西里一路准时进到攻击点外，其余各路均未按时抵达攻击位置。我军虽然把柳元麟部赶出了经营十余年的老巢，毙敌上校军官2名，但仅歼敌274名，大部分残军分路逃往距中国边境线百公里的老泰境内。2月9日，解放军参战部队全部撤回国境。

中缅边境

7. 老部队遇到新问题

两个阶段的作战，共历时 80 天，歼敌 740 余人，摧毁了国民党残军苦心经营十多年的巢穴，保障了中缅联合勘定国界线的顺利进行，使得缅甸 3 万平方公里土地上近 30 万人民过上了安定的生活。在解放军的沉重打击下，国民党当局被迫将第一、二、四军残部4500多名官兵全部撤往台湾，李弥也不得不随之而去，羁留在缅、泰、老三国交界的“金三角”地区的2000多人，已无力对我边境进行窜扰破坏活动，他们主要散处于泰国北部，专门从事种植鸦片和武装贩毒的罪恶勾当，不齿于人类。我军在这场战争中，不仅取得了军事上的胜利，而且在政治上、外交上赢得了较高的国际声誉，从而增进了中缅两国人民的深厚情谊。

这次赴缅是我军历史上的第一次热带山岳丛林地大规模进攻作战。虽然胜利了，但也确实存在着一些问题。参战部队是一支南征北战、屡建功勋的老部队，在具备优势兵力、突然袭击等有利条件下，为什么不能全歼敌人？究其原因，一句话，我军不熟悉热带山岳丛林地作战的特殊规律，没有一套在这种地区吃、住、走、藏、打的有效战法。用指战员的话说，是“老部队遇到了新问题”。

在西双版纳热带丛林中行进

入缅作战的深刻经验教训给了我军极大的启示，我军由此开始了热带山岳丛林地作战的系统研究和训练。昆明军区组织了山岳丛林地作战实验部队和专门的研究班子，进入西双版纳密林深处，在日晒雨林、蚊虫叮咬中翻山穿林，泅渡江河，摸索和探讨这类地区的特殊作战规律。经过几年的艰苦训练和模拟演习，终于总结出了整套吃、住、走、藏、打的办法，编写出我军第一套热带山岳丛林地作战的系列教材，拍摄了军事教学片《丛林战》和《丛林生活》。某团武装泅渡金沙江的经验，还受到军委和毛泽东主席的高度赞扬。这些研究、训练的成果和经验，在 1979 年以来的对越自卫还击作战中经受了检验。实战证明：正是这些研究成果，奠定了我军热带山岳丛林地作战理论的基础。

第三节　边界岂能无边防

如果说边界是国家主权的象征，那么，有界就要有力量来保卫国家的权益，边防正是维护国家领土完整的有效手段。边防指国家为保卫主权、领土完整和安全，维护海洋权益，防御外敌入侵，依据国际法和国内法在边境地区、管辖海域和领空进行的防卫与管理活动。边防是国防的重要组成部分，是维护国家主权、领土完整与海洋权益的安全屏障，是国家经济建设的重要保障。

1. 有边就有防

一个国家边防是否巩固直接关系到国家的根本利益，在保卫国家安全、维护国家稳定、发展睦邻友好关系中具有举足轻重的地位。

自古以来，有国就有边，有边就有防。边防作为一个国家的门户和窗口，反映着国家主权，展示着国威军威。边防强弱，边防是否巩固，关系着

中国边防军人巡逻中判定方位

国家领土完整与主权，关系着边境地区的稳定和繁荣，关系着祖国的强盛与民族和睦等重大问题。无数国家的历史一再证明，边防巩固则国泰民安，边疆有事则国危民衰。新中国成立后，在毛泽东边防建设思想的正确指导下，我国漫长的陆地国境线上，竖起了千万界碑，万里边防从无到有、从弱到强，一代又一代边防英雄和边疆人民发扬吃苦耐劳的革命精神，担负起扎根边疆，服务边防的历史重担，为捍卫国家主权、保卫国家边界作出了巨大贡献。

2. 以边疆建设促边防

为了减轻人民负担，促进边境地区经济建设，达到巩固边防目的，早在1949年12月5日，毛泽东主席就发出了《关于1950年军队参加生产建设工作的指示》，号召全军“除继续作战和服勤务者外，应当担负一部分生产任务”。这项指示使得人民解放军不仅是一支国防军，而且还是一支生产军，人民子弟兵与全国人民一起克服因长期战争所遗留下来的经济困难，加速了社会主义新中国的经济建设发展步伐。

毛主席重要指示的意义，对于驻扎在地理条件特殊、经济落后的边疆少数民族地区部队来说尤为重要，这项指示对于加快当时我国边疆少数民族地区经济的发展起到了至关重要的作用。以新疆地区来说，新疆是维吾尔族、哈萨克族等少数民族聚居地，幅员辽阔，远离内地，边境线长达6400多千米（含西藏阿里地区），历朝历代的中央政府都首推设兵屯田方针，以解决驻疆军队食粮问题。

新中国成立初期，新疆地区人均占有粮食391.4斤，靠当地农（牧）民保证近20万部队粮食供应显然是不现实的。若从内地调粮，以兰州到哈密的距离计算，当时粮食的运价几乎相当于粮价的7倍。若是从苏联进口，刚刚成立的新中国底子薄，根本拿不出那么多的外汇。但是，新疆地区位置重要，必须驻扎一定军队，必须解决军粮问题，否则驻军就站不住脚，新疆地区的边防就不能巩固。

因此，驻疆部队自主开展开荒、生产就显得非常重要。当时，

驻疆部队开展大生产运动

驻海南、东北、西藏、云南、内蒙古等地区的边防部队，都是通过开展大生产运动，解决了粮食自给。这一措施不仅仅解决了部队自身的吃穿问题，而且对于促进新疆地区经济建设，加强民族融合和军民团结等都具有重要意义。

1959 年，军队深入贯彻《党的过渡时期的总路线》，顺应国家大规模经济建设的大局，将军队自身的生产纳入了国家统一经济计划。为了使新疆地区驻扎的部队真正安下心、扎下根，大力屯垦戍边，毛主席于 1959 年 8 月 6 日复电同意在新疆成立新疆军区生产建设兵团，11 个师 17.5 万官兵，集体就地转到地方，肩负起屯垦戍边的光荣使命。

同时，在我国黑龙江、内蒙古、云南、海南等省（区）的边境地区也相继成立了各地区的生产建设兵团。生产建设兵团是一支举世无双的产业大军，她在稳定边疆、建设边疆、巩固边防中起到了不可估量的重要作用，功垂千秋。

这支边疆建设大军保持了中国人民解放军的组织形式和基本制度（如政治委员制度和政治工作制度，连队设有政治指导员），是一支具有高度政治觉悟、严格组织纪律的部队，可执行生产队、工作队、战斗队三重使命任务。其显著特点是军地结合，寓军于民，亦民亦军。兵团不吃军粮，不穿军装，不要军饷，不仅肩负着保卫

新疆兵团六师新湖农场的万亩棉田

祖国边疆，巩固边防，反蚕食、反颠覆的使命，而且担负着征服荒漠、开发边疆、建设边疆的历史重任。比如，新疆军区生产建设兵团，不仅在农业、工业方面取得了惊人成绩（1966年向国家上交粮食4.5亿斤），而且为适应战备工作，1965年年底又组建了包括炮兵、坦克兵在内的战备值班民兵，兵团的民兵达到8万多人。他们与驻疆边防部队一起在维护边疆地区稳定和边防斗争中发挥了重要作用。

3. 筑起“屯垦戍边”的国防屏障

1962年，中国人民仍处在饥饿状态之中。这年8月5日，潜伏在澳门的国民党特务将烈性炸药和定时器安放在进入我方边境的旅客行李中，导致20多名由港澳回乡探亲旅客被炸死、炸伤的血腥爆炸事件。同日，国民党特务阴谋爆破“红星”号轮船的案件被广州公安机关破获。之后，在台湾蛰伏了12年的蒋介石终于把反攻大陆的计划变成实际行动，共派遣9股武装特务窜犯东南沿海……

伊塔事件

也是这一年，印度公然武装入侵我国西藏和新疆地区，中国军民在忍无可忍的情况下被迫进行自卫反击。

还是在这一年，苏联当局把中苏两党在意识形态领域的分歧，扩大到国家关系上，胁迫新疆塔城、裕民、霍城等县6万多边民携带牛羊和生产资料投奔苏联。5月25日，苏联又制造了围攻伊犁哈萨克自治州党委和人民政府的反动武装暴乱，暴乱分子抢走党政机关门卫的枪支和保存多年的外事档案……这就是震惊中外的“伊塔事件”。

【背景小链接】伊塔事件

伊塔事件，又称“5·29反革命暴乱事件”，发生在1962年的初夏。中国新疆约有6.7万中国公民，通过以伊犁的霍尔果斯口岸和塔城的巴克图口岸为主的几个重要边境口岸，集体非法越境前往邻国苏联。大批农牧民离境后，直接造成边境地区大量农田无人耕种。这使得中苏关系更加恶化，新疆境内的俄罗斯族受到排斥。事件发生的原因较为复杂，有中国经济困难，苏联方面鼓动的现实原因，也有积累的历史原因。

在事件发生的过程中，周恩来总理紧急召见兵团政委张仲瀚，要求新疆生产建设兵团立即派出民兵值班部队，到边民外逃的边境地区承担起“代耕、代牧、代管”的三类生产管理任务。在阿勒泰、塔城两地区屯垦的农10师，立即组建了4个武装连队，连夜赶往中苏、中蒙边境的哈巴河、吉木乃、青河三县，在边境第一线承担起劝阻边民外逃，维护社会治安，守卫祖国边境的任务。

同年8月，国务院和中央军委决定由新疆建设兵团在边境第一线创建国有农场。此后，大批支边的内地大中院校毕业生、复员军人，上海、天津等大都市的支边青年，远赴祖国西北边陲，对外逃地区实行代耕、代收、代管，同时劝阻边民外逃，长期植根在气候恶劣、环境艰苦、人迹罕至的国境线上。在原中苏边界边境纵深10千米左右的地区，建立起国营的农（牧、林、矿）场带，基本上形成了一条纵深10 ~ 30千米的边境农场，筑起了“屯垦戍边”的国防屏障。

自1962年“伊塔事件”发生，新疆建设兵团根据党中央指示，奉命派出人员到中苏边境一线执勤，劝阻新疆边民外逃，代理外逃

新疆建设兵团机关大门

边民耕地生产，已经有整整几十年了。

这几十年来，中苏关系从冰点到慢慢解冻，从解冻到逐渐升温。苏联解体后，中俄关系几经波折，目前再次发展为睦邻友好的战略伙伴关系。然而，不论中苏、中俄关系如何变化，新疆建设兵团人“国土在我心中”的坚定意志始终不改，他们以两代人的青春在边境线上筑起了一道血肉长城，被誉为“永不移动的界碑”。

4. 鄂女戍边

1962 年 10 月底，一支由 42 人组成的队伍来到哈巴河县的别列孜克河边。他们原是 182 团机耕队的，驻地在福海县的顶山。因为要组建哈巴河边境农场（现 185 团），农 10 师党委决定将这个队成建制调到边境去。

【地理小常识】哈巴河

哈巴河

哈巴河发源于阿尔泰山脉，全长 139 千米，平均宽 50 米。常年流水，河水流量随季节性山区冰雪融化和降水量多少而增大或减小，流入额尔齐斯河。年平均流量为 21.73 亿立方米。每年 11 月上旬结冰，来年 4 月上旬融化，结冰期为

150 天左右。因该河发源于高山，由北向南，整个河床坡度大、跌水高而得名。

从福海到哈巴河边境农场要按里程算不过 300 多千米，问题是那时根本没有像样的公路，所谓的路都是人踩和汽车、拖拉机轮子辗出来的。途中还要经过额尔齐斯河及其支流布尔津河、哈巴河和别列孜克等大小河流。除额尔齐斯河上有个用木船联结起来的浮桥外，其他的河流全靠在两岸的大树上拴两条钢丝绳，钢丝绳下有条厚实的大木船，人和车都开到船上，然后由站在船上的人拉钢丝绳，就这样缓缓渡到对岸。

【地理小常识】额尔齐斯河

额尔齐斯河是一条跨国河流，发源于新疆维吾尔自治区富蕴县阿尔泰山南坡，自东南向西北奔流出中国，是我国唯一流入北冰洋的河流。全长 4248 千米，在中国境内 546 千米，流域面积 5.7 万平方千米，年径流量多达 119 亿立方米，水量仅次于伊犁河，号称新疆第二大河。水中多产鱼，接近边境处河面宽达几千米，可通轮船。流域内众多的支流均从干流右岸汇入，形成典型的梳状水系。额尔齐斯河沿岸风光壮美，有“银水”之美称。

额尔齐斯河

10 月上旬从 182 团出发，在戈壁滩上摸索着前进，赶到别列孜克河边已近月底了。这是额尔齐斯河在我国境内的最后一条支流，过了河离边境农场场部还有22千米。

然而，别列孜克河不仅没浮桥，甚至连渡船也没有。要想过去，只能把拖拉机和行李从车上卸下来，放在河边留人看守，等上了冻再运过去，其余的人则涉水过河，步行到农场。

问题是这42个人中还有4个女的，其中一个叫陈冬姑，她是1959年跟丈夫一起从湖北孝感支边到新疆来的。

考虑到边境地区条件艰苦，而且随时都有打仗的可能，当时规定是不允许带家属的。

在领导动员时，陈冬姑立即表现出不愿意的情绪，她用满嘴的湖北话质问团里派来的干部："我是支边、进疆的国家正式工人，怎么就变成了家属？当初在老家报名的时候，审查严格地很，成分高的不要，表现不好的不要，身体不好的也不要，我是通过乡政府批准的。再说，我们跟前又没有小孩，要是不叫跟我男人在一块，干脆把我送回老家去好了！"

陈冬姑这番话，把团里那个干部说得哑口无言。但仔细想想又有些道理，便把她的要求向上级领导作了专门汇报。上级领导却是感觉豁然开朗，组建边境农场的目的不就是要职工永远住在那里守土固边吗，如果有了家，有了老婆、孩子不是更能拴住男人吗？结果，上级领导不仅批准了陈冬姑的请求，而且规定今后再往边境农场调人，全家人一块走。于是，陈冬姑和她的另外3个女同事，便成了第一批在界河边上安家的女人。

南方的10月可能还十分炎热，可是在大西北的茫茫戈壁上已经十分寒冷了，别列孜克河则更是冰凉刺骨，湍急的流水夹着冰渣子日夜奔流。妇女们脱掉鞋袜，把裤子卷到大腿根上，跟着在前面探路的队长、指导员下了水。水越来越深，一直漫过腰际，4个女人中有一个恰巧来了例假，河水中出现一条条的血丝，顺着河水漂得很远很远……

30多年后，已经儿孙满堂，但身子佝偻得跟十来岁孩子那么高的陈冬姑在接受记者采访时说："河里淌着冰渣子，水淹到肚脐眼上，该有多冷哟，冻得人从骨头缝里冒寒气。”

哈巴河边境农场位于县城的最西北，隔一条小河其实是一个小水沟，对面就是苏联的边境城镇阿连雪夫卡。哈巴河发源于阿尔泰山南麓，向西而去的额尔齐斯河从这里出国，流入斋桑湖后最终注入北冰洋。

以前作为中苏的界河，现为中哈两国的界河阿拉克别克河，在哈萨克语言中意为耳环，因这条发源于哈萨克斯坦的小河弯弯曲曲形似耳环，所以被哈萨克人称为阿拉克别克河。

阿拉克别克河风景

这条小河全长60多千米，依地势从东北往西南方向流淌，最后注入向西而去的额尔齐斯河。因河两岸的地势对方高、我方低，每遇洪水季节河水泛滥，洪水便从地势低凹的散德克地段决口，流入喀拉苏自然沟，最后注入额尔齐斯河。

所以，苏联当局并不承认阿拉克别克河是两国的界河，而是把喀拉苏自然沟作为两国的分界线，如果按照他们的说法，在阿拉克别克河上中段的散德克以东，喀拉苏自然沟至额尔齐斯河以西，共计55.5平方千米的土地将归苏联所有。

由于晚清政府的腐败、软弱无能，沙皇俄国在我国西部霸占数十万平方千米土地后又留下了众多的争议区。这55.5平方千米的土地便是在新疆与苏联交界处，是1000多块争议区中面积较大的一块。

陈冬姑工作的哈巴河边境农场一开始就建在争议区内。趟过河的陈冬姑她们一刻也不敢停留，顾不得羞耻，几个女人相互遮挡着脱掉湿衣，换上棉裤，打着哆嗦往农场赶去。她们知道，在零下十几度的严寒中，唯有运动才不至于被冻僵。

初建的农场比陈冬姑想象的还要艰苦很多。原来在当地居住的哈萨克牧民已经被动员搬迁到后方，没有老婆的男工们挤在迁走牧民留下的一个破库房里。陈冬姑两口子分到了一间仅能容身的地窝子，这个破地窝子只有一个用柳条子编成的门，这种门怎能抵御塞外荒漠零下三四十度的寒冬呢？陈冬姑只好把一床破棉絮拿出来绑扎在门上，夜里丈夫睡在外面，她紧贴着丈夫，依靠丈夫的体温来遮挡风寒。

在那个艰苦的岁月里，每个公民的粮食都是定量的，相当紧张，就是有吃的大雪封路后也运不进来。幸好，县委从附近公社调来1万斤塌儿米（哈萨克人所说的塌儿米，就是汉人种的小米）。

为了能吃到开春，只好把塌儿米磨碎了，连筛子也舍不得过一下，就那样连皮一块蒸着吃，以至于炊事员在和面时连捏都捏不到一块去。就这样，除了在边境线上站岗放哨，昼夜巡逻外，以积肥为中心的劳动竞赛还是热火朝天的开展着，人们争着比谁起得早，睡得晚，挑得多，也不知挑断了多少当扁担的棍子。

屯垦戍边的湘女们劳动之余载歌载舞

后来连吃的盐巴也没有了，无油少盐的日子一直过了40多天，直到开春化冻后，给养才慢慢运上来。等到自己亲手种的麦子成熟后，第一顿吃上白面馍馍时，那个香哟，陈冬姑他们那一代人都说到死也忘不了。

5. 人若犯我，我必犯人

边境地区是国家门户，是抵御外敌入侵的第一道防线。边防部队作为戍边卫国的主要力量之一，通过边境防卫、边境管理和边防建设来履行国家赋予的边防职能。我国自古以来都非常注重边防部队的建设，新中国成立后迅速组建了一支与国土面积相适应的强大边防部队。

在党中央、中央军委的正确领导下，我国边防部队多年来坚持积极防御的战略方针，坚持“人不犯我，我不犯人；人若犯我，我必犯人”的原则，在历次边境反击作战中屡挫敌人，取得了一次又一次边防斗争的胜利，时刻保卫着国家领土不受侵犯。

1962 年，由于印军不断蚕食和侵略我国西南、西北领土，中国人民解放军边防部队根据中央军委指示，奉命对印度展开了自卫反击作战。

在各族人民的大力支援下，边防部队充分发扬不怕牺牲、勇往直前的精神，不断克服恶劣自然条件带来的重重困难，经过 1 个月的反击作战，歼灭入侵印军 2 个整旅和 3 个旅的大部，毙、伤、俘印军官兵 9000 余人，取得了对印自卫反击作战的重大胜利。

西藏方向中国边防军攻克绒不丢，印军缴械投降

20 世纪 60 年代，随着中苏关系的恶化，两国在我国东北边境地区的摩擦不断升级，1967 ~ 1969 年之间，苏军侵入我方珍宝岛地区达 16 次。珍宝岛位于黑龙江省虎林县境内，在乌苏里江主航道中国一侧，面积 0.74 平方千米，是中国的神圣领土。

1969 年 3 月 2 日，中国边防部队两个巡逻组在珍宝岛执行巡逻任务时，遭到苏联边防军 70 人的阻拦，苏军首先开火，打死、打伤我方边防巡逻人员多人。中国边防分队在忍无可忍的情况下奋

珍宝岛自卫反击战

起还击，岸上掩护分队以火力支援岛上作战，击退了苏军的进攻。东北边防部队对入侵珍宝岛的苏军实施的自卫反击作战就此展开。

从那天后，苏联边防军的装甲车和武装人员分别于3月4、5、7、10、11、12日，多次入侵珍宝岛以及岛西侧的中国河道。当3月15日苏联边防军再次入侵珍宝岛并首先开火时，中国边防部队予以坚决还击。

在这次战斗中，中国边防部队同苏联边防军的50多辆坦克、装甲车以及大量步兵激战9个多小时，顶住了苏联边防军的6次炮火袭击和3次进攻，取得了珍宝岛自卫还击作战的胜利。

为了报复东北边境的失利，当年8月，苏军再次出动直升机、坦克、装甲车等重型武器，在地面数百名武装人员的配合下，入侵我国新疆裕民县铁列克提地区，向正在执行正常巡逻任务的边防人员开枪射击，中国边防部队奋起抗击，再次成功击退来犯苏军，有效地保卫了祖国领土不受侵犯。

“边庭流血成海水，武皇开边意未已。”

——杜甫《兵车行》

第二章　直线曲线前世今生

领土是国家及其居民赖以生存之地，陆地边界是确定国家领土范围的界限。陆地边界的形成不仅涉及自然因素，还同历史、民族、经济、文化等因素息息相关。陆地边界的形成模式是多种多样的，自然形成的边界通常蕴含着边界两边国家的自然历史背景，人为形成的边界通常刻印着政治、军事较量的显著痕迹。

第一节　传统习惯自然形成

在古代，国家之间最初并没有明确的陆地边界，国家政治版图的大小是通过一定模糊的势力范围所体现的。14 世纪，一些国家开始出现领土分界线的线性国界概念。19 世纪初，随着测量与制图技术的进步，一些国家的地图上开始描绘相对精确的陆地边界线。第二次世界大战后，世界许多国家才开始正式划定陆地国界。

传统的陆地边界线是在长期历史过程中，根据各方历来行政管辖所及的范围而逐渐形成的。国家陆地边界首先是基于自古以来没有他国异议的占有。也就是说，一国对某一地区行使主权进行管理，如果长期以来没有引起他国的反对，这一事实就足以将该地区认定

15 世纪欧洲地图

为该国的领土。随着人类历史发展，自然形成的陆地边界是邻国之间相互达成的一种默契，也是最常见的边界形成方式。

在历史上，中国与印度的边界原本没有什么争议，有喜马拉雅山脉作为天然屏障，中印历史上的习惯边界就是喜马拉雅山南麓。20 世纪以前，这一段边界从来没有明确划定过，也没有一块界碑，双方以模糊形态按照传统习惯进行各自的实际控制，甚至存在着双方都未管理的地带。两国边界的长度也一直没有准确测量，大约有 2000 千米。一直到英国占领印度并不断实施侵占西藏的阴谋，才给日后的中印边界争端埋下了祸根。

【地理小常识】喜马拉雅山脉

喜马拉雅山脉，在梵语中意为雪域，藏语意为“雪的故乡”，是世上海拔最高大、最雄伟的山脉。山脉位于青藏高原南缘，其中有 110 多座山峰高达或超过 7350 米，是东亚大陆与南亚次大陆的天然界山，它绵亘于中国和印度、不丹、尼泊尔、锡金之间。西起帕米尔，东到雅鲁藏布江大拐弯处。它由许多平行的山脉组成，东西全长 2450 千米，南北宽 200 ～ 300 千米。呈向南延伸的弧形，是构造复杂的年轻褶皱山脉。它拥有 8000 米以上高峰 14 座，7000 米以上高峰 40 多座。山脉主峰为珠穆朗玛峰，海拔高度 8844.43 米。据最新测定数据表明，珠穆朗玛峰平均每年增高 1 厘米。

1. 中印两国自古友好

中国和印度均为举世闻名的世界文明古国，早在公元前 2 世纪，两国人民间的友好交往就有了文字记载。在《史记》中即有张骞出使到“身毒”（今印度）的记载。后来，中国高僧法显和玄奘万里赴印求得真经，印度高僧达摩也曾来华传教并创立禅宗。

张骞出使西域

许多人不知道，中国和印度在古代曾发生过一次战争。这次战争发生在距今 1300 多年前的唐朝太宗年间，是两国历史上第一次兵戎相见。当时，中国派往印度的一个特使，便大败印度军队，击败了印度古国，威震整个南亚次大陆，创造了神话般的奇迹。

这事还得从玄奘“西天取经”说起。当年，玄奘法师历尽艰险到达天竺，也就是现在的印度，“遍游天竺，历渴名贤”，其中就曾到访过摩揭陀国。摩揭陀国是当时南亚次大陆上的一个强国，位于恒河中游南岸地区。史书记载：玄奘拜访摩揭陀国王尸罗逸多时，受到“优厚礼遇”，玄奘曾经开坛讲经，一时名震天竺。

【人物小传】玄奘

玄奘

玄奘（600 ~ 664 年），俗姓陈，名袆，法号玄奘，汉族人，唐洛阳（今河南省洛阳偃师）人。唐代佛学家、翻译家、旅行家，佛教唯识宗创派人，汉传佛教史上最伟大的译经师之一。

玄奘出家后，遍访佛教名师，因感各派学说不一，难得定论，便决心赴天竺学习佛教精髓。唐太宗贞观元年（公元 627 年），玄奘从京都长安出发，经过凉州出玉门关西行，历经艰难抵达天竺。最开始在那烂陀寺从戒贤受学，后来又游学天竺各地，并与当地学者论辩，名震天竺。玄奘历经 17 年，行程 5 万里，西行印度求取佛经，带回佛经 52 筐 657 部。贞观 19 年（公元 645 年）回到长安，在大慈恩寺等寺院进行研究和翻译佛经直到圆寂。其间，共译出佛典 75 部，1335 卷。

玄奘法师还向戒日王介绍了中国大唐的盛况，戒日王钦佩之余，也对中国大唐充满了憧憬和羡慕。玄奘回国后不久，戒日王就派使者到大唐递交了国书，表示要世代友好。唐太宗也派使者回访印度。而后戒日王两次遣使入唐纳贡，中国和印度的外交关系算是正式建立起来了。

2. 古代中印史上唯一的兵戈之争

唐太宗第一次派往印度使团中有个副使叫王玄策，日后可是个响当当的人物。贞观 22 年（648 年）王玄策作为正使，带领副使蒋师仁及随从 50 人，第二次出使印度。其时，摩揭陀国内已发生政变，戒日王病死，国内大乱，其臣下阿罗那顺趁机起兵，自立为王，篡夺了政权。

但由于当时通信不发达，唐朝并不知道摩揭陀国的政变。阿罗那顺听说大唐遣使到来，便出兵拦截，拒绝唐使入境，他不但抢夺了唐使带来的礼品，还将王玄策及随从50人全部俘虏，投入狱中。后来在戒日王妹妹的帮助下，王玄策与副使蒋师仁冒险越狱，侥幸逃脱，跑到吐蕃求援。

自从公元640年文成公主入藏和松赞干布联姻后，吐蕃与大唐和为一家，关系甚为亲密。松赞干布借给王玄策精锐骑兵1200人，又从泥婆罗（今尼泊尔，当时是吐蕃的属国）调遣7000骑兵，全部交由王玄策指挥。

松赞干布和文成公主

王玄策挥师南下，势如破竹，“远近城邑望风而降”，连下500余城，印度兵溃不成军，被斩首3000多人，水中淹死的也有万人。阿罗那顺弃城逃跑，副使蒋师仁追上将其生擒，押解长安。王玄策此役大获全胜，“虏男女一万二千人，牛马三万余头匹，天竺震惧”。东印度国王更是闻风丧胆，就此向大唐臣服。

中国和印度在古代史上发生刀兵相见的战争，就只有这一次。后来王玄策第三次出使印度，到达婆栗贽国（今印度达班加北部），造访摩诃菩提寺，礼佛而归，带回了许多珍贵的佛教文物，并著有《中天竺国行记》，图三卷，今仅存片断文字，散见于《法苑珠林》《诸经要集》《释迦方志》中。

3.“麦克马洪线”背后的阴谋

历史的车轮转到1911年，辛亥革命爆发，中华民国成立，西藏也陷入动荡之中。英印政府趁火打劫，策动十三世达赖发动叛乱。第二年，西藏地方政府以达赖的名义，发动“驱汉”行动。1913

年1月，十三世达赖发布《水牛年文告》，重用亲英派。为了彻底将西藏从中国分裂出去，英印政府随即着手帮助达赖筹建军队，并提供军火援助。

十三世达赖

对于十三世达赖的分裂行径，北洋政府立即派军入藏。但英国政府迅速发出威胁："如果北洋政府继续派遣征西军前进，英国将不承认中国政府，并以实力助藏独立。"英国政府还要求就西藏问题与北洋政府举行谈判。在英国的压力之下，北洋政府全盘接受了英国要求，决定派代表参加在印度西姆拉召开的会议。

自1911年起，英国以"讨伐""探险"等名义多次派人深入中国西藏的东南部地区，进行偷测勘察，从而为其寻求所谓战略边界提供根据。在多次"调查"的基础上，再加上麦克马洪的精心设计，"麦克马洪线"在西姆拉会议期间被炮制出来了。这条线西起不丹边境，向东延伸至西藏察隅，把历史上长期属于中国的9万平方千米的领土划归英属印度。这样，印度东北边界，就从喜马拉雅山山脚与阿萨姆平原边缘，推到了喜马拉雅山的山脊。

"麦克马洪线"炮制出来后，麦克马洪背着中方代表陈贻范，以赠给西藏5000支枪、50万发子弹，支持西藏"独立"帮助西藏赶走汉军等为诱饵，迫使伦钦夏扎承认"麦克马洪线"，并以此作为印度阿萨姆邦与西藏之间的边界。在麦克马洪的威胁利诱之下，双方于1914年3月

麦克马洪线

24 ~ 25 日进行了秘密换文。

麦克马洪在换文中，对此图既没有文字上的描述，也没有说明是根据什么原则画出的，而仅以一条比例尺为 1 英寸等于 8 英里的线在地图上标出。不仅如此，麦克马洪还将此线间接地塞进了西姆拉草约附图中。他以红线标示西藏的边界，而用蓝线标示“内藏”和“外藏”的分界线。这条红线的大部分是西藏同中国其他地区的传统分界线，但其南端却沿着“麦克马洪线”绘成。

参加西姆拉会议的英国和中国汉藏代表的合影。前排中间为英国全权代表麦克马洪，左三为中国代表陈贻范，右三为中国西藏代表伦钦夏扎·班觉多吉

在麦克马洪的刻意欺瞒下，陈贻范没有注意到红线的新画法，并在条约草案和附图上签了字。不过，由于他当时只是草签，始终没有在正式文件上签字，因此，“麦克马洪线”自然是无效的。

1935 年，英国的一支探险队越过“麦克马洪线”进入西藏，被西藏地方政府拘留。英印政府的外交部官员在处理这一事件的过程中，发现了西姆拉会议的相关文件，当即建议英印政府在官方地图上把“麦克马洪线”画成边界线。不久，英印政府采纳了这一建议，并将西姆拉会议的相关文件塞进了最全面、最权威的条约集《艾奇逊条约集》，妄图使“麦克马洪线”合法化。

1947年，印度摆脱英国殖民统治，取得独立。谋略“继承英国所有殖民遗产”的印度政府，不断派兵侵犯“麦克马洪线”以南的中国领土，企图造成占领事实。

4. 力争和平解决

20世纪40年代末，印度和中国先后独立。历史遗留下的中印边境纠纷，严重影响到两国关系的正常发展。从1947年印度独立到60年代初期，中国领导人为和平解决中印领土争端做出了一系列努力，周恩来总理更是四访新德里。

印度获得独立，举国上下欢腾

因为相似的殖民经历和共同的“反帝”诉求，中印这两个亚洲文明古国在建国初期曾有过一段平顺的“蜜月期”。1954年6月，周恩来按毛泽东的指示，在日内瓦会议休会期间第一次访问印度。抵达新德里时，从机场到市区的道路上，10余万印度群众夹道欢迎，并为周恩来戴上金盏花和金香木编制的花环。周恩来与印度总理尼赫鲁进行了6次正式会谈。6月28日，《中印两国总理联合声明》发表，重申了指导两国关系的和平共处五项原则。

在这一时期，出于外交的需要，中印边界领土争议曾一度被搁置，中印双方都默契地对这个话题“避而不谈”。然而，这并不意味着问题已经解决，中印间的领土纠纷，就像一座休眠的火山，潜伏在和平友好的表象之下。

印度虽然刚从英帝国主义的殖民统治下脱离出来，但其强烈的大国主义情绪却丝毫没有收敛。在西藏问题上，尼赫鲁设计出一个

“理想边界”将克什米尔、尼泊尔、锡金、不丹和阿萨姆邦作为印度的防务内线，把西藏作为“缓冲国”纳入印度的势力范围，而“麦克马洪线”正是他眼中印中边界的理想分界线。

周恩来会见印度总理尼赫鲁

1958年12月，尼赫鲁给周恩来写了一封长信。这是中印两国总理正式交涉边界问题的第一封信。尼赫鲁言辞强硬地提出，“麦克马洪线”以南的地区毫无疑问是印度的。1959年1月，周总理在回信中声明，“麦克马洪线”是英国和西藏地方当局代表，背着中国中央政府代表，用秘密换文的方式决定的，它从未被中国任何政府承认过。

在与周恩来用书信方式“唇枪舌剑”的同时，尼赫鲁公然发动了军事挑衅。1959年8～10月，喜马拉雅山和喀喇昆仑山上相继发生中印武装部队交火事件，全长200千米的中印边界全线紧张。1959年9月8日，周恩来严词批评印方行为，要求“印度政府应立即采取措施，撤回越境的印度军队和行政人员，恢复两国边界久已存在的状况。”

11月7日，周恩来总理代表中国政府致函印度总理尼赫鲁，建议两国武装部队立即从实际控制线各自后撤20千米，脱离武装接触，同时建议两国总理尽快举行会谈，对此印度总理尼赫鲁置若罔闻。

为了表明中方的态度，中方高层决定率先伸出橄榄枝。于是，周恩来第四次访问印度。1960年4月19日傍晚，周恩来在外交部长陈毅的陪同下从缅甸仰光起飞，前往印度。

周恩来到达新德里后，遭到了印方前所未有的冷淡对待。既没有以往欢迎他的彩旗，也没有群众的欢呼。只有尼赫鲁等率领少量随从前来迎接，简单的欢迎仪式只进行了 25 分钟，便匆匆结束。车队沿着空荡荡的大街，驶向中国代表团下榻的总统府。从 19 ~ 25 日的 6 天时间里，周恩来与尼赫鲁进行了 20 多个小时的会谈，但因为印方态度强硬，始终没能取得任何有实质意义的进展。

1961 年 11 月 28 日，尼赫鲁在印度人民院发出战争的信号："在这些地区（中印边境）打仗不是一件容易的事情，但是这是必需的，因此我们必须为此进行准备。"

5. 和平谈判之路被堵死

1960 年，周恩来总理访印之后，印度当局不但没有停止在中印边界的挑衅，反而更加变本加厉。从 1961 年特别是 1962 年 4 月起，印度当局在中印边境推行更大规模的"前进政策"，步步向我边境纵深进逼。1962 年 7 月，印军在中印边界西段悍然侵入我国新疆加勒万河谷，设立新的军事据点，切断我军边防哨所的后路，并向我巡逻队进行武装挑衅，制造了加勒万河谷事件。

1962 年 10 月 10 日和 11 日，印军入侵中国扯冬地区，向中国边防部队发起进攻，打死打伤我军官兵 33 人。第二天，中国政府向印度政府提出"最强烈、最严重抗议"。然而，尼赫鲁政府却错误地将我国的善意退让理解为"软弱"。于是，印度政府的气焰更加嚣张。10 月 12 日，尼赫鲁公开表示，他已下令印军把中国人从东北边境特区"赶出去"。印军 2 万余人在中印边界东、西两段，同时向我边界发动大规模进攻，完全堵死了和平解决边界问题的道路。

10 月 18 日，毛泽东在中南海颐年堂召开中央政治局常委扩大会议。毛泽东说："多年以来我们采取了许多办法想谋求中印边界问题的和平解决，印度都不干，蓄意挑起武装冲突，且愈演愈烈，真是欺人太甚。既然尼赫鲁非打不可，那我们只有奉陪了。来而不往非礼也。俗话说，不打不成交，也许我们反击一下，边境才能安定下来，和平解决边界问题才有希望实现。但我们的反击仅仅是警告、惩罚性质，仅仅是告诉尼赫鲁和印度政府，用军事手段解决边境问题是不行的。”

根据中央军委的命令，对印自卫反击战拉开帷幕。这场战争同时在中印边境东段和西段开始，总指挥为西藏军区司令员张国华。

6. 克节朗的枪声

西段反击作战中，克节朗战役是一次重要的战役。克节朗，位于中印边界东段西藏以南地区，该地山峰比高达1500米，海拔4000米左右，森林密布，气候恶劣，人烟稀少。战役发起前，印军第7旅、炮兵第4旅2个步兵营，共6个多营6000余人驻扎在此，部署在克节朗、棒山口、达旺一线，企图巩固已侵占之地，并继续侵占我克节朗河以北地区，实现其“以塔格拉（即拉则山）山脊为界”的梦想。

中国西藏边防部队集结了10300余人兵力，奉命对印军第7旅实施反击作战。我军根据印军前重后轻、翼侧暴露、正面宽、纵深浅的布势特点，贯彻集中兵力打歼灭战的原则，以3 ~ 4倍于敌绝对优势的火力，采取从两翼开刀、迂回侧后、包围分割、各个歼灭的战法，于10月20日拂晓开始反击行动。

实施主要突击的右翼部队在枪等、卡龙之间强渡冰冷刺骨的克节朗河，向枪等、卡龙、扯冬、绒不丢的入侵印军进行反击。指战员们冒着枪林弹雨，互相掩护，交错前进，与印军展开激战。负责摧毁塞维拉河岸卡龙据点的我157团2连6班全体战士一往无前，前仆后继，勇猛反击，共攻克27个印

中国军队前进

军地堡，收复了卡龙据点，为驱逐入侵卡龙的印军第7旅创造了条件。

战后，6班被国防部授予“阳廷安班”英雄称号。负责清除克节朗河南岸扯冬据点的我157团3连2排，敢打敢拼，连续摧毁14个地堡，收复了扯冬据点。2排荣立集体一等功。当天即清除了枪等、卡龙、扯冬、绒不丢等据点的入侵印军。

担任左翼助攻部队，向沙则、仲昆枪、克宁乃桥的印军实行反击。入侵沙则的印军在这里构筑了堑壕及百余个明暗地堡。攻占沙则可直接威胁克节朗地区的印军指挥机关。于是，助攻部队穿密林、攀悬崖、涉急流，迅速突入印军前沿，首先切断克节朗地区入侵印军指挥机关与沙则据点的联系。

在沙则战斗中，154团9连2班班长张映率领全班，连续攻克印军4个地堡，在攻击第5个地堡时，他身负重伤，向地堡投入最后1枚手榴弹，并用双腿堵住印军地堡射孔，壮烈牺牲，为后续部队歼灭印军创造了条件。战后，国防部授予他“战斗英雄”称号。

作战当天，克节朗地区的印军大部被歼，一部溃逃。10月22日，中国国防部宣告：我军没有必要受非法的“麦克马洪线”约束。10月23日，我山南地区部队歼灭棒山口之敌一部，占领棒山口。接着我军兵分5路实施追击，直取达旺。

印军仓惶向达旺河以南之西山口一线撤逃。我边防部队又以一部渡过娘姆江曲，昼夜兼程，沿下地、龙拉、沙泽一线急进。清除棒山口入侵印军的另一支反击部队，于1962年10月24日占领了东新桥等地。

1962年10月25日，几支反击部队相继进占达旺。其中一部继续向南推进到达旺河北岸。克节朗——达旺之役遂告结束，首战告捷。

全歼印军第7旅及其他一部，俘虏印军第7旅旅长季·普·达尔维准将，共歼印军1900余人，收复了克节朗河以南、达旺河以北、不丹以东、达旺以西的全部领土，并在事实上否认了所谓“麦克马洪线”。

7. 胜利者仁慈之心

10 月 24 日，中国政府提出重开和谈的建议，在和平解决前，中国政府希望印度政府同意，彼此尊重目前双方实际控制线（按指 1959 年 11 月 7 日的边界实际控制状况），双方武装部队从这条线各自后撤 20 千米，脱离接触。中国政府认为，为了谋求中印边界问题的友好解决，中、印两国总理应该再一次举行会谈。如果印度政府有所不便，中国总理愿意前往新德里进行会谈。

印度政府虽遭惨败，但仍不认输，悍然拒绝了我国政府的和谈建议，加紧战争动员和准备，从全国各地调兵遣将，日夜向边境增派军队，赶运武器，一心与我国再作军事较量。到 11 月中旬，印军在中印边界东、西两段，增加了 2 个师部、9 个旅以及炮兵、装甲兵部队各一部，总兵力增至 3 万人。

8. 战事再起西山口

11 月 14 日，印度军队向驻守在中印边界东段瓦弄地区的中国部队发起进攻，想以战场上的胜利作为献给尼赫鲁 73 岁生日的寿礼。鉴于此，为缓和边境紧张局势，创造用谈判解决边界问题的条件，还必须再给印军以沉重打击，中共中央和中央军委决定再次反击入侵印军。

瓦弄位于喜马拉雅山南麓，中印边界传统习惯线以北，该地区山高林密，平均海拔在4000米以上，断崖峭壁，河流交错，水流湍急，易守难攻。入侵印军第 11 旅 4 个营 2000 余人凭险扼守，并不断向我军出击。

中国边防部队以 1 个团向瓦弄扎公西北的印军左翼实施迂回包围；以 1 个团又 1 个营分别向瓦弄扎公、曲子扎公反击，居高临下，直插瓦弄，以 4 个连从察隅河以东反击，分割歼灭瓦弄地区之敌。

1962 年 11 月 16 日晨，我军发起反击。我军一部攻扎公、曲子扎公等地，打乱了印军部署。印军第 11 旅旅长等人见势不妙，惧我全歼，下令全线撤退，旅长本人随 4 军军长考尔乘飞机仓惶逃跑，部队大部溃散。

在反击战中，我军排长周天喜带领一个加强班冲在最前面，经 3 小时苦战，打下了印军第一个地堡群，当向印军第二个地堡群冲击时，周天喜不幸牺牲。战后，国防部授予周天喜“战斗英雄”称号。

战士陈代富奉命执行摧毁地堡任务，当他将爆破筒塞入地堡时，被印军推了出来，在危急时刻，他爬上地堡，扒开堡顶积土，将爆破筒从顶盖圆木间隙插入，并用胸口顶住爆破筒，不让印军推出，当爆破筒即将爆炸的一瞬间，他迅速滚出了地堡，地堡被炸毁了，打开了部队前进的道路，人们称赞他是活着的黄继光。战后，国防部授予陈代富“战斗英雄”称号。

11 月 16 日 17 时许，中国边防部队进占瓦弄。我部进驻瓦弄后，主力转入搜剿，一部乘胜向南追击，到 21 日，我军进至萨木维尔和金古底，逼近中印边界传统习惯线。追击部队奉命停止追击，就地转入搜剿。瓦弄之战，共歼灭印军 1200 余人。

中国军队拿下达旺后，印军的增援部队分三部分沿德让宗——达旺公路展开，准备攻击达旺。战机显现，中国军队立即兵分两路，一路沿公路迎击印军，另一路沿贝利小道堵印军的后路，结果把印军一个半旅加一个师部夹在了达旺与邦迪拉之间。

作战中，我军 1 名战士曾击溃印军 1 个炮连，缴获 4 门火炮。8 个战士俘虏 180 名印度兵。半个紧急凑起来的连，30 来名战斗人员，硬是在邦迪拉外阻击了装备齐全的 3000 名印军，印军打了几次冲锋，死了几百人还是无可奈何，于是丢弃了所有重武器，沿小路狂奔，后面那半个连还穷追不舍，途中遇到那个连的副连长带的一个重机枪班在桥头阻击，打光所有子弹后，眼睁睁地看着 800 多印军蜂拥而过。

这个连的任务本来就是切断这条小路，副连长带的掩护部队不折不扣地执行了任务，连长带的主力却只顾抓俘虏了，但念在阻击印军主力有功（别的穿插部队没有及时赶到），降职使用，连长和副连长就地掉了个儿。

美制 M16 步枪

我军沿公路一路狂追，打到了德让宗，其中一个连的先头部队，比逃跑的印军还跑得快，在印度人目瞪口呆的眼皮下，一枪不发，穿城而过，一掉头又把印军堵在了德让宗，就在这个连吃饭休息挖工事时，后面来了一个车队，战士们枪都来不及拿，这个庞大的车队就冲进了德让宗。等打下德让宗才知道，车里全是英美两国紧急援助印度的第一批先进武器，连封条都没拆，就急急忙忙送到了我军手里，其中就有美国当时最先进的 M16 步枪。

【武器小常识】M16 步枪

M16 是一种轻巧的 5.56 毫米口径步枪，具有通过导气管由高压气体直接推动枪机框操作启动的回转式枪机。它是第二次世界大战后美国换装的第二代步枪，也是世界上第一种装备部队并参加实战的小口径步枪，对后来的轻武器小型化产生了深远影响。迄今为止，M16 系列步枪被将近 100 个国家使用，被誉为当今世界六大名枪之一。

随后，中国部队发起了西山口和邦迪拉战役。中国部队采取“分进合击”战术，秘密穿越荒无人烟的深山老林，犹如兵从天降，突然出现在印军后方，把印军主力切成 3 段。印军阵脚大乱，节节溃败。解放军于 11 月 18 日攻克西山口，进入邦迪拉镇，继续向南追击，于 11 月 20 日抵达中印传统习惯线。在中印边界西段，鉴于印

军据点居高临下，射界开阔，中国部队利用夜晚接近印军，天明时发起攻击，摧毁印军一个又一个的据点。

中印边境自卫反击作战历时 1 个月，我军在西段清除了印军全部入侵据点，在东段推进到非法的“麦克马洪线”以南靠近传统习惯线附近地区。作战中，我军全歼印军 3 个旅，基本歼灭印军 3 个旅，另歼灭 5 个旅各一部，俘虏印军第 7 旅旅长达尔维准将，击毙印军第 62 旅旅长辛格准将，总计歼灭印军 8900 人。缴获各种火炮 300 余门，飞机 5 架，坦克 10 辆，汽车 400 辆，各种枪 6300 余支（挺），及其他武器弹药和军用物资。在反击作战中，我军共伤亡 2400 余人。

【地理小常识】中印边界问题的“三线”之说

“三线”即传统习惯线、印方主张线和实际控制线。

传统习惯线：这条线在近代以前就形成了，当时中国与南亚国家之间一直没有真正意义上的国境线，只是依据传统习惯和治理范围约定俗成形成了一些界线。目前，我国主张的中印边界线就是两国人民在长期的生活实践中形成的一条传统习惯线，这条边界西段大致沿着喀喇昆仑山分水岭，东段大致沿着喜马拉雅山南麓的布拉马普特拉河北岸，也就是我国地图标示的国界，全长约 1700 千米。

印度主张线：印度在西段主张所谓的“约翰·阿尔达线”，在中段主张沿实际控制地区划定，在东段主张所谓的“麦克马洪线”。印度主张线把中印边界西中段推到了昆仑山山脉，东段推到了喜马拉雅山分水岭。

中印边界三线

实际控制线：是 1959 年 11 月 7 日，为了控制事态发展，确保边境安全，周恩来总理向印度总理尼赫鲁提出来的，这条实际控制线在西段与传统习惯线基本吻合，在东段与非法的“麦克马洪线”基本一致，后来将这条线正式称之为“1959年11月7日实际控制线”，目前中印双方的实际控制区域和这条线也大致吻合。

第二节 依据条约划界而定

条约是指由授权代表正式签字、得到国家合法权威批准的在两个或更多的政府当局（如国家或君主）之间签署的契约。在现代社会中，通过签订条约来划定陆地边界或解决边界争端的做法非常普遍。陆地边界条约是相邻国家或地区签订的关于确定边界问题的法律文书，它包括边界议定书、边界换文、边界地图等边界文书的主件、基本约或母约。按照国际惯例，子约要服从母约、边界地图、边界议定书所划界线，除非双方另有协议，与条约不符的，以条约为准。

1. 谈判合乎人民意愿

在相邻国家边界谈判过程中，通常要将双方达成一致意见的两国边界位置和基本走向，用边界条约的形式明确表述和签约固定下来，并附有标明边界线地理位置的地图。边界条约一般由名称、序言、约文、最后条款四个部分组成。其内容主要包括条约的名称，缔约的宗旨和原则，边界走向的地理描述，条约签署、批准、生效等。

以《中华人民共和国和尼泊尔王国边界条约》为例，该条约在序言中就明确提出了双方本着“公平合理，互谅互让”的精神划定边界。条约的约文详细叙述中尼两国边界地理走向，各段起止点和长度，重要地理特征等内容。最后，条款中还确定了双方全权代表、签署时间、批准生效等内容。

边界条约应根据各缔约方的不同语言，使用两种以上文字写成，不同语言的文本按主权平等原则具有同等效力。中国《缔结条约程序法》规定，如中国同外国签订双边条约，双方都不太熟悉对方的语言，可以用双方共同熟悉的第三种语言增加一种文本，并同样具

中国和尼泊尔的边界条约

备法律效力。如，中国和尼泊尔签订的边界条约就由中文、尼泊尔文和英文三种文本。

此外，边界条约生效通常有两种情况：一是从签字之日起立即生效。如，1978年中国和尼泊尔的边界条约直接由两国元首签订，在最后条款中规定“自签字之日起生效”。二是待双方交换批准书之日起生效。如，1999年12月30日签订的《中华人民共和国和越南社会主义共和国陆地边界条约》，经两国立法机构批准后于2000年7月生效。

当然，陆地边界条约的背后通常折射着缔约国之间国家力量角逐的影子，历史上的条约很少是在完全和平的基础上达成的，许多条约的签署都是一场血腥战争的休止符。

2. 欧洲版图重新洗牌

1814年9月18日到1815年6月9日之间在奥地利维也纳召开的一次欧洲列强的外交会议。这次会议是由奥地利政治家克莱门斯·文策尔·冯·梅特涅提议和组织的。其目的在于重划拿破仑战败后的欧洲政治地图，恢复拿破仑战争时期被推翻的各国旧王朝及欧洲封建秩序，防止法国东山再起，通过会议条约重新分割欧洲的领土，划定各国新的陆地边界。

虽然拿破仑在会议期间重回法国，但会议还是继续进行。会议决议于滑铁卢战役前9天被签署。技术上来说，维也纳会议实际上从未召开，因为实际上没有召开过任何真正的大会，所有讨论都是在各个列强之间的非正式会晤中进行的。

维也纳会议

会议讨论了整个欧洲在拿破仑战争后的形势问题。唯一没有讨论的是与法国的和平问题，这个问题在会议召开前数月（1814 年 5 月 30 日）就已经在法国和反法同盟的《第一次巴黎和约》（即《法、奥、俄、英和普和平条约》）中签署了。

参加此次会议英国与会代表一开始是外交大臣卡斯雷尔子爵，1815 年 2 月后是威灵顿公爵，最后一周威灵顿公爵离开会议，全身投入与拿破仑的作战，英国与会代表则再由卡斯雷尔担任。奥地利与会代表是其外相梅特涅和他的副外相威森贝格伯爵。普鲁士与会代表是首相卡尔·奥古斯特·冯·哈登堡亲王以及外交家和学者威廉·冯·洪堡。法王路易十八的代表是塔列朗。俄国代表名义上是其外长卡尔·内色罗德，但实际上沙皇亚历山大一世本人大多数时间在场。一开始四个战胜国打算不让法国参加他们的内部交涉，但塔列朗很巧妙地在会议的第一个星期将自己插入了他们的内部交谈。

大多数议题都是在这五个列强之间解决的。在一些问题中西班牙、葡萄牙、瑞典的代表也有参与。涉及德国问题时，汉诺威、巴伐利亚和符腾堡的代表也应邀参加。由于大多数代表在大多数时间里无所事事，会议的东道主奥地利国王佛兰兹二世举办了许多娱乐活动来供这些代表消遣。因此，德利涅亲王在此期间经常说：“大会不行动，大会在跳舞。”

3. 列强各怀鬼胎

俄国沙皇亚历山大一世一心想在维也纳会议上谋取最大利益，他决心以波兰为跳板，进而逼近西欧，像拿破仑那样，成为欧洲的新霸主。英国则决心阻止任何一国，不论是法国抑或俄国在欧洲大陆建立霸权，并竭力保持英国在海上的霸权，保护他海外殖民地及海外航运的现实利益。与此同时，奥地利也不希望俄国插手中欧事务，因此一再反对俄国沙皇对波兰领土的要求。此外，奥地利还为应付普鲁士妄图提升在德意志地区的领导地位的野心，通过各种政治攻势巩固自己在德意志地区的盟主地位。

除了利益冲突外，在对革命的态度上列强也存在着分歧，奥地利、俄国、普鲁士三国决心压抑民族主义及自由主义的发展，但英国却无意让上述3强借干预他国之革命来扩张势力。而法国的塔列朗则在会议中希望借列强之利益矛盾以及对革命见解之不同，从中维护法国在欧洲的地位，以免列强一致对法国的惩罚。

4. 拿破仑折戟滑铁卢

拿破仑画像

1815年3月，会议因拿破仑从厄尔巴岛重返巴黎而中断。在1815年3月20日拿破仑重返巴黎到同年6月28日路易十八复辟的百日王朝期间，维也纳的代表们焦急地等待着战争结果。

3月13日，拿破仑重返巴黎前6天，维也纳会议将拿破仑定性为歹徒。4天后英、俄、奥、普四国联盟组织了一支15万人的军队来结束拿破仑的统治。

拿破仑一开始试图与盟军或某一国谈判，让他们不要入侵法国。但这个谈判失败后，他彻底明白他唯一的获胜希望就是在盟军形成一支强大的军队之前，就给这支盟军以沉重打击。假如他能够在援军到达前消灭位于比利时的盟军的话，他也许可以将英国军队逐出欧洲大陆，然后击败普鲁士。他曾经多次成功地运用这个战略。

但是，滑铁卢战役的失败彻底粉碎了拿破仑的希望。获胜的盟军一直将法军逼近巴黎，拿破仑被流放到南大西洋上的圣赫勒拿岛上，法国封建势力的代表路易十八再次复辟。

【历史小常识】滑铁卢战役

滑铁卢战役是拿破仑战争中的最后一场战役，也是世界军事史上的著名战役之一。这场战役发生在1815年6月18日，法军与反法盟军在12个小时的激战中，相继投入兵力14万余人、数百门火炮和无数的马匹。战役从法军凶猛的火力掩护开始，步兵向英军左、右翼防线猛攻。英军元帅威灵顿则以火力的节约和冷静的调遣，来对付法军的进攻，战斗持续了4个小时，威灵顿的防线依然没有松动。下午15时30分，拿破仑下令转而攻击英荷联军的正面防线。至17时，法军终于在敌军防线上夺下了一个关键性阵地，战局随之出现转机，威灵顿处境危急，一度只有祈盼天黑下来终止战斗。然而，正当双方伤亡惨重、拿破仑略胜一筹之际，普鲁士将军布

滑铁卢战役

吕歇尔所率的反法盟军及时赶到，改变了战场上的力量对比。此时，威灵顿发起全线反攻，拿破仑见抗击无望，遂下令放弃战斗。历时12小时的滑铁卢战役结束了。拿破仑一生中的最后一仗，在明显掌握优势的情况下却失败了。这场被史学家们称为“20世纪欧洲最具决定意义的一战”，因战胜方前沿行营驻扎地滑铁卢镇而得名，史称“滑铁卢战役”。

5. 封建势力卷土重来

随着拿破仑的战败，法国资产阶级彻底丧失了谈判的砝码，代表封建势力的路易十八再次成为法国的代言人。会议承认了1789年前法国及其他各封建君主是正统王朝，恢复他们的统治权力、政治制度及所属领土，若原有君主被拿破仑推翻，可由其兄弟或亲属代替为世袭君主、于是路易十八在法国、斐迪南七世在西班牙、奥伦治王室在荷兰、斐迪南一世在两西西里王国、教皇在教皇国皆恢复统治。同时，会议还决定对拿破仑战争中失去领土的国家及在对拿破仑作战中有功的国家均给予领土补偿。

在会议上争执最大的问题是波兰及萨克森王国前途所属问题。俄国和普鲁士建议将此前被俄、普、奥瓜分波兰的大部分地区，让出来建立一个独立的波兰王国。而授予俄国沙皇亚历山大一世同时兼任俄国国王与波兰国王。作为补偿普鲁士在波兰的损失，俄普两国希望普鲁士获得萨克森王国。

【萨克森王国】

萨克森王国是1806～1918年间德意志邦联的一个邦，现在是德国的一个联邦州，位于德国东部，其南面为捷克，东部为波兰。萨克森王国存在的100多年中，历经7个国王，在拿破仑时代是数个德国历史众诸侯国中的一个独立的成员，最后于1918年并入魏玛共和国。首都为德累斯顿。

他们认为，萨克森国王没有及时参加反拿破仑的联盟，且是最后一个舍弃法国的国家，因此他的王国不配继续存在。但是奥地利、法国和英国反对这个计划，因为他们不愿意看到俄普两国势力的急剧增强。因为波兰位置平原有利农业发展，萨克森则是德意志地区中工业甚发达的地区。

于是在塔列朗的安排下，这三个国家于 1815 年 1 月 3 日缔结了一个秘密条约。在会议上，三国基于正统原则，他们反对俄普两国的建议，并警告会基于秘密条约，在必要的情况下联合作战来防止俄普计划的成功。虽然结盟的三个国家还没有精力进行战争，俄国和普鲁士还是被这个威胁吓倒，收回了关于波兰及萨克森王国领土的建议。

最后，波兰的领土由俄国、普鲁士、奥地利三国瓜分，仅剩下克拉科夫成为一个自由城市，但最后也在 1830 年的革命中被俄国占领。而萨克森问题则以普鲁士获得萨克森 40% 的地区（后来成为萨克森省），剩下的地区依然交给其国王腓特烈·奥古斯特一世来作解决。

在会议随后签订的条约中，奥地利帝国取得波兰人居住的加里西亚，割让奥属尼德兰（即比利时）给荷兰，成为联合荷兰王国，同时获得了意大利的伦巴底及威尼斯、达尔马提亚（巴尔干半岛西部沿海及岛屿）等领土。

德意志没有恢复神圣罗马帝国，而组成了德意志邦联，由奥地利任主席，之前 300 多个邦国被合并成 39 个邦国。

普鲁士则取得波兰人居住的波兹南、2/5 萨克森的领土、西伯利亚地区及莱茵河地区、瑞典属波美拉亚纳，正式成为德意志邦联的副主席。

俄国取得之前由瑞典统治的芬兰以及大部分的波兰领土。

英国取得的多数是海外的贸易及补给据点，主要包括地中海的马耳他岛及爱奥尼亚群岛、特立尼达岛、位于印度洋的毛里求斯和锡兰（今斯里兰卡）、南非的好望角以及北海的谢得兰群岛。

荷兰根据条约将南非与锡兰（今斯里兰卡）割让给英国，获得奥属尼德兰（比利时），组成联合荷兰王国。

瑞士获得了法国的 3 个州，组成由 22 个州合成的独立国家，对各列强保持中立。

意大利则将伦巴底及威尼斯割让给奥地利帝国，摩德那、帕尔马、都斯加尼等地区交给奥地利哈布斯堡皇室统治。

维也纳会议经常受到 19 世纪和现代历史学家的批评。它忽略了民族主义和自由主义的趋势，低估了资产阶级和工人阶级对政治和社会保障的要求，间接促成日后欧洲的革命浪潮，并且牺牲许多小国利益以保持大国的势力均势及恢复欧洲旧有秩序，而所谓的欧洲协调合作常规架构目的也只是在欧洲大陆建立一个顽固的保守系统。

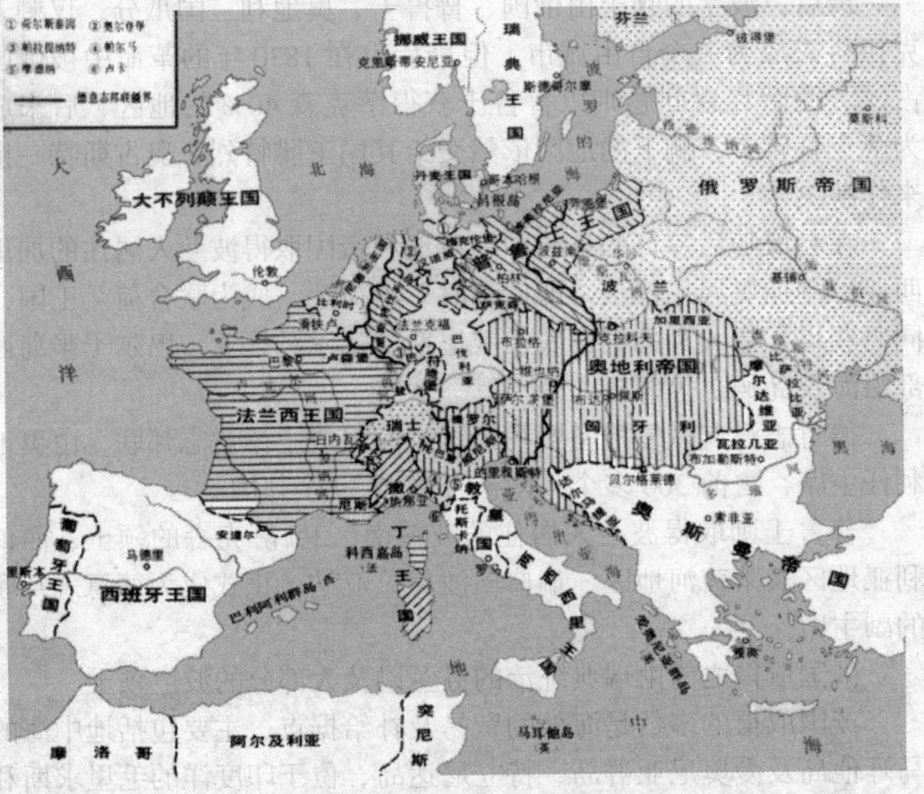

维也纳会议后的欧洲（1815 年）

事实上，英国辉格党反对党在会议结束时就已经提出了这些批评。维也纳会议成为了通过压制法国大革命所提出的自由主义和民权来换取和平与稳定的保守系统的一部分。

20世纪内也有许多历史学家赞成会议中所取得的成就，如对战败国的处理手法较宽容、建立欧洲协调的合作常规架构、废除奴隶买卖、开放国际河流皆对重建和平及欧洲社会之进步有所贡献，他们认为这个会议的决定使得近100年（从1818～1914年）中没有发生席卷整个欧洲的战争。

第三节　前朝后续政权继承

世界上许多新成立的国家的领土边界是从原有国家领土界线或者原有国家行政管辖范围继承而来。这些新成立的国家人民往往与原有国家人民同宗同族。比如，当今世界领土面积最大国家俄罗斯，就是继承了苏联大部分的领土范围。再比如现今的德意志联邦共和国，它是1990年资本主义国家联邦德国和社会主义国家民主德国统一而成立新国家，其陆地边界是对原两德边界的继承。

可以说，在20世纪中，德意志民族经历了大起大落的命运起伏。他们从“最优秀种族”的谎言中惊醒，在帝国的辉煌巅峰时刻陡然跌落。在第二次世界大战后，德国人民切实地感受到人为刀俎、我为鱼肉，身不由己、任人宰割的滋味。在被分裂的岁月中，德意志民族分离叫人心碎，但随着柏林墙骤然倒塌，东西两德的民众再度携手，荣辱与共。

1.“凡尔赛—华盛顿体系”埋下祸根

1918年11月11日，德国与协约国在法国巴黎东北的贡比涅森林签订投降协议。第一次世界大战以协约国的胜利宣告结束。战争结束后，协约国集团于1919年和1922年在巴黎和华盛顿先后召开了国际会议，讨论重建战后国际秩序的问题。经过几番讨价还价，最终建立了战后初期的国际体系，即“凡尔赛—华盛顿体系”。

【历史小常识】“凡尔赛—华盛顿体系”

一战后，通过巴黎和会和华盛顿会议，帝国主义列强建立了“凡尔赛—华盛顿体系”，它确立了帝国主义在欧洲、西亚、非洲、东亚以及太平洋地区的统治秩序。其实质是一战后对于世界格局的重新安排，是战胜国对战败国遗产的重新分赃，是对殖民地半殖民地人民的重新奴役，是一战后帝国主义国家重新瓜分世界的体系。

“凡尔赛—华盛顿体系”的核心问题是解决德国问题。于是，英、法、美3国操纵签订的《凡尔赛条约》在处置德国时采取了“以暴制暴”的方法，使德国丧失了1/8的领土和1/10的人口，在德国人心目中埋下了仇恨的种子，从而背离了制定这一条约的初衷。

凡尔赛—华盛顿体系

两次世界大战间的20余年，无论协约国集团在处置德国问题时怎样大发仁慈，都难以改变德国老百姓心中约定俗成的基本认识：战争赔款是德国贫困的根源。不管是濒于破产的商人、收入菲薄的教师，还是失业的工人，都把他们贫困的原因归咎于战争赔款。

在德国人看来，在“凡尔赛—华盛顿体系”下，普鲁士占领了100多年的但泽成了自由市，但泽走廊将东普鲁士同德国本土分割开，德国丧失了所有的殖民地，所有这一切带给德国的只有贫弱和苦难。

德国人认为，摆脱困境的根本方法是推翻压在他们头上的《凡尔赛条约》。此时，大多数德国人心中想的只有：复仇！复仇！复仇！希特勒和纳粹党的出现恰恰迎合了德国人这种急于报复的极端民族主义心理，因而轻易上台执政。

第一次世界大战后，人们普遍幻想今后永远不会再有另一场世界大战了，饱受战争之苦的欧洲各国“和平主义”思想过度泛滥。“和风”劲吹之下，欧洲各国大规模裁军，对纳粹党在德国上台可能造成的危害疏于防范，使其得以顺利壮大。

1933 年，和平的热望鼓动着大多数英国人，法国人则在德法边境修筑了蜿蜒几百千米的马其诺防线，并在德国东部联合南斯拉夫、捷克斯洛伐克和罗马尼亚组成了制约德国的“小协约国”集团，

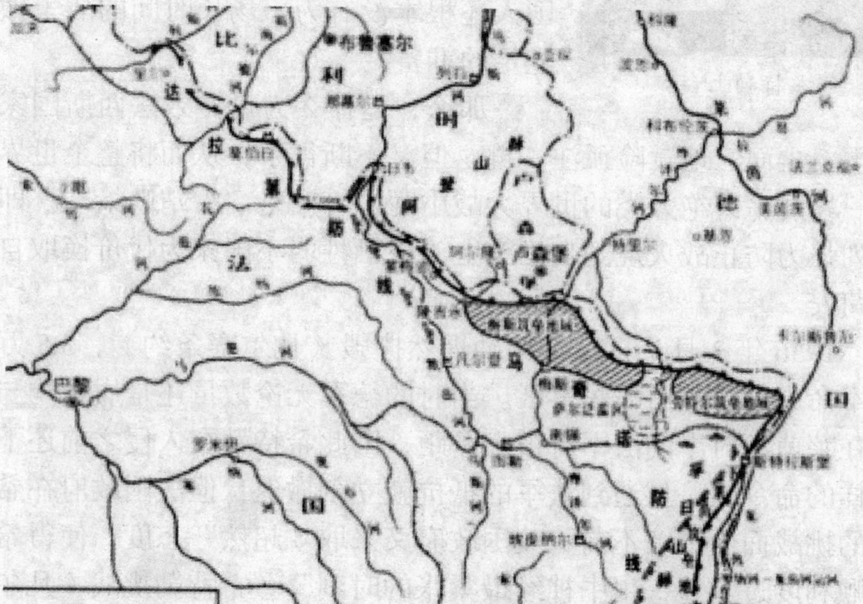

马其诺防线

自以为从此可以高枕无忧、永享太平了。而此时，纳粹党执政后的德国却在悄然重整军备，恢复普遍义务兵役制，并秘密发展被《凡尔赛条约》禁止的空军和装甲部队。

2.“绥靖政策”将世界推入战火

希特勒上台

希特勒上台伊始，恰逢德国陷入资本主义世界性经济危机之中。凭借手下能臣沙赫特（时任德国经济部长）的经济手腕，德国的经济实力几乎发挥出了全部的潜能。但是，饱受《凡尔赛条约》制裁的德国军队早已不再是一支令人望而生畏的力量了。甚至到了大战爆发的1939年，德国人还根本没有为一场长时间的战争做好充足的准备。

那么，是什么力量导致法西斯国家一而再、再而三地冒险孤注一掷，但又不断得手，从而将整个世界拖入一场几乎灭绝人类的世界大战中呢？答案是“绥靖政策”。即西方列强为防止战火烧到自己头上，以牺牲弱小国家为代价换取自身的苟安。

1936年3月7日，希特勒悍然撕毁《凡尔赛条约》，3.5万德军奉命进入了莱茵非军事区。当时的德军无论数量还是质量均与驻扎在莱茵河对岸的法军有很大差距，因此希特勒在入侵之前还下了这样的命令：一旦遇到法军的抵抗就立刻撤退！但法国政府在希特勒的挑战面前畏缩不前，英国政府又采取“超然”态度，使得希特勒顺利度过了“一生中神经最紧张的时刻”。希特勒挑战《凡尔赛条约》的第一个动作就此得逞。

1938年3月，奥地利总理舒士尼格与国内民族主义者矛盾激化。11日晚8时，纳粹党人赛斯·因夸特在德国的支持下就任奥地利总理。当晚9时10分，赛斯·因夸特发出电报，请求德国援助。

但希特勒早在当晚8时45分就已命令德军进军奥地利。3月13日，奥地利正式并入德国。其实，当时德军在入侵之前根本没有做好作战准备，有70%的车辆在路上抛了锚。

德奥合并，更准确地说是德奥合并的方法和结果，使希特勒摸透了“绥靖政策”者的底牌，使他在通往大战的路上走出了关键的一步。德军入侵奥地利的整个过程进行得出奇的顺利，以至于希特勒本人也被这种胜利的情绪所感染。

在这之后，他以在民族问题上处理不当为由，抓住捷克斯洛伐克不放，迫使捷克给予其境内苏台德地区的德意志人以“自治”。当时，拥有几十个师、数十万人的捷克斯洛伐克陆军装备还是比较精良的，其战斗力足以抵抗德国军队的入侵。但这支雄师在英法“绥靖政策”的压力下根本没有用武之地。

1938年9月15日，英国首相张伯伦生平第一次乘飞机出行，赶赴希特勒在慕尼黑郊外的别墅——伯希特斯加登。根据会议记录，张伯伦不曾问过希特勒能否保持一个独立的捷克斯洛伐克，也没有问过这对西方列强会产生什么样的战略影响，甚至根本没有考虑过捷克斯洛伐克的领土完整，就拍板把捷克斯洛伐克出卖给了希特勒。

当然，人们也不会忘记慕尼黑会议上的另一个“绥靖政策”者。在9月18日的会议上，法国总理达拉第力图使英国人相信：希特勒是个办事诚实的人，他在获得了捷克斯洛伐克的德意志人居住地之后，绝不会再寻求

苏台德地区

缔结慕尼黑协定的前一刻

其他非德意志人居住的领土。张伯伦则说："如果捷克斯洛伐克政府接受现在向他们提出的建议，并确定不会同时发生军事政变的话，英国政府会在准备参加的会议中保证它的安全。"达拉第的一句话把英国推进了世界大战，而张伯伦的一句话又把捷克斯洛伐克投入了民族苦难的深渊。

9 月 29 日，张伯伦、达拉第与墨索里尼、希特勒在慕尼黑举行了 4 国首脑会议，正式签署了《慕尼黑协定》。协定签字之后，捷克斯洛伐克的代表才被叫进会议厅，张伯伦和达拉第向他们宣布协定的内容，还告诉他们："这是无权上诉和不能修改的判决词。"

返回伦敦，面对机场上欢呼雀跃的人群，张伯伦不禁高喊：这是在我国历史上，第二次将伟大的和平从欧洲大陆带回！

但是，没过多久，法西斯的炸弹就落到了他们的头上。1939 年 9 月 1 日，纳粹德国入侵波兰。9 月 3 日，英法对德宣战，第二次世界大战爆发。

3. 败局已定

战争初期，德国军队制造了一个又一个神话。德军以眼花缭乱的闪电战，仅用 27 天，迅速攻陷华沙，吞并波兰。为保住其铁矿石运输线的安全，1940 年 4 ~ 6 月间，德军一路北上，相继占领挪威和丹麦。与此同时，德军出其不意地穿越阿登山区，逼降荷兰与比利时，迅速占领法国首都巴黎，建立了法国傀儡政府。

不过，德国人的得意并未持续很久。英、法联军在敦刻尔克成功撤退了34万有生力量。丘吉尔领导下的英国政府采取了对德强硬态度，拒绝接受德国的和谈建议。

此后，德军在侵苏战争中遇到了顽强抵抗，莫斯科战役打破了德军“不可战胜”的神话，第三帝国的权力扩张遭到遏制。

纳粹政权建立在不断扩张的基础之上，军事上的胜利激发起民众的狂热激情，从而进一步巩固了集权统治。然而，世界上没有常胜将军，在反法西斯同盟建立后，第三帝国的败亡已是指日可待的结果。

1942年后，德军遭受了一连串败绩。斯大林格勒会战严重削弱了德军的力量，迫使它在主要进攻方向上转入战略防御。阿拉曼战役遏制了德、意军队在北非的进攻势头。不久，墨索里尼政权垮台，意大利倒戈。尽管在希特勒的帮助下，墨索里尼东山再起，在意大利北部建立傀儡政权，但它并没有起到实际作用。1944年年初，苏军集中兵力，连续实施了10个快节奏、大规模的战略进攻，不仅解放了几乎全部国土，而且还进入巴尔干地区。同年6月，美、英两国在法国北部实施诺曼底登陆，迅速解放法国、比利时，直逼德国边界。

4. 雅尔塔会议

在联军凌厉的战略攻势下，第三帝国的全面崩溃已成定局。于是，关于战后世界的安排问题成为美、英、苏三大国的燃眉之急。为了在战胜法西斯国家的最后一击中继续保持合作，为了在战后的世界确立各自的地位，三国领导人都觉得有必要举行一次新的首脑会议。这次对战后国际关系产生重大影响的会议，就是美、英、苏三国的雅尔塔会议。

1945年1月23日清晨，一辆乌黑铮亮的大型轿车出现在美国东部纽波特纽斯港的码头上。透过车窗，人们可以看见一位气度不凡的老人。他身披玄青大氅，头戴黑色软礼帽，宽阔的前额下面，双目灼灼有神。

雅尔塔会议

此人就是刚刚第四次连任美国总统的富兰克林·罗斯福。汽车缓缓地停靠在美国海军重巡洋舰“昆西”号的船舷旁，两名侍从跑上前去打开车门，总统的贴身保镖米克·兰利把罗斯福扶起，并递给他一柄手杖。只见罗斯福迈开僵直的双腿走向“昆西”号舷梯。

“昆西”号拔锚起航了，在一支护航舰队的保护下，徐徐驶出港湾，开始了这次长达10天的远航，到达地中海岛屿马耳他。在那里，罗斯福将会同英国首相丘吉尔一起飞往苏联参加雅尔塔会议。

雅尔塔会议共举行了8次全体会议，其中不包括美、俄、英三国领导人的私下会晤和每天上午举行的外长会议。除了第一次全体会议集中讨论了军事问题外，其余的几次主要讨论国际政治问题。由于在政治问题上，三国政府常有相悖之处，致使许多问题不能通过一次全体会议得到解决。

为了避免会议陷入僵局，有争议的问题常常被暂时搁置起来，在外长会议或下一次全体会议上再作讨论，直到大体上达成一项原则协议为止。在2月5日的第二次全体会议上，讨论了如何处置德国的问题。“分割德国，使它无力再次挑起战争”，在这一点上三国没有产生任何分歧。

但是如何分割？把德国削弱到何种程度？三国政府首脑的意见不尽相同。自从在德黑兰会议上初步决定肢解德国后，三国领导曾经有过不同的设想。因此，直到2月10日的第七次全体会议，德国问题才得到基本解决。

雅尔塔会议达成了关于德国无条件投降的条款和处置战败德国的总原则，决定成立分割委员会和赔偿委员会，具体筹划分割和赔款方案，美、苏、英、法四国分区占领德国和柏林，共同设立中央管制委员会，以接管德国的中央权力。最终，德国被美、苏、英、法四国分区占领。

5. 分裂已不可避免

战后初期，德国的命运完全掌握在盟军手中，尤以美、苏两国为主。然而，这对战时盟友很快分道扬镳，针锋相对，拉开了冷战的“铁幕”。

在美、苏两国的战略地图上，德国扮演着极其重要角色。双方不再坚持分割德国，转而希望统一的德国成为本阵营的排头兵。但是双方在德国的统一程序和方式上均存在巨大分歧。美国主张“经济统一”优先，坚持“地方分权”的原则。苏联主张“政治统一”优先，坚持首先建立统一的中央政府。在此情况下，德国无法避免被分裂的结局。

随着东西占领区矛盾的不断激化，最终演变成柏林危机，东西占领区各自行事，德国的分裂已无法挽回。

1949 年 5 月 10 日，德国西部统治机构经西方占领国当局同意，宣布该地区成立德意志联邦共和国，首都为波恩，并于 23 日正式通过了《德意志联邦共和国基本法》。8 月中旬，举行了联邦议院的选举，9 月又召开了联邦议院及联邦参议院联席会议，自由民主党人西奥多·休斯当选为联邦德国首任总统。9 月 15 日组成了以基督教民主联盟主席康拉德·阿登纳为联邦总理的联邦政府。20 日，德意志联邦共和国第一届联邦政府宣告正式成立。次日，美英法三个占领区宣布合并。

在这一过程前后，德国的苏占区也发生了深刻变化。早在 1945 年 10 月，苏联占领当局就已将其权力移交给德国东部各级地方政权机构。1946 年，德国共产党与德国东部的社会民主党合并，

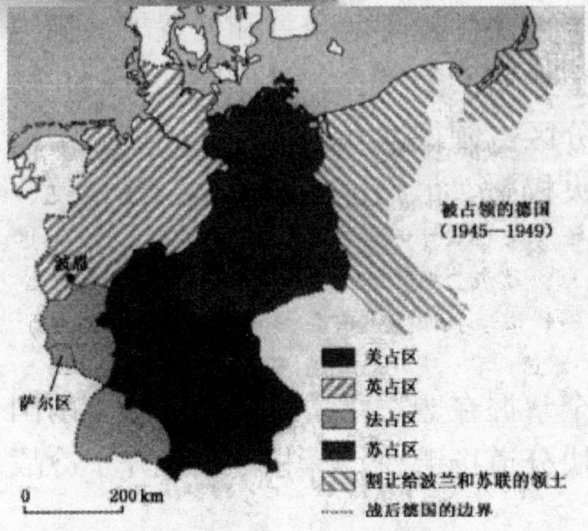

1945 年后德国分裂

正式组成德国统一社会党。统一社会党在德国东部政权机构中迅速占据了主导地位。

1949 年 10 月 7 日，德国人民委员会举行第 9 次会议，通过了由统一社会党制定的《民主德国全国阵线宣言》，提出德国人民争取祖国统一的纲领，要求建立统一的德意志民主共和国。同日，人民委员会还通过一项决议，决定成立“临时人民议院”，并组织“德意志民主共和国政府”，决议委托奥托·格罗提渥组织德意志民主共和国临时政府。

几天之后，威廉·皮克出任德意志民主共和国总统，苏联政府发表声明，宣布德国东部全部行政权力正式移交给德意志民主共和国。

至此，德国被分裂为两个主权国家，即德意志联邦共和国和德意志民主共和国。两个德国之间的边界尽管有原德国内部行政区划的渊源，但本质上则是分区军事占领的产物。

6. 德意志再度迈向统一

到 20 世纪 80 年代，两德关系逐步走向稳定，两德之间不再相互敌视，来往增加。两国虽然还未互设使馆，但高层领导人的互访日渐频繁。两国经济贸易发展也十分迅速，联邦德国已成为民主德国的第二大贸易伙伴。

20 世纪 80 年代末，随着冷战格局的变化，民主德国突然面临内外局势的急剧变动。苏共总书记戈尔巴乔夫实行的“新思维”外交方针，直接影响了东欧各国的政治与社会稳定。在 1989 年的春夏两季，东欧各国相继“易旗变色”，尤其是匈牙利拆除了匈奥边界，开放了通往资本主义世界的大门。

这种变故重新燃起了民主德国内部不满现状者的出逃希望，导致了“柏林墙”的开放。联邦德国则迅速抓住了统一的契机，向东部同胞张开双臂。在柏林墙开放的第二天，总理科尔中断对波兰的国事访问，紧急回国部署对策，内务部指示有关部门接纳所有的民主德国公民。

两德统一已成大趋势。但这既是两国政府之间的政治行动，也关系到美、苏、英、法四个曾经的占领国。因而，通往统一之路是德国内外问题同时解决的过程。

柏林墙开放

民主德国人民议院大选成为内部问题解决的关键。由于东德莫德罗政府始终坚持现有政治体制，拒绝科尔政府的“吞并”企图，因此科尔政府将实现统一的希望寄托在民主德国执政党更迭上。3 月 18 日，民主德国举行了首次西方式民主选举。在选举期间，西德科尔政府公开进行政治许诺，号召选民支持基督教民主联盟的“姊妹党”德国社会联盟。

此后，两德迅速建成货币、经济和社会联盟，准允东德居民私人存款以 1 ∶ 1 的比率兑换为西德马克——这些许诺对东部选民具有巨大吸引力，民意发生了明显变化，德国社会联盟获胜，基督教民主联盟主席德梅齐埃当选为部长会议主席。由此，民主德国的内部政权更迭完成。

随着社会联盟的获胜，民主德国新政府与科尔政府之间的经济统一谈判更为顺利。尽管双方在两德马克的兑换率上存在争议，但通过三个阶段的讨论，终于在5月12日达成了协议。5月18日，两国财长签订了《联邦德国和民主德国关于建立货币、经济和社会联盟的条约》，即《国家条约》。该条约于7月1日生效，两德实现了经济统一。

随后，两国政府又启动了政治统一进程。两个政府与政党在选举方式和选举时间上进行了细致讨论，最终达成了民主德国于10月3日加入联邦德国的方案。8月31日，两国代表签署了《联邦德国和民主德国的第二个国家条约》，即《统一条约》。9月20日，两国议会分别通过了该条约，德国统一的内部障碍完全消失。

人们登上柏林墙欢庆统一

在此前后，科尔游走于各大国之间，寻求多方理解、支持和妥协。由于统一后的德国在与北约的关系、波德边界以及占领国对整个德国和西柏林的权利及责任等问题存在分歧。自5月5日起，两个德国与美、苏、英、法四国举行了4次“2+4外长会议”。为取得苏联的让步，7月中旬，科尔访问莫斯科，用经济援助的承诺取得了戈尔巴乔夫的让步。9月12日，“2+4外长会议”，达成了《关于最终解决德国问题的条约》，清除了德国统一的外部障碍。

10月3日零时整，德国统一庆典开始。在柏林国会大厦前的广场上举行了隆重的升旗仪式，100多万人参加庆祝活动。在德国人心目中，这次德国的“再统一”，是德意志民族与德意志国家重生的新机遇。统一后的德国总面积为35万平方千米，人口超过

8000 万人，在短短的几十年内再次成为世界强国。

第四节　战争洗礼军事割裂

还有一些国家之间的陆地边界既不是传统习惯形成，也没有签订过具有法律性质的边界条约，更没有继承任何前任国家的行政区划，而是由于两国彼此之间的战争结果而形成的。

这类边界是一种动态的边界，它会随着即时爆发的武装冲突而发生偏移，反映的是边界两边国家或地区的政治军事势力的对比，是地区的不稳定因素的具体表象。但这类分界线与具有法律意义的国家分界线一样，具有政权管辖的性质，居住在分界线两边的人民即使要探望对面的亲人，也不可以随意跨越边界线，而只能在边界的一方生活工作。印度和巴基斯坦在克什米尔地区的陆地分界线就属于这类边界。多年以来，印巴两国在克什米尔地区发生了多起武装冲突，两国军人的鲜血铸就了这条临时性的陆地分界线。

印度和巴基斯坦这两个南亚地区最重要的国家，在克什米尔地区的持续冲突引起了国际社会的密切关注。在紧张和关心之余，人们也许会问：印巴两国何以会有如此巨大的仇恨？两个历史上有着千丝万缕关系的国家怎么会变成半个多世纪的冤家？印巴半个多世纪的紧张和敌对关系从表面上看起来，就是基于对克什米尔地区的控制权。但真正要回答这一系列问题，则需要回到半个世纪前的岁月。

1. 半个世纪前的那一幕

1947 年 8 月 15 日南亚次大陆的古老国家印度迎来了民族独立的神圣时刻。与此同时，巴基斯坦在前一天晚上亦宣告独立并且从此和印度分治。

半个多世纪以来，印巴两国在摆脱英国殖民统治后取得了全面稳步发展，但是在独立后的 60 多年中，两国不但一直为内部的民族矛盾所困扰，两国之间的对峙关系也严重影响了南亚地区的和平与发展。造成这一现状既有各自内在原因，更主要的还是由于英国殖民者一手操办的分而治之。

【地理小常识】印度

印度全图

印度，是印度共和国的简称，位于亚洲南部，是南亚次大陆最大的国家，与孟加拉国、缅甸、中国、不丹、尼泊尔和巴基斯坦等国家接壤。在古代，印度人创造了光辉灿烂的古代文明，成为历史最为悠久的世界四大文明古国之一。古印度的迦毗罗卫国（今尼泊尔国境内）王子创立了世界三大宗教之一的佛教。当前，印度是世界上发展最快的国家之一，农业由严重缺粮到基本自给，工业形成较为完整的体系，自给能力较强，尤其在软件业出口方面表现突出。但也是个社会财富分配极度不平衡的发展中国家，国内的种族等级制度较为严重。

1757年后，印度逐步沦为英国殖民地。当时，英属印度的范围包括今印度、巴基斯坦、孟加拉国及斯里兰卡（当时称锡兰）。

第二次世界大战后，随着民族解放运动在全球的日益高涨以及印度人民要求民族自治的呼声一浪高过一浪，英国只得同意印度独立。当时，印度民族构成中印度教徒占人口总数的60%，穆斯林则占24%。两大民族间存在严重的分歧和敌意。印度教信徒禁止与异族通婚，而穆斯林普遍要比印度教信徒贫穷，社会界线相当明显。

在英国殖民统治时期，为了防止各民族联合起来反抗英国的统治，殖民当局采取的是分而治之的策略。在决定英属印度独立的大事时，英国政府奉行的仍是分而治之。60年的发展已经证明，英国殖民者用心险恶地在印度教徒和穆斯林之间挑拨离间，这不但助长了彼此间的敌意，导致了印巴分治，而且还对此后60年中错综复杂的民族纷争与仇杀埋下了毒瘤。

印度民族独立运动先驱——圣雄甘地

【人物小传】甘地

莫罕达斯·卡拉姆昌德·甘地出生于1869年10月2日，逝于1948年1月30日，被印度人民尊称圣雄甘地，是印度民族解放运动的领导人和印度国家大会党领袖。他是现代印度的国父，是印度最伟大的政治领袖，也是现代民族资产阶级政治学说——甘地主义（非暴力主义）的创始人。他的精神思想带领国家迈向独立，脱离英国的殖民统治。他的"非暴力"哲学思想，影响了全世界的民族主义者和争取能以和平变革的国际运动。

英国殖民统治当局奉行的分而治之政策，显然忽略了印度人民争取民族整体独立道路的良好愿景。从1920年起，印度教就得到了由印度民族独立运动先驱莫罕达斯·甘地（圣雄甘地）领导下的国大党的支持，而圣雄甘地为了争取早日获得民族独立，希望穆斯林和印度教徒团结起来加入他所发起的非暴力不合作运动。

为了取得穆斯林的信任，圣雄甘地甚至接受了穆斯林建立一个奥斯曼式国家的目标。1924年，穆斯林取消了哈里发这一职位后，印度的伊斯兰教信徒与伊斯兰宗主国失去了联系，并且开始为自己今后在一个由印度教徒掌权的社会里的命运而深表忧虑。

1930年，穆斯林诗人、哲学家穆罕默德·伊克巴尔勋爵倡议在南亚次大陆建立一个穆斯林国家。1933年，英国剑桥大学的一些伊斯兰学生创造了“巴基斯坦”这一名称。这是一个由旁遮普、阿富汗、克什米尔、信得的首字母以及稗路支的最后3个字母组成的合成词。

【地理小常识】巴基斯坦

巴基斯坦，全称巴基斯坦伊斯兰共和国，位于南亚，东与印度比邻，南面是印度洋，西与伊朗接壤，西北和阿富汗相连，东北面可通往中国的新疆。在乌尔都语中，“巴基斯坦”这个源自波斯语的意思为“圣洁的土地”。除南部属热带气候，其余属亚热带气候。前首都为卡拉奇，现首都为伊斯兰堡。巴基斯坦是一个多民族的伊斯兰国家，95%以上的居民信奉伊斯兰教。乌尔都语为国语，英语为官方语言。

巴基斯坦

在20世纪30～40年代，英属印度人民在与英国殖民当局就自治而举行的谈判中取得了一系列进展。1946年年初，英国殖民当局提出了成立联邦制国家的建议，得到了印度各政党的同意，其中包括穆斯林联盟主席、后来成为巴基斯坦缔造者的穆罕默德·阿里·真纳的同意。

但是，之后不久，新当选为国大党主席的贾亚瓦拉尔·尼赫鲁在一次记者招待会上出言不慎，声称所有与自治有关的计划都应经过国大党的首肯，并且随时可以作出变更。

尼赫鲁的这一轻狂言论引起了民族大祸。穆罕默德·阿里·真纳听到此言后愤怒不已，而傲慢自负的尼赫鲁也不愿让步，拒绝收回说过的话。一场民族冲突由此而来。

发生在 1946 年的加尔各答骚乱

1946 年 8 月 16 日，成千上万的穆斯林在加尔各答市集会，支持成立巴基斯坦国。集会最后变成了骚乱，并进而演变成印度教徒和穆斯林教徒间的一场大残杀。城内铁匠不分白昼黑夜地赶制枪支武器，短短的 72 小时之内共有 5000 人丧生，加尔各答的棚户区内尸首遍地。

这场种族残杀不但加深了印度教徒与穆斯林教徒间的宿怨，为以后印巴两国长期不和埋下了祸根，同时也宣告建立一个统一的独立国家已失去最后的一次机会，分治已经不可避免。

【人物介绍】穆罕默德·阿里·真纳

穆罕默德·阿里·真纳（1876 ~ 1948 年），巴基斯坦立国运动领袖，巴基斯坦国的创建者，巴基斯坦第一任总督（1947 ~ 1948 年）。印巴分治前，他任印度穆斯林联盟主席。著有《在巴基斯坦总督任内演讲集》。1948 年 9 月，真纳因劳累过度，病逝于卡拉奇。鉴于真纳为创立巴基斯坦独立国家所做的不朽贡献，巴基斯坦政府在卡拉奇修建了真纳陵墓，供后人瞻仰，巴基斯坦人民誉他为“巴基斯坦之父”。

穆罕默德·阿里·真纳

1947 年 3 月，路易斯·蒙巴顿勋爵出任英属印度的末代总督，肩负着与圣雄甘地、尼赫鲁和阿里·真纳商谈印巴独立的重任。由于印度面临爆发内战的危险，谈判工作相当仓促。6 月 3 日，英国公布了印巴分治的方案，即蒙巴顿方案，而两国之间的疆界划分直到独立后才正式宣布。8 月 15 日，印度宣告结束殖民统治走上自治的道路，三色旗在印度上空升起。为了表示与印度有所不同，巴基斯坦在举行独立庆典时，将时钟往后拨了一天，因此巴基斯坦的独立日就变成了 8 月 14 日，成为英联邦的一个自治领，包括巴基斯坦东、西两部分。

2. 重任在肩却难以下笔

1947 年 8 月 15 日子夜前后，南亚次大陆的印度和巴基斯坦人民正在欢庆独立的神圣时刻，然而就在此时，在印度首都德里的一间平房内，有一个人却在埋头打点行装，准备离开南亚，因为他知道，一旦刚从英国殖民统治下解放出来的两国人民知道他在南亚干下的“好事”，他绝不会有好下场。此人不是别人，乃是用手中的一支笔在地图上标出印度与巴基斯坦国界的英国人西里尔·拉德克里夫勋爵。

1947 年 6 月 3 日，英国殖民当局公布了关于印巴分治的蒙巴顿方案。接下来的头等大事就是如何划定两国的疆界。一开始，英属印度殖民当局向刚成立的联合国提出请求，希望能由联合国这样一个国际机构来划定两国间的国界，但是遭到了拒绝。

这时候离规定的独立日子已经所剩无几，而疆界总得有人去划定。心急如焚的英国政府在没有多少回旋余地的情况下，最后选中了西里尔·拉德克里夫。律师出身的拉德克里夫时年 45 岁，曾经担任过英国情报局局长。据说拉德克里夫被选中担当起决定数亿印度人命运重任的原因有二。

一是因为他名气很响，曾在英国留学的尼赫鲁和阿里·真纳都知道他的大名。二是拉德克里夫对印度一无所知，这被英国政府看成是一个不可多得的优点，理由是拉德克里夫肯定不会对任何一方有偏心眼。但是，半个多世纪后的今天看来，正是拉德克里夫的这一“优点”改变了南亚次大陆的版图，改变了数亿人的命运，也为此后几十年中的印巴长期对峙埋下了祸根。

拉德克里夫虽然做律师干得很出色,但是他不是印度问题专家。用他当年的秘书克里斯托佛·比尤蒙特的话来说，他“一生中没有去过直布罗陀以东的地方”。现在看来，要他在6个月内“分割”南亚次大陆要多荒谬有多荒谬。

但是，英国政府坚持认为正是因为他没有去过印度，所以才能显得公正。比尤蒙特说:“他确实很能干，又不带偏见。在当时要找一个不带偏见的人很不容易。”据说尼赫鲁和真纳也是因为这一原因而欢迎拉德克里夫的，因为他们也相信他不带偏见。

但是，对于拉德克里夫来说，他当时答应去印度是受到了某种诱惑，即他被告知他去印度的任务只是在旁遮普和孟加拉之间出现边界纠纷时出面调停。如此轻松的差使他当然不会皱眉。

及至他抵达印度，总督蒙巴顿将他安顿在贵宾客房中后，他才知道自己要去完成的是一桩事实上难以完成的差使：将近1000年来无序地融合在一起的印度教徒、穆斯林教徒以及锡克教徒分割开来。这还不算，划定两国边界的时间也不是原定的6个月，而是只有36天。

他手头除了一大堆乱七八糟的文件外，就是一份早已过时的1943年的人口统计表。就凭这么一点资料，在如此仓促的时间里，拉德克里夫必须把南亚次大陆的两翼——东巴基斯坦（即现在的孟加拉国）和西巴基斯坦同印度分割开来。

3. 一支笔分割一对冤家

在新德里闷热难忍的贵宾客房里，拉德克里夫匆匆忙忙铺开了摊子。他完全清楚，凭着这么一点时间，他肯定无法去孟加拉和旁遮普做实地考察，也不可能有时间去走访那些将要由他来改变命运的芸芸众生。

事实已经明摆着：一切都是纸上谈兵。比尤蒙特回忆说："他没日没夜地干，也没日没夜地流汗。新德里的气温高达44摄氏度，可他还像英国绅士在英国度夏一样，一副西装革履。"拉德克里夫每天要在地图上画出45千米的疆界，一天到晚趴在桌子上，连头都难得抬一下。大片沙漠陆地、江河湖海、村镇民居、崇山峻岭在他手中的笔尖下被分割开来，尽管两侧栖息的可能是世代为邻的同族父老。

英国殖民当局给他派了8名助手，印度教徒和穆斯林教徒各一半。但是拉德克里夫很快就发现，这些人虽然是土生土长的印度人，熟知每一条河流、每一座山脉的走向，了解每一个地方的民族构成，但是他们的意见是出于信仰而不是事实。比尤蒙特说："那8个人根本就没有派上用场，就他一个人干。"

据说为了表示不偏不倚，拉德克里夫的工作进展甚至不能让蒙巴顿知道，因为外界一旦获悉两国分治完全是英国殖民当局一手在操办，那么和平分治可能就会夭折。其道理十分简单：尼赫鲁和真纳互相仇视，宿怨很深。不过，据比尤蒙特回忆，蒙巴顿和尼赫鲁各自还是派了一名高级官员来监视拉德克里夫的工作。

结果，对边界划定进展了如指掌的蒙巴顿几次施压，命令拉德克里夫在一些地区重新划定显然对印度有利的疆界，因为在尼赫鲁和真纳之间，蒙巴顿更喜欢前者。比如，旁遮普境内的苏特莱叶河上有一块地区原来是划给巴基斯坦的，但是，在8月11日，蒙巴顿派了他的亲信米侬去找拉德克里夫要他重新划定这块地区，结果被拒绝。于是，第二天中午，拉德克里夫被请至总督府赴宴。最后这块地区变成了印度领土。

1947年8月13日，拉德克里夫完成了印巴分治的疆界划分。但是，由于担心印巴两国人民对英国殖民当局的肆意分割行为不满，进而引发灾难事态，所以直到独立后的第三天，此时英国已正式退出印度，蒙巴顿才将疆界划分方案告诉了尼赫鲁和真纳。

拉德克里夫是在 8 月 15 日离开新德里回国的。他是印巴独立后最早离开的少数英国人之一。他当时的心境是如释重负，同时又胆战心惊，因为他害怕被他的那支笔唬弄的印度人民会暗杀他，以至于在上了飞机后还要命令在机舱内搜个底朝天。

在 8 月 14 日给他义子的信中拉德克里夫写道：“我在印度干的事没有一个人会喜欢。愤怒不已的人会找我。我不想让他们找到。”回到英国后，他销毁了全部有关文件，还上交了政府发给他的 2 万英镑的辛苦费，也不愿与人谈起他在印度干了些什么。

从那以后直至他去世，他再也没有勇气回过南亚，去看看被他的那支笔改变了命运的两个国家，也许是没有勇气去面对他给这块大陆带来的延续了 60 年的未解之仇。

但是，印巴两国的矛盾并没有因为边界的勘定而暂时化解。根据 1947 年 6 月公布的“蒙巴顿方案”，克什米尔地区归属则由当地的王公来决定,但是克什米尔地区必须考虑所在地区的地理因素。

克什米尔情况很特殊，它处于印度与巴基斯坦之间，“地理因素”的考虑在这里不起作用。1830 年英国殖民者从印度侵入克什米尔后，将其划为其土邦。克什米尔争端是英殖民主义在 1947 年撤出印度时留下的。独立前的印度，行政上由两大部分组成：英属印度和土邦。英属印度包括 11 个省，而在这些省中间，夹杂着大约 550 个土邦。克什米尔就是最大的土邦之一。

克什米尔土邦的王公是印度教徒，但居民中将近 80% 却是穆斯林。按照分治方案中多数决定原则，应该归入巴基斯坦；但按照土邦的王公决定原则，显然印度会被优先考虑。因此印巴分治时，克什米尔的归属问题未能得到解决。从此以后，印巴之间发生了 3 次战争。1971 年到 1972 年的第三次印巴战争后，印巴签署了《西姆拉协议》，要求双方举行双边会晤，最终解决克什米尔问题。

目前，克什米尔地区存在一条停火线，分割着印巴两国的占领区域。巴基斯坦控制着西北部地区，印度控制着中部和南部地区。

克什米尔也有一部分民众企图独立建国，但是由于种种原因受到印度和巴基斯坦的共同反对。由于印巴两国都拥有核武器，克什米尔向来被认为是世界上最具危险性的陆地边界争端之一。

“人法地，地法天，天法道，道法自然。”

——老子

第三章　陆地边界划法有据

在古代，国与国之间并没有明确的边界，只有边陲这个概念，边界是现代政治的产物。国际法对划界有着一般通用的原则，但是陆地边界划分不仅涉及自然因素，同时还涉及历史、民族、经济、文化等因素。当今世界上划分边界的方法有多种：如按自然地理划分的边界线，依山脉、河流、湖泊、沙漠、海洋等天然屏障划分，曲曲弯弯。还有一种按人为设定的假想线划分，多是按经纬线，或两点间的直线在地图上笔直画出。当然，也有依据人文、语言、宗教等因素确定边界走向的情况。

但一个国家与邻国的陆地边界，往往不能，而且也不是只按一种原则划分的，而是根据实际情况的需要，运用多种划分原则。在国际划界实践中，除大部分岛国外，没有一个国家的国界是可以完全按一种规则划分的。无论是从历史沿革和军事地理的角度，还是从方便交通和行政管理的角度，都要求划界时必须同时兼顾当地河流和山脉的走向、湖泊和海峡的分布、城市和村庄的坐落、历史归属和行政区划等诸多因素。

第一节 顺其自然浑然天成

世界上许多的山脉、湖泊、河流、丘陵、森林、沙漠都是国家间陆地边界的标志物，许多邻国之间常以自然地形为基准划分彼此陆地疆域的界限，这种边界也被称为自然边界。

大家所熟知的安第斯山脉（智利与阿根廷之间）、喜马拉雅山脉（中国与尼泊尔之间）、多瑙河（保加利亚与罗马尼亚之间）、乌苏里江（中国与俄罗斯之间）、伊利湖和安大略湖（美国与加拿大之间）都是具备界碑作用的自然地形。乌苏里江划分了中俄两国东部的边界，珍宝岛之战就发生在这里。

【背景链接】珍宝岛自卫反击战

珍宝岛历来是中国的领土，位于中国黑龙江省虎林县东乌苏里江上，面积仅 0.74 平方千米，历来是中国领土，中国居民一直在岛上进行生产。它原不是一个岛，而是乌苏里江中国一侧江岸的一部分，后因江水冲刷成为岛屿，枯水期和中国江岸相连。因为它两头尖，中间宽，形似中国古代的元宝，故称珍宝岛。1969 年 3 月 2 日，苏军出动大批步兵，从下米海洛夫卡和库列比亚克依内两个方向侵入珍宝岛，对正在执行巡逻任务的中国边防战士进行突然袭击。中国边防战士被迫进行自卫反击。15 日，苏军出动几十辆坦克、装甲车，在飞机掩护下，向守卫珍宝岛的中国边防部队发起进攻，并用重

珍宝岛反击作战中被我击伤的苏军坦克

炮轰击中国境内纵深地区。17日，苏军又出动步兵，在坦克支援下入侵珍宝岛。中国边防部队击退了苏联军队的入侵，捍卫了中国的领土主权。

1. 傲慢的苏联边防军

1969年3月，冒着零下30多度的气温，珍宝岛边防站侦察连副连长陈绍光带着巡逻队登上了珍宝岛，刚刚走出几里地远。只见对面几辆苏军装甲车，在一辆指挥车的带领下，轰隆隆地开了过来。

战士小杨说："副连长，敌人来了。"陈绍光说："不要理他们，我们巡逻路线不变。"说话之间，装甲车已经越过了乌苏里江主航道，驶上了珍宝岛，车头一转冲着陈绍光他们驶过来。"大家沉住气，用身子挡住它！"随着副连长的命令，战士们一字排开，挡住了装甲车的去路。

苏军装甲车开到中国边防部队面前，"吱"的一声停住了。"咣当"响了一声，车顶盖打开了，第一个爬出来的是长着鹰钩鼻的伊万上尉，他的嘴里还冒着热气，手里举着一根光溜溜的大棒子。有个战士小声骂了一句："土匪大马棒来了！""不要说话，注意敌人！"陈绍光命令道。一会儿工夫，又从车上跳下来30多个苏军士兵，个个手持大棒，如同一群打手，挡住了我国边防战士的去路。

指挥车的门打开了，钻出来几名军官，苏军中校杨辛瞄了陈绍光一眼，大概猜想对方的职务要比自己低得多，于是他不屑一顾地哼了一声，说："我看你顶多是个少尉，本来你无权和我对话，现在你们已经侵入了苏联的达曼斯基岛（苏联称珍宝岛为达曼斯基岛），我命令你们立刻退出去！"

"这里自古以来就是中国的领土，如果你不懂历史的话，我可以告诉你，就是按不平等的1860年《中俄北京条约》，这一段的边界以主航道划分，珍宝岛也是中国的，你们已经入侵中国领土了，请你们立即走开！"

杨辛中校摇了摇头说："你的历史学得也不好，你们只知道过去并不知道现在，而现在这里是苏联的领土，我讲的是现实。"

"中校先生，现实是，老沙皇来不及霸占的中国领土，新沙皇却要霸为己有！""你说苏联是新沙皇，这是对我们社会主义国家的污蔑，我们是绝不允许的！"杨辛中校无理声高。

伊万上尉见自己的顶头上司已经理屈词穷了，便在一边恶狠狠地说："少跟他们啰嗦，叫他们尝尝大棒子的滋味。"他的话音刚落，苏军士兵便举起了棒子。杨辛一摆手，连他自己也感觉到了，这时候大打出手，显得太没有水平了，作为一名中校军官，连中国军队的一名下级军官都说不过，不是太有损尊严了吗？

于是他又继续狡辩道："你们不了解我们的政策，我们不是帝国主义国家，我们讲和平，讲友谊，从不侵略。""你们入侵捷克，不是侵略吗？在中苏边境陈兵百万也是为了和平吗？"陈绍光连珠炮式的发问，问得杨辛中校张口结舌。

杨辛回头一看，见几个苏联士兵正听得出神。不由火冒三丈："不要听他的反苏宣传，全是一派胡言，把帽耳朵放下来，不要听！"苏军翻译走了过来，说道："这个问题，不是我们能讲清楚的，你们回去，我们也回去，这总可以吧。"陈绍光理直气壮地说："这里是中国的领土，我们想来就来，想走就走，用不着你们操心！"杨辛中校又与伊万上尉咕噜了几句，伊万上尉板着脸下达了退回的命令。苏军士兵跳上装甲车，狼狈不堪地撤出了珍宝岛。

2. 火箭筒首战苏军装甲车

翌日早上6点多钟，珍宝岛边防站站长孙玉国、排长武永高和班长周登国带领部队上岛巡逻。孙玉国带着第一小组走在前面，武永高和周登国带第二小组走在后面。

第一小组上岛不到10分钟，对面就传来了一阵轰鸣声，从苏联境内下米海洛夫卡和库列比亚克依内两个边防站，开来2辆装甲车、1辆军用卡车和1辆指挥车。车速很快，向珍宝岛疾驰而来。

卡车上苏军士兵头戴钢盔，荷枪实弹。

他们抢先赶到了珍宝岛的东侧，挡住了第一小组的去路。苏联士兵从车上跳下70多人，手里全都端着枪，下车就摆开了战斗队形。孙玉国一看心里便明白了八九分，他提醒大家："要注意，敌人今天有准备，来势汹汹，很可能要挑起事端，要做好自卫还击的准备！"

这时，一股苏联边防军绕到了我边防部队的左侧，另一小队也在快速向右侧运动。他们的意图很明显，想从三面包围我边防部队。不能让敌人的阴谋得逞。孙玉国一边向苏联边防部队发出警告，一边命令中国边防部队向岛西撤去。

我边防部队一再忍让后退，苏联边防部队却紧追不舍，约有20多人持枪紧逼过来。这时，我边防部队已经退到了岛边，再也无路可退了。孙玉国看到苏联边防部队的士兵，一齐端起了冲锋枪，他知道敌人可能要开枪了。便挥手高喊了一声："提高警惕，保卫祖国！"这是发出的准备还击的暗号。

我边防部队刚刚散开，苏联边防部队首先开枪了，"嗒……嗒……"一排子弹飞了过来，我边防部队6名战士倒下了……孙玉国临危不惧，再次向苏联边防部队提出严重警告。可他们不听警告，再一次向我边防部队开枪射击。

这时，预先在岛上潜伏的侦察连，在侦察科长马宪则、侦察参谋金泰龙和陈绍光副连长的带领下，果断地发起了还击行动。侦察参谋金泰龙用手枪朝天鸣枪发出了还击信号，侦察连和巡逻一组同时开火。两边的枪声响成一团，对打起来。

正在这时，岛的另一侧我边防部队第二小组巡逻方向也响起了一阵密集枪声。"那边也打起来了，没准又是他们先开的枪。"马科长的心一下子提了起来。侦察参谋金泰龙说："要是他们先开枪，咱们的人就吃大亏了。"马宪则横下一条心，咬了咬牙说："先别管那边了，这边无论如何不能再吃亏了。""对，眼前的敌人，让他们有来无回！""给他包饺子，一个也甭想回去！"

金泰龙话音未落，排长王庆容带头冲上去。几个战士紧跟在后

面，他们冲过一片小树林时，敌人发现他们，机枪吼叫着向他们扫射过来，王庆容又向前冲几步，只觉眼前一黑，跌倒了。他用力一挺身子，又站起来，冲两步又跌倒了。他趴在地上，吃力地对战士们说：“同志们，人在珍宝岛在，一定要坚持到最后胜利！”

这时，冰面上传来了隆隆的响声。一辆苏军装甲车，发疯一般从岛的东面驶了过来。“嗒嗒……”装甲车上的机枪发出一阵阵吼叫，几分钟之后便驶上了中国一侧北面的江汊，装甲车边开边打，一直驶到了我边防部队的身后。

“火箭筒，快打火箭筒！”马科长喊了起来。当时侦察连没有装备火箭筒，火箭筒手是从步兵分队调来的。看着装甲车上来了，举起火箭筒就打，一连打了两发也没有击中，主要是提前量掌握得不准，装甲车开得又很快，不是打到了前面，就是落到了后面……尽管几发火箭弹都没有击中苏军装甲车，但是装甲车里的苏军，看到我边防部队的火箭筒手冲了上来，而且越来越近，便掉头往回跑去。

3. 染红的雪地

一看苏军装甲车吓跑了，我边防部队抓住战机马上反击。副连长陈绍光很快带着尖刀班冲到了敌人的后面，他们趴在一道土坎下，做好了射击准备。一股被打散了的苏联士兵退了下来，一个个低着头只顾一个劲地往回跑，冷不防撞到了我边防部队的枪口上。陈绍光一声令下，一排子弹飞了过去，苏联士兵倒了好几个，活着的趴在地上再也不敢动了。

这时从陈绍光的身后传来一阵机枪的吼叫声，一排子弹从他的头顶飞了过去，他回头一看，在几百米远的树林后面，有几只苏军的钢盔在动，一团团火舌就是从那儿喷出来的。看来敌人是想把我们包在中间。他一挥手，带着几个战士向敌人冲去。

“副连长，你身上冒烟了！”战士小李叫了起来。陈绍光摘下帽子一看，帽子上打了两个洞，烧得黑乎乎的，他用雪一搓，朝头上一戴，又向前冲去。离敌人只有100多米远，敌人的两挺机枪封锁了前进的道路。陈绍光冲到一棵大树后面，刚要射击，忽然身子一歪跌倒了，他低头一看，胸部和左臂都负了伤，鲜血直流，战士小李冲上来要给他包扎，他推开小李，一只手端起冲锋枪向敌人的机枪打出一梭子子弹，敌人的机枪不响了。

小李兴奋地叫了起来："副连长，敌人的机枪哑火了！"他没有听到副连长的回答，回头一看，副连长躺在雪地上，腰部又受了重伤。他吃力地挥了一下手，意思是不要管我，消灭敌人要紧。小李把陈绍光扶到一棵小树下面，让他半躺在树干旁，为他包扎起来。战士们都围了过来。陈绍光吃力地解开身上的子弹袋，对小李说："拿去，打……打敌人……"在他说话的时候，血顺着伤口渗出来，染红了他身下的雪地。

4. 为于庆阳同志报仇

当入侵的苏联边防部队突然开枪的时候，上等兵于庆阳身边的几名战友，在枪声中倒下，于庆阳被激怒了，他端起冲锋枪朝敌人冲了过去。苏联入侵者乱作一团，几名士兵跟在一名军官的后面向回逃窜。于庆阳紧追两步，跳到一道土坎的后面，猛扣扳机，打出一串点射，5个敌人在枪声中倒下。

于庆阳抹了一把脸上的汗水，又向前面爬了几步，他看到小树林的后面有一挺机枪正在向这边射击，战士们被机枪火力压得抬不起头。过了一会儿，敌人的机枪停了，于庆阳抬头一看，敌人的机枪手正在更换弹夹，他抓住这个有利时机，纵身跃起，"嗒嗒……"一梭子子弹打出去，敌人的机枪手身子朝前一歪，栽倒在雪地上。于庆阳两眼紧盯着那挺机枪，应该把它缴获过来，它是苏联边防部队入侵中国的罪证。

于庆阳朝机枪冲过去，就在这时，从他的侧面飞来一串子弹，击中了他的头部，他一头扑倒在雪地上。"于庆阳，于庆阳……"卫生员边喊边跑了过来，他把于庆阳拉到一边，查看他的伤口，发现子弹从右边太阳穴进去，从后脑穿出来，脑浆和血水不断地往外淌。

卫生员立刻把他抱在怀里，拿出绷带为他包扎，于庆阳的嘴唇颤动一下，卫生员知道他是想说什么，急忙将耳朵贴到他的嘴边，他听到于庆阳微弱而刚强的声音：“我……还……要……”卫生员用手摸了一下他的脉搏，几乎已经没有跳动的感觉。他伸手拿过于庆阳的冲锋枪，只见上面沾满了鲜血。

“嗒嗒……嗒嗒……”前面不远的小树林里传来一阵急促的枪声，于庆阳被这枪声震醒。他用力睁开眼睛，推开卫生员的手，再次抓住冲锋枪，“腾”地一下站了起来……如一尊巍然屹立的铁塔，周围的战士都惊呆了。只见他用右手“刷”地一下撕掉头上的绷带，端起冲锋枪向敌人冲去，一步，两步，三步……他向前一连冲了6步，手中的冲锋枪吼叫着，子弹朝敌人飞去……在他生命的最后时刻，当他倒下的时候，仍然保持着冲锋的姿势。

排长于洪东看到于庆阳牺牲了，高喊了一声：“为于庆阳同志报仇，冲啊！”全排同志跟着他冲上去。这时，他发现丛林中有两个敌人在仓惶奔逃，便叫班长孙宝山去堵住敌人的退路，自己带3名战士追了过去。突然，从林中射来一排子弹，于洪东发现有个敌人趴在雪地里，向这边射击，他一枪就报销了那个敌人。战士小周在一边着急地说：“排长，你看那两个敌人要溜掉。”

于洪东不慌不忙地举枪瞄准，“叭、叭”两枪，远处那两个敌人应声倒下。马科长来到陈绍光身边看了一下他的伤势，对负责带队的曹副参谋长说：“老曹，我看打得差不多了，王副连长牺牲了，陈绍光的伤也不轻，咱们向上冲一下，就往下撤吧？”“好，就这么办。”曹副参谋长同意了马科长的意见。

我边防部队发起了冲击，苏联边防部队面对我猛烈冲锋，开始向后撤退，一直退回到主航道的江面上，尔后登上装甲车开始向苏联境内后撤。

马宪则命令金泰龙，“发信号，往下撤，动作要快！”金泰龙发出撤出战斗的信号。战士们纷纷跑过来，班长石荣庭缴获一部照相机，孙宝山和班长周锡金各缴获了苏军 5 支冲锋枪。

5. 第二小组先发制人

排长武永高和班长周登国带领的第二小组也撤了下来，除周登国腰部受伤外，再没有多大的损失。大家一下子把他们围了起来，争着询问第二小组的情况。当时，苏联边防军伊万上尉，堵住了他们巡逻的去路，排长武永高迎上前，大声抗议道："这是中国的领土，你们已经越境了，必须立刻退回去！"

伊万上尉一瘸一拐地走了过来，盯着武永高看了半天，二话没说，抬手就打了武排长一拳。尔后摆出一副要掏枪的架势。武排长这时候注意到，苏联边防军都没有拿棒子，而是头戴钢盔，荷枪实弹。他们要干什么，是不是要把入侵升级？今天的情况不比往常。

为了防止冲突扩大，我边防部队采取了克制态度，主动避开伊万一伙。伊万一看我边防巡逻队走开了，便一挥手带着他手下的人追了过来。我边防部队快走，伊万一伙就紧追，我边防部队慢走，他们就又推又打。这时已进入中国江面 200 多米了。我边防部队不再退让，双方在冰面上发生了激烈争执。突然，从珍宝岛的中间传来了一阵枪声，"嗒嗒……嗒嗒……"

这枪声清脆震耳，接着便是一阵短暂的平静。双方一下子全愣住了。谁也搞不清楚，那边是哪一方先开的枪。这时，空中传来了我边防部队第一巡逻小组的喊声，声音断断续续听不大清楚，但是声调激昂严厉。周登国明白了，这是我第一小组在抗议苏联边防军首先开枪，打死打伤我边防战士。

也就是在这时候，伊万上尉歪着头，两只眼睛滴溜溜地转了几圈，脸上露出一丝得意的狞笑，眼睛在我边防部队官兵身上扫来扫去，手却偷偷地去掏枪……这一切都被周登国看到了，他立刻端起了冲锋枪。

伊万的手枪掏出来了，他正要扣动扳机，只听"哗"的一声，周登国把子弹推上了膛，“嗒嗒嗒……”他抢在伊万上尉的前面开火了。当场把伊万打倒了，其他苏军士兵全愣住了，有往回跑的，有原地卧倒的。这时，我边防部队一齐开火，一举歼灭了伊万带领的 7 人巡逻小组。

我边防部队沿着珍宝岛边上的树林往下撤，不远处不时地传来苏联边防部队发射的枪炮声。我军的炮兵这时还没有上来，无法掩护部队后撤，只能边撤边隐蔽，苏军的炮火很猛烈，也给我边防部队造成了一定的伤亡。

前面几个战士用树枝搭成担架抬着昏迷不醒的陈绍光，后面的十几个战士背着烈士的遗体。积雪很深，一步一个雪坑，走到公路的边上，大家已经累得气喘吁吁了。马宪则下达原地休息的命令。战士们三三两两坐在一起，望着牺牲的战友，胜利的喜悦骤然消失，每个人都阴沉着脸，一言不发。

6. 硝烟散去和平来

乌苏里江是中俄两国的界河，珍宝岛位于乌苏里江主航道中心线中国一侧。根据国际法准则，凡通航界河均以主航道中心线为界，并依此划分岛屿归属，因此珍宝岛是中国领土的一部分。

【地理小常识】乌苏里江

乌苏里江及珍宝岛

乌苏里江是黑龙江支流，中国与俄罗斯的界河。它发源于俄罗斯境内锡霍特山脉的西南麓。上游由俄罗斯境内的乌拉河和刀毕河汇流而成，沿途分出纳松阿察河、穆棱河、挠力河等支流，至哈巴罗夫斯克（我国称“伯力”）入黑龙江。全长 890 千米，流域面积约 18.7 万平方千米。其中从纳松阿察河注入乌苏里江起，到乌苏里江与黑龙江汇合止，为中、俄界河。江面宽阔，河流水量大，水流和缓，乌拉河口以下可通航，冬季结冰，冰冻期长约 5 个月，冰层厚 1.0 ~ 1.3 米。下游地区地势低平，沼泽广布。

1977 年，我国对珍宝岛施行护岛工程，共护岸 730 米，其中岛内侧 550 米，外侧 180 米，动用石方 1.4 万立方米，内河潜坝 177 米。2005 年 6 月 2 日，随着《中华人民共和国和俄罗斯联邦关于中俄国界东段的补充协定》的签订，中俄彻底地解决了两国边界问题，再一次将珍宝岛认定为中国领土，中国正式在岛上行使主权。乌苏里江也成了两国人民和平共处的美丽边境生态区。

【法律小课堂】国际法对自然划界的通用原则

以山脉为界时，一般以分水岭为界。但是，也可以根据双方协议把边界线定在山脉的非分水岭的山脊或某一侧山麓。

以河流为界时，可以通航的河流，原则上以主航道的中心线为界；不可通航的河流，则以河流的中心线为界；其界线两边的水域分别属于各沿岸国所有，沿岸国对它所属的一边水域行使管辖权。界河上如有桥梁，一般以桥梁的中心线为界。由于自然作用河流发生变动时，如果是侵蚀，则边界随之变动；如果是改道，则边界不随之变动而停留于原处。在这种情况下，如原来航道不易勘定时，则以河床中间为界。但是，如果相邻国家同意，边界也可以划在某一侧河岸上。由于界河及其资源的利用和开发以及保护，实际上涉及邻国，因此需要有关沿岸国共同协商作出安排，以签订协定的方式加以解决。

以湖泊为界时，各沿岸国一般在湖泊上划定中间线作为边界。但另有协议的除外。

第二节　连接两点即成边界

打开世界地图，我们可以清楚地看到茫茫的非洲大陆上直线形的国家边界异常醒目，这些相邻国家领土的形状多成几何形。这些直线边界都是遵从几何划界法而形成的。几何划界法是一种简单粗暴的陆地领土划界方法，它是指以一个固定点到另一个固定点所划的直线作为国家之间的陆地边界线的方法。

这种划界法一般适用于人口稀少、不易勘察或无明显自然标志物的地区。在人口稠密或地形复杂地区不适合采用。非洲大陆这种直线边界，不少是当年西方殖民者肆意瓜分形成的，他们这种粗暴的划界方法为许多非洲国家埋下了矛盾的祸根。

1. 强夺奥祖地带

利比亚与乍得两国同处北非，在历史上都被法国占领过。1973年利比亚悍然出兵兼并两国边界南端的奥祖地带后，两国在直线边界上展开了多年的较量。

【地理小常识】利比亚

利比亚是非洲北部国家，全称大阿拉伯利比亚人民社会主义民众国，面积177.55万平方千米，人口500多万人，主要为阿拉伯人，其次是柏柏尔人。阿拉伯语为官方语言，绝大多数居民信奉伊斯兰教，首都位于的黎波里。利比亚东邻埃及和苏丹，西毗突尼斯和阿尔及利亚，南与尼日尔、乍得接壤，北濒地中海。海岸线长1900千米。全境95%以上地区为沙漠和半沙漠，大部分地区平均海拔500米，北部沿海为平原。

1912年10月，意大利在与土耳其战争中攫取利比亚为其殖民地。1943年年初，即第二次世界大战中，英、法两国占领利比亚全境。第二次世界大战后，联合国对利比亚行使管辖权。1951年12月24日，利比亚宣告独立，成立联邦制联合王国。1963 年 4 月 15 日定国名为利比亚王国。1969 年 9 月 1 日，以卡扎菲为首的“自由军官组织”推翻伊德里斯王朝，成立阿拉伯利比亚共和国。1977 年 3 月 2 日，卡扎菲发表《人民权力宣言》，宣布利比亚进入“人民直接掌握政权的民众时代”，改共和国为民众国，1986 年起使用现国名。

1973 年，利比亚单方悍然出兵，迅速兼并奥祖地带，当时乍得政府并没有提出抗议。1980 年，陷于内战的乍得临时政府邀请利比亚出兵乍得，利比亚又乘机占领了大片领土，尽管临时政府接受了利比亚对奥祖地带的兼并行为，但乍得政坛的反对派对此却从未予认可。

1982 年 6 月，乍得反对派夺取政权后，两国在奥祖地带的争端重新燃起。为了解决这一争端，两国于 1989 年 8 月 31 日签订了《和平解决利比亚和乍得共和国领土争端的框架协议》，协议第 1 条规定，除非双方首脑另有约定，双方应首先在大约一年内通过政治方式解决领土争端；第 2 条接着规定“如果不能通过政治方法解决彼此的领土争端，双方应将争端提交国际法院”。

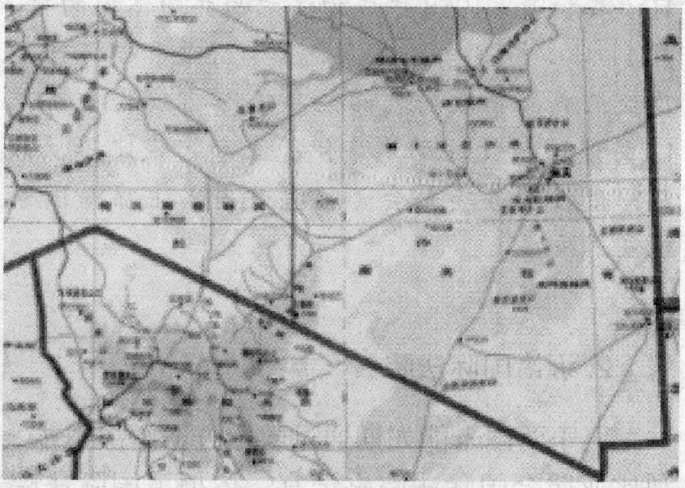

利比亚与乍得边界

【地理小常识】乍得

乍得是非洲中北部撒哈拉沙漠南缘的内陆国，全称乍得共和国，面积 128.4 万平方千米，人口 630 万人，全国共有大小部族 140 多个。北部、中部和东部居民主要是阿拉伯血统的柏柏尔人、巴吉尔米人等，约占全国人口的 45%；南部和西南部的居民主要为萨拉人、马萨人、科托科人等，约占全国人口的 55%。法语和阿拉伯语同为官方语言。居民中，44%信奉伊斯兰教，21%信奉天主教，11%信奉基督教新教，23%信奉原始宗教。首都位于恩贾梅纳。乍得东接苏丹，南与中非、喀麦隆为邻，西与尼日尔、尼日利亚接界，北连利比亚。地势较平坦，仅北、东部边境地带为高原山地。库西山海拔 3415 米，为本国和中部非洲地区的最高峰。主要河流有沙里河、洛贡河等。乍得湖为非洲中部最大的淡水湖。北部属热带沙漠气候，南部属热带草原气候，全年高温炎热。

19 世纪末，英、法、德等国在乍得展开激烈角逐。1910 年乍得被划为法属赤道非洲的一个领地。1957 年法国允许乍得成为半自治共和国。1958 年成为法兰西共同体内的自治共和国。1960 年 8 月 11 日乍得宣告独立，成立乍得共和国。1975 年马卢姆发动军事政变，成立军政府。1982 年哈布雷攻占首都，出任总统。1990 年 12 月爱国拯救运动主席伊德里斯·代比率反政府武装力量进占首都，出任国务委员会（临时政府）主席、国家元首，1991 年 3 月就任总统。

2. 诉诸国际法院

由于两国未能如期通过政治方法解决争端，1990 年 8 月 31 日，利比亚照会国际法院书记官，依据《国际法院规约》第 40.1 条提交利比亚和乍得于 1989 年 8 月 31 日签订的协定，将两国边界争端提交国际法院审理。1990 年 9 月 3 日，乍得以上述协定为依据，也正式要求国际法院审理此案。通过以上手续，两国正式将这一案件提交国际法院审理，由此启动了国际司法程序。

在国际法院诉状、辩诉状和答辩状中，利比亚请求国际法院判定：

（1）两国在图木以东不存在任何协议边界。

（2）法院在根据有关国际法判定领土的主权归属时，应遵循以下相关因素：①争议领土在所有有关时期都不是无主地；②这些领土的主权在所有有关时期都属于居住在这些领土上的土著居民，他们效忠于塞努西教团；③这些土著居民在所有有关时期在宗教、文化、经济和政治上都是利比亚民族的一部分；④在国际层面上，在这些土著居民的权利和奥斯曼土耳其帝国的权利之间曾经存在着一个权利共同体，这一权利共同体在 1912 年被转移到意大利并于 1951 年为利比亚所继承；⑤乍得的权利主张继承于法国；⑥法国对争议地区的权利主张依据的是一些并没有在图木以东划定边界的“国际文件”，除此之外法国并没有其他有效的依据。

（3）根据这些事实，利比亚对其所提交地图所指示边界以北的地区享有无可争议的主权。

乍得则在其诉状、辩诉状和答辩状中，要求国际法院以法国和利比亚之间的友好睦邻条约为依据，确定边界线的位置。乍得方面请求国际法院判定：

（1）两国边界在东经 24 度和北纬 19 度 30 分的交点上一直延伸到北回归线和东经 16 度交点。

（2）在该点之后，向图木方向延伸，一直到东经 15 度。

3. 关键的 1955 年条约

国际法院在受理期间，首先注意到：利比亚方面认为，两国之间不存在现有边界，并请求国际法院确定一条边界线；而乍得方面则要求法院确定两国现有边界线在哪里。法院所要处理的就是为两国画出一条公正的边界线。法院调查审理了由利比亚和乍得各自提出的边界线要求。法院注意到，当事国双方都接受 1955 年法国和利比亚签订的友好睦邻条约。

虽然双方都不质疑 1955 年条约的有效性，但利比亚所认为乍得援引该条约有关乍得边界的规定，与利比亚主张的边界矛盾。其

中，主要涉及条约第 3 条和“附件一”关于边界的规定。法院认为，如果从 1955 年条约中产生了一条边界，它就解决了当事国双方之间的争议问题。条约第 3 条规定，法国和利比亚承认 1960 年以前的法属赤道非洲领地（包括乍得）和利比亚之间，依托一系列国际条约确定了彼此的边界线，上述条约在利比亚联合王国成立之时依然有效，并且开列在本条约“附件一”中。

法院据此认为，该条约文字表明当事国双方承认两国之间存在一条完整的边界线，这一边界线是条约“附件一”所列国际条约的产物。通过缔结 1955 年条约，双方承认条约文字所述的边界线。因此，法院的任务就是确定条约所述的边界线究竟是什么。

法院在审理中说明，不管此前情况如何，不存在任何可以妨碍双方通过协议确定一条边界线的事项。如果此前已形成一条领土分界线，那么条约只是简单地予以确认。法院认为，与利比亚的看法相反，当事国双方同意有效的条约列入“附件一”，就是为了实现第 3 条的目的。当事国双方通过 1955 年条约，是确定两国共同的边界线。

法院接着对边界线是什么进行了审理，在考察了 1955 年条约“附件一”的 6 个协定和声明后，法院认为，该条约所确定的边界线包括在东经 16 度以东和东经 16 度以西两个部分。确定东经 16 度以东的部分主要依据英法 1899 年的声明，该声明确定了一条法国区域（势力范围）及其在东北埃及方面同英国控制的尼罗河谷之间的分界线，而且 1919 年英法《巴黎条约》对法属区域的边界进行了明确。

而确定东经 16 度以西的部分则主要依据法国和意大利在 1902 年 11 月 1 日协定，该协定援引了法国当局 1899 年声明中所附的地图，用虚线标示了的黎波里塔尼亚的边界线。也就是说该段两国的边界线，向图木南面的一个点延伸，但在到达该点之前相交于东经 15 度线，这个交点从 1930 年起就是法属西非和法属赤道非洲边界的开始。

4. 一锤定音

法院叙述了由上述国际协定所产生的边界线，在充分考虑当事国双方立场后，法院做出结论，即两国之间存在一条为双方所接受的已定界。最后，法院援引 1955 年 8 月 10 日法国和利比亚缔结的《友好睦邻条约》，指出这一条约有效期仅 20 年，期限届满可由任何一方单方面予以终止，法院指出，虽然确定一条边界线的条约可以因期限届满而终止，但是由此确定的边界线，作为国家协议的产物，它的继续存在并不取决于条约。边界线是永久性的，它可以在条约终止后继续存在。

国际法院最终以 16 票赞成 1 票反对做出判决：（1）1955 年条约划定了利乍两国之间的边界线。（2）利乍两国之间的边界线走向如下：自北纬 19 度 30 分、东经 24 度之点起，以直线连接 16 度经度线与赤道回归线相交之处，自此起再以直线连接北纬 23 度、东经 15 度之点，即利比亚、乍得和尼日尔的三国交界点。由此，利比亚和乍得两国的陆地边界线由 3 个点连成了 1 个折线。

5. 人为的直线边界

非洲许多国界线都是人为的边界、殖民的边界。在殖民主义入侵和瓜分之前，非洲是没有国界的，这是因为非洲地广人稀，主要是游牧民族，部落经常迁移，任何边界对他们来说都显得多余。非洲许多地区地貌类型比较单调，分布着大片的沙漠和草原，如世界上最大的撒哈拉沙漠，约占非洲总面积的 1/4，地面缺乏自然边界标志（如河流、山脉等），测量的水平也有限，所以边界很难划定。

据统计，非洲国家边界 44%是按经线或纬线划分的；30%的边界是用直线或曲线的几何方法划分的；仅有 26%的边界是由河流、山脉等构成的自然边界线。这就是非洲国界为什么多直线的原因。可见，非洲国家的边界是第三国强加的，是由外部大国简单、匆忙、粗暴划定的。这就不可避免地将一个部族划分在多个国家，或将敌对部族划分为一个国家。

【背景链接】殖民者制造的直线与麻烦

19世纪西方殖民主义入侵非洲后，非洲产生了50个国家。在1885年的柏林会议上，英法德等殖民大国在谈判桌上，用红铅笔肢解了非洲躯体。红铅笔笔直无情地穿过许多非洲部族的聚居区，他们根本未考虑非洲众多部族、宗教、语言、传统习惯及复杂的部族矛盾。殖民主义者大多是按经、纬线划分非洲边界（例如埃及和苏丹边界的一部分就是沿着北纬22度线划定的，而南纬22度线则成了纳米比亚与博茨瓦纳之间700千米的边界线），也有用直线或曲线的几何方法划分非洲边界的，很少以河流、山脉等自然标志进行划分。

另外，从国界形成的时间对比看，非洲国界仅用几十年就形成了，况且非洲还有40%的国界无具体规定和标记。显然，非洲今天动荡不安的局势是由此造成的。那么，为什么非洲政局自二战后有较长一段时间比较平静，而未有像今天这样较为激烈的竞争呢？其原因是：非洲国家以前的宗主国仍看护其切身利益。另外，非洲国家的新执政者认为，欧洲规定的边界已有一个多世纪的历史，且已发挥其应有的作用，倘触及边界问题，必定引起灾难。但现在原因不同，随着时代的变化，冷战的结束，以及国际大气候和东欧“民主化”浪潮的影响，非洲人便更自由地按自己的意愿和方式解决自己的问题。

据资料显示，非洲很多部族都有重新划分边界的意愿和要求，但历史使得各部族分散在不同国家，重新划地界，后果难以想象。若按其要求，同一个国家可能被分为2个、3个、4个，甚至10个地区，而每个地区都属于不同的国家，而每个国家在其他国家都有属地。况且，部族不是划分国界的唯一标准，还有语言、宗教、传统习惯及历史等因素。如按部族划分，那么非洲大的部族就有2000多个，何况部族、党派、地方势力矛盾纵横交错。加之非洲还有1200种语言和数不清的宗教，如此国界怎样变动？

另外，非洲40%的国界，是无具体划定和做出标记的边境无主土地，往往也容易引起冲突。现今，非洲局势动荡不安，动乱、冲突、内战此起彼伏，严重影响了经济发展和人民生活，这种情况的发展变化有愈演愈烈之势。试想，假如非洲国界不是外部大国强加的，而是经过漫长岁月的自我调整，经过逐步完善的过程而形成的话，那么，就不会造成非洲今天这般动荡不安的局面。

第三节　民族宗教的力量

不少国家在划界时，还要考虑人文与文化等因素。因为这种划界法涉及敏感的泛民族与泛宗教主义问题，国际法学与政治地理学学界对此见解不一。世界边界划分中，以人文和文化因素作为划界依据的做法，这种划界方法在欧洲和南亚表现得最为明显。

1. 民族迁徙融合的大杂院

巴尔干半岛位于南欧东部，世世代代以来，这里居住着希腊人、塞尔维亚人、保加利亚人、马其顿人、克罗地亚人、斯洛文尼亚人、黑山人、罗马尼亚人、阿尔巴尼亚人、土耳其人，以及穆斯林族和吉卜赛人等。他们有的先来，有的后到，但在漫长的历史中，不断同化当地的和外来的部族，逐渐形成了今天的民族国家和复杂边界。

【地理小常识】巴尔干半岛

巴尔干半岛位于南欧东部，西临亚得里亚海，东濒黑海，南滨伊奥尼亚海和爱琴海，东南隔黑海与亚洲相望，北以多瑙河、萨瓦河为界，西至的里雅斯特。面积约50.5万平方千米，包括阿尔巴尼亚、保加利亚、希腊的全部，前南斯拉夫的大部及罗马尼亚、土耳其的欧洲部分领土。半岛地处欧、亚、非三大陆之间，是欧、亚联系的大陆桥，南临地中海重要航线，东有博斯普鲁斯海和达达尼尔海峡

扼守黑海的咽喉，地理位置极为重要。

巴尔干半岛地形以山地为主。半岛西部有迪纳拉—品都斯山脉，中东部有喀尔巴阡—老山（巴尔干）山脉。老山山脉是阿尔卑斯、喀尔巴阡山的延伸，经前南斯拉夫东部，横贯保加利亚中部，直临黑海。东西两列山脉之间是古老的罗多彼山脉和马其顿山丛，最高峰穆萨拉峰，海拔2925米。半岛上平原分布零散，仅萨瓦河、多瑙河、马里查河谷较宽广。半岛西部和南部沿海地带属地中海型气候，夏季炎热少雨，冬季温和湿润。半岛内部属温和大陆性气候，夏热冬冷。除多瑙河、萨瓦河外，其他河流多短小湍急。较大湖泊有斯库台湖、奥赫里德湖、普雷斯帕湖。土壤以山地褐色土和褐色土分布最广，在石灰岩区有红色石灰土。

巴尔干半岛上的最早人类文化，大约产生于15万～20万年以前。由于地处十字路口，所以它成为古代许多部落和种族的必经之地。从亚洲和北欧来的部落都定居在半岛上，并同当地居民逐渐融合，然后又向小亚细亚和西欧迁徙。

【地理小常识】小亚细亚

亚细亚洲是亚洲的全称，是古代闪迷特语，意为“东方日出之地”。小亚细亚，并不是小亚洲的简称，而是亚洲西部的一个半岛，是土耳其这个欧洲国家的亚洲领土部分。这个半岛北临黑海，西临爱琴海，南濒地中海，东接亚美尼亚高原。主要由安纳托利亚高原和土耳其西部低矮山地组成。东西长1000千米，南北宽约600千米，面积52.5万平方千米。南缘是托罗斯山脉，北缘是克罗卢山和东卡德尼兹山（两山合称庞廷山脉），东侧是亚美尼亚高原。形成三面环山、一面敞开，地势自东向西逐渐降低的地形特征。半岛内部的安纳托利亚高原海拔800～1200米，由平坦台地和断陷盆地组成。多湖泊、泥沼，荒漠草原广布。高原西部是较为低矮的山地，山脉走向多与海岸线垂直。海岸线曲折，港湾众多，岛屿密布。

公元前的几个世纪，半岛上已形成希腊、色雷斯和伊利里亚等强大的部落联盟，并慢慢发展成为国家组织，在世界古代史上起到过积极的作用。人们对雅典、斯巴达等古希腊城邦，对色雷斯国家和马其顿帝国仍记忆犹新。希腊文化和罗马帝国文化对半岛上的居民产生过巨大的影响。

公元1世纪以来，许多外来的部落开始侵袭和定居巴尔干半岛，使该地区的种族成分发生了新的变化。例如，达契亚人、萨尔马提亚人、哥特人、汪达尔人、阿兰人、匈奴人、基尔特人等“蛮族”相继进入半岛，其中一部分留了下来，同半岛上的色雷斯人和伊利里亚人融合了。

公元6世纪末7世纪初，南部斯拉夫人越过多瑙河来到巴尔干半岛。他们是现今的保加利亚人、塞尔维亚人、克罗地亚人、斯洛文尼亚人、马其顿人的祖先。7世纪初，古保加尔人的到来，给巴尔干的人种增加了新的血液，681年建立了第一个斯拉夫保加利亚国家。

14世纪以前，哈扎尔人、阿瓦尔人、库马人、糙翅人等曾入侵过巴尔干半岛，但他们不久就被半岛上的居民同化了。此后，几次罗马派出的十字军东征也没有改变半岛上的种族成分。到了中世纪，巴尔干国家，特别是保加利亚和塞尔维亚同拜占庭帝国进行了连绵不断的战争，捍卫了自己的生存权。9世纪起，南部斯拉夫人分别接受东正教和天主教洗礼，创立了斯拉夫文字并逐渐形成了自己独特的文化，萌发了自己的民族意识。

2. 压迫与独立

14～15世纪，土耳其人建立了强大的奥斯曼帝国，入侵并占领了巴尔干半岛，开始了长达5个世纪的统治。由此，中世纪时所建立的巴尔干国家都灭亡了。与此同时，民族成分也发生了不利于原巴尔干国家的重大变化。大批土耳其人定居于巴尔干各城镇，当地居民由于战乱死亡或逃往国外，人口减少。巴尔干居民的伊斯兰化现象严重，原有民族语言纷纷被禁止使用。

18 世纪，巴尔干各国人民开始了进行反抗奥斯曼帝国统治的民族独立解放运动。19 世纪，希腊、塞尔维亚、黑山、保加利亚和罗马尼亚先后摆脱了土耳其人的奴役和压迫，获得了民族独立。

1908 年，克里特人要求与希腊合并的运动将巴尔干人民民族独立运动推向了新的高潮。与此同时，已获得独立的希腊、保加利亚、塞尔维亚等国人民，对上述地区本民族同胞的解放斗争极为同情，并要求给予大力支持。这些国家人民的反土情绪也进一步高涨，他们要求本国政府与土耳其政府决裂，把土耳其统治者赶出巴尔干。

1912 年 8 月，阿尔巴尼亚和马其顿爆发了反对奥斯曼帝国统治的起义，得到了巴尔干各国人民的同情和支持。9 月，保加利亚、希腊、塞尔维亚和黑山逐步结成巴尔干同盟，企图乘机对土耳其发动战争，瓜分其欧洲地区的领土。

3. 第一次巴尔干战争

10 月 8 日，黑山共和国首先对土耳其采取战争行动。5 天后，即 10 月 13 日，保加利亚、塞尔维亚、希腊等国向土耳其政府发出最后通牒，要求它根据 1878 年《柏林条约》的规定，在马其顿和色雷斯进行改革，允许生活在那里的各民族获得自治，要求基督教徒的学校与伊斯兰教徒的学校享有平等的社会地位。

当时的土耳其基雅米尔政府，断然拒绝了各国的要求，并召回了驻希腊、保加利亚和塞尔维亚等国的大使，退回了上述 3 国驻君士坦丁堡大使的国书。4 天以后，即 1912 年 10 月 17 日，保加利亚、塞尔维亚两国向土耳其宣战。土耳其政府立即做出反应，也向保加利亚和塞尔维亚两国宣战。

土耳其之所以未向希腊宣战，是企图以克里特并入希腊为条件，换取希腊的妥协，使其保持中立，以便于自己从小亚细亚抽调军队，前往马其顿和色雷斯作战。但希腊信守与盟国签订的条约，于 10 月 18 日也加入了反土战争。第一次巴尔干战争就这样开场了。

突如其来的战争，使土耳其政府没有预料到巴尔干各国能如此迅速地将分歧搁置一旁，采取一致的反土行动。10 月 18 日，土耳其和意大利匆匆签订《洛桑和约》，结束了为期一年多的意土战争，意在使自己能脱出身来，全力对付巴尔干国家的挑战。同时，它对自己的战争能力也做了过高的估计，因此对战争未做足够的准备。

战争开始后，土耳其政府匆忙进行紧急军事动员。当时，土耳其军队共有 40 万人，火炮 1600 门，其中包括城防炮 750 门。土耳其军队虽然装备精良，但训练却很差，许多士兵甚至不会使用武器。这一致命的弱点，使得土耳其只能接受战争失败的结局。

作为战争的发起一方，巴尔干同盟方面，却有着充分的战争准备。战前，巴尔干各国完成了各自的扩军计划，拥有联合军队近 70 万人，各种火炮 1500 多门。其中保加利亚军队共 35 万人，火炮 720 门；塞尔维亚军队共 22 万人，火炮 500 门；希腊军队共 9 万人，火炮 180 门；黑山军队共 3 万人，火炮 130 门。

开战之后，保军主力迅速进入保加利亚和土耳其决战的场所——色雷斯。10 月 22 ~ 24 日，两军在克尔克利西激战。保军共有 887 人阵亡，4034 人负伤，损失虽不小；土军伤亡更大，共有 1500 人战死，只得放弃克尔克利西向后溃退。

接着，10 月 27 日 ~ 11 月 2 日，土、保两军又在布累布尔加兹交锋，此次土军共有 13 万人，比保军多 2 万人，在兵力上占有优势，但仍被击败，共损失 2.2 万人，保军也有 2 万余人伤亡。此战是两次巴尔干战争中最血腥的一次较量。保军乘胜追击土军直至查塔尔贾，但因军中霍乱肆虐，共有 4000 余名官兵病死，只得停止前进，同时对亚得里亚堡的进攻也宣告停止。

另一支约 2.5 万人的保加利亚军队自南保加利亚进入西色雷斯，面对 3 万人的土军，仍取得胜利，占领了整个色雷斯。尽管有上述种种胜利，但保加利亚军队已耗尽力量，疲惫不堪，未能如愿攻占亚得里亚堡，更不要说是去攻打君士坦丁堡了。

4. 塞尔维亚一雪前耻

在西战线，塞尔维亚方面估计土军将集结在马其顿中部，于是集中兵力 31 万人，分 5 路向该地发动猛攻，而此时土军约有 17.5 万人与之对垒。

10 月 23 ~ 24 日，两军在库马诺沃展开激战，塞军以损失 4000 余人的代价取得胜利，土军伤亡约 1.2 万人后仓皇溃退。塞军终于一雪 1389 年科索沃战役失败之耻，塞尔维亚古都斯科普里也再度回到塞尔维亚人手中。此后，马其顿大部分均处于塞尔维亚控制之下，指挥此战的普特尼克将军被授予元帅军衔。

塞军虽取得了库马诺沃大捷，但未能乘胜追击，致使土军残余得以成功逃脱。土军此后聚集 3.8 万人和 10 门火炮坚守比托拉。11 月 17 ~ 18 日，土塞两军再度交战，土军损失 3000 余人，土第 7 军军长，曾任土耳其驻塞尔维亚大使的菲蒂·帕夏也在此役中阵亡。据统计，帕夏是两次巴尔干战争中战死的最高级别的将领。11 月 19 日，塞军进入比托拉。11 月 22 日又占领奥赫里德，至此土耳其对马其顿长达 5 个世纪之久的统治终告结束。此外，塞军还四处出击，乘机占领了科索沃境内的普里什蒂纳，巩固了自己的胜利成果。

土耳其集中近 6 万人和希腊军队对抗，希军在 10 月 22 日和 11 月 2 日两战皆胜，有力地挫败了土军官兵的士气。11 月 8 日，希军取得辉煌胜利，一举攻占重镇萨洛尼卡。然而在伊皮鲁斯，希军对耶尼纳市却久攻不下，到 12 月中旬，希土两军在那里始终处于胶着状态。

在巴尔干诸国中，只有希腊拥有海军。希腊的战舰不多，但却成功封锁达达尼尔海峡，从而控制爱琴海，阻止土耳其自小亚细亚驰援其欧洲地区，对巴尔干战争结局起了不小的作用。

至于黑山，虽然首先发兵，但因国小兵寡，所以在斯库台城下始终无所作为。由于交战双方一时都无法取得最终胜利，最后于

1912年12月3日在查塔尔贾签订停战协定，同时在伦敦也开始和谈。

1913年年初，土耳其国内政局发生剧变，青年土耳其党人重新上台执政，对外采取强硬政策，撕毁了1912年12月签订的《查塔尔贾停战协定》。于是1913年2月3日，巴尔干战火又重新燃起，正在进行的伦敦和谈也宣告中断。

土耳其在此时早已是强弩之末，无力同时与4个巴尔干国家对抗。3月6日，希军占领亚尼纳。3月26日，得到两个塞尔维亚师支援的保军终于攻占亚得里亚堡。4月15日，久经围困的斯库台也向黑山投降。

在此情况下，土耳其只得求和，于1913年5月30日同巴尔干交战诸国签订了《伦敦和约》。和约规定：土耳其的欧洲领土只保留君士坦丁堡和连接爱琴海的埃诺斯到黑海的米迪亚一线的海峡沿岸地带；克里特岛归属希腊，爱琴海各岛屿的归属问题则交由列强处理。

5. 硝烟又起

第一次巴尔干战争的炮声刚刚熄灭，巴尔干各国之间的矛盾便顿时凸显出来。保加利亚、塞尔维亚和希腊立即卷入瓜分马其顿之间的斗争之中。1913年6月29～30日晚，保加利亚不宣而战，对塞尔维亚发动突然袭击，第二次巴尔干战争爆发。

最终，战争以保加利亚的失败而告终，根据战后的《布加勒斯特和约》，塞尔维亚得到马其顿的北部，希腊获得色雷斯的西部、伊皮鲁斯的大部和马其顿的南部，罗马尼亚几乎不费吹灰之力得到南多布罗查。塞尔维亚和黑山瓜分了新帕扎尔的桑贾克。保加利亚损兵折将，只得到马其顿东南的一个小角落。

两次巴尔干战争改变了半岛的政治地图。如果说，第一次巴尔干战争旨在摧毁土耳其在半岛的殖民统治，具有进步意义的话，那么第二次巴尔干战争却是一场地道的兄弟之争，分裂了整个半岛。从此，以塞尔维亚、黑山等国为一方，与另一方保加利亚长期对峙、恶斗不止。欧洲列强则乘虚而入，利用巴尔干国家之间的矛盾，不断挑起事端，最终导致第一次世界大战的爆发。

6. 独立解体浪潮

第一次世界大战后，由于统治和控制欧洲中部和东部的奥匈帝国的解体和俄国革命，欧洲出现了许多新的国家，这些新国家的构建大都考虑到当地民族与语言的分布，如南斯拉夫的建立，是将巴尔干半岛除保加利亚人以外，所有印欧语系斯拉夫语族南部斯拉夫语支的居民聚居地合为一国，而捷克斯洛伐克则是将两个西斯拉夫语支民族组合到一起，都属于一种泛语言民族国家。波罗的海三国则是按民族划分的。

冷战后，东欧出现国家解体浪潮。苏联、捷克斯洛伐克、南斯拉夫按照更具体的文化民族解体。这些新国家形式上继承的是原加盟共和国的边界，而实质上是民族的边界，因为当年它们或者是以独立的民族国家身份入盟，或者是按照民族界线在所属的国家联盟中组建成的加盟共和国。

此外，不少欧洲国家为使语言、民族与国界尽可能吻合，曾经采取过交换居民乃至驱逐非本民族居民的措施。如第二次世界大战后，捷克斯洛伐克驱逐了苏台德地区的德意志族人，波兰对从德国获得土地的居民成分实行了波兰化，希腊和土耳其曾交换过200万名居民。

7. 宗教催生蒙巴顿方案

国际划界实践中，还有一种主要根据宗教信仰划分的边界。如，巴基斯坦与印度之间的边界即是如此。第二次世界大战后英属印度民族独立运动高涨，而印度教徒和伊斯兰教徒之间由宗教信仰差异导致的大规模摩擦，表现为印度穆斯林在建国问题上的分离倾向。

根据英驻印总督蒙巴顿的建议，英国于1947年6月提出分治英属印度的蒙巴顿方案。该方案根据宗教原则，将英属印度分为以印度教徒为主的印度联邦和以伊斯兰教徒为主的巴基斯坦两个自治领。

同年8月，两个自治领宣布独立，宗教从而成为划分印度和巴基斯坦边界的基础，印度和巴基斯坦的边界就是根据当时宗教分布界线而划分的界线。

而现在孟加拉国与印度的边界，继承的是当年东巴基斯坦与印度的边界，也含有宗教划界的因素。联合国关于巴勒斯坦与以色列分治的决议，将原本完整的巴勒斯坦地区划成支离破碎的好几块，则是综合考量当地复杂的民族、宗教、语言的诸种因素的结果。

【话外音】

两次巴尔干战争和两次世界大战，以及冷战结束以后，造就了欧亚大陆许多新的国家。这些新国家的领土范围，基本都是按民族语言文化分布地域划分的。仔细对比欧洲政区图与语言和民族分布图，就可以发现许多欧洲国家的边界大致是与民族和语言的分界线相吻合的。

虽然民族与语言因素在不少欧洲国家划界时起过重要作用，但并不意味着民族与语言是这些欧洲国家划界的唯一标准。有些地区，是很难明确区分出语言与民族界线的。即使那些将民族、语言、文化作为划界重要依据的国家，划界时也必须考虑到其他因素，不可能做到政治分界与文化分界百分之百吻合。

任何一国的边界事实上都不是按单一原则形成的，边界的划分不是只考虑一种因素，而是对历史与地理、语言与文化、民族与宗教、行政与管理、国防与交通等因素的综合考量。

第四节　打到哪划到哪

按照军事或政治因素对国家间的领土进行分割也是一种划分陆地边界的方式。但严格地讲，这并不是国际法裁明或赞成的一种划分边界的方式，而是国际政治斗争中一种人为制造的准边界。它是由战争停火、分区军事控制或占领等情况造成的。

较具代表性的军事界线包括原德意志民主共和国与原德意志联邦共和国之间的“柏林墙”，以及现实中朝鲜与韩国的“三八线”。以色列在巴勒斯坦土地上单方面修建的水泥隔离墙也类似于这种方式。

另外，在一些由外国军队干预形成的实际分离状态的国家也出现了类似情况。如希腊族的塞浦路斯共和国与土耳其族的“北塞浦路斯土耳其共和国”的分界线等，随着时间的推移，这种由军事或政治介入形成的边界有可能被长期固定化，从而形成历史遗留问题，引发国家社会矛盾冲突。

1. 四分德意志

为尽快结束战争，建立战后和平秩序，1945 年 2 月 4 ~ 11 日，罗斯福、丘吉尔和斯大林在苏联克里米亚半岛的雅尔塔举行了三国首脑的第二次会议。会议批准了欧洲咨询委员会草拟的关于德国无条件投降的条款、处置战败德国的总原则，以及分割德国的问题。

会议决定，在德国无条件投降后由同盟国分区占领与管制德国：“三国的部队将各自占领德国的一个区域；成立一个中央管制委员会执行相互协调的行政管理和监督工作，这个委员会由三国的总司令组成，地点设在柏林；法国如愿意承担一个占领区，并作为第四个成员参加管制委员会，三大国当予邀请。”

四大国分区占领下的柏林

苏联是在下述条件下同意设立法国占领区的，即法占区必须从划给美国和英国的占领区中划分出来。

雅尔塔会议的决定宣告了战败德国被解体的命运。随着纳粹德国的解体，美、英、苏加上法国四个战胜国政府要求对德国拥有无上的主权。1945 年 6 月 5 日，同盟国的军事司令官们签署了《鉴于德国失败和接管最高政府权力的声明》以及关于管制办法、占领区、与联合国其他成员国的关系三项补充规定。一个由四国军事司令官组成的、在德国拥有最高权力的盟国管制委员会建立起来。

同盟国的军事司令官宣布接管从国家最高领导直至地方基层的德国全部公共权力。在关于占领区的文件中规定，德国被分为四个占领区。

美占区包括巴伐利亚、黑森、巴登—符腾姆贝格 3 个州和供美军作港口用的不来梅，人口近 1700 万。

英占区包括北莱茵—威斯特伐利亚、下萨克森、石勒苏益格—荷尔斯坦和汉堡，人口近 2200 万。

法占区包括莱茵兰—普法尔茨、南巴登、南符腾姆贝格和萨尔兰，人口约 600 万。

苏占区包括萨克森、图林根、梅克伦堡—上波美拉尼亚、萨克森—安哈尔特和勃兰登堡马克等州，人口为 1730 多万。

原先的普鲁士邦作为政治实体已被同盟国取消。德国原首都柏林（人口 318 万）被赋予一种特殊地位，与奥地利的维也纳一样，将由四大国共同占领和管辖。当时，柏林位于苏占区中心，其他占领国要到达自己在柏林的辖区，必须通过苏占区，所以说苏联在柏林这一点上具有很大的优势。

2. 冷战开始促分裂

1946 年 3 月丘吉尔在美国富尔敦的威斯敏斯特学院发表的“铁幕”演说，标志着东西方“冷战”的开始。1947 年 6 月，美国国务卿马歇尔在哈佛大学毕业典礼上提出了“复兴欧洲经济”的“马

歇尔计划”，其实质是美国控制西欧盟国、激活西部德国经济、抗衡苏联西扩的具体方案。“马歇尔计划”又进一步促成了东西方之间的“冷战”格局。

【背景链接】冷战

1946年年初，美国政治家斯沃普首先提出“冷战”一词。1947年9月美国政论家李普曼出版了《冷战》一书，该词从此被广泛采用。1946年2月22日，美国驻苏使馆代办凯南向美国国务院发回一份长达8000字的电报，主张对苏联及其他社会主义国家实行“遏制”政策，以阻止共产主义影响的扩大。2月28日美国国务卿贝尔纳斯在演说中公开表明了美国政府的冷战方针。同年3月5日英国前首相丘吉尔发表的富尔顿演说和次年3月12日美国总统杜鲁门提出的国情咨文，标志着冷战时代的开始。

20世纪40～50年代的冷战表现为：以美国为首的西方帝国主义、资本主义力量与以苏联为首的东欧、亚洲新兴的社会主义力量之间在意识形态上的对抗；以美国为首的北大西洋公约组织与以苏联为首的华沙条约组织之间在军事上的对抗。西方对东方进行的政治颠覆、渗透、经济遏制，与东方的反颠覆、反渗透、反遏制之间的对抗，等等。

到了70年代美、苏关系曾一度缓和。70年代末苏联对外扩张、入侵阿富汗，美国里根政府对苏联推行强硬政策，美、苏关系再次恶化；80年代初期，美国提出“星球大战计划”，在欧洲部署新式中程导弹，被称为新的冷战时期。80年代中期，戈尔巴乔夫调整苏联的外交政策，1987年12月美、苏签订中程导弹条约；1989年5月12日美国总统布什提出“超越遏制战略”，以调整与苏联的对抗，改善美、苏关系。

1990年东欧剧变，10月作为东西方前沿的两个德国正式统一。同年11月欧洲安全与合作会议巴黎首脑会议宣布战后欧洲冲突分裂的旧秩序最终结束。美、苏也原则同意削减50%战略核武器，表明东西方关系的冷战时期结束。

美、苏之间的“冷战”直接影响到美国的对德政策，分裂德国的步伐加快了。1947年11月25日，在伦敦召开的讨论德国问题的第五次四国外长会议上，整个“气氛是冰冷和紧张的”。苏联外长莫洛托夫坚持首先应成立全德民主政府，马歇尔则指责苏联破坏了德国经济的统一，坚持“有关德国政治组织的任何决定，都应以先实行经济统一为条件”。双方各执己见，互不相让，20天后不欢而散。

1948年2月23日，美、英、法三国副外长会议上，法国同意将其占领区与双占区合并，共同成立“三占区”即西占区。这次会议（很快扩大为西欧六国会议）是西方各国在德国问题上协调立场的会议，对西德国家的成立至关关键。这年6月7日发表的《伦敦协议书》不仅促发了苏联的反击，还酿成了柏林危机，同时也完成了西方国家在经济和政治上在西占区建立西德国家的准备工作。

3. 柏林危机

1948年6月18日，美、英、法占领当局宣布6月21日起在德国西部“三占区”实行单独的币制改革，规定用“B记”马克代替当时流通的旧马克。币制改革当然也包括西柏林。苏联占领当局立即以西部德国和西柏林单方面的币制改革破坏了统一的德国经济，并严重损害苏占区和东柏林的经济为口实，于6月18日午夜下令封锁柏林，断绝西柏林同外界所有的铁路、公路交通联系。

6月23日，苏联军事长官宣布苏占区和整个柏林市实行币制改革，通行新的“D记”马克。这样，在柏林出现了两种货币。双重货币制在西柏林实际上一直存在到1949年3月。6月24日，苏联占领当局宣布彻底封锁柏林，切断了西柏林与西德之间的水陆交通，停止了苏占区对西柏林的煤、电、牛奶、蔬菜和其他食品供应。

西方各国对此作出强烈反应。美、英除了也对苏占区采取封锁措施，例如中断运往苏占区煤炭和钢材，限制同苏占区的经济贸易。此外，还接受克莱将军的反封锁建议，即通过“空中走廊”采取规模空前的空运行动。在无法预见的期限内，向200万西柏林居民供应生活必需品和西方三国在柏林驻军的一应需要。西方动用了927架飞机平均每天给西柏林空运6393吨货物。美国还把B–29型飞机派往德国，把载有原子弹的两个B–29型战斗机大队派往英国，作为“威慑力量”。

柏林危机轰动了整个战后世界，柏林的争夺成为世界矛盾的焦点，东西方关系间出现了紧张的战争气氛。这场危机持续了近一年，到1949年5月苏联解除封锁为止。双方虽然剑拔弩张，互不相让，但都相信对方不会发动战争，不想在“冷战”时期搞一场“热战”，因此在幕后出现了一系列的外交活动。

直到1949年3月苏美两国驻联合国代表之间达成“基本谅解”。5月5日，莫斯科、华盛顿、伦敦和巴黎同时发布关于解除德国各占领区与柏林市之间限制的公报。公报宣布：自5月12日起，苏联解除柏林与德国西部以及德国东部与德国西部之间的交通、运输及贸易限制；美、英、法三国解除柏林与德国东部以及德国西部与德国东部之间的交通、运输及贸易限制。

4. 分裂已无法挽回

虽然，柏林危机随着四国公布的到来结束了。但在柏林危机前后，东西占领区各自行事，德国的分裂已无法挽回。1948年7月1日，西占区的11个州的州长在法兰克福开会，占领军政府授权他们筹备立宪会议。9月，西部各州选举产生的65名代表组成议会委员会起草宪法。1949年4月，美、英、法三国达成《占领法规》，做好了移交行政权力的准备。5月，议会委员会通过了《基本法》。

在苏占区，1948年3月召开了德国人民代表大会，选出了由400人组成的德国人民议院，作为常设的立法机构。10月，该委员会通过了《德意志民主共和国宪法》。11月，苏联占领军扩大了经济委员会的代表性，为未来的中央机构做好准备。在西占区通过《基本法》后，苏占区人民代表大会也批准了宪法。

至此，在德意志的土地上出现了两个国家：1949 年 9 月 20 日，德意志联邦共和国成立，定都波恩。10 月 7 日，德意志民主共和国成立，定都柏林。德意志民族走上了两条完全不同的发展道路。

5. 阻隔血脉的柏林墙

独立后的联邦德国，在美、英、法等国的全面扶植下，社会民主化进程加快，经济发展非常迅速，人民生活水平持续提升。民主德国一味照搬苏联模式，发展缓慢。

1952 ~ 1953 年，民主德国建立了第一批农业生产合作社，起初只是一起耕种土地，使用的是各家农户自己的简单农业机械和拖拉机，租赁站负责提供拖拉机等大型农机。这些合作社被称为第一类合作社。1959 年时，农业总产出的 45% 是由农业生产合作社生产的。1959 ~ 1960 年，掀起了又一波强制集体化浪潮，使得这一比例升至 85%。到了 1960 年年末，多数合作社都已是所谓的第三类合作社，其特点是，包括家畜和农机在内的所有生产资料都归合作社集体所有。

农业集体化从一开始就与农业减产有着不解之缘。1960 年进行的第二波集体化使得大批农民逃往联邦德国。由于粮食形势恶化，不得不在 1961 年再次实施城市居民食品配给制，由此又导致大批城市居民逃往联邦德国。

到那时为止，倘若不携带太多财物，对任何民主德国人来说，逃离民主德国仍然是轻而易举的事。一般路线是，先到东柏林，然后进入西柏林，再从那里前往联邦德国。

从这条路线逃往联邦德国的难民数量每年不一，每逢经济不景气的年头，数字就会急剧攀升。比如，1950 年和 1960 年农业的快速集体化带来的一个后果就是难民数的剧增。据估计，截至 1961 年，共有 350 万人从民主德国逃往联邦德国；同一时期，反向流动的人数大约是 50 万；这就是说，民主德国人口的净流失为 300 万。

逃往联邦德国的难民大多数是掌握某种技术、受过良好教育的高素质劳动力。有关调查显示，经济上的考虑，包括更好的物质生活和职业前景是他们离开民主德国的主要动机。这种人才与劳动力的大量流失对于民主德国的经济来说是难以承受的，它使各种国内问题雪上加霜，而正是这些问题才导致了这种经济大出血。

为有效处理这个问题，民主德国在苏联的鼓动下，决定采取应对措施。1961 年 8 月 13 日，带刺铁丝网、砖块和水泥一夜之间就把柏林的众多大街小巷一切两半，把原来相距只有几米远的邻居和亲戚硬生生地隔开了，这种隔离的彻底和有效，使被隔离的双方居民犹如分别居住在莫斯科与华盛顿一般，真可谓比邻若天涯。看着这突如其来的一切，柏林人个个目瞪口呆。

这道墙围绕西柏林而建，被称作“柏林墙”。“柏林墙”建于 1961 年，1964 年建成，总长 169.5 千米，是“冷战”最著名的标志。“柏林墙”就此将浇筑了东、西两德的边界线，它意味着民主德国从此被软禁在民族的牢笼里，监禁在自己的国土上。然而，这堵墙也以某种方式为没有退路的民主德国人民逐渐接受他们的国家存在的现实，探索一种过得去的生活方式，创造了必要的条件。从 1961 年开始，两个德国并存的局面成为铁的事实；两国的政治与经济结构截然不同，社会与文化模式渐行渐远。

民主德国建造柏林墙

6. 血脉相连分久必合

20 世纪 80 年代末，随着冷战格局的变化，民主德国突然面临内外局势的急剧变动。苏共总书记戈尔巴乔夫实行的“新思维”外交方针，直接影响了东欧各国的政治与社会稳定。在 1989 年的春夏两季，东欧各国相继“易旗变色”，尤其是匈牙利拆除了匈奥边界，开放了通往资本主义世界的大门。

这种变故重新燃起了民主德国内部的不满现状者的出逃希望。6 ~ 8月，数千民众经匈奥边界出逃。9月，出逃人数激增至8万之众。激烈的社会动荡导致民主德国执政党统一社会党领导层内部分歧激化。10 月 17 日，时任民主德国总书记的昂纳克以健康原因“辞去”职务，克伦茨被选为总书记，随即出任国家元首。

然而，克伦茨的改革宣言并未安稳民心，东柏林和莱比锡再次出现几十万人的游行示威，公民出走浪潮达到新高峰。在此情况下，11 月 9 日晚，民主德国统一社会党作出了放松旅游管制的决定。当晚，该消息被错误解读为“柏林墙开放”，人们争先恐后，如潮水般涌向了西柏林。

在“柏林墙开放”的第二天，总理科尔闻讯后，立即中断了对波兰的国事访问，回国紧急部署对策。内务部指示有关部门，接纳所有来自民主德国的公民，并将支付每人每年 100 联邦德国马克的“欢迎费”。在此鼓励下，至 1990 年年初，前往联邦德国和西柏

德国人民欢庆柏林墙开放

林的民主德国公民超过 1000 万，定居者达到 20 万人。

1990 年 3 月 18 日，民主德国举行第一次自由选举，基督教民主联盟获胜并组成以德梅齐埃为首的大联合政府。5 月中旬，两德正式签订货币、经济和社会联盟条约，8 月 31 日两德签署“统一条约”。10 月 3 日，民主德国按联邦德国《基本法》第 23 条正式加入德意志联邦共和国。12 月 2 日，德国举行统一后第一次全国大选，联盟党和自民党获胜，1991 年 1 月以科尔为首的新内阁组成。德国统一的任务全部完成。俄罗斯在 1994 年也将苏联驻德军队全部撤走。

1990 年 8 月两德“统一条约”对《基本法》某些条款的适用性作了修订，有效期改为至新宪法生效时为止。该法规定，德国是联邦制国家，外交、国防、货币、海关、航空、邮电属联邦管辖，国家政体为议会共和制。联邦总统为国家元首，联邦总理为政府首脑。1994 年 5 月，罗曼·赫尔佐格就任总统。就此，德国完成了彻底统一，曾经充当边界线的“柏林墙”成为了历史。

7. 三八纬线分两朝

1895 年，随着中日甲午战争清朝的战败，中日签订了《马关条约》，日本控制下的朝鲜政府宣布停止与中国的宗藩关系。次年，朝鲜高宗在俄国的支持下，改国号为大韩帝国，国号为“韩”。日俄战争后，俄国战败，朝鲜政权彻底被日本控制。1905 年，日朝签订《乙巳保护条约》，朝鲜成为日本的“保护国”，日本势力控制整个朝鲜半岛。1910 年 8 月，日本迫使大韩帝国签订《日韩合并条约》，正式吞并朝鲜半岛，设立朝鲜总督府，进行殖民统治。

1945 年 8 月，随着德国的全面战败，苏联为履行《雅尔塔协定》对日本宣战，向中国东北的日本关东军实施大举进攻，并越过中朝边境，进入朝鲜半岛，其势锐不可当，大有席卷整个朝鲜半岛之势。

美国政府面对朝鲜半岛形势的急剧变化，顿感手足无措。根据 1945 年 2 月雅尔塔会议达成的协议，日本投降后，朝鲜必须置于苏、美、中、英四国共同托管之下。然而，四国对朝鲜托管问题尚未达成具体办法。此时，美国距朝鲜半岛最近的地面部队尚在966千米以外的冲绳岛。因此，美国政府企图通过外交途径，使急速推进的苏联红军停滞下来。

8. 总命令第1号

8月10日，美国国务院、陆军部、海军部协调委员会在五角大楼召开紧急会议，商讨在朝接受日本投降问题。助理国务卿邓恩提出：美国军队接受日本投降的区域应尽可能向北移。国防部长马歇尔的参谋人员迪安·腊斯克上校认为：军方缺乏可供立即投入使用的兵力，加上时间和空间等因素，抢在苏军进入朝鲜南部地区之前，向北部更远的地区推进会更有困难。

于是陆军助理部长让迪安·腊斯克上校和查尔斯·博尼斯蒂尔上校勾画了“一条尽可能向北推进”，但又不致“被苏联拒绝”的分界线。迪安·腊克斯上校和查尔斯·博尼斯蒂尔上校受命后，经查看地图和分析研究，向国务院提交了一份“实施方案”。

建议以横穿朝鲜半岛中部的北纬三十八度线作为美、苏两军接受日军投降的分界线，即用这条线将朝鲜一分为二，美军接受三八线以南的日军投降，苏军接受三八线以北的日军投降。这个建议迅速得到美国军方和国务院的同意，并被总统杜鲁门批准。

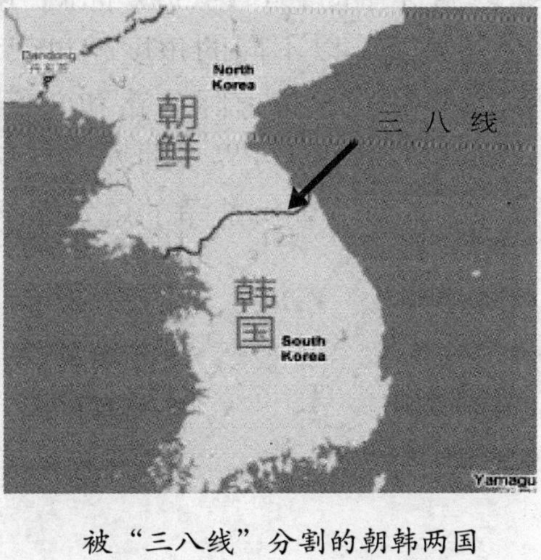

被“三八线”分割的朝韩两国

8月15日，杜鲁门给苏联部长会议主席斯大林发去密电，通报了给盟军最高司令官道格拉斯·麦克阿瑟的有关接受日军投降细节的“总命令第1号”，该命令内容之一就是以北纬三十八度线作为美苏双方在朝鲜半岛受降区域的分界线。16 日，斯大林复电杜鲁门，表示“基本上不反对命令的内容”，对于有关在朝鲜受降分界线的问题也没有提出异议，只提出略加修改的意见。

9 月 2 日，麦克阿瑟在日本东京湾密苏里战舰上举行的日本投降签字仪式后，发布了“总命令第 1 号”，其内容根据斯大林的提议略加修改。命令中说：“驻北纬三十八度线以北的韩国、满洲、库页岛、千岛列岛等地的日本高级指挥官以及陆、海、空和辅助部队，应向苏联远东军最高司令官投降；日本帝国主义政府大本营和驻日本本土及周围诸岛以及驻北纬三十八度线以南的韩国、琉球列岛等地的日本高级指挥官以及陆、海、空军和辅助部队，应向美国太平洋地区陆军最高司令官投降。”

1945 年“三八线”上某山口

从此，这条三十八度线作为美、苏两国在朝鲜等地受降和实行军事占领的分界线被明确规定下来，简称“三八线”。在朝鲜，这条线斜穿半岛，长约 300 千米，隔断了南北，截断了 75 条小溪和 12 条河流，以不同的角度越过崇山峻岭，穿过 18 条小路、104 条乡村土路、15 条道际公路和 8 条高级公路，以及 6 条南北铁路。这条线作为军事分界线的划定与存在，不仅阻隔了朝鲜人民的血脉联系，而且为朝鲜战争的爆发埋下了祸根。

第二部分
直面陆疆的现实争端

在历史发展长河中，有战乱、有分裂，但每次战乱和分裂，都为下一个时期更大范围的统一和发展准备了条件。

“占有并不等于拥有，如果不是真正拥有而只是占有的话，占有的越多，失去的就越多。”

——亨利·阿尔弗雷德·基辛格

第四章　错综复杂的冲突导火线

边界与领土争端是引发国家间冲突的重要因素之一，关系到国际局势的稳定。一般来说，边界与领土争端主要发生在两个国家之间，有的也发生在多个国家之间。

各国之间的边界与领土争端尽管在具体要求上千差万别，但实质上都是一样的，即一方或双方对现有边界的部分或全部走向持否定立场；一方或双方认为处于对方控制下的某地域或部分地域是属于自己国家的领土。所以，在一般意义上，陆地边界争端与领土争端是一个问题的两个方面，边界争端同时就意味着领土争端。国家间发生边界与领土争端的原因错综复杂，归纳起来大致有如下几种。

第一节　殖民侵略落下后遗症

现代国际社会中，许多陆地边界争端与冲突多发生在发展中国家之间，其中很多案例的幕后都铭刻着近代殖民者留下的深深烙印。近代以来，许多国家和地区在欧洲列强们的软硬兼施下被迫打开封闭许久的国门，沦为殖民地或半殖民地。

1. 列强斗争埋藏国家裂痕

随着列强之间利益纠葛的加深以及相互之间矛盾冲突的不断升级，列强们在殖民地上爆发了多起战争和武装冲突，如克里米亚战争、日俄战争等。

这类战争的结局使得殖民者们在某一国家或地区的实力对比产生了变化，战败的一方退出或被迫割让出部分殖民地。由此，列强们将许多不同国家，或原属不同国家的不同地区，或原来尚未形成国家的部落地区强行并入了某一个新的殖民地，或者将原本是同一国家的土地划入不同的殖民地。

此外，列强之间还因利益争夺而相互交换或割让各自殖民地土地。这种任意宰割和瓜分的做法，破坏了殖民地国家或地区原有的领土构成和归属。然而，随着广大亚非拉民族纷纷获得解放，建立了独立自主的国家政权时，继承的就是这些充满历史遗留问题的殖民边界，这些埋藏着殖民者侵略烙印的导火线，便成为许多发展中国家之间产生陆地边界争端的重要原因之一。

2. 不列颠力擒阿富汗

19 世纪 70 年代，英国一些保守党强烈要求“占领阿富汗从而把英属印度的边界推进到中亚去”。狄斯累里上台后，一改自由党在中亚推行的“闭关政策”，任命狂妄自大的李顿为印度总督，执行“前进政策”，不惜以武力对抗俄国在中亚的扩张。在发动第二次侵略阿富汗战争后，英国和阿富汗两国签订了停战协议，根据 1879 年的《甘达马克条约》，英国获得了干涉阿富汗并控制其外交的权利。该条约规定“未经英国同意，阿富汗政府不得与外国缔结条约，不对任何国家采取武装行动”，英国军队有权“击退入侵阿富汗领土的外国军队”，阿富汗将“按英国政府的劝告和愿望处理与外国的关系”。

此后，阿富汗建立了以阿卜杜尔·拉赫曼为首的政府，并获得了英国的支持。英国不但向拉赫曼政府提供军事援助，而且向阿富汗王室提供补助金，到 1897 年补助金达到每年 185 万卢比，这笔钱对于经济贫穷的阿富汗十分重要。从此，阿富汗真正成为英国的附属国，充当着英国遏制俄国在中亚地区势力的“缓冲国”。

3. 威逼利诱横添杜兰线

在英国发动的侵略阿富汗战争中，生活在阿富汗与印度边境地区的普什图族“山地部落”曾多次袭击英军从白沙瓦到坎大哈的运输线，给英军造成很大麻烦。为了有效铲除威胁，1836 年时任印度总督的奥克兰德就提出“在我们的西北边境建立起抵御侵略的永久屏障”，为此“不惜对阿富汗事物采取断然的干涉”。英当局也认为：即便不能占领阿富汗或完全征服部落统治区，也要分裂普什图族“山地部落”，不能把他们划归阿富汗，以形成对英属印度的潜在威胁。

【人文小常识】普什图族

普什图民族，又称巴克同人，因为他们使用巴克同语。人们也常叫他们帕坦人，这是英国人使用的一种印地语称呼。他们分成部落和亚部落，有共同的语言、宗教信仰和风俗习惯，主要以游牧为生。普什图人向来以尚武好斗和无拘无束著称，在历史上他们曾经成功地抵抗了波斯人、希腊人、贵霜人、匈奴人、蒙古人、莫卧儿人、阿拉伯人、土耳其人和英国人的征服。他们自成体系，从不甘当别人的工具，内部形成了一套社会组织，遵守叫做“普什图瓦利”的道德准绳。即使是统治了印度并把阿富汗南部作为势力范围的英国人，也无法有效控制普什图部落地区。

为达到上述目的，英国殖民者不断侵占部落统治区的据点和土地，相继占领了控制阿富汗门户之一的波轮山口的战略基点基达。此后，英国又违反《甘达马克条约》的规定打通了科贾克山脉通道，将基达铁路延伸到新恰曼，尔后又吞并了杜里普什图人的土地。

1893 年 9 月，由莫尔蒂默尔·杜兰德率领的英印使团到访喀布尔，与阿富汗政府商谈划界事宜。阿富汗国王阿卜杜尔·拉赫曼坚决反对分割普什图“山地部落”，他对英国使团警告说：“如果你们把他们从我的领土上搞走，他们对你或我都无益处。他们会和你打个不停或者发生其他的麻烦。”

但是,英国人根本不听警告,他们运用“刺刀策略”和“钱袋策略”对阿富汗政府威逼利诱，最终迫使阿富汗签订了“杜兰协定”，同意阿富汗的东南边界按杜兰线走向，即北起帕米尔高原的萨雷阔勒岭，穿过赫尔曼德河以南的荒芜沙漠地区，向西南延伸至伊朗高原的科希马利克高地，将阿富汗居住 300 万人口的独立部落、25 万平方千米的土地划给英属印度。

“杜兰协定”从表面上看，只是划定了阿富汗和英属印度之间一条长达 2450 千米的边界线。但是由于阿富汗国王拉赫曼对斯瓦特、巴贾尔和奇特拉尔等地区主权的放弃。从此，阿富汗失去了约占全国 1/3 人口的土地，普什图人居住的地方一分为二，分别归英属印度和阿富汗。这虽然暂时稳定了英印帝国的北方边界，却埋下了日后争端的祸根。而且自“杜兰协定”出台以来，阿富汗历经 18 届政府，其中只有 4 届政府接受该协定。协定是否有效，一直饱受阿富汗国内和国际的争议。

4.“杜兰协定”埋下争端祸根

“杜兰线”划定后，被划分到英属印度的普什图族人举行了规模宏大的反英大起义，由于英国军队的残酷镇压，起义不到一年就以失败告终，英国还部署了 4 万多军队驻扎在该地区维持稳定。

1899 年，担任英属印度总督的寇松撤走了英军，政权由当地部落武装接管，并设置了西北边省，划分为英国人的直辖区和自由部落区，暂时缓和了部落地区的紧张。二战后，随着印度和巴基斯坦的相继独立，英属印度不复存在。

在印巴分治时，西北边省在英国人的监督下举行公民投票，投票结果显示多数人民同意加入巴基斯坦，“杜兰线”随之成为巴基斯坦和阿富汗的国界线。但是历届阿富汗政府都没有放弃他们对“杜兰线”以东普什图民族的关注。他们认为，1893年条约是被迫签订而无效的，而且“杜兰线”不是作为一条国界线，只是作为一条势力范围线构思的，英国人也承认过阿富汗在“杜兰线”以东普什图人中的利益和影响，至于公民投票，它不符合自决的要求，因为它遭到大多数普什图人的抵制，而且只规定了印度和巴基斯坦两种选择。

阿富汗与巴基斯坦边界

阿富汗政府一再声称自己对“杜兰线”巴基斯坦一侧并无领土要求，但由于亲缘、历史、宗教、种族以及语言联系等原因，他们有权力过问普什图人的问题，而且他们最关心的，就是让巴基斯坦境内的普什图人自决命运。1949年以来，巴基斯坦的普什图族上层人物搞起了独立运动，要求成立“普什图尼斯坦”。这一运动得到阿富汗政府的大力支持。

巴基斯坦则认为，“杜兰线”是在后来许多场合都为阿富汗承认和批准的一条有效国界线，巴基斯坦对边界自己一边的普什图地区和人民享有充分的主权，阿富汗无权干涉邻国内政，也无必要就此问题谈判或提交国际仲裁。巴基斯坦坚持认为，当地人民的自决问题，早在公民投票中就解决了：在那次表决中，西北边省由99%的人赞成加入巴基斯坦，并且部落地区也通过特别“吉尔加”（部落议事会）一致表示同意。巴基斯坦还反驳说，本国的普什图人的情况比阿富汗方面的同族要强得多，阿富汗的要求是实现其政治野心和试图获取出海口。

5. 普什图尼斯坦能否自治

目前，整个普什图族约有1700万人口，阿富汗境内有900万人口，其余都在巴基斯坦，这些人构成了巴基斯坦的四个主要民族之一。因此，普什图问题一直是巴基斯坦的主要民族问题。主张建立“普什图尼斯坦”的分离主义分子只占整个普什图族的15%，但其中多数是知识分子，所以号召力强，活动能量大。在巴基斯坦独立之初，他们就组织了“红衫党”，为建立“普什图尼斯坦”四处鼓吹。遭政府取缔后，他们又与其他政党先后组成民族党和民族人民党，提出实现省自治的要求。

由于阿富汗支持普什图分离主义分子,巴阿边境多次发生冲突，巴阿两国还在1955年和1961年两度断交。后来，巴基斯坦政府以“危害巴基斯坦主权和领土完整”为由，将民族人民党解散。1975年民族人民党部分党员组成新的民族民主党，继续争取民族自治，但是不再提建立“普什图尼斯坦”的口号了。

冷战时期，随着苏联势力在阿富汗的影响日趋增大，阿富汗一些政界要人开始把巴基斯坦俾路支省的俾路支少数民族问题和普什图问题相提并论，甚至别有用心地把俾路支问题包括在普什图问题之内。曾任阿富汗驻印大使的普齐瓦尔在一本书中，把俾路支族描绘为“南方的普什图人”，并将巴基斯坦的西北边省和俾路支省都纳入“普什图尼斯坦”的范围。

【历史小常识】俾路支问题的由来

俾路支是巴基斯坦西南部的一个省，是该国最大的省份，土地面积34.7万平方千米，约占全国总面积的44%。然而，由于该省地形多为山区且水资源匮乏，因此人口密度较低，是巴基斯坦人口最少的省份，总人口约1300万。

俾路支省矿产资源丰富，已探明储量的就有天然气、煤、铅、铜等几十种矿藏。目前，天然气和矿业开采是该省的主要经济支柱。但即便如此，俾省大部分地区仍处于经济欠发达状态，生产力水平目前仍远远落后于巴基斯坦其他各省。

虽然俾省的发达程度不及其他各省，但却是一个战略要地。其北部及西北部同阿富汗接壤，西南部与伊朗相邻。该省南部面朝阿拉伯海，不仅是中亚各国及阿富汗等国进行转口贸易的潜在贸易通道，还是中东、中亚地区通往远东的潜在能源通道。

该省人口主要由俾路支人、普什图人和布拉灰人组成，此外还有像什叶派穆斯林、哈扎拉人等规模相对小的群体，人口构成十分复杂。

尽管在俾省居住的什叶派穆斯林数量不多，但由于同以什叶派穆斯林为主的伊朗接壤，阿富汗、巴基斯坦以及伊朗交界地区又存在多个宗派极端主义武装组织，因此该省时常发生宗派袭击事件，其中最严重的当属逊尼派极端主义组织“坚格维军”于2013年1月10日以及2月16日在奎达针对什叶派穆斯林发动的两起自杀式炸弹袭击事件。

此外，分离主义运动在该省也十分活跃。1947年印巴分治时，俾省的格拉德土邦由于拒绝加入巴基斯坦而被巴政府镇压。此后，俾路支人又多次发动武装暴动，要求实行高度内部自治，但均被巴政府武力平息。一些分离组织，如“俾路支解放军”，长期以来一直同巴政府进行武装斗争，希望彻底实现“俾路支斯坦”的独立。多年以来，在该地区持续发生恐怖袭击，威力巨大的爆炸不仅夺去了数百条无辜生命，更深深地刺痛着受害者亲属们的内心。

时任阿富汗副外长的瓦希德·阿卜杜拉说，阿富汗把自己看成是在巴基斯坦的俾路支人及帕坦人的祖国。他还要求给普什图人和俾路支人“自决权”。1978年4月凭政变上台的塔拉基企图强化“普什图尼斯坦”运动，公开宣称要根据普什图族和俾路支族人民意志及历史背景来解决他们的民族问题。他公开邀请普什图族领袖阿卜杜勒·加法尔·汗及其子瓦利·汗访问喀布尔。阿富汗政府还对俾路支和普什图分裂主义分子提供各种道义和物质援助。因此，巴阿边境的部落地区又多次发生冲突。

6. 美苏煽风点火居心不良

普什图地区战略地位十分重要，它控制着中亚通向印度的交通要道。冷战中，苏美卷入该地区的争夺后，普什图尼斯坦问题更加复杂化。由于美国在20世纪50年代和巴基斯坦结成军事联盟，向巴基斯坦提供军事援助，使巴基斯坦对阿富汗的态度强硬起来，阿富汗后来便倒向苏联寻求支持。赫鲁晓夫访问阿富汗时，在两国联合公报中提到普什图尼斯坦问题，主张“运用自决的原则来解决上述问题”。事实上，苏联对普什图和俾路支地区一直居心不良，企图把这一地区抓在手，实现南下印度洋的梦想。

苏联入侵阿富汗后，造成300万难民流入巴基斯坦，主要是普什图人居住的西北边境省。这样一来加重了当地人民的负担，引起对巴基斯坦政府的不满。当时的阿富汗卡尔迈勒政权还不断进行煽动活动，挑拨离间。

当年的“红衫党”领袖加法尔·汗在长期沉默后，再次表示要发动一个运动，就西北边省自治进行公民投票。当巴基斯坦信德省发生民族动乱后，前民族人民党主席瓦利·汗公开威胁说，如不实行自治，巴基斯坦将爆发内战。民族人民党还在省会白沙瓦等城市集会游行，支持信德人的抗议活动。

入侵阿富汗的苏军

巴基斯坦总统齐亚·哈克为此发表了措辞强硬的讲话，表示将以铁腕政策对付肇事者，对热衷于暴力的人将予以严惩。同时，为缓和民族矛盾，巴政府采取了一些措施，包括释放了一些分离主义运动领导人。具有讽刺意义的是，苏联入侵使阿富汗的普什图人处境悲惨，数百万人沦为难民，许多青壮年参加了游击队。这一严酷的事实使巴基斯坦的普什图人认识到，在当时的状况下，“独立”或“归并”苏联占领的阿富汗绝非什么好事。因此，绝大多数巴基斯坦的普什图人并没有受某些上层人物煽动宣传影响，基本上支持政府的民族和解政策以及稳定局势各项措施。

根据国际法规则，“杜兰协定”将被后续国家所继承。在英国殖民者撤离后，阿富汗政府为了从法理上夺回失去领土，于1949年单方面宣布“杜兰协定”无效，不承认英国划定的“杜兰线”边界。但是根据国际法，国家间边界的改变需经协定所有相关国家的同意，阿富汗政府单方面的行动是无效的。所以，阿富汗宣布“杜兰线”无效始终未能得到相关国家的接受。“杜兰线”问题也就一直成为横亘在阿富汗和巴基斯坦两国之间的一条鸿沟。

第二节　历史疆域与现实边界不吻合

无论国家大小，其疆域都有一个历史形成过程。边界和疆域从古至今未发生过变化的国家几乎没有。在漫长的历史中，由于种种原因，绝大部分国家的疆界都发生过伸缩进退的情况，其控制地域时大时小，时多时少。然而，面对沧桑的历史变迁许多国家和地区不能正视历史的轨迹以及和平发展的主题，因为历史的纠葛不断制造现实冲突和矛盾。

1. 历史恩怨何时了

许多在历史上强盛过的国家都曾一度疆域辽阔，而现在的面积远不能与当时相比。例如，古代波斯帝国的疆域曾囊括大部分西亚地区；古罗马曾经控制了整个地中海流域；阿拉伯帝国和奥斯曼土耳其帝国都曾横跨欧亚非三洲，后者还曾长期踞有巴尔干半岛腹地；蒙古帝国曾雄踞亚欧草原；奥地利曾是欧洲中心的大帝国；匈牙利曾是多瑙河流域的大国；东南亚中南半岛上的国家几乎都有过称雄半岛、控制半岛相当大地域的辉煌时期，但也都有过国力衰落、偏居一隅的时候。

还有一些国家在建立初期并不拥有今日的辽阔面积，但以后却拓地千里，成为幅员辽阔的超大型国家，例如美国和俄罗斯。再有一些原本没有的国家从别的国家中分离出来，从母国疆域中划得了自己的领土。有时一个民族起源于或最早占有某个地域，建立政权，后又离开该地域，另一个民族又入主该地域并长期居住下来，乃至建立国家。

历史的变迁会使相邻国家或民族的历史疆界发生相互重叠是常见的现象。而不同国家和民族对国家疆域变迁的历史和现实的解读与认知往往看法是不同的，从而导致在边界走向和领土归属问题上发生分歧。对历史地理疆域认知范围的分歧反映在领土争端中，一些国家要求恢复历史上曾经拥有的疆域，这也是目前引起陆疆争端的主要原因之一。

2. 流离失所的希伯来人

公元前 11 世纪，希伯来人从两河流域的乌尔城，渡过幼发拉底河和约旦河来到当时被称为“迦南”的巴勒斯坦地区，建立了希伯来王国。希伯来王国所罗门王在位时，为犹太教的神主建造了耶路撒冷大圣殿，使耶路撒冷从此成了犹太教的圣地。一个世纪以后，希伯来王国分裂为北部的以色列国和南部的犹太国。

后来，亚述帝国征服了衰弱的以色列国，将 3 万名以色列人掠到亚述。不久之后，来自巴比伦的大军又占领了风雨飘摇的犹太国，大批犹太人沦为“巴比伦之囚”。此后的 1000 多年，巴勒斯坦地区先后被波斯、希腊、罗马人残暴统治。在罗马统治时期，犹太人曾多次起义反抗暴政，均遭到血腥镇压，致使绝大多数犹太人逃离巴勒斯坦，流落离散到世界各地。

【地理小常识】巴勒斯坦

巴勒斯坦是中东地区的一个小国，由加沙地区和约旦河西岸两部分组成，首都位于拉姆安拉市。通用阿拉伯语，主要信仰伊斯兰教。阿拉伯人是该地区主要居民，2014 年巴勒斯坦国总人口达到 430 万人。该地区属于亚热带地中海型气候。1988 年 11 月 15 日，巴勒斯坦全国委员会第 19 次特别会议通过《独立宣言》，建立以耶路撒冷为首都的巴勒斯坦国。次年 4 月 2 日阿拉法特宣誓就职巴勒斯坦国总统。1996 年 1 月，阿拉法特当选巴勒斯坦民族权力机构主席。在巴勒斯坦人眼中，阿拉法特就是民族的灵魂和象征。2004 年 11 月 11 日，阿拉法特辞世，享年 75 岁。2005 年 1 月 9 日，马哈茂德·阿巴斯当选巴民族权力机构主席。2008 年 11 月 23 日，巴选举阿巴斯为巴勒斯坦国总统。

巴勒斯坦人的祖先是非利士人，公元前 1000 年左右非利士人居住在地中海岸。因此，在亚述文中地中海西南部的海岸被称为“Pilaschtu”。古希腊历史学家希罗多德的文章中出现了“巴勒斯坦的叙利亚”这个名字，来描写从今天的黎巴嫩到埃及的海岸地区。这个名字被古罗马人延用引入拉丁语。

公元 135 年，罗马帝国在镇压犹太人起义后，将犹太省的名字改为“巴勒斯坦”，来消除对犹太人的记忆。当时耶路撒冷也被改名为“Aelia Capitolina”，犹太人禁止进入这座城市。

早期基督教就产生在这里，传说基督教的创始人耶稣也诞生和被害于巴勒斯坦，因此巴勒斯坦成为基督教的圣地。公元 7 世纪，穆罕默德创立伊斯兰教，实现了阿拉伯半岛各个氏族，部落的统一，接着建立了横跨欧、亚、非三洲的大帝国。

巴勒斯坦也随之成为阿拉伯世界的一部分，逐渐伊斯兰化，耶路撒冷又成为伊斯兰教的圣地之一。此后，奥斯曼土耳其帝国向南大举进军，占领了耶路撒冷和巴勒斯坦全境。但是，土耳其人此后400年的统治并未改变巴勒斯坦以阿拉伯人为主的民族结构和信仰。

从古代一直到现代，或者为了掠夺财富，或者为了转移国内矛盾，在宗教的、政治的、经济的借口掩盖下，许多欧洲国家对犹太人都实行过迫害政策。德国法西斯在第二次世界大战期间以焚尸炉、毒气、化学实验等种种野蛮手段屠杀犹太人，以至欧洲各国的犹太人由1000多万人下降到不足400万人。

正被德军驱赶到毒气室的犹太妇女

3. 犹太人重建家园

19世纪末，遭受长期迫害的犹太人中出现了一股争取恢复犹太人国家的思潮。1897年，在瑞士巴塞尔召开了世界犹太复国主义者代表大会。大会确定的纲领提出：犹太人要在巴勒斯坦建立一个“犹太人之家”。会后成立的“世界犹太复国主义组织执行委员会”具体负责筹集资金、购买土地和敦促向巴勒斯坦移民。

犹太人心中普遍存在立国图强、摆脱颠沛的强烈愿望，所以“复国主义”“重建家园”一类的口号对他们具有强烈的诱惑力和号召力。苏伊士运河通航后，英国一直妄图夺占紧靠运河的巴勒斯坦，以扩充其在这一地区的势力范围。第一次世界大战后期，英军击败奥斯曼帝国军队，攻入巴勒斯坦。

为了给自己占领巴勒斯坦创造理论根据，英国统治集团决定打出支持犹太复国运动的旗号。在此期间，英国外交大臣贝尔福在给犹太复国组织头目罗思柴尔德的信中正式宣布：“英王陛下政府赞成在巴勒斯坦建立一个犹太人的民族之家。”这就是著名的“贝尔福宣言”。

此后，英国通过软硬兼施终于正式取得了对巴勒斯坦的“委任统治权”。与此同时，犹太复国运动积极利用英国在巴勒斯坦地区的影响，组织大批犹太人移居巴勒斯坦，与当地的阿拉伯人发生了激烈冲突。德国法西斯排犹后，流入巴勒斯坦的犹太人大增，使阿、犹矛盾更加激化，冲突频频发生。

英国当局起先采取“排犹”政策，后来为了联合阿拉伯各国对付德、意的威胁，又转而采取“扶犹”政策。1939 年 5 月，英国政府发表白皮书规定：在以后 5 年中，犹太移民不得超过 7.5 万人。犹太复国组织激烈反对这一白皮书，英犹之间发生直接对抗，犹太复国运动的上层集团开始脱离英国转而投靠美国。第二次世界大战结束后，以本·古里安为首的犹太复国运动领导集团对英国采取越来越强硬的态度。他们要求英国撤销 1939 年的白皮书，否则就要使用“流血的恐怖”。

4. 恐怖攻势越演越烈

随着阿拉伯各国人民反帝反殖的民族解放运动不断高涨，英国在中东的殖民统治面临危机。阿拉伯国家联盟成立后，阿拉伯世界坚决反对在巴勒斯坦建立犹太国家的声音越来越强。丘吉尔政府和工党艾德里政府虽然都同犹太复国组织有密切联系，但为了维护英国在整个中东的利益，又不愿损害同阿拉伯国家的关系，因此拒绝修改 1939 年白皮书的种种规定。英国舰只严密封锁海岸线，堵截运送非法移民进入巴勒斯坦的船只。

这时，犹太复国组织头头们便决定制造一些“严重事件”，以对英国施加压力。1945 年秋冬，“哈加纳”“伊尔贡”“斯特恩”等犹太秘密武装组织的小分队纷纷出动，袭击了英国军营、火车站、炼油厂、军火库，致使许多英国军警丧命。此后，恐怖活动的恶浪席卷整个巴勒斯坦，到处发生暗杀、爆炸、绑架事件。

对此，英国当局决定立即采取铁腕镇压措施。首先，英国派出大量军警查抄了犹太建国会总部，逮捕了2700多名犹太人士，其中有犹太建国会、犹太民族议会和“哈加纳”的重要领导人。英军还突击搜查许多犹太人定居点，发现了大批轻重武器。以梅纳希姆·贝京为头目的“伊尔贡”迫不及待地对英国采取报复行动。7月22日，“伊尔贡”的别动队引爆了一辆装有500磅炸药的卡车，炸毁了耶路撒冷英军总部大卫王饭店，造成91人死亡、45人受伤。

5. 山姆大叔背后撑腰

犹太复国分子敢于如此胆大妄为，主要是因为有美国在背后撑腰。在美国国内大量的犹太富商的强力推动下，早在第二次世界大战后期，美国罗斯福政府就已与犹太复国运动组织建立了密切联系。杜鲁门上台后，便正式将支持犹太复国运动作为既定国策。大战刚结束，杜鲁门便写信给英国首相，要求允许10万犹太人移民巴勒斯坦。在一次接见阿拉伯使节时，杜鲁门公然说：“先生们，我感到遗憾，但是我不得不顺从千万个渴望犹太复国主义胜利的人们。”

英国对巴勒斯坦的局势自然不能熟视无睹，但又不敢得罪美国。压力之下，英国同意与美国成立一个“联合调查委员会”，研究巴勒斯坦问题。经过几个月的讨论，由于美国竭力排挤英国，双方矛盾重重，难以取得一致意见。后来英国又提出若干方案，但不是遭到阿拉伯人强烈反对，便是被犹太复国组织拒绝。在美国的支持下，犹太复国运动秘密武装向阿拉伯人和英国当局发动的恐怖攻势越演越烈。

1947年联合国讨论巴勒斯坦问题的特别会议

在这种情况下，英国只得宣布将巴勒斯坦问题提交联合国解决。巴勒斯坦的矛盾和冲突，便逐步演变成战后国际关系中的一大棘手难题。根据英国的要求，联合国讨论巴勒斯坦问题的特别会议于1947年4月底召开，并决定成立一个由11个国家组成的特别委员会，对一切有关巴勒斯坦问题的争端进行调查并提出建议。

随后，该委员会向大会递交报告，一致建议结束委任统治，并对未来的治理方式提出两个方案：一个是由加拿大等7国提出的“多数方案”，建议把巴勒斯坦分为犹太和阿拉伯两个独立国，耶路撒冷则由国际托管，这3个实体组成一个经济联盟；另一个是印度等3国提出的少数方案，反对分治，建议成立阿犹联邦，以耶城为首都。

第二届联大对巴勒斯坦问题进行了长时间讨论，阿方代表反对任何巴勒斯坦分治计划，犹太复国运动方面声称有条件地接受分治方案，美国支持分治，苏联也明确支持犹太人的建国要求。11月29日，联大以美、苏等33票赞成、阿拉伯国家等13票反对，通过了联大《关于巴勒斯坦将来治理（分治计划）问题的决议》。

决议规定，英对巴的委任统治不迟于1948年8月1日结束，届时英军撤出。英军撤出后两个月内，在巴勒斯坦地区建立阿拉伯国、犹太国和耶路撒冷市国际特别政权。根据该决议，阿拉伯国面积为1.1万平方千米，犹太国面积为1.4万平方千米，耶城面积为176平方千米。当时巴勒斯坦地区的阿拉伯人约130万人，犹太人约50万人，但阿方仅分得约44.2%的土地，犹方却分得55%以上的肥沃土地。

犹太复国组织接受了分治计划，阿拉伯各国和巴勒斯坦的阿拉伯人则一致反对。此后，阿拉伯联盟在开罗会议上宣布：“阿拉伯人决心为反对联合国分裂巴勒斯坦的决议而战”，犹太复国组织则极力向美国和东欧寻求军火和援助，鼓动犹太人加速移入，积极扩军备战。

6. 建国当天即开战

1948年5月14日，英国结束了对巴勒斯坦的委任统治。当天下午，犹太复国运动头目本·古里安就在特拉维夫宣布成立“以色列国”。仅 11 分钟后，美国就承认了以色列国。3 天以后，苏联也承认了以色列。

以色列是在临战的紧张气氛中诞生的。它建立后立即对阿拉伯邻国进行了一场大规模战争，史称“第一次中东战争”。为抗议在践踏巴勒斯坦阿拉伯人权益基础上建立以色列国，埃及、约旦、伊拉克、叙利亚和黎巴嫩等 5 国军队相继进入巴勒斯坦，第一次中东战争（亦称巴勒斯坦战争）爆发。

美、英从自己的切身利益出发，各倾向一方。美国是以色列的总后台，对以色列的所谓“生存”承担义务，在战争中给予全面支持；英国一开始是支持阿盟的，希望阿方的军事胜利有利于保住自己在中东的优势地位。当时约旦、埃及、伊拉克军队都是英式装备，约旦的“阿拉伯军团”还由英国军官直接指挥。苏联东欧国家在此次战争中并未明确表示支持哪一方，但向那里运去了不少武器（主要是给以色列）。

战争开始阶段，阿拉伯国家节节胜利，以色列连遭挫败。但阿方交通补给线太长，军火储备缺乏，难于继续扩大战果。战争开始后的第 3 天，美国代表乘机向联合国安理会递交一份决议案，指控阿方是“侵略者”，要求对它们实施非武力和武力制裁。苏联也指责阿方挑起侵略战争，要求立即就美国建议进行表决。英国则反对美国提案，并宣布将继续给约旦以军事和经济援助。

战争爆发后的 10 天中，美国报界掀起一次大规模的反英运动。美国参议员布鲁斯特甚至向参院提出威胁性建议，要求重新考虑按照“马歇尔计划”给予英国的经济援助。在美国的压力下，英国政府彻底软了下来。随后，安理会通过美国议案，要求阿以双方停火 4 周。

根据安理会的决议，阿以双方正式停火。在此期间，阿以力量对比发生了明显变化。以色列充分利用这段喘息时间，从美国犹太人那里募集大量资金，从东西方购进大批飞机、火炮、重型装甲车及自动武器，征募众多外国志愿军和犹太移民，军事实力大为增强。

到第一次停火结束时，以色列武装部队已达6万~10万人。而阿拉伯国家由于内部分歧，没有统一作战计划，在巴境内总兵力仅3.5万~4.5万人。此外，英国改变态度，停止支援阿方，也使阿方力量大为削弱。

战争重新爆发时，阿方一开始即处于防御地位，而做了充分准备的以色列很快取得优势，夺占了大约1000平方千米的土地，并在战略上从被动转为主动。此后，美国又向安理会提出一份决议草案，谴责阿拉伯人应对未达成停火负责，要求在3天内永久停火，英国表示支持。安理会随即通过美国决议案，第2次停火于7月19日开始。

以色列利用第2次停火，再次充实和调整部队，并从捷克斯洛伐克运进大量军火，战斗力又有显著增强。而阿拉伯国家之间仍争吵不休，尤其是埃及和约旦之间矛盾深化，使以色列得以集中力量于南线打击埃及。为夺取战争先机，以色列破坏停火协议，大举入侵内格夫，进而攻克埃及西奈半岛。

当以军越过巴勒斯坦与埃及边界时，英国为维护其战略利益，援引《英埃条约》，对以色列发出将进行军事干预的最后通牒。此时，美国也表示如果以军不撤退，将重新考虑对以色列的政策。在这种情况下，以军被迫退出西奈半岛，但仍向加沙地带发动进攻，切断了加沙埃军的退路。

7. 得了便宜失去安宁

1949年2月24日，处在内部政局不稳、外部军事失利困境之下的埃及政府，被迫同以色列签订停战协定。接着，黎巴嫩、约旦、叙利亚先后与以色列签订停战协定，第一次中东战争至此结束。

由新老殖民主义者一手挑起来的第一次中东战争，从阿方出兵开始，到以叙停战为止，断断续续进行了15个月，实际打了61天。以色列通过战争侵占了大片阿拉伯领土，控制了巴勒斯坦2.07万平方千米土地，比联合国分治决议中规定的还要多6700平方千米。

战争中，埃及占领了加沙地带，约旦兼并了约旦河西岸，并控制了耶路撒冷旧城，该市新城则为以色列占领。这场战争使96万巴勒斯坦阿拉伯人背井离乡，沦为难民，其余居民也被以色列强制迁入划定的“安全区”，失去行动自由。联合国决议规定建立的阿拉伯国并没有建立，该决议实质上已名存实亡。

耶路撒冷街景

遭受恐怖袭击的耶路撒冷

此后，该地区又相继爆发了3次中东战争。巴勒斯坦国成立后，巴以签署了和平协定，提出了巴自治计划。但是，由于多年的恩怨无法解开，再加上巴勒斯坦伊斯兰抵抗组织(简称“哈马斯”)不断对以色列发动恐怖袭击，以及以色列国民的强硬，巴以冲突始终让中东地区动荡不安、战乱频繁，和平的曙光始终未能降临。

【人物小传】亚西尔·阿拉法特

亚西尔·阿拉法特，全名拉赫曼·阿卜杜勒·拉乌夫·阿拉法特·古德瓦·侯赛尼。巴解组织首脑之一，第一任巴解组织主席。一生充满传奇色彩的巴勒斯坦骄子，从小就是孩子王，亲身经历过四次中东战争的洗礼，毕生致力于争取恢复巴勒斯坦人民合法民族权利的正义事业。生活中，他与3个女人的爱情故事也广为流传。

阿拉法特

2004年11月11日，阿拉法特与世长辞。中国国家主席胡锦涛在唁电中说：“阿拉法特的逝世，不但是巴勒斯坦人民的巨大损失，也使中国人民失去了一位伟大的朋友。”

阿拉法特小时候经常模仿军人的动作，做一些带有军事色彩的儿童游戏。1959年，年仅30岁的他与战友一起创建“法塔赫”和“暴风部队”。1965年打响了反对以色列侵略斗争的第一枪，1968年出任了巴解组织主席。

阿拉法特出生时名叫穆罕默德·阿卜杜·拉乌夫·阿拉法特。他于1929年8月27日出生在耶路撒冷一个地地道道的巴勒斯坦家庭里。当他早年读小学时，他的老师为纪念死去的战友亚西尔，便给他改名为亚西尔·阿拉法特，激励他长大继承巴革命先辈的遗志，完成他们未竟的事业。他有2个姐姐、3个哥哥和1个弟弟，在兄弟姐妹7人中，他排行第6。

他父亲叫阿卜杜·拉乌夫·阿拉法特，出身于一个商家和宗教大家庭，属穆斯林逊尼派。这个家庭祖籍分布在加沙地带和汗·尤尼斯地区，与侯赛尼家族有亲缘关系。阿拉法特的母亲扎赫娃·侯赛尼，属侯赛尼家族。这是一个大家族，在耶路撒冷和加沙地带非常有影响。20世纪三四十年代，这个家族的代表人物——加沙地区的伊斯兰首领阿明·侯赛尼就曾领导当地人民反对过英国的殖民主义及犹太人的统治。

第三节 大民族主义一厢情愿谋求统一

现代社会中，有许多相邻国家人民拥有共同的祖先，属于同一民族，生活中使用着同一种语言，具有相同的历史背景，而且文化和信仰相通、相近。但是，由于历史原因，这些国家的政治疆界并没有与民族疆界相吻合，各自都是独立的国家。令人遗憾的是，往往实力相对强大的国家妄图将其他国家或具有同源民族的地区划入本国领土，片面追求“民族统一”，这种有悖国际法则行为严重地影响地区政治秩序，给相邻国家人民带来了无限灾难。

1. 母国情节作祟

一些所谓民族的“母国”以“民族国家”的理论为依据，奉行大民族国家理念，认为边界对面的相同文化民族是自己的同胞，其聚居之地理应与本国合并，要求将邻国境内的相同文化民族聚居地区归属本国。于是，一些同源民族“母国”对邻国跨界民族地区提出了国家领土“统一”的要求，一些跨界民族力图脱离目前所属国家，谋求与同源民族“母国”合并。

这个问题还往往与上一节中提到的历史疆域变迁纠缠在一起，从而引起国家间的领土纠纷。特别是冷战后，由民族分离主义引发的泛民族主义盛行，泛民族主义情绪膨胀，泛民族“统一”诉求升级，这是导致近年来陆地边界与领土争端多发的重要因素之一。

这一问题在跨界民族数量最多的亚洲、非洲尤为突出。考虑到因跨界民族引起的领土纠纷严重影响了非洲大陆的安定，影响到非洲独立国家的经济社会发展，早在1964年7月，非洲统一组织国家元首和政府首脑在开罗召开会议，通过了一项重要决议，庄严声明每个国家必须遵守独立的非洲国家现行边界不变更的原则。

即使在国家与民族关系建构相对成熟的欧洲，同样也受到跨界民族问题的不断困扰，尤其是与此相关的领土纠纷。第一次世界大战后，欧洲曾经出现过改变现行边界、使跨界民族得以统一的设想，结果各种利益冲突更趋激烈与复杂，最后人们只得从现实主义出发，1975年欧洲安全委员会成员国及美国和加拿大共35国通过了《赫尔辛基宣言》，其中一条重要内容就是第二次世界大战以后确定的欧洲国家边界不可改变。

一般情况下，因怀有不满情绪而对国家政权提出挑战的跨界民族，或要求自治，或要求独立，都涉及领土划分问题，其中的独立要求直接危及一个国家的主权和领土完整，是所有跨界民族问题中最棘手的。

2. 东巴人民不高兴了

20世纪40年代，根据英国政府在印度推行的“蒙巴顿方案”，英属印度形成了印巴分治。在这个时期，独立的巴基斯坦由东、西两部分组成，中间隔着印度，两部分领土相距1600多千米。

东巴基斯坦位于恒河和布拉马普特拉河下游三角洲冲积平原上，南濒孟加拉湾，西、北、东三面为印度包围，东南与缅甸接壤。尽管它的面积只占巴基斯坦总面积的16%，但人口却占全国的56%。境内土地肥沃，河网纵横，盛产稻米、小麦、黄麻和茶叶，是富庶的鱼米之乡。

东巴基斯坦98%以上的人口为孟加拉族，是巴基斯坦5个民族中人口最多的民族（其他是旁遮普、信德、帕坦和俾路支族），讲孟加拉语。85%以上的居民信奉伊斯兰教，其余信奉印度教。东巴基斯坦在全国经济生产中也占有相当重要的地位。其出产的黄麻在巴基斯坦的出口商品中长期占据第一位，约占总出口值的1/2，是主要的换汇产品。

长期以来孟加拉人一直对西巴基斯坦的旁遮普人的统治表示不满，常常抱怨自己在政治上没有得到应有的重视。他们与中央政府在区域自治、议会中的代表权、军队招募标准和定孟加拉语为国语等方面存在分歧。随着东巴基斯坦人民民主意识的觉醒，形成了以谢赫·穆吉布·拉赫曼为首的人民联盟政党，作为孟加拉人利益的有力捍卫者。

在东巴的省议会选举中，以农工党、人民联盟和其他反对党组成的统一阵线曾经击败了执政党穆斯林联盟，组成了以农工党领袖法兹卢勒·哈克为首的省政府。两个月后，统一阵线内阁被中央政府解散，孟加拉实行省长统治。1958年巴基斯坦实行了军法管制，随后巴基斯坦的政治结构开始由联邦体制走向中央集权。

在第二次印巴战争刚刚结束后不久，谢赫·穆吉布·拉赫曼在拉合尔的一次会议上，提出了他称之为“争取孟加拉人生存权利的蓝图”的六点纲领，要求建立议会制联邦政府，使东巴拥有更多的自治权。这个纲领受到时任巴基斯坦总统阿尤布·汗的批评。但人民联盟并未把阿尤布·汗的批评当回事，随即将纲领变成现实，在东巴开展“不合作运动”，一直和中央政府处于对立状态。

【背景链接】第二次印巴战争

1965年8月初，克什米尔游击队和印度军队在印巴停火线附近发生激烈交火。8月14日，巴基斯坦正规军队也卷入冲突，印度军队于9月6日再一次向巴基斯坦发动大规模武装进攻，攻占巴方控制线内的多处山岭。巴方在停火线南部展开反击，并攻入印度防守薄弱的旁遮普邦。双方展开激烈的空战，巴基斯坦地面部队在坦克的配合下，给印度军队以重创。随后，双方陷入僵局。最后，联合国安理会通过决议，使印巴双方于9月23日正式停火。1966年1月，在苏联斡旋下，印巴双方签署《塔什干宣言》。巴基斯坦承诺在克什米尔问题上“不使用武力而采用和平手段解决争端”和“互不干涉内政的义务”。

1970年12月～1971年1月，巴基斯坦举行了第一次全国选举。人民联盟在国民议会和省议会都取得了多数党的地位，他们要求掌握政权。时任巴基斯坦总统的叶海亚·汗在同谢赫·穆吉布·拉赫曼举行讨论后，宣布谢赫·穆吉布·拉赫曼为新任巴基斯坦总理。但作为全国第二大政党的人民党对人民联盟的六点纲领提出了异议，声明不能接受。军人政府企图让人民联盟和人民党分享政权，随之移交权力的进程被搁浅。

3. 孟加拉虎赫然独立

恰恰在这段时期里，东巴遭受了一次特大自然灾害。历史上罕见的洪水和旋风袭击了东巴，给东巴人民生命和财产造成了巨大损失。巴基斯坦政府立即采取了救援措施，但东巴各政党 11 名领导人公开指责中央政府玩忽职守，未能妥善处理灾难事件。此后，东巴开始了示威游行，要求遵照选举结果移交政权。依照谢赫·穆吉布·拉赫曼的命令，东巴各地还举行了罢工和群众集会。谢赫·穆吉布·拉赫曼亲自在达卡帕尔坦广场发表演说，要求发动一场非暴力反抗运动，撤销军法管制，立即移交政权，直至孟加拉人民的权利得到实现。

孟加拉人民示威游行

东巴各地相继发生了暴力事件和教派冲突，拥护中央政府的人遭到袭击。军管当局随即出动了军队恢复社会治安，并宣布人民联盟为非法组织，逮捕了谢赫·穆吉布·拉赫曼等人。此后，吉大港军队哗变，非暴动抗议运动演变为武装抵抗。次日，起义军队以谢赫·穆吉布·拉赫曼的名义宣布孟加拉国独立。当天，巴基斯坦总统叶海亚·汗就发表声明宣布东巴情况“发生了非常严重的变化”，造成这种局势的是反巴分子和分裂主义分子。

4. 暗流涌动南亚次大陆

有迹象表明，印度从一开始就利用孟加拉的动乱，积极策划肢解巴基斯坦的阴谋活动。在印度政府的暗地支持下，孟加拉人在靠近印度边界的一个偏僻村庄里，举行了孟加拉国独立仪式，随之成立了临时政府，要求外国给予承认。当时的西方媒体纷纷指出，该政府成员的活动地点，实际上是在印度加尔各答和新德里等地。此外，印度还阻挠三月以来流亡到印度的东巴难民返回家园。

此后不久，印度公然向东巴发动军事进攻，并声称这是“孟加拉人民解放军”所为。但英国《泰晤士报》报道，在最开始伪装成“孟加拉人民解放军”的印度军队的兵力至少有 1 个旅。印度这次不宣之战与第二次印巴战争如出一辙，只是这次矛头主要针对东巴。据当时西方媒体报道，它在东巴边界四周集结了 12 个步兵师，共约 10 多万人的兵力，在飞机坦克的配合下，从 7 条路线发起攻击。

印度还在海上封锁巴基斯坦，拦截中立国家的船只。巴基斯坦总统叶海亚·汗立即宣布：由于印度的侵略，全国进入紧急状态。他坚定地表示，将竭尽全力捍卫国家尊严和领土完整。巴基斯坦官方发言人在记者招待会上坚决谴责印度利用东巴内部问题干涉巴基斯坦内政，并说巴愿意接收所有想回国的难民。

5. 印巴重开战火

印度在展开军事进攻的同时，加紧对巴基斯坦施加政治压力。时任印度国防部长的拉姆在雷瓦里举行的一次群众大会上，狂妄地叫嚣“巴基斯坦应当立即准许孟加拉国独立”。此后，印度总理英·甘地在议会中说，“在今天的形势下，巴基斯坦军队待在孟加拉国本身就是对我们安全的威胁”。不久，印军再次进攻克什米尔巴基斯坦实际控制区，把战火烧到巴基斯坦边境。

印度总理向议会发表的一项声明中宣布，印度政府在经过慎重考虑之后决定承认孟加拉国。在此之前，印度已经在本国领土上设立了孟加拉广播电台和新闻局，并在新德里安置了孟加拉使团。巴基斯坦在印度宣布承认孟加拉国之后，立即同印度断绝了外交关系。

6. 多方斡旋

在这次印巴战争中，美国的态度和前次不太一样，没有公开站出来支持印度的侵略行径，而是要求双方停火后撤，并向印巴边界派遣联合国观察员。倒是苏联处处为印度充当保护人，由于苏联和印度于1971年签订了《苏印和平友好合作条约》，该条约实际上打消了印度肢解巴基斯坦的后顾之忧，因为该条约第9条规定任何一方受到进攻，双方应协商行动。战争期间，苏联源源不断地向印度运送军火。苏联的《真理报》和《消息报》还大肆指责印巴关系恶化是巴基斯坦的过错造成的。最高苏维埃主席团主席波德戈尔内两次写信给巴基斯坦总统叶海亚·汗，企图劝说巴基斯坦政府按印度的要求解决问题。

当印度进攻西巴基斯坦后，联合国安理会于当年12月4日召开紧急会议。时任中国驻联合国代表黄华在会上重申，中国政府和人民坚决支持巴基斯坦反对印度侵略的正义斗争，坚决反对苏联代表团干涉巴基斯坦内政。美国提出了要求停火和印度撤军的提案，遭到苏联否决。

随后，安理会在索马里等六国提议下，把印度侵略巴基斯坦问题提交联合国大会讨论。最后，联大通过投票，通过了要求印巴立即停火撤军的提案。但是这一提案遭到了印度的反对，印度总理英·甘地宣称印度要蛮干下去。

此后，印军攻占了达卡，东巴基斯坦的战事基本结束，孟加拉政府把这一天定为“胜利节”。第二天，西巴基斯坦也实现了停火。12月21日，安理会在苏联和波兰弃权、其余国家一致赞成的情况下，通过决议要求在“一切冲突地区停火，直到所有武装部队尽快撤回到他们各自的领土”。1971年12月22日，孟加拉国临时政府从加尔各答迁回达卡。1973年8月，印、巴在孟同意下，就遣返巴战俘和巴孟交换平民问题达成协议。次年2月，巴基斯坦不情愿地宣布承认孟加拉国。虽然孟加拉国在印度的怂恿下独立，但是印孟关系却由于种种利害冲突而由热转冷。

第四节　战争结局和强权政治的安排

在现代国际关系准则得以确立之前，对国家独立与主权的概念、边界与领土不可侵犯的原则，国际社会都未形成共识。在强权政治的时代，领土的取得和陆地边界的变更，首先取决于国家力量的强弱和战争结果。战争中胜利的一方不但要求战败一方赔款，而且常常附带让其割让土地。战胜国修改边界取得领土，战败国则割让领土，边界与领土增减是常有的现象。

1. 强权即是硬道理

在人类历史长河中，国与国之间战争胜负的结果并不是一成不变的。随着国家力量强弱的变化和国际关系的重新组合，各国战争实力此消彼长，战争的胜败者经常交替，边界的变更并不能永久维持，这就出现了国际关系中不少地区被多次割来割去，一些领土几度易手，一些边界几经修改，甚至是在多个国家中倒手的现象。

罗马尼亚与苏联在比萨拉比亚地区的争端就是这样。该地区历史上归属罗马尼亚，后被沙皇俄国用武力侵占。1918 年罗马尼亚乘俄国内战之机，利用武力收复此地，但俄国始终拒绝承认。1940 年，苏联以武力相威胁要求罗马尼亚政府归还并且要求罗马尼亚将北布科维纳地区作为赔偿，一并割让给苏联，罗马尼亚被迫屈服。第二次世界大战中，罗马尼亚参加了以德国为首的法西斯阵营，利用德军入侵苏联的机会再次出兵夺回比萨拉比亚地区。

二战中的罗马尼亚士兵

第二次世界大战后期，苏军打败德军后又重新控制比萨拉比亚地区。战后，根据和约，比萨拉比亚地区再次归属苏联。但罗马尼亚对此一直耿耿于怀，齐奥塞斯库当政时，经常与苏联为此地归属发生武装冲突。直到1991年底苏联解体，由比萨拉比亚主要地区构成的苏联加盟共和国——摩尔达维亚（现称摩尔多瓦）宣布成为一个独立的国家。

20世纪两次巴尔干战争、两次世界大战，胜利者在战后都对战败国家的边界和领土进行了重新划分。尽管解决了一些边界与领土问题，但又制造了不少新的矛盾。一战后根据《凡尔赛条约》安排，大规模调整了国际边界。波兰、捷克斯洛伐克、匈牙利等国家相继独立，出现了新的边界。

战败国如德国、奥地利、土耳其丧失了大片土地，保加利亚丧失了部分土地和出海口。战胜国中的法国、意大利、比利时、塞尔维亚、罗马尼亚、丹麦等从德国、原奥斯曼帝国得到了新的土地或收复了失地。德国的海外殖民地被英、法、日等列强瓜分。

2. 丹泽走廊引德入波

第一次世界大战后，希特勒利用德国民众对《凡尔赛条约》极为不满的情绪，上台不久即着手用武力修改一战后给德国规定的边界，先后出兵莱茵区，向立陶宛索取默麦尔，通过《慕尼黑协定》割取捷克斯洛伐克的苏台德地区。之后，德国又向波兰提出丹泽走廊的领土要求，在波兰不肯屈膝的情况下，最终对波兰宣战。

【地理小常识】波兰

波兰位于中欧东北部，北濒波罗的海，西邻德国，南临捷克，地势北低南高，中部下凹。全境属于由海洋性向大陆性气候过渡的温带阔叶林气候。波兰具有迥异的东欧风情。每年的5~9月是波兰最为美丽的时节，天气温暖而阳光明媚，9月被誉为“波兰金色秋天”的开始，7~9月则是波兰的旅游旺季。

波兰国家起源于西斯拉夫人中的波兰、维斯瓦、西里西亚、东波美尼亚、马佐维亚等部落的联盟，早在6～10世纪中叶，西斯拉夫的原始公社就开始逐步解体，封建土地所有制产生。10世纪中叶，以格涅兹诺为中心的波兰部落逐渐统一了其他部落。皮亚斯特家族的梅什科一世建立了早期封建国家。公元966年，波兰接受基督教。1025年，博莱斯瓦夫一世加冕为波兰国王，波兰由此成为一个强大而统一的国家。

1939年9月，希特勒德国闪击波兰，迅速占领了波兰西部。此后，苏联军队奉命越过1921年《里加条约》划定的苏波边界，进驻波兰东部地区，随之将这些地区并入了苏联的版图。苏德战争爆发后，波兰东部为德国所吞并。

第二次世界大战期间，波兰曾出现两个政权。其一是在巴黎的流亡政府，后迁往伦敦，领袖是波兰农民党主席米柯拉伊奇克。流亡政府在波兰国内组成“武装斗争联盟”，后改名“国家军”，开始了对纳粹德国的抵抗运动。其二是由波兰工人党在华沙秘密成立的全国人民代表会议，工人党领袖贝鲁特当选为主席。二战后期，该会议任命波兰民族解放委员会为“波兰临时行政当局”。这两个政权，前者倾向西方，后者与苏联关系密切。

3. 波兰领土上演“三国演义”

从1943年起，苏、美、英三国在战后波兰国家的重建问题上展开了一系列激烈的斗争，斗争的焦点是波兰边界如何划定以及波兰政权的归属问题。美、英力图把在伦敦的波兰流亡政府重新扶植起来，再次把波兰变为对付苏联和共产主义的前哨阵地。而苏联鉴于在20世纪内德国曾两次借道波兰入侵俄国的教训，希望在苏德之间建立一条缓冲地带，坚持重建的波兰在政治上必须对苏联友好。

1943年11月28日～12月1日，为尽快打败德日法西斯，早日结束战争，美国总统罗斯福、英国首相丘吉尔和苏联部长会议主席斯大林于伊朗首都德黑兰举行了首次会晤，史称“德黑兰会议”。会议的中心议题是开辟第二战场问题。波兰问题也是德黑兰会议的重要议题之一。苏联曾于 1939 年 9 月出兵占领的波兰领土，大致是 1795 年第三次瓜分波兰时沙俄政府所获取的版图。此外，还增加了东加里西亚和立陶宛大部分地区。英美政府一致认为，1939 年波兰领土的任何变更是不能接受的，而苏联政府则坚持 1941 年 6 月德国入侵苏联前的领土不容更改。在 12 月 1 日的圆桌会议上，罗斯福断然拒绝。但是，就在德黑兰会议期间，苏军已陈兵于苏波边界，英、美急于在波兰问题上同苏联取得某种协议以加快战争进程。美国总统罗斯福用三根火柴形象地阐明自己对苏波边界划分的意见。三根火柴居中的是波兰，左面是德国，右面为苏联。他认为，它们都应当西移，“以便解决盟国所面临的一个主要任务——确保苏联西部边界”。

丘吉尔自知重建一个由资产阶级领导的波兰的幻想已经破灭，也决定接受苏联关于波兰东界的意见，即波兰的西界向西移到奥得河，东界按“寇松线”划定，用德国的领土来补偿波兰在东部失去的疆域。丘吉尔这一提议的目的，是企图以此来满足苏联关于边界的要求，以换取对方承认英国在巴尔干半岛的利益。

斯大林当然赞成丘吉尔的建议。罗斯福对丘吉尔的意见并未表示任何反对，只是要求在美国大选前切勿泄露，因为这一决定关系到 600 万 ~ 700 万美籍波兰人的选票问题。就这样，美、英、苏少数几个大国为了各自的利益达成了协议，背着波兰人民作出了处置波兰领土的决定。

4. 亲苏力量入驻华沙

1944 年 7 月，苏军和波兰军队攻入波兰，波兰民族解放委员会在解放的国土上开始行使自己的权力，同时宣布伦敦流亡政府为非法政权，并发表了告波兰全体人民的宣言（史称“七月宣言”），提出争取奥得——尼斯河为波兰的西部疆界，把乌克兰、白俄罗斯和立陶宛的土地归还苏联（即按“寇松线”划定东部边界）。

不久，流亡在伦敦的波兰政府命令在波兰国内的“国家军”在华沙发动总起义，企图占领首都重掌政权，终因孤军作战、弹尽粮绝而宣告失败。苏军在第二年占领华沙，而波兰民族解放委员会也已改组为波兰共和国临时政府，并由卢布林迁入首都华沙。

此时，罗斯福已意识到，美、苏在波兰问题上难以协调，他致信斯大林，希望斯大林在雅尔塔会议前，“不要承认卢布林委员会为波兰政府”，但斯大林不仅加以拒绝，而且于1945年年初正式承认了波兰临时政府，还任命了苏联驻波大使。

5. 险被破碎的联盟

雅尔塔会议上，波兰问题始终是激烈争论的主要议题。关于波兰疆界，罗斯福同意以“寇松线”为波兰东部的疆界，但希望苏联能在利沃夫市和利沃夫油田问题上作出让步。丘吉尔支持罗斯福意见，但斯大林执意不作让步。不过为了补偿波兰在东边失去的土地，他希望会议能支持把波兰西部疆界延伸到西尼斯河的建议。

经过三方的反复争论，会议通过了以下议定书，三国首脑认为：波兰的东疆当依照“寇松线”，而在若干区域应作出对波兰有利的自5～8千米的补偿。他们承认，波兰必须在北方和西方获得广大的领土上的补偿。

在雅尔塔会议上，波兰政府的组成更是盟国争论的中心问题之一。苏联早在1943年就断绝了同波兰流亡政府的外交关系，在苏联支持下建立起

雅尔塔会议上的丘吉尔与罗斯福等英美首脑

来的波兰临时政府已巩固了对整个国家的控制。苏联外长莫洛托夫在会上强调，应以临时政府为基础，适当扩大波兰政府成员。

英、美认识到事实上已不可能把波兰流亡政府并入临时政府，但想搞一个新的、更有“代表性”的、包括各政党代表在内的临时政府，以便早日举行“自由选举”。由于苏联已实际控制了波兰，英、美无法否定苏联方案，只能在作出让步的前提下略作修改，尽量争取在临时政府内多安排些流亡政府成员。

最后，《雅尔塔协议》规定：“现今在波兰执行职权的临时政府，应该在更广大的民主基础上实行改组，以容纳波兰国内外民主领袖。”会议决定由美、英驻苏大使哈里曼、卡尔会同莫洛托夫进一步协商解决。会后，“三人委员会”根据《雅尔塔协议》，讨论改组波兰临时政府具体事宜。

但事情一开始，三人就在邀请哪些波兰人参加会谈的问题上相持不下。莫洛托夫提出的一张名单中波兰临时政府的代表占优势，遭到英、美否决。英、美提出的力图多增加流亡政府成员的名单，也被莫洛托夫拒绝。1945 年 4 月 1 日，罗斯福在致斯大林的一封信上指出:“波兰争端是块礁石,盟国的战时团结可能在此碰得粉碎。”

6. 波兰政权鹿死谁手

雅尔塔会议后不久，苏联和美、英两国关系渐趋恶化。杜鲁门入主白宫不到 10 天，苏、波便签订同盟条约。杜鲁门认为这预示波兰临时政府将成为永久的合法政府，表明苏联已将波兰纳入自己的轨道，而美国则已无法对波兰施加影响。

在不愉快的气氛中，杜鲁门会见了前来参加旧金山会议的莫洛托夫。杜鲁门当场一再指责苏联拒不执行雅尔塔会议关于波兰问题的决议，说他愿同苏联友好，“但也希望苏联清楚地懂得，这种友好要求共同遵守《雅尔塔协议》，而不是单行道”。美国的强硬态度并没有压倒苏联，而当时美国最为关切的是如何以最小的牺牲来迅速结束对日战争，这仍需苏联帮助。

为此，杜鲁门决定派罗斯福密友霍普金斯为特使到莫斯科去同斯大林会谈，安排新的三国首脑会议事宜。1945 年 5 月 26 日 ~ 6 月 6 日，霍普金斯同斯大林进行了 6 次会谈，苏联作出一系列和解姿态，会谈取得了重要成果。在波兰问题上，苏联建议在波兰临时政府 18 ~ 20 个部长职务当中，让出 4 个给“流亡政府”代表。英、美基本上同意了斯大林的意见。

此后，波兰各方之间的会谈在莫斯科开始。最终，会谈达成协议，以华沙临时政府为基础，吸收农民党、社会党、民主党和基督教劳工党的代表参加，组成“波兰统一的临时政府”。6 月 28 日，该政府在华沙成立。21 名阁员中，16 名是原华沙临时政府成员，3 名来自伦敦，2 名来自国内，工人党领导人贝鲁特任临时总统。7 月 5 日，英美承认了这个政府，10 月 15 日，波兰补签了《联合国宪章》，成为联合国创始会员国之一。

7. 领土争端尘埃落定

波兰政府正式成立后，尚待解决的是波兰疆界问题。波兰东界以“寇松线”为基础已经在雅尔塔会议确认，但在西界走向上还存在分歧。这个问题在波茨坦会议上继续争论。会上，苏联坚持奥得——西尼斯河线，也即要把西尼斯河以东战前属于德国的西里西亚划归波兰。

美、英则主张波兰西界应限制在奥得河这条线上，并以减少德国赔偿金来迫使苏在波兰西界问题上让步，双方相持不下。为此，会议决定邀请波兰临时政府领导人前来陈述意见。随即，苏美英三国外长和波兰代表团开会，贝鲁特总统和副总理米科拉伊奇克都主张波兰西界应自波罗的海经史温曼德，沿奥得河到西尼斯河直至捷克斯洛伐克边境。实际上，苏军早已把西里西亚的行政权交给了波兰政府。后来，苏联在德国赔偿问题上做了些让步，英美也就接受了苏波关于疆界的要求。

但会议的议定书上留下一条尾巴：“波兰西部边界的划定，

应待和平会议解决。”会议还宣布英、美政府同波兰全国统一临时政府建立外交关系，明确表示波兰流亡政府已不复存在。1945 年 8 月 16 日，苏、波在莫斯科签订了两国边界条约。波兰的西界则于 1950 年 7 月 6 日，由波兰同民主德国签订协议，承认奥得—西尼斯河线为两国永久边界。

但西方国家在较长一段时间里一直没有承认波兰与民主德国签订的边界条约。总的看来，同第二次世界大战以前相比，波兰国土在东部减少了近 18 万平方千米，在西部则增加了 10 多万平方千米。

从整个波兰边界斗争结果来看，二战后使波兰在欧洲版图上由东向西搬迁了一大块。苏联名正言顺地从波兰得到了乌克兰西部领土和白俄罗斯西部领土，而让失去大片土地的波兰从德国获得了一块土地作为补偿。

第五节　帝国瓦解或解体的历史后遗症

历史上不少帝国出于统治的需要或分而治之的需要，对辖地和属地的内部区划界线有过颇多改变和调整。在其崩溃后，往往留下众多的领土与边界纠纷。如历史上的奥匈帝国、奥斯曼帝国、大英帝国等。当庞大帝国瞬间崩塌后，由于原国内行政区划的不确切，或是历史上国家内部调整行政区划时遗留的矛盾，也会造成领土与边界问题。2014 年，乌克兰发生政治危机，克里米亚独立问题再次进入人们的视野。可以说，克里米亚问题的出现正是曾经庞大的苏联解体引发的现实矛盾。

1. 夺占克里米亚的号角已吹响

克里米亚是黑海北部海岸上的一个半岛，是今天乌克兰的一个自治共和国。该地区曾是蒙古帝国的一个汗国。1478 ~ 1777 年，奥斯曼土耳其帝国将其纳入势力范围，成为奥斯曼帝国的附属国。1783 年俄国将整个克里米亚半岛纳入自己的版图。

从地图上看，克里米亚半岛位于苏联欧洲部分南端，它就像一只伸展开全部触角的巨型章鱼，长年不动地悬浮在黑海北部海面上。这里是连接欧洲和中东的重要海上通道，在它的南部海岸，与土耳其遥遥相对，西部则是罗马尼亚和保加利亚，军事价值十分重要。

苏德战争爆发后，希特勒立即指示南方集团军群尽快攻占克里米亚，并通过刻赤海峡进入高加索。这一行动既可以避免以克里米亚为基地的苏联空军对罗马尼亚油田构成的巨大威胁，又能够促使土耳其在政治上靠近德国。

得到命令的南方集团军群，很快派出第 11 集团军向克里米亚发起进攻。该集团军辖有第 30 军、第 49 山地军、第 54 军，总计 3 个军 9 个师。此外，罗马尼亚第 3 集团军也归德第 11 集团军指挥。1941 年 9 月 12 日，原北方集团军群的第 56 装甲军军长曼施泰因上将被升为第 11 集团军司令，负责对克里米亚作战。

南方集团军群司令部要求第 11 集团军在进攻克里米亚的同时，还必须在南方集团军群的右翼前进，追击向东撤退的苏军。这给曼施泰因出了个难题，他明白，由于罗马尼亚军团的战斗力很弱，而要靠德军的一个军团大同时完成这两个任务，其力量是远远不够的。他权衡再三，决定把攻占克里米亚放在首位，用少量的兵力继续向东追赶撤退的苏军，把主要力量抽回来进攻克里米亚。他这一招是相当冒险的，东面的苏军可能会停止退却并发动反攻。

2. 难以跨越的“鞑靼壕沟”

要攻占克里米亚是异常困难的，苏军在半岛上不仅驻扎了重兵，而且控制了这里的制海权和制空权。加上半岛地形复杂，进入半岛必须通过皮里科普地峡，若从陆上进攻，则必须通过没有任何隐蔽条件的开阔沼泽地，那里有苏军坚固的防御工事和深达 15 米的古代工事“鞑靼壕沟”。若从水上进攻，地峡两侧的水太浅，船只无法靠近。

1941 年 9 月 24 日上午，在做了充分准备后，曼施泰因命令第

54 军开始进攻皮里科普地峡，他调集了尽可能多的炮火来支援主攻部队。经过巨大的伤亡，第 54 军两天后占领了皮里科普地峡，又经过 3 天的苦战，肃清了这一地区内的其他苏军，冲入了比较开阔的地区。双方损失都极为惨重，德军俘虏了约 1 万名苏军，取得了初步胜利。但苏军又从海上不断进行增援，半岛上的苏军很快增加到 6 个师。这时东面战场又出现危机，向东撤退的苏军发现了曼施泰因的计谋，集中了 12 个精锐师向德军发起反攻，德第 11 集团军的处境岌岌可危。

曼施泰因只得将第 49 山地军调往东面，以稳定罗马尼亚第 3 军团的防线。10 月 1 日，克莱斯特的第 1 装甲兵团趁第 11 集团军牵制着苏军大量兵力之际，从北面向苏军发起攻击，曼施泰因也下令德军第 30 军和罗马尼亚第 3 军团发起反攻，结果将苏军包围和大量歼灭，俘虏苏军 6.5 万人。东面压力减轻后，曼施泰因继续集中 2 个德国军和 1 个罗马尼亚军全力夺取克里米亚。

但这时苏军为了守住克里米亚，已于 10 月 6 日撤出了敖德萨，从海上将援军运到克里米亚，使这里的苏军兵力达到 12 个师。曼施泰因向希特勒紧急呼吁要求派出援军，希特勒给他增加了第 42 军、第 132 师和第 24 步兵师。10 月下旬双方在克里米亚展开了激烈交锋，曼施泰因指挥部队向苏军发起一次又一次的猛烈攻击。苏军则凭借有利地形拼死抵抗，苏空军飞机也赶来助战。苏军还装备有一定数量的坦克，而德军一辆坦克都没有。

3. 剑指斯大林堡垒

参加攻击的各支德军部队都付出了惨重的代价，到了 10 月 25 日，德军已是筋疲力尽了，“战斗的胜负好像是摆在刺刀的边缘上一样”，稍微坚持不住胜利就会倒向敌方一边。结果还是苏军最先顶不住了，10 月 28 日，苏军防线开始崩溃，曼施泰因指挥疲惫不堪的部队向苏军发起不间断的追击。到 11 月 16 日，除了半岛南端的塞瓦斯托波尔要塞外，整个克里米亚都落入了德军之手，20 万苏军有 10 万被俘，其余的撤到塞瓦斯托波尔要塞内。

12 月 17 日，曼施泰因指挥德军对塞瓦斯托波尔要塞展开了第一波攻击。先是大规模的炮轰，随后第 30 军和第 54 军分别从南北两个方向向要塞攻击。苏军拼命死守，逐个碉堡地激烈争夺。德军的进攻矛头已经逼近要塞中著名的斯大林堡垒。这个堡垒如果拿下，则德军炮兵就可以控制整个海湾地区。

克里米亚战役中德军主帅曼施泰因

4. 斯波尼克军长抗命被斩

正当曼施泰因指挥德军在塞瓦斯托波尔要塞苦战时，苏军又在克里米亚东端的刻赤半岛的费多西亚登陆，使正在进攻塞瓦斯托波尔要塞的德军受到两面夹击。曼施泰因立即命令驻防刻赤半岛的第 42 军军长斯波尼克，把刚刚登陆立足未稳的苏军赶下海去。但斯波尼克害怕苏军切断自己的退路，擅自命令部队撤出了刻赤半岛。

为严肃军纪，曼施泰因将斯波尼克判处死刑，并命令部队在刻赤半岛西面筑起防线，以制止苏军进一步扩大战果。12 月 30 日，参加攻击塞瓦斯托波尔要塞的德军也已成强弩之末，在突入斯大林堡垒的外围后，就不能再向前了，曼施泰因不得不下令停止对塞瓦斯托波尔要塞的攻击。

1942 年 1 月 15 日，曼施泰因出动第 30 军和第 42 军向登陆的苏军发起反击。这次反击带有很大的冒险性，此时他手中只剩下 3 个半实力减弱的德国师和 1 个罗马尼亚旅，而苏军已增加到 8 个师和 1 个旅。但曼施泰因还是取得了局部的成功。18 日，他夺回了费多西亚，俘虏苏军 1 万多名。苏军并不想轻易放弃这一地区，仍然在向刻赤半岛增兵，因为他们在这里享有制海权的优势，另外苏联的宣传已把苏军在克里米亚的反攻与领袖斯大林联系起来，宣称这一反攻是在斯大林直接指挥下进行的。

3 月 13 日，苏军动用 8 个步兵师和 2 个装甲旅的兵力从东面发起了大规模反攻，而曼施泰因也得到了新组成的第 22 装甲师和第 28 轻快师的增援，双方在克里米亚再次展开激烈混战。至 4 月 11 日，苏军的反攻被击退。但要把刻赤半岛强大的苏军赶走或消灭，曼施泰因手下的兵力还无法达到。为此，曼施泰因要求希特勒派空军支援，先夺取刻赤半岛，再攻塞瓦斯托波尔要塞。希特勒同意了他的要求。

5 月 8 日，在用少量兵力围困塞瓦斯托波尔要塞的同时，曼施泰因集中了 5 个德国步兵师、1 个装甲师加上 2 个罗马尼亚师和 1 个骑兵旅的兵力向刻赤半岛大举进攻，德国空军密切配合了这次行动。经过 10 天激战，到 5 月 18 日刻赤战役基本结束，德军以损失 7500 人的代价几乎全歼了苏军第 44 集团军和第 51 集团军，俘虏苏军 17 万人。

5. 拔掉最后一个据点

刻赤战斗结束后，曼施泰因即开始准备征服克里米亚半岛的最后一个据点塞瓦斯托波尔要塞。该要塞由苏军海岸军团负责防御，约有 7 个步兵师、1 个骑兵师和 3 个海军陆战旅。德军兵力为 6 个步兵师和 1 个轻快师。曼施泰因对这次攻击进行了充分准备，他在 2 英里正面上展开了 208 个炮兵连，每英里长的正面，差不多有 10 个炮兵连，这在第二次世界大战德军发起的攻击中是绝无仅有的。为了便于发挥炮兵和空军的威力，曼施泰因把主攻方向选在地形较为平坦要塞的北面，而只在南面实施牵制性攻击。

1942 年 6 月 7 日拂晓，曼施泰因下令对塞瓦斯托波尔要塞发动攻击。德军炮兵对事先标定的苏军堡垒发起空前猛烈的射击。同时，空军也纷纷扑向既定的目标。这是一场惨烈残酷的攻坚战，在德军几个师步兵发起冲锋后，苏军凭借坚固的阵地进行了异常顽强的抵抗，并一再发动反击。曼施泰因后来回忆道："无论是大型据点，还是小型碉堡，苏军常常打到最后一人一弹为止。”“双方都是寸土必争，每一个碉堡和每一条堑壕，都要经过浴血苦战。”

克里米亚战役中的苏军装甲部队

6月13日，德军第22师的第16步兵团攻克了斯大林堡垒。在上年冬季，德军的攻势就停留在这里。在这个堡垒面前，德军死伤无数。一位参加过上次攻势的德军伤兵，倚在堡垒的墙壁上，用沾满鲜血的手摸着被炸毁的残垣断壁，用最后的一口气说：“斯大林堡垒，现在我摸到你了！”随即倒地死去。6月17日，德军终于在北面的要塞地区深深楔入。此时德军已伤亡惨重，有的连仅剩下七八个人了。曼施泰因一方面将预备队派上去顶替前沿部队，另一方面向德国陆军总部要到了3个步兵团的援军。

6. 奇袭塞瓦斯托波尔要塞

德军在6月26日付出惨重伤亡夺取了苏军的外围防线后，其忍耐力已达到极限。为了最后夺取塞瓦斯托波尔要塞，曼施泰因改强攻为奇袭，于6月29日凌晨派突击队在苏军认为根本不可能发起进攻的地点，秘密渡过塞瓦斯托波尔湾，从南岸攀登上岩石绝壁，突然袭击苏军阵地背后。然后，他指挥德军主力在猛烈的炮轰之后发起大规模进攻，使城内苏军陷于腹背受敌的困境。

7月4日，退到半岛顶端的9万多苏军残部看到海军的接应已经毫无希望，终于投降。德军缴获火炮460门，其他战利品不计其数。德军也付出了惨重代价，死亡约2.4万人。至此，曼施泰因终于征服了整个克里米亚半岛，他因此被希特勒晋升为元帅。

7. 克里米亚半岛花落谁家

随着德军的节节败退，终于苏联在1944年收复了克里米亚半岛。斯大林以克里米亚半岛的本地人民——鞑靼人与德国合作为由，将其流放到中亚地区，大约46%被流放的人死于饥饿或疾病。1945年2月，盟国在克里米亚半岛的雅尔塔召开了雅尔塔会议。二战结束后一直到1954年，克里米亚半岛是俄罗斯联邦苏维埃加盟共和国的一部分。

1954年，为了庆祝乌克兰与俄罗斯“结盟”300周年，苏共最高苏维埃主席团通过决议，把属于俄罗斯版图的克里米亚半岛作为“恒久友谊的象征”划归乌克兰版图，也就是说将克里米亚半岛从俄罗斯联邦加盟共和国转划给乌克兰加盟共和国。决议的理由是“鉴于克里米亚同乌克兰苏维埃社会主义共和国经济上有共同性、地域接近、经济和文化关系密切”。

苏联解体后，克里米亚半岛成为乌克兰的一部分，许多半岛居民对此不满。1992年克里米亚自治共和国通过大选产生了自己的议会和总统。因克里米亚半岛上的居民以俄罗斯族为主（占总人口的58.32%），在政治上亲俄罗斯。于是许多克里米亚民众，要求克里米亚回归俄罗斯，占克里米亚人口绝对多数的俄罗斯族人也要求脱离乌克兰，俄乌两国关系曾经一度异常紧张。

1996年，乌克兰议会通过国家独立后第一部宪法，承认克里米亚为自治共和国，拥有自己的宪法，实际承认了以俄罗斯人为主体的克里米亚自治。1997年，俄罗斯与乌克兰签署《友好合作伙伴关系条约》，确认克里米亚半岛归乌克兰所有，克里米亚半岛上主体民族虽心向俄罗斯，但也逐渐顺应克里米亚自治共和国的自治制度，开始与乌克兰各民族和睦相处。2014年，随着乌克兰出现政治危机，克里米亚独立问题再次成为世人瞩目的焦点，考验着克里米亚、乌克兰以及俄罗斯三国人民的智慧。

第六节　地貌自然变迁惹争议

自然地理是国家之间天然的边界，但是自然地理环境是会发生变化的。当地貌发生变化时，往往也会导致陆地边界与领土的争端。例如，由于河流改道或自然风化作用而导致边界的重新划定问题。邻国间本来规定以河流为界，但河流或河道发生改变，脱离了原来的位置，或水中泥沙淤积，形成沙洲和岛屿等，使原来的规定产生歧义，从而引起邻国间关于边界的争端。

1. 都是河床惹的祸

美国与墨西哥之间的界河格兰德河，曾经因为河床经常移位而引起两国近百年关于边界问题的争议。该河一些河段由于经常泛滥，河床不断北移，新旧河道之间的土地，成为美墨两国相争之地。1963年，两国签订条约，将河流改道增减的部分地域平分，各得0.78平方千米，并决定修一条新运河，把这条新运河当作两国的新边界，这才化解了多年的恩怨。但是，这一共识的来临是两国付出血的代价换来的。

美国在19世纪40年代开启了大陆扩张和西进运动，盛行扩张主义思潮。时任美国总统波尔克在致国会的年度咨文中，提出了对门罗主义的扩张主义推断。《纽约晨报》刊登扩张主义者奥沙利文的文章称：“上帝赋予我们在整个大陆发展的权利是天定命运。”众议员罗伯特·温思罗普在国会提出：“我们天定命运的权利是扩展到整个大陆。”

从1836年美国策划得克萨斯“独立”到1846年美墨战争，贯穿着美国企图成为北美大陆两洋国家的扩张主义意图。美国夺取加利福尼亚地区和太平洋出海口的野心由来已久。1835年，杰克逊总统曾试图以55万美元的代价向墨西哥购买旧金山港口及其以北地区。但是墨西哥政府坚定地拒绝美国的痴心妄想。

2. 血染格兰德河岸

截至 1846 年，美国政府的这一野心交由总统波尔克来实现，他一边命令扎卡里·泰勒将军率部开赴美墨边界努埃塞斯河畔，一边委派约翰·斯利德尔为驻墨公使，以墨西哥政府应归还美 300 万美元债务为要挟，要墨西哥承认以格兰德河为美墨边界，并以 1500 万～4000 万美元的代价取得新墨西哥和加利福尼亚地区。

美国前总统波尔克

墨西哥拒绝了美国的无理要求。波尔克随即命令泰勒部队越过努埃塞斯河，占领从不属于得克萨斯的格兰德河左岸。此后，美墨军队在墨西哥境内发生流血冲突。美墨双方在帕洛阿尔托交火，美军死伤 64 人，墨方损失 300～400 人。

在马塔莫罗斯以北防御阵地雷萨卡·德·拉·帕尔马地区再次交火，美军 1700 人击败墨军 5700 人，墨军死伤近千人，外号“剽悍的老粗”泰勒一举成名。当晚，美国政府开会决定对墨采取更大规模的战争行动。1846 年 5 月 11 日，波尔克总统发表致国会咨文，对墨西哥宣战，并批准拨款 1000 万美元，征兵 5 万人。

3. 错综复杂的战前形势

战争开始时，墨西哥军队起初在数量上占有优势，拥有 3.2 万军队，但缺乏训练，纪律不严，装备不足，军官指挥水平低。但是墨西哥军队在本土作战，熟悉作战地形，有很强的机动性。

美军由 8 个步兵团，4 个炮兵团和 2 个骑兵团组成，共计 8600 人。美军的不利条件是运输和通讯不完善，卫生设备不足。由于疾病，死亡率高达兵员的 10%。此外，出身辉格党的将领泰勒与温斯菲尔得·斯科特总司令之间一向不和，而且与民主党总统及其内阁关系紧张。

在政治上，墨西哥国力衰败，领导无能。美国则正围绕奴隶制的限制和扩张问题南北双方对峙，在开战的态度上存在明显的分歧。南方种植园奴隶主及其政治代表民主党人力主对墨宣战，北部工商业资产阶级和西部土地扩张主义者、共和党人则反对这场战争，来自北部的兵源不到总数的1/3。

4. 占领马塔莫罗斯城

战争打响后，美军分三路入侵墨西哥，斯蒂芬·卡尼上校受命指挥西线军队，远征新墨西哥和加利福尼亚。约翰·斯洛特舰队司令受命取海路袭击太平洋海岸，斯科特总司令则率部直取墨西哥首府。

作战初期，泰勒将军率部越过格兰德河并占领了马塔莫罗斯城。7月14日，其先头部队到达位于墨西哥城北1000英里的查马尔戈，建立进攻蒙特里的基地。

在此期间，美墨虽有谈判，但未达成停战协议。8月6日，玛丽亚纳·萨拉斯取代1845年12月任总统的帕斯多为代理总统，8月19日，泰勒率6000官兵向蒙特里进军。墨西哥军队在西侧的独立丘和联邦丘建有完好的防御工事。泰勒率部从东侧主攻，并派威廉·沃尔思率部在西侧策应。

在此之后，沃尔思部夺取了联邦丘的一部分和独立丘，泰勒部队攻破蒙特里城，墨守军随即投降，双方达成休战8周的协议。此后，泰勒又发动攻势，占领了科阿韦拉的首府萨尔蒂略，威廉·沃尔思则率部先后占领了蒙克洛瓦和蒙特里以西的帕拉斯。

5. 星条旗取代熊旗

在西部战区，萨克拉门托河谷一批美国移民起事，迅速占领了圣诺明，成立了“加利福尼亚共和国”，升起了白底灰色的熊旗。

加利福尼亚人推选1845年5月起领导远征西部的约翰·弗里蒙特为国事指导。

与此同时，在约翰·斯洛特海军准将获悉美军已封锁韦拉克鲁斯海港时，率舰队由墨西哥湾的马萨特兰港开赴加利福尼亚，到达了旧金山以南的蒙特里，宣布加利福尼亚是美国的一部分。7月9日，美军占领了旧金山和圣诺明，星条旗取代了熊旗。

不久，美国海军占领了萨克拉门托附近的萨托堡。海军准将罗伯特·F.斯托克顿取代斯洛特任西线司令官。美国海军陆战队很快占领了圣·巴巴拉，8月13日夺取了洛杉矶，斯托克顿发表文告，宣布加利福尼亚并入美国，建立以他为首的新政权。

在这期间，卡尼率领远征军1700人由利文思沃堡，到达位于阿肯色斯河与圣菲小道交汇处的本特堡。此后，卡尼部南渡沙漠向新墨西哥进发，沿阿肯色斯河到蒂姆帕斯河口，并由此经西南进入山地。部队越过海拔8560米的拉顿山口，到达拉斯维加斯，并宣布新墨西哥是美国的一部分。

此时，聚集在阿帕切·卡尼翁的4000名墨军随即溃散。8月18日，卡尼率部占领了圣菲，结束了1200多千米的行军。随后建立了以查尔斯·本特为州长的临时州政府。尔后，卡尼率300名骑兵奔赴加利福尼亚，与墨军在圣帕斯库亚尔村激烈交火。经短暂交锋后，占领了洛杉矶。在圣费尔南多，墨西哥残余武装力量向弗雷蒙特投降。至此，在新墨西哥和加利福尼亚的军事行动基本结束。

6. 英雄泰勒

在直取墨西哥的主战场方面，泰勒将军、波尔克总统以及斯科特总司令三人在对墨军作战计划上发生了分歧。1846年年底，波尔克批准了斯科特远征韦腊克鲁斯的作战计划。泰勒获悉斯科特已于1月3日下令泰勒所部9000人开赴韦腊克鲁斯远征，并命泰勒在蒙特里一线待命，其时，泰勒已于1846年12月29日占领了塔毛利帕斯的维多利亚。

1847年2月，泰勒率部进至位于萨尔蒂略以西29千米的阿瓜纽瓦。这时，圣·安纳在圣路易斯托波西集结的2万人正严阵以待。泰勒部队撤出防御力量单薄的阿瓜纽瓦，到达拉安戈斯图拉。沿萨尔蒂略—圣路易斯—波多西公路口，在深峡谷内和山涧固守。这里距离埃纳维斯塔的西班牙庄园以北4.8千米。

泰勒所部4800人多为志愿步兵，圣·安纳率领1.5万人与之对阵，并要求泰勒无条件投降。此后，美墨两军展开激战，2月24日圣·安纳率部撤出，并结束了在墨西哥北部的军事行动。在这一战役中，美军死伤和失踪746人，墨军损失1500人，其中500人死亡。凭借此次战役的胜利，泰勒在同年回国时，受到美国民众对他英雄般的欢迎。

7. 目标墨西哥城

截至1847年9月，美军已扫除墨西哥首都外围一切阻力，开始向墨西哥城进军。在斯科特总司令的命令下，威廉·J. 沃尔思将军率队伍出其不意的攻击了位于梅林诺·德拉·雷城外的一家枪支制造厂。

但是，在其附近的卡萨玛塔和有围墙的查普尔特佩克公园内有1.2万墨军依托工事顽强固守。美军没有估计到会遭遇整整1天的激烈战斗，在损失近800人后，美军知趣地退守塔库巴亚。

为了夺取墨西哥首都，斯科特发动总攻。墨西哥城内有1.5万官兵。斯科特决定突袭60多米高的查普尔特佩克小山工事，它可控制通向墨西哥圣科斯梅和贝伦两个城门的公路线。

9月14日，在约翰·奎特罗和吉迪·皮洛两位将军的指挥下，美军突击队以梯子相助爬坡，登上了制高点。在击溃位于小山顶的墨西哥军事学院100多名士官生的猛烈反抗后，美军下午攻占了贝伦门，又拿下了圣科斯梅门，立即向首都推进。

进入墨西哥城后，美军在墨西哥城的国家宫升起了美国国旗。斯科特当即颁布命令对墨西哥城进行军管。此后，墨西哥总统圣·安纳放弃总统职位，率残部 8000 人在普韦布洛等地和墨西哥将军霍亚金·列亚会合，继续与美军周旋。

8. 开启和谈

11 月 11 日，彼得罗·玛丽亚·安约当选墨西哥临时总统。1848 年 1 月 2 日，美墨和谈正式开始。2 月 2 日，在墨西哥城郊的瓜达鲁佩希得尔戈村签订了和约。

条约规定：墨西哥的格兰德河以北全部权利让与得克萨斯，割让新墨西哥和上加利福尼亚给美国，美国同意支付 1500 万美元，并承担美国公司向墨西哥政府索取的 325 万美元的赔偿要求。美墨边界线划在沿格兰德河到新墨西哥以南，由此向西和西北，沿希拉河和科罗拉多河并由此沿上下加利福尼亚线直到太平洋。该条约于 1848 年 2 月 23 日提交美国参议院审议，参议院以 38 票对 14 票的多数批准了条约。此后，美墨双方交换了批准书，波尔克总统发表文告宣告条约正式生效。

1848 年 2 月 29 日，美墨政府同时对外发表停战声明。6 月 12 日，美军顺利撤出了墨西哥城，8 月 2 日，最后一批美军离开了韦腊克鲁斯。至此，围绕领土展开的美墨战争宣布结束。美国在这场蓄谋已久、规模有限的战争后，夺取了 230 万平方千米的领土，一跃成为地跨大西洋和太平洋的大国。墨西哥丧失了大半国土，元气大伤。美国从此获得了在美洲的主宰地位。

“领土问题没有谈判，只有战争。”

——弗拉基米尔·弗拉基罗维奇·普京

第五章　血雨腥风中的杀与罚

领土问题涉及国家主权和根本利益，是影响国家间关系的重要因素。在国家与国家出现领土争端时，一般来说，应该在充分尊重历史与现实，本着公正、合理的精神，在利益平衡的基础上，依据国际法原则和国际惯例，将政治手段作为解决主要手段和途径。

正如俄罗斯总统普京所言：“领土问题没有谈判，只有战争。”事实上，二战结束近70多年来，一些国家之间因为领土问题出现争端导致关系紧张后，在矛盾逐步升级的过程中，因为双方或者其中一方对现实利益的欲望膨胀和对自身军事能力的过度自信，往往难以单凭政治和外交手段有效解决双方争端。

因而，最终导致发生边界流血冲突，双方大打出手，甚至升级为两个国家之间的全面战争。而交战双方也往往因此遭受重大创伤，国家长期动荡不安、人民流离失所，在战乱的血雨腥风中上演着一幕幕杀与罚的悲剧。

第一节　鏖战阿拉伯河

20世纪80年代初，中东地区爆发的伊拉克和伊朗战争（简称两伊战争），是第二次世界大战以来，一场延续时间较长、规模较大、在当时技术含量较高的局部战争，令世人瞩目。此次战争，从1980年9月爆发，至1988年9月双方弭兵言和，整整持续了8年之久。长期燃烧的战火，使两伊双方均蒙受了巨大损失。

而且，由于两伊战争的长期持续，战火不断蔓延，还殃及海湾地区其他国家的经济利益和安全稳定，再加上背后两个超级大国——美国和苏联之间的暗中较量，致使海湾局势波澜四起，一度空前紧张，成为国际社会广泛关注的焦点。

1.“兄弟阋墙”已久

伊朗和伊拉克同是伊斯兰教国家，伊斯兰教在两国政治生活中起着重要作用。伊斯兰教主要分为逊尼派和什叶派两大教派，伊朗和伊拉克两国的穆斯林（伊斯兰教徒）多数属于激进的什叶派。其中，伊朗什叶派人数约占其穆斯林总数的92%，伊拉克什叶派人数约占其穆斯林总数的60%。

按理说，两国应该在逊尼派国家占居多数的海湾地区紧抱成团，但实际上却由于民族和宗教矛盾、争当海湾“盟主”的欲望、领土争端等种种原因，使伊拉克和伊朗“兄弟阋墙”，矛盾不断激化，导致两伊兵戎相见。

领土争端是诱发两伊战争的最大因素。两伊之间的领土争端主要包括两个方面问题：一是阿拉伯河的边界划分问题；二是波斯湾入口处3个小岛的主权归属问题。

两国的第一个边界争端是两国之间直接的领土纠纷。底格里斯河和幼发拉底河是伊拉克赖以生存的内河，两河在离波斯湾193千米的地方汇合后流入阿拉伯河。阿拉伯河则是两伊的自然边界，也是伊拉克通向海湾的唯一水路，成为了伊拉克石油出口的重要通道。

长期以来，伊拉克一直声称，阿拉伯河的整个航道直至伊朗一侧的河岸都是它的领土。而伊朗则要求以河流主航道中心线为边界线，并对该河实行双方共管。对此，伊拉克坚决反对，双方争执不休。

1975年3月，在当时的阿尔及利亚总统斡旋下，两国就边界划分问题举行会谈并签署了《阿尔及尔协议》，当时的伊拉克正处困境之中，被迫同意按阿拉伯河主航道中心线划定两国边界。作为交换，伊朗也答应归还300平方千米原属伊拉克的领土，并承诺不再支持伊拉克库尔德族的反政府武装。但事后，伊朗迟迟不交还土地。于是，伊拉克认为《阿尔及尔协议》是“奇耻大辱”，多次要求重划边界，均遭伊朗拒绝。

两国的另一个争端本来是跟伊拉克没有关系的。1971年，巴列维国王统治下的伊朗，派遣军队占领了波斯湾入口处的阿布穆沙、大通布和小通布3个小岛。伊朗占领这些岛屿后，立即加强了岛上军事设施建设，意欲使这3个小岛成为可以控制波斯湾出入航道的军事基地。

伊朗的这一举动，使海湾的一些阿拉伯国家觉得如鲠在喉，因为谁能控制波斯湾的出入航道，谁就扼住了海上石油通道的“咽喉”，也就把握住了海湾油库的“阀门”。因而，海湾阿拉伯国家特别是伊拉克对伊朗此举反对激烈，伊拉克认为这些岛屿不应该由伊朗占领，而应该归还阿拉伯国家（这3个小岛本应属于阿拉伯联合酋长国，伊朗占领这些岛屿时，阿联酋尚未成立）。

不过，雄心勃勃的伊朗根本没有理会伊拉克和其他阿拉伯国家的立场，也因此，以伊拉克为代表的一些海湾阿拉伯国家和伊朗一直积怨甚深。

2. 伊拉克仅仅略占优势

伊拉克和伊朗都是海湾地区的军事大国，在战争爆发前，双方都拥有一支在海湾地区实力雄厚的军队。

伊拉克总兵力约22万人，其中：陆军约19万人；海军4000余人，各种舰艇43艘；空军约2.8万人，各种飞机500余架。此外还有人民军约10万人，后备役部队约25万人。

伊朗在1979年“伊斯兰革命”以前，总兵力约为41万人。革命胜利后，伊朗对前国王统治时期的军队进行了大规模的清洗。

总兵力锐减至约 24 万人。其中：陆军减少了一半，剩余约 15 万人；海军减少 1/3，剩余约 2 万多人，各种舰艇 80 余艘；空军减少 1/3，剩余约 7 万人。此外还有新组建的伊朗革命卫队约 9 万人，预备役部队约 30 万人。

在装备水平上，两国军队在海湾地区也同属翘楚。长期以来，海湾地区一直是世界最大的石油输出地，20 世纪 70 年代初期，世界石油价格大涨后，使得许多海湾国家石油收入猛增，“一夜暴富”。而 1973 年爆发的第 4 次中东战争中，先进的导弹、坦克、飞机、电子设备等武器装备得到了广泛使用，使海湾国家颇受刺激。

于是，不差钱的海湾国家纷纷斥巨资采购武器装备，不断加强自身军事能力，生怕应对不了日趋复杂的地区形势，这也使得海湾地区长期成为世界最大的军火输入地区。

急于在海湾地区称雄又手握巨富的伊拉克和伊朗，购买军火更是不甘落后。仅从 1973 ~ 1977 年的短短 4 年，伊拉克和伊朗的武器采购费竟分别达到了 705 亿美元和 374 亿美元，其后更是逐年递增。在强大资金支持下，伊拉克和伊朗在武器装备上得到了飞速发展，拥有大批先进的导弹、坦克、飞机、电子设备等武器装备。

应该说，从数据上看，两国战前总体上的经济军事力量旗鼓相当，伊朗略占优势。

不过，伊朗只是从数据上看占据优势。由于在“伊斯兰革命”中很多作战经验丰富的军官被清洗和革职，加上美国顾问及技术人员撤走，以及武器装备零配件出现不足，因而，伊朗军队和第二次世界大战爆发前的苏联红军相似，虽然颇具规模，其实实力已大大下降。在真正的力量对比上，伊拉克军队反而略占优势。

3. 萨达姆按下战争按钮

尽管并无绝对优势，但在欲望不断膨胀之下，加上各种矛盾愈演愈烈，尤其是领土争端无法调和的情况下，上台仅一年零两个月的伊拉克总统萨达姆还是迫不及待地率先按下战争按钮，企图利用伊朗“伊斯兰革命”后的混乱时机抢先发动战争，先发制人，速战速决，在海湾国家的大力支持下，一举打垮伊朗新政权，实现其称雄海湾的“壮志雄心”。

1980年9月9日，伊拉克军队开始向边境集结，一周之后，伊拉克总统萨达姆发表声明，强硬地宣称“1975年《阿尔及尔协议》完全无效，阿拉伯河应由阿拉伯国家管辖”。9月22日拂晓，萨达姆下达了对伊朗的军事目标发动“威慑性打击”的命令。

伊拉克空军首先出动，大批作战飞机对伊朗首都德黑兰、大不里士、阿瓦士、克尔曼沙赫、提斯孚尔等15个城市和7个空军基地发起了大规模袭击，企图一举歼灭伊朗空军。随后，伊拉克开始大规模出动地面部队，以5个师又1个旅共计5万余人和1200余辆坦克的兵力，分北、中、南三路向伊朗境内大举推进。

伊拉克前总统萨达姆

面对伊拉克咄咄逼人的强大攻势，伊朗军队被迫仓促应战。在伊拉克空军发动空袭后，伊朗空军也迅速反应。不到两个小时，伊朗空军开始进行还击，出动了美制“鬼怪”式飞机，对伊拉克巴士拉地区的空军基地以及大型石油化学工厂等重要目标进行有力还击。

伊朗海军也参加了“报复性回击”行动，对伊拉克港口城市法奥的石油码头进行炮击。

与此同时，伊朗国内进行了紧急动员，全国戒备，地面部队迅速调整部署，向边境机动。一场旷日持久、举世瞩目的大战就此全面展开。

【军事小故事】伊拉克战前的战略欺骗

为了对伊朗突然发动进攻，迅速达成战争目的，在临战前伊拉克采取了多项战略欺骗措施，成功地达到了进攻发起突然的目的。

制造“和平”空气，麻痹伊朗。为了掩饰进攻企图，战争爆发前一周，伊拉克高层在多个场合发表言论，释放烟幕弹。伊拉克二号人物易卜拉欣曾宣称，伊拉克在边境地区与伊朗之间进行的小规模冲突“将于本周末结束”，而萨达姆宣布1975年两伊《阿尔及尔协议》无效时，声称“伊拉克不希望战争”。次日，萨达姆·侯赛因还强调说，伊拉克要同所有的邻国保持“睦邻关系”，并预言不会同伊朗发生大规模战争。而事实上，伊拉克在一周后将军事行动突然升级。

利用边境冲突，掩护地面部队向战区集结。战争爆发前3周内，两伊边境连续发生小规模武装冲突。1980年9月上、中旬，伊拉克发起了收复边界中部被伊朗军队控制的扎因高斯等4个地区的战斗，并以此为掩护，调动地面部队，完成大规模进攻部署。战争爆发时，伊拉克共集结了3个陆军师、坦克1000余辆。

4. 血腥对决拉开帷幕

由于伊拉克军队整体实力占据优势，加上是主动进攻方，战前进行了充分准备，因而，伊拉克军队在战争初期的进展和萨达姆当初的预想基本一致，很快掌握了战场主动权。不过随后的局势并不如萨达姆所愿，伊朗军队稳住阵脚后，发动有力反击，伊拉克全线溃败。此后，双方陷入持久战，进行了长达8年的血腥对决。

按照萨达姆的最初计划，伊拉克集中主要力量在北线战场，率先夺取北部边界有争议的地区，并控制交通要点，继而转兵南下，控制阿巴丹和阿拉伯河口地区，尔后迅速占领伊朗的胡齐斯坦省，切断伊朗经济命脉，进而凭借实力和地位，逼迫伊朗接受其和谈条件，签订城下之盟，体面结束战争，达成速战速决的目的。

战争初期，伊拉克进展顺利。经过一周的激战，伊拉克军队占领了伊朗约2万平方千米的土地和边境全部哨所，控制了阿拉伯河东岸长600千米，宽20千米的狭长地带。此时，伊拉克军队已深入伊朗境内数十千米，其中南部战线最大入侵纵深达90千米。

伊拉克军队在北线控制了一些交通要点后，开始向南转移兵力，主攻方向为霍拉姆沙赫尔和阿巴丹。为了达到速战速决的预期目标，伊拉克变原来的全线出击为重点进攻，而且进一步增加了兵力投入，地面部队兵力达到了7个师又2个旅。

面对伊拉克咄咄逼人的进攻，伊朗充分吸取战争初期战场失利的教训，一方面通过宗教组织，唤起国民保卫祖国的激情，并积极动员组织他们为伊斯兰革命而战，另一方面机动部署9万余人的兵力，采取制敌扩张、稳定战线、争取时间、伺机反击的战略方针和战术手段，力争逐步改善战场形势。

在伊朗军队和革命卫队、民众组织的顽强抵抗下，伊朗逐渐稳住阵脚。而伊拉克军队则对阿巴丹发起持续不断的攻击，但始终未能奏效。

急于求胜的萨达姆迫切地希望打开僵局，于是伊拉克军队开始调整部署，在北部战线开辟了新战场，寄希望于多线开花。针对伊拉克军队的变化，伊朗军队相时而动，也进行部署调整，加强了对重要城镇的防御，并在阿巴丹等战略要地同伊拉克军队展开针锋相对地激烈争夺。

随着战争的继续，在进入冬季后，北部战场进入冰冻雪封季节，南部战场也开始进入雨季。恶劣天气对战争进程造成了极大影响，给双方补给带来巨大困难。

由于战争消耗巨大，双方渐感难以支撑，交战激烈程度有所减弱。于是，双方固守各自阵地，虽互有攻防，但由于势均力敌，都未能取得大的进展。战场有进有退、时缓时紧，进入僵持不下的局面。

在巨大的消耗战中，伊拉克由于兵力分散，攻坚能力弱，以守求和，无力发动有效的进攻，因而一步步陷入被动。到次年4月，伊拉克在北、中部战线开始全面转入防御。此时，伊朗逐渐稳定了战局，争取了时间，初期被动失利的局面正在一步步改变。

5. 伊拉克锋芒渐失

随着时间的推移，战场态势在悄然发生变化，伊朗不仅成功地阻滞了伊拉克军队的进攻势头，而且在此后逐渐夺取并掌握了战争主动权。在天平即将反转之时，伊朗军队决定抓住战机，发动带有决战性质的全面反击，加速战争进程。经过周密计划，伊朗军队决定在中部和南部战线集中主要力量，大举反攻。

在南部战场上，伊朗军队集中了10余万兵力，在阿巴丹发动了大规模的反击战，一举解除了伊拉克军队对阿巴丹的包围之后，开始由南向北推进。紧接着，又在南、北两线发动攻势，收复了一些失地。

在伊朗军队的反击下,战场形势继续向着有利伊朗的方向转化。于是，伊朗乘胜追击，在中部地区发动了“博斯坦战役”，给伊拉克军队沉重一击，中线战场态势也就此得到改善。

伊朗军队在中线战场的反击并没有就此结束。1个月以后，伊朗经过周密部署准备，在胡齐斯坦省集中了3个师的兵力和大批革命卫队以及数千名具有宗教狂热的青少年,发动了“胜利行动”攻势。

为了迷惑伊拉克军队，达成进攻突然性，伊朗在南部战线一带调集部队，实施佯动。在战术欺骗得手后，伊朗主力在中部战线分两路发起大规模进攻，伊拉克军队猝不及防，中路防线迅速被突破，溃不成军。这次战役，伊朗获得了重大胜利，全歼伊拉克2个旅，重创2个师，收复了约2000平方千米的失地，并一举切断了伊拉克南北两线部队的联系。

紧接着，伊朗又在南部战线集中了约10万余人的兵力，发起了“耶路撒冷圣城行动”攻势。面对伊朗的进攻，在中线战场失利后的伊拉克军队不敢有丝毫大意，集中了5个主力师和大批“人民军”，准备在南线阻止伊朗的强大攻势，扳回一局。但此时的伊拉克军队已经不是当初剑露锋芒的伊拉克军队，伊朗军队也不是当初节节败退的伊朗军队。经过25天激战，伊朗军队大获全胜，成功收复了南部重要港口城市霍拉姆沙赫尔，而伊拉克军队 3 万余人被歼，南线残部绝大部分被迫撤回国内。

南部战线的这次重大失败，使伊拉克的不利处境愈发糟糕。面对伊朗军队的强势反击，伊拉克军队疲于应对。

1982 年 6 月 10 日，无心再战的伊拉克提出全线停火建议，并准备在伊拉克根本权利得到承认的基础上同伊朗谈判。尔后，伊拉克单方面停火。10 天后，伊拉克又宣布从伊朗境内撤回全部军队，到 6 月 29 日，伊拉克军队基本撤出伊朗境内。

6. 和与战的抉择

面对伊拉克的停火呼吁和实际行动，在和与战的战略抉择中，已经取得反击胜利的伊朗并没有见好就收。在经过一番权衡之后，挟胜利余威的伊朗选择了继续战争，意图把战争推向伊拉克境内，趁势击垮萨达姆政权，一劳永逸地消除卧榻之侧的威胁。

为了争取时间，乘胜前进，不给伊拉克以喘息之机，1982 年 7 月，伊朗集结 12 万多人的兵力，发动了代号“斋月”行动的大规模进攻，越过两伊边界，直取伊拉克第二大城市巴士拉。

面对伊朗大规模进攻，伊拉克积极应对，部署约 10 万兵力，利用本土作战的有利条件，采取后撤一步、收缩战线、正面狙击、两翼迂回的战术进行反击。当伊朗军队推进至巴士拉以东地区时，伊拉克军队设下口袋包围圈，重创伊朗军队。遭受挫折的伊朗军队损失巨大，被迫退至距边界约 5 千米的狭长地带固守待援。

战后据美国情报部门估计，在这场当时被称之为“波斯湾现代史上最大规模的陆战”的“斋月”行动中，伊朗伤亡达 3 万余人，而伊拉克方面伤亡仅为约 8000 人。

“斋月”行动攻势的受挫并不能阻止伊朗击垮伊拉克的决心，经过短暂的准备，伊朗又先后 5 次向伊拉克军队发起大规模进攻。但所谓哀兵必胜，守卫国土的热情使伊拉克军队士气大增，远非入

堑壕中的伊拉克军队

侵伊朗后期时的精神状态，作战勇敢、防守积极。在伊拉克军队的顽强抗击下，伊朗军队的几次大规模攻势都未能取得进展，双方在巴士拉地区的争夺处于胶着状态。

不过，伊朗军队的攻势并没有因此停止，而是持续、频繁地继续发动攻势行动，其中包括规模较大的“曙光号”“曙光 –1 号”“曙光 –2 号”“曙光 –3 号”“曙光 –4 号”系列行动。

通过连续不断地发动地面攻势，伊朗军队占领了伊拉克南部沼泽地区和边境沿线一些地区，但远未能达到向伊拉克腹地推进的目的。而伊拉克凭借其坚固多层的防御阵地和空中优势，组织了强有力的反击，使伊朗军队付出了巨大的代价。此后，战场形势也逐步变得对伊拉克军队有利，基本稳住了阵脚。

7. 波斯湾惊涛骤起

惨烈的战争在胶着中持续了一年多。到了 1984 年，伊拉克为了改变被动挨打局面并迫使伊朗罢兵言和，改变了作战方针，变消极的专守防御为积极的攻势防御。在这一作战方针下，伊拉克连续向伊朗发起主动出击，并在战斗中多次使用化学武器，取得了一定效果。

伊朗则在发动大规模地面攻势有困难的情况下，继续贯彻以长期消耗战拖垮伊拉克的战略方针，在地面战场上开始采取“蚕食战略”，企图使战场长期处于全线紧张状态，积小胜为大胜，力图在军事和经济上拖垮伊拉克并最终打败伊拉克。

为了对付伊朗的消耗战略，伊拉克一方面为了增加石油出口、改善国内经济以支持长期战争，扩建了经土耳其至地中海的输油管道并计划修建通过沙特阿拉伯到红海的新输油管道，以取代被切断的从波斯湾进行石油出口的渠道。

另一方面，则把战争引向海湾水域，意图通过打击伊朗的石油设施削弱伊朗的经济潜力和战争意志，并以此进一步加剧海湾地区的动荡，引起世界关注，促使伊朗在国际舆论压力下停战言和。

为此，伊拉克发挥其“空中优势”，率先发动了“袭船战”，开始封锁伊朗的主要石油出口基地哈尔克岛并频繁袭击来往于该岛的油轮。在伊拉克发动“袭船战”后，伊朗由于空中力量的相对弱小，无法阻止伊拉克的频繁空袭，因而损失惨重。

为了报复伊拉克，伊朗出动海军快艇和使用岸对舰导弹，对伊拉克的石油设施及油船进行“以牙还牙”的袭击。其后，伊朗还扩大了袭船范围，把支持伊拉克的其他国家船只也列入袭击对象，企图增加对海湾阿拉伯国家尤其是科威特的压力，迫使它们减少对伊拉克的支持。

“袭船战”的不断升级使海湾成为世界上最危险的水域。自“袭船战”开始后，在海湾地区遭到袭击的油轮和商船数量不断上升，1984年为49艘，1985年为53艘。两国在海上的持续交锋，不仅使双方进入更大的消耗战，而且损害了除两伊以外其他国家的利益，两伊战争陷入更为错综复杂的局面。

8. 伊拉克命悬巴士拉

两伊战争在巨大的持续消耗中进行到1986年。伊朗决定改变过去消耗战的战略方针，计划发动一场“最后决战”，力争速战速决，彻底击垮伊拉克。在这一战略方针指导下，伊拉克南部港口法奥地区和第二大城市巴士拉成为伊朗攻势行动的关键目标。

占领法奥地区是伊朗计划的首要目标。在伊朗看来，占领法奥地区，不仅可以在伊拉克领土上建立一个立足点，封锁伊拉克出海口，还可以切断伊拉克与科威特等海湾国家之间的海、陆通道，甚至可以把战线推进到靠近科威特边界，以此警告支持伊拉克的海湾阿拉伯国家。

经过长期的精心准备，伊朗出动 9 万余人的兵力，对伊拉克发动了代号为“曙光 –8 号”的攻势，目标直指法奥地区。进攻发起后，伊朗军队按照预定计划迅速在多处突破了伊拉克军队的防线，继而攻占了法奥港及其附近地域，并继续向北、向西推进。

面对伊朗发动的新的攻势，伊拉克集结了 9 个师共 10 万余人进行反击，企图夺回法奥地区。但由于此时的法奥地区阴雨天较多，地面多泥泞，伊拉克装甲部队行动受限制，无法发挥其优势，伊拉克的反击最终未能奏效。

与此同时，为了巩固法奥战场的胜利果实，伊朗军队转而在北线发动代号为“曙光 –9 号”攻势，一举推进到伊拉克境内 25 千米，形成伊朗军队南北呼应的态势，牵制了伊拉克的力量。在“曙光 –9 号”胜利之后，伊朗趁势又发动代号为“卡尔巴拉 –1 号”“卡尔巴拉 –2 号”和“卡尔巴拉 –3 号”3 次较大规模的攻势，试图在中部和北部战线也取得重大突破。

攻占巴士拉是伊朗战略计划的后续步骤，也是关键步骤。如果伊朗占领巴士拉，首先，伊朗可将其与法奥连成一体，确保伊朗能在伊拉克土地上长期站稳脚跟，进而直接威逼伊拉克首都巴格达，震撼萨达姆政权。其次，巴士拉地区是重要的石油生产和出口中心，占领巴士拉将沉重打击伊拉克的石油经济。再者，伊朗能封锁伊拉克的唯一出海口，并切断伊拉克与科威特的公路联系，这对长期支持伊拉克的科威特等海湾国家也是一个巨大威慑。

经过一年多的准备，伊朗出动 11 个师计 12 万余人的兵力，发动了所谓的“最后决战”。这次旨在彻底击垮伊拉克的进攻行动，代号“卡尔巴拉 –5 号”。在付出惨重的伤亡代价后，伊朗军队突破伊拉克防线，并趁势向巴士拉推进。

伊拉克深知巴士拉的重要性，自然要拼死一搏。面对来势汹汹的伊朗军队，伊拉克不惜血本，在巴士拉部署了其最精锐的第 2 军团，构筑起一道以防空导弹、直升机和坦克为主体的立体坚守防线。萨达姆还曾多次亲临前线视察，鼓舞士气。

伊拉克曾大规模使用化学武器对付伊朗的人海战术

由于巴士拉地区事关全局，双方都投入大量兵力，展开殊死搏斗，都付出了惨重的代价。在伊拉克军队的顽强抵抗下，伊朗军队尽管尽了最大努力，但因伤亡过大和后勤供应极为紧张等问题，最终还是未能攻下巴士拉。48天后，伊朗无力再发动大规模攻势，惨烈的“卡尔巴拉-5号”行动宣告结束。命悬一线的伊拉克终于松了一口气。

9.“斋月”行动力挽狂澜

在夺取巴士拉未果后，伊朗军队经过短暂休整后，积蓄力量相继又发动了“卡尔巴拉-6、7、8、9、10号”5次攻势，力图打开局面，但都未能取得重大进展。战争基本上仍处在打打停停、反复拉锯的僵持状态。在陆上战斗白热化的同时，双方在海面战场上的争夺也仍在进行。“袭船战”愈演愈烈，这一年，仅外国船只就有178艘在海湾遭到袭击。

第二年新年伊始，两伊在陆上和空中展开了新的军事较量。伊朗军队利用其地面力量优势，在伊拉克库尔德反政府武装的配合下，连续发动“耶路撒冷-2号”“佐法尔-5号”“佐法尔-6号”“佐法尔-7号”“耶路撒冷-3号”“曙光-10号”等数次攻势。

伊拉克则在加强防御力量，顶住伊朗的有限规模地面攻势的同时，依仗“空中优势”，不断空袭伊朗的部队集结地域和纵深的政治、经济目标。这期间，双方还进行了以导弹为主的“袭城战”，但由于导弹耗资巨大，收获甚微，持续不到两个月，双方不宣而停。

【军事小故事】1988 年两伊导弹“袭城战”

1988 年 2 月 27 日，伊拉克飞机袭击了伊朗首都德黑兰，引发了两伊之间一场空前规模的“袭城战”。

在长达 8 年的两伊战争中，1985 年和 1987 年曾发生过两次“袭城战”。在这两次“袭城战”中，两伊双方主要是用重炮和飞机轰炸对方边境的一些城市目标。而 1988 年的“袭城战”，双方都以“飞毛腿”等现代化的导弹武器“唱主角”，且目标多集中于一些大、中城市。

伊拉克除将伊朗德黑兰、库姆、伊斯法罕作为主要袭击目标外，还将袭击范围扩大到大不里士等城市。伊朗也把对伊拉克的袭击范围由巴格达扩大到乌姆卡斯尔等地，并由袭击经济目标转向袭击市区中心。与此同时，伊朗对伊拉克边境城镇的炮击和空袭也一直没有间断。

不过，由于使用造价昂贵的导弹袭击城市，耗资巨大，但又收获甚微，因而两伊导弹“袭城战”持续不到两个月，双方就不宣而停了。

库尔德反政府武装的牵制使伊拉克再次濒临险境。为消除库尔德反政府武装的威胁，伊拉克组织力量先后对位于苏莱马尼亚省的库尔德族反政府武装总部和另一重要据点卡尔达格进行了大规模清剿，一举控制了反政府武装的主要活动区域。

在清剿库尔德族反政府武装取得较大胜利后，伊拉克军队集中力量专心对付伊朗军队。于是，伊拉克军队借助空中优势和化学武器，一转之前的防守态势，开始对伊朗军队进行反击。

在北线顶住了伊朗军队的进攻之后，伊拉克决定抓住有利时机，在南部战线发动反击。4 月，伊拉克集中精锐部队，发动了代号为“斋月”的攻势行动。

在这次关键的作战行动中，伊拉克军队放手一搏，集中了其地面力量约9个师的兵力，在海空军的配合下，兵分两路，向伊朗军队发动大规模进攻。经过两天激战，伊拉克一举收复了被伊朗占领两年之久的法奥地区，彻底拔掉了伊朗赖以进攻伊拉克南部地区的重要据点。

伊拉克收复法奥地区，是伊拉克在近8年的两伊战争中取得的最大的一次战役性胜利，使伊拉克再次濒临险境的战场态势出现重大转折，可以说力挽狂澜，成为“打开了结束两伊战争大门”和“为两伊通向和平开辟了道路”的关键节点。

此后，伊拉克趁势连续向境内的伊朗军队发起猛烈攻势，在3个月的时间里，先后夺回了沙拉姆杰地区、马季农岛、祖培达特地区及北部一些山区，迫使伊朗军队退到了伊朗境内。战场态势基本上恢复到战争爆发前的边境态势。

10. 两伊战争没有胜利者

由于持续的战争，伊朗国内经济衰败，政局不稳，军队损失惨重，人民厌战情绪加剧，加上国际上形象孤立又面临美国的军事压力，伊朗处境每况愈下，十分被动。

在国际社会的多方努力下，1988年7月18日，筋疲力尽的伊朗宣布同意接受联合国安理会598号决议。9月20日，双方实现停火，时达8年的两伊对决终于落下帷幕。

两伊战争历时7年11个月，是20世纪耗时最长的战争之一。这是一场名副其实的消耗战，对双方来说都得不偿失，是一场没有胜利者的战争。

两伊都遭受了巨大损失，战争前，伊拉克的外汇盈余近400亿美元，战争结束后，它的外债是800亿美元，其中400多亿是欠西方国家和苏联的军火债，300多亿是欠其他阿拉伯国家的货款。

战争中，伊拉克的死亡人数是30万人、伤60万人，直接损失（包括军费、战争破坏和经济损失）是3500亿美元。伊朗死亡70

万人、伤110多万人；直接损失3000亿美元，欠外债450亿美元。战争还严重阻碍了两国的社会经济发展，使两国经济发展计划至少倒退20～30年。

第二节　引爆“欧洲火药桶”

巴尔干半岛地处欧亚非三大洲汇合处，战略地位重要，自然资源丰富，因而一直是大国力量博弈的“逐鹿场”。大国力量的不断碰撞，再加上其内部由历史原因造成的民族矛盾、宗教冲突、文化差异、边界纠纷、政治分歧等棘手问题，导致了巴尔干半岛战事频发。

更有甚者，20世纪初，奥匈帝国皇太子斐迪南大公夫妇在萨拉热窝视察时被塞尔维亚青年枪杀，引燃了第一次世界大战的战火。因而，巴尔干半岛也素有“欧洲火药桶”之称。

弗朗茨·斐迪南大公和他的妻子索菲亚

1991年6月起，巴尔干半岛的前南斯拉夫社会主义联邦共和国开始解体。在国家发生剧变之时，巴尔干半岛上的多年的民族矛盾日益激化。前南斯拉夫6个共和国之一的波斯尼亚和黑塞哥维那（以下简称波黑）国内的穆斯林、塞尔维亚和克罗地亚三个主要民族在重大问题上发生严重分歧。一时间，波黑国内矛盾骤然激化，领土划分问题成为各民族矛盾的焦点，从而爆发了一场惨烈的战争，使巴尔干半岛的“火药桶”再次引爆欧洲。

1.“迷你欧洲”的故事

在广袤的欧洲大陆上，斯拉夫民族是一个古老的民族，但它并不是某一个民族，而是一些民族的统称。南斯拉夫民族则是指巴尔干半岛的斯拉夫民族，不过南斯拉夫人并不是从一开始就居住在巴尔干半岛。

公元4 ~ 5世纪，亚洲东部地区凶悍的游牧民族匈奴人大举西进，引起了欧洲大陆长达80年的民族大迁徙。于是，一部分斯拉夫人南下至欧洲东南部地区的巴尔干半岛，与当地的土著居民逐渐融合，形成了许多新的斯拉夫民族，塞尔维亚族就是其中之一。

这些由斯拉夫人衍生的众多民族分散在巴尔干半岛的各个角落，由于他们之间关系错综复杂，使巴尔干半岛也被称为“迷你欧洲”。

落脚巴尔干半岛后，南斯拉夫境内的斯拉夫民族为了争得生存和安居之地，先后同拜占庭人、阿瓦尔人、法兰克人、匈牙利人、威尼斯人等进行了接连不断的战争，曾建立起中世纪国家组织。但是，由于无力抵御邻国的扩张侵袭，这些国家存在的时间都不长。

后来，曾一度跨欧亚非三洲的封建神权大帝国——奥斯曼帝国逐渐崛起，征服了巴尔干半岛，消灭了南斯拉夫境内的一切斯拉夫国家，使巴尔干半岛长期处于奥斯曼帝国的统治之下。

到了19世纪晚期，奥斯曼帝国逐渐衰弱，南斯拉夫民族乘机摆脱奥斯曼帝国的统治。在经历了两次巴尔干战争之后，罗马尼亚、塞尔维亚、保加利亚和阿尔巴尼亚等国相继获得独立。

但不久，北方的奥匈帝国由于无力与其他强国对抗，转而南下，吞并了波斯尼亚和黑塞哥维那两地。

第一次世界大战结束后，奥匈帝国土崩瓦解，在巴尔干半岛诞生了第一个由南斯拉夫境内各斯拉夫民族共同组成的塞尔维亚—克罗地亚—斯洛文尼亚王国。不过，由于这个王国实行大塞尔维亚主义，国内的民族关系相当紧张。

随后第二次世界大战爆发，巴尔干半岛再次被拖入战乱，直至落入纳粹德国之手。

二战结束后，以铁托为首的南斯拉夫共产党解放了南斯拉夫，并再次建立了统一的南斯拉夫联邦人民共和国（1963年改名为南斯拉夫社会主义联邦共和国）。

尽管再次建立了统一国家，但由于境内各民族历史传统、宗教信仰、文化习俗等方面差异很大，前南斯拉夫复杂和多样的国情、民情并没有改变。

对此，人们这样概括：七条边界（与意大利、奥地利、匈牙利、罗马尼亚、保加利亚、希腊、阿尔巴尼亚）；六个共和国（斯洛文尼亚、克罗地亚、塞尔维亚、波斯尼亚和黑塞哥维那、黑山、马其顿）；五个民族（斯洛文尼亚人、克罗地亚人、塞尔维亚人、黑山人、马其顿人）；四种语言（斯洛文尼亚语、塞尔维亚语、克罗地亚语、马其顿语）；三种宗教（东正教、天主教、伊斯兰教）；两种文字（拉丁文字、西里尔文字）。

在铁托执政时期，南斯拉夫实行民族平等政策，每个民族无论人口多少都得到国家承认，民族矛盾得到缓和。铁托总统去世后，南斯拉夫失去了一位有权威的领袖，再加上开始实行联邦集体领导，导致了各共和国日趋松散，许多原来被掩盖的民族问题开始表面化，并逐步加剧，这也为后来的解体和战乱埋下伏笔。

【地理小常识】古老而庞大的斯拉夫人

斯拉夫人是欧洲大陆上古老民族之一，是使用印欧语系斯拉夫语族语言的各民族的统称，主要居住在欧洲的东部喀尔巴阡山脉至顿河、波罗的海到黑海的广阔的土地上。斯拉夫人分为三部分：东部斯拉夫民族（包括俄罗斯人、乌克兰人）、西部斯拉夫民族（包括波兰人、捷克人、斯洛伐克人、卡舒布人、卢日支人）、南部斯拉夫人（包括保加利亚人、塞尔维亚人、克罗地亚人、斯洛文尼亚人、马其顿人、黑山人和波斯尼亚人）。

2. 波黑穆族的来历

巴尔干半岛上不仅民族繁多，而且各个民族信奉的宗教也不同。

在古罗马帝国统治时期，巴尔干半岛上基督教占统治地位。不过随后在罗马帝国分裂的过程中，罗马帝国境内的居民信奉的基督教也发生了分裂。

基督教内部原本就存在东派和西派，前者传播在希腊语区，后者流行在拉丁语区。但罗马帝国分裂为东西罗马后，以君士坦丁堡大主教为首的东部教会和以罗马教皇为首的西部教会彼此分庭抗礼，教派矛盾逐渐激化。

公元1054年，罗马教皇和君士坦丁堡大主教互相宣布革除对方的教籍，基督教正式分裂。后来，西部教会发展为天主教，东部教会则自称为“正宗的教会”，这就是“东正教”的来历。

东正教教堂建筑风格

于是，在基督教的版图上出现了严重分裂，西部斯拉夫人和巴尔干半岛西部的克罗地亚人、斯洛文尼亚人信奉天主教；受君士坦丁大主教控制的东部斯拉夫人和巴尔干半岛上东部的塞尔维亚人、保加利亚人则信奉东正教。

后来，随着历史的演变，巴尔干半岛上的塞尔维亚人的宗教信仰再一次发生了重大变化。

奥斯曼帝国统治巴尔干半岛后，为了彻底征服塞尔维亚人，一手持剑一手持《古兰经》，对当地的塞尔维亚人实行“伊斯兰化”，迫使他们改奉伊斯兰教。在奥斯曼帝国的强权压迫下，居住在波斯尼亚的一部分塞尔维亚人成为了穆斯林，但这时波斯尼亚的穆斯林仍属塞尔维亚族，与信奉东正教的塞尔维亚人在一起生活，讲同一种语言，并没有形成新的民族。

20世纪70年代初，前南斯拉夫领导人为了制约塞族，在波黑实行表面上求“平衡”的民族政策，正式给予生活在波黑共和国的穆斯林以南斯拉夫制宪民族之一的地位，称之为“波黑穆斯林民族”，与信奉东正教的塞尔维亚人、黑山人、马其顿人，信奉罗马天主教的克罗地亚人、斯洛文尼亚人拥有同等的地位。

于是，在波黑这块土地上，出现了三大主要民族：信奉东正教的塞尔维亚族、信奉天主教的克罗地亚族和信奉伊斯兰教的穆斯林族。波黑内战爆发前夕，在波黑440万总人口中，穆斯林族占43.7%，塞尔维亚族占31.4%，克罗地亚族占17.3%。

3. 波黑上演“三族争霸”

20世纪80年代末，和大多数东欧社会主义国家一样，前南斯拉夫联邦共和国的社会矛盾和经济危机不断激化。

后来，在西方大国干预下，“东欧剧变”的溢出效应急剧凸显，前南斯拉夫内部危机急速加剧，联邦内的离心力达到顶峰。紧接着，各共和国纷纷宣布独立，退出前南斯拉夫联邦。

很快，南斯拉夫各共和国之间难以克服民族主义顽症以及民族混居地区矛盾的日益激化引起了民族间的武装冲突。最终，南斯拉夫像一艘超负荷的巨轮在民族主义的汪洋大海中沉没。

在前南斯拉夫分崩离析的过程中，波黑的穆斯林、塞尔维亚和克罗地亚三个主要民族在国家前途的问题上发生了严重分歧。穆族主张脱离前南斯拉夫独立，建立统一的波黑中央集权国家；克族也主张独立，但主张在波黑建立松散的联邦制国家；塞族则与其他两族在基本立场上就严重对立，坚持继续留在南斯拉夫，坚决反对独立。

1992年，波黑就独立问题举行全民公决，但遭到了塞族人的反对。投票过程中，波黑首府萨拉热窝发生了一起塞族人在教堂举行婚礼时遭到枪杀的惨案。由于处于敏感时期，这一突发的惨案立即引发了塞族人的骚乱，并迅速扩展到波黑其他地区，于是，波黑境内流血冲突频频发生。

由于穆、克两族占据多数，投票结果公布后，有过半数的波黑公民赞成波黑为“独立的主权国家”。对此结果，塞族人感觉不能接受。为了表示抗议，当天夜间，武装的塞尔维亚平民在萨拉热窝以北120千米的图兹拉，以及波斯尼亚北部的一些公路上设置路障，武装冲突由此开始。

尽管塞族强烈反对，但是两天后，穆、克两族占据多数的波黑共和国依然宣布独立。

于是，塞族与穆、克两族的矛盾愈发不可调和，武装冲突急剧升级。在这一过程中，穆族和克族武装人员在波斯尼亚布罗德的一个村庄大肆袭击塞族居民，纵火焚烧了70多户塞族居民住宅，枪杀了尚未逃出火海的15人。为了阻止穆、克武装人员的暴行，前南斯拉夫人民军驻扎在当地的部队同穆、克武装部队发生直接交火，武装冲突急剧升级。

此时，西方国家趁机煽风点火，欧共体和美国等西方国家先后宣布承认波黑独立。

为了反击穆、克两族和西方国家，波黑塞族随即宣布成立塞尔维亚波黑共和国。随后，领土争夺成为武装冲突的核心目标，塞族在波黑全境全面展开抢占重要城镇的军事行动。

塞族的行动得到了当时的塞尔维亚共和国和前南斯拉夫人民军的支持和鼓励，而且原驻扎在克罗地亚的10万人民军也迅速开赴至波黑境内，帮助加强波黑塞族军事力量。

为了压制塞族，帮助波黑境内的克族兄弟，克罗地亚共和国则全力支持波黑的穆斯林和克族武装。

由于塞族武装得到前南斯拉夫人民军的支援，其参战部队中有很多是前南斯拉夫人民军撤离时留下的波黑籍塞族官兵，装备有坦克、火炮、飞机等重武器（穆、克两族在战争初期基本无重武器），军事实力大大高于穆、克两族，于是穆、克结成军事同盟，联合反对塞族，一场大规模内战全面爆发。

战争最初在以穆、克族为一方和塞族为另一方之间展开，但不久穆、克族关系破裂，彼此间也发生激战，形成“三族争霸”之势。为了争夺领土，三族武装不断开辟新战场，战火迅速蔓延至波

战争时期的大屠杀惨不忍睹，图为战后发掘的万人坑

黑3/4的土地上。

在这场战争中，各方都以争夺领土为核心目标，想方设法扩大自己的地盘，并把自己控制的各地区连接起来。因此，波黑内战迅速演变为一场大规模战争。

同克罗地亚境内持续9个月的内战相比，波黑内战时间更长，投入的兵力更多，总人数一度达到50多万。战斗也更加激烈，往往为争夺一块地盘、一座桥梁、一座建筑物，交战各方不惜血本，动用坦克、飞机，甚至使用火箭、导弹互相攻击，造成大量人员伤亡。

这场战争也是二战结束后最惨烈的战争之一。交战各方都指责对方进行“种族清洗”，每占领一个地方，便立即把当地的异族赶出，烧毁房屋和村庄，甚至屠杀无辜。在冲突中，各方对异族实施断四肢、挖眼睛、开膛破腹、剥人皮等惨无人道的酷刑频频发生，甚至还出现了有组织地大规模强奸妇女。战事之惨烈、手段之残酷，是人类走向现代文明后极为少见的，令人难以置信。

为制止波黑战争，阻止冲突继续蔓延，联合国安理会先后通过了对波黑塞族和南联盟实施全面制裁、向波黑派驻维和部队、在波黑建立“禁飞区”、为穆族设立“安全区”等一系列决议。北约对波黑实施全面封锁并对“安全区”提供空中保护。

在这期间，联合国和欧共体还曾多次进行调解，但由于各方积怨甚深、矛盾无法调和，调解均无结果。

【战争惨剧】斯雷布雷尼察屠杀事件

斯雷布雷尼察位于波黑东部，是穆斯林聚居地，当地原有居民

3 万多人。1993 年 6 月，波黑战争期间，联合国安理会宣布将波黑首都萨拉热窝以及斯雷布雷尼察等地划为“安全区”，并规定不应受到任何一方的武装攻击和发生任何敌对行动。然而，这些规定并未得到有关各方的遵守。

1995 年 7 月，波黑塞族军队和警察部队攻占斯雷布雷尼察市后，将在斯雷布雷尼察居住的穆族男子全部屠杀，大批妇女被强奸，甚至还有有身孕的妇女被挑开肚子。

长期以来，波黑政府一直否认发生在斯雷布雷尼察的大屠杀事件，直到 2004 年 10 月 14 日，波黑政府调查委员会公布调查报告承认，波黑塞族军队和警察部队在攻占斯雷布雷尼察市后，放走了部分妇女和儿童，但杀害了 7000 余名穆族男子。

4. 北约强势介入

经过一年多的激烈争夺，塞族、克族和穆族三方基本控制了本民族占多数的地区，形成了三足鼎立的民族武装割据的格局。

到 1993 年年底，占波黑人口 32% 的塞族控制了全国约 70% 的领土，占波黑人口 17% 的克族控制了约 20% 的领土，而占波黑人口 43% 的穆族只控制了约 10% 的领土。塞族和克族分别在其控制区建立了政权。此后一段时间里，武装冲突虽仍在继续，局部地区甚至有所升级，但战场基本态势变化不大。

由于巴尔干半岛的战火长久不息，给波黑人民带来了巨大灾难，也给欧洲的安全稳定带来了极大冲击，在国际社会多次调解无果的情况下，北约决定加强对波黑的干预力度，对塞族的军事威胁升级到实施有限空中打击。

北约先是向塞族发出最后通牒，令其限期从萨拉热窝周围撤走所有重武器，尔后又以“违禁”为由，击落塞族飞机 4 架。紧接着，美国敦促穆、克两族签署建立联邦和联邦军队的协议，使波黑战场再度形成穆、克两族联合对抗塞族的“二打一”态势。

战争使波黑人民流离失所

在这期间，由于塞族的一发迫击炮弹造成萨拉热窝67名平民死亡的惨案，联合国的态度也发生了变化，由调解行动转为支持军事干预，并正式请求北约开始实施空袭。

于是，北约开始小规模地对塞族一方实施空中轰炸。与此同时，在美国的力促下，穆克联邦正式成立。

两个月后，美、俄、英、法、德五国代表联络小组提出了“和平最后通牒”的和平计划，把波黑领土划分成两部分，其中51%属于穆克联邦，另外49%属于塞族，但在塞族全民公决中被塞族否定。

在塞族拒绝接受五国联络小组的波黑和平方案后，原本是塞族后盾的南联盟为摆脱国际社会制裁，宣布与之断绝一切联系。突遭抛弃的塞族陷入了孤立无援的境地，军事优势受到削弱，但瘦死的骆驼比马大，在前期拥有巨大优势的塞族仍然掌握着战场主动权。

8月，由于塞族攻击了联合国的武器库，北约开始对其进行大规模轰炸，而且西方国家还进一步加强了对穆、克两族的援助，对塞族的机场、军火库等重要目标进行了多次大规模空袭，但空中轰炸还是未能改变战场态势，战场态势仍是僵持状态。

到了年底，穆、塞双方达成了停火协议。但局势仅仅缓和了3个月，随后，战事又再度爆发。

波黑内战在僵局中又持续了数月。进入秋季后，外部力量再次强势介入，战场态势开始发生重大变化。

先是克罗地亚出动10万军队夺回了塞族控制的克罗地亚与波黑边境的克拉伊纳地区，接着北约以萨拉热窝遭炮击为由，大规模武装干涉波黑内战，出动大批飞机并使用了“战斧”式巡航导弹对波黑塞族阵地实施空中突击，使塞族的指挥、控制、通信系统遭受了致命打击，完全陷入瘫痪。穆、克两族军队在克罗地亚军队配合下，趁机在波黑西部向塞族发动进攻。

在各种力量的夹击下，塞族军队无力抗击，节节败退。到9月下旬，穆克联邦和塞族实际控制的领土已接近美、俄、英、法、德五国联络小组为双方确定的比例。

5. 和平姗姗来迟

面对孤立无援的现实，不断丧失军事优势的塞族被迫同意由南联盟代表其参加由美国主持的波黑和谈。

1995年11月21日，南联盟、波黑、克罗地亚三国领导人在美国俄亥俄州代顿市达成《波黑和平框架协议》（又称代顿协议），随后在法国巴黎正式签署。

协议规定，波黑继续作为统一的主权国家存在，由穆克联邦和塞族共和国两个实体组成，穆克联邦控制波黑领土51%，塞族控制49%。首都萨拉热窝在穆克联邦政府领导下将保持统一，对其拥有部分行政权。将于第二年在国际监督下由波黑全国举行自由民主选举产生总统和议会。难民将获准返回自己的家园，人民能够在波黑全境内自由迁徙。在波黑部署一支由北约（2004年年底由欧盟取代）领导的维和部队，等等。

两天后，波黑塞族领导人同意接受协议。尔后，波黑总统伊特贝戈维奇、克罗地亚总统图季曼和南联盟总统米洛舍维奇在巴黎正式签署波黑全面和平协议。持续近4年的波黑战火终于告一段落。

战争过去20多年，但战争之痛仍难消除

第二部分　直面陆疆的现实争端

6. 战后重建困难重重

波黑战争给波黑人民带来了巨大灾难，造成约 28 万人死亡，200 余万人（几乎是波黑一半人口）沦为难民，直接经济损失约 800 亿美元，波黑经济陷于瘫痪。由此带来的民族分离主义、难民问题又侵入欧洲一些国家，在不同程度上影响了欧洲的安全和稳定。

《波黑和平框架协议》的签署固然使持续近 4 年的波黑战火告一段落，但波黑民族、宗教矛盾问题并未得到根除。

战争结束已经近 20 年，但波黑仍是塞、克、穆斯林三“族”鼎立。行政上是一个联邦，但实际上是三个部分，其一是波黑联邦（又称穆克联邦），另一是塞族共和国，再次为布尔奇科特区。国家有两套行政、法律和金融系统，其领导机构波黑主席团由三族各派一名代表，主席团主席 4 年为一任期，由三族代表每 8 个月轮换一次。

时至今日，波黑的战后重建仍然十分艰难，波黑至今仍驻扎着国际维和部队。三族之间表面上相安无事，但战后匆匆建立起来的国家体系和民主制度并不成熟，难以保证三族矛盾不会再次激化，甚至再次引爆“欧洲火药桶”。

第三节　欧加登撕裂非洲之角

欧加登在索马里语中的意思是“灼热的土地”，位于埃塞俄比亚和索马里之间，是平均海拔约 500 米的一块干旱的半荒漠高原，总面积为 38 万平方千米，居民以游牧的索马里人居多。

欧加登本归埃塞俄比亚管辖，但索马里不承认原有的索埃边界线，坚持认为欧加登是索的领土，并明文写进宪法，称之为西索马里。从索马里独立那天起，欧加登地区的归属问题就不断引起索埃两国的争端，并最终引发埃塞俄比亚和索马里之间的全面战争。

据西方学者估计，在这场战争中，两国共阵亡 15 万人，战争损失高达 550 亿美元。也因此，一些学者将之称为 20 世纪发生在非洲大陆上最惨烈的战争。

1. 欧加登争端的由来

在欧洲殖民者到来之前，和非洲许多国家一样，居住在“非洲之角”的索马里民族一直没有形成一个统一的民族国家。后来，欧洲殖民主义者不断侵入东非，索马里（欧加登除外）先后被法、意、英三国瓜分。

在殖民者瓜分索马里的过程中，先是法国建立了以吉布提为首府的法属索马里，后来英国宣布索马里北部为其“保护地”，并同埃塞俄比亚签订划界条约，将实际已在埃塞俄比亚控制下的欧加登地区正式划归埃塞俄比亚。意大利则在索马里中部建立意属索马里，尔后又占领了索马里南部。

再到后来，意大利不断向欧加登地区扩张，导致爆发了与埃塞俄比亚的军事冲突。在这场战争中，埃塞俄比亚人民经过艰苦卓绝的斗争，最终战胜意大利，成为非洲人民抗击殖民主义的一段佳话。

意大利战败后，两次同埃塞俄比亚签订划界条约，明确承认欧加登地区为埃塞俄比亚的领土。但殖民主义者并不死心，后来意大利再次对埃塞俄比亚发动大规模侵略，终于将埃塞俄比亚占领。

二战结束后，埃塞俄比亚和索马里本为美国所控制，但后来联合国将意属索马里仍交意大利托管。再到后来，英国在移交权力之前，在埃塞俄比亚与英属索马里和意属索马里之间有争议的边境地区划了一条临时分界线。

不过，这条分界线当时并未被埃塞俄比亚和意大利认可。联合国虽然几经调解，但仍未能解决。直至1959年，意大利才同意作出让步，承认临时边界线继续有效。

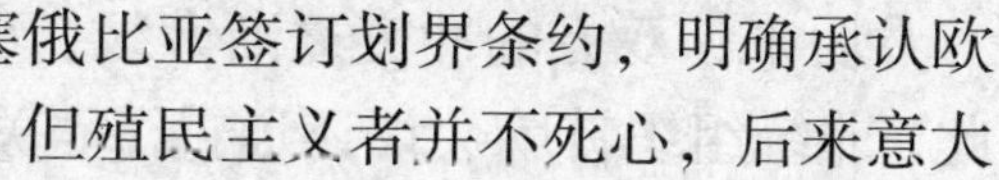

欧加登地理位置

但事情在索马里独立后

又发生了变化。英属索马里和意属索马里独立后合并成立了索马里共和国，随后，索马里推翻了之前的所有边界协议，不仅否认英国划定并被意大利认可的临时边界线，而且还胃口大开，宣布欧加登地区也应还给索马里。

这一无理要求立即遭到埃塞俄比亚的拒绝，随即，一心想夺占欧加登地区的索马里便支持当地欧加登地区的索马里人成立“西索马里解放阵线”（以下简称“西索解”），妄图将欧加登从埃塞俄比亚分裂出去。

于是，索埃之间围绕欧加登的归属问题而引起的军事冲突不断发生。

2. 石油和天然气令独裁者野心膨胀

在最开始，索埃双方围绕欧加登地区的争夺，还没有发生大规模战争，一般只是发生在临时边界线两侧的小规模冲突，主要是索马里边防军在“西索解”的配合下，越境对埃边防军进行火力袭击。

后来，双方的冲突逐渐升级，引起了国际社会的广泛关注。为此，非统组织首脑会议还通过了“关于非洲边界不得改变”的决议，呼吁索埃双方通过谈判解决领土争端。

经过多次谈判，索埃之间达成了消除边界紧张状态的协议。不过，协议并没有得到完全的落实，事后双方的军事冲突仍时有发生。

1969 年，西亚德·巴雷发动政变后上台，成为索马里的大独裁者。巴雷是索马里牧民后裔，满脑子充满“大索马里主义”，在他心目中，吉布提、埃塞俄比亚南部的欧加登省乃至肯尼亚北部都应该归并到索马里。

巴雷鼓吹“所有索马里人生活在一个家园中”，单方面宣布居住在吉布提、肯尼亚和埃塞俄比亚的索马里族人都是索马里公民，这相当于对周边三国提出了领土要求。不过，因为肯尼亚和吉布提受到英法保护，他有贼心无贼胆。于是欺软怕硬的巴雷把主要目光放到了埃塞俄比亚的欧加登地区。

后来，一家瑞典石油公司宣称在欧加登发现了丰富的轻质石油和天然气资源。消息传到巴雷耳中，这使得原本就对欧加登地区颇有想法的他欲望一下子膨胀起来，几乎是垂涎三尺，恨不得马上一口把欧加登吞掉。

这时候再看看埃塞俄比亚。作为历史上唯一用武装斗争保持独立的非洲国家，埃塞俄比亚因两度战胜意大利殖民者而被誉为“非洲雄狮”。但海尔·塞拉西皇帝被政变推翻后随即遭到秘密处决，埃塞俄比亚国内陷入混乱之中。

埃塞俄比亚军政府上台后，失去了美国的军事和经济援助，这使得曾威震非洲的埃塞俄比亚军队因失去技术支持而陷入瘫痪，加上埃塞俄比亚军政府对皇家军队进行了大清洗，空军和陆军绝大部分高级军官都被屠杀，几乎所有的飞行员都被处死。埃塞俄比亚曾经强大的军队，战斗力被动乱糟蹋殆尽。

于是，趁埃塞俄比亚国内动乱之际，巴雷加大了对欧加登的索马里分裂势力的扶植，意图里应外合，一举拿下垂涎已久的欧加登。在巴雷的大力支持下，“西索解”迅速壮大，成为一支拥有5万人的强大武装，几乎占到欧加登地区人口的10%。

狂妄的巴雷相信，被动乱糟蹋殆尽的埃军队不可能挡住“西索解”的进攻，在他看来，对埃塞俄比亚军发动进攻、继而实现欧加登高原与索马里合并的时机已经成熟。

3. 索马里一度势如破竹

1977年7月，“西索解”突然向欧加登南部城市戈德城发起猛攻，巴雷旋即命令索马里空军出动支援，紧接着，索马里地面军队也迅速开赴欧加登地区。于是，埃索欧加登战争正式爆发。

“西索解”武装人员

巴雷的企图是利用数量和质

量优势，发动突然性的袭击，迅速攻占欧加登地区，并扶植建立一个亲索马里政权，造成既成事实后，为之后的谈判解决争端争取有利地位。在巴雷的命令下，索马里军队几乎倾巢而出，连同“西索解”的武装共约3万人，在飞机坦克火炮的支持下，兵分三路对欧加登地区展开大规模进攻。

埃塞俄比亚边防军战斗力本来就不强，在强敌压境下，只能是节节后退。孤立无援的戈德城随即沦陷，兴奋的“西索解”成员在城里大肆劫掠，并当着一些西方记者的面把埃塞俄比亚士兵的头颅砍下。

其后，经过两个多月的战斗，索马里军队攻占欧加登地区的大部分城镇，并一度攻占了欧加登地区北部重镇季季加。

严重的外患使埃塞俄比亚人认识到必须重新团结起来保卫欧加登。埃塞俄比亚领导人门格斯图上校及时阻止了清洗行动，把所剩无几的前皇家军队军官放回军营，他还顶住压力与以色列达成协议，允许埃塞境内的犹太人移民以色列，换取以色列派出飞行员帮他驾驶美制战斗机，夺回了欧加登的制空权。

【人物小传】门格斯图上校

门格斯图·海尔·马里亚姆，1937年生于埃塞俄比亚首都亚的斯亚贝巴，阿姆哈拉族人。

门格斯图从霍列塔军事学院毕业后，曾任教官、军械官和炮兵连连长等职，并且曾3次赴美接受军械训练。在马里兰大学攻读工业经济和亚的斯亚贝巴大学函授部攻读经济学。

1974年埃塞俄比亚塞拉西皇帝被政变推翻时，门格斯图作为陆军第3师代表参加武装部队、警察和地方军协调委员会，任主席。1977年埃索战争爆发后，门格斯图任埃塞俄比亚临时军事行政委员会主席兼任部长会议主席和武装部队总司令。

其后，门格斯图先后当选为埃塞俄比亚工人党总书记、埃塞俄比亚人民民主共和国总统兼任国务委员会主席、革命军总司令。

1983 ~ 1984 年，门格斯图上校还担任了“非洲统一组织”主席，并曾获弗雷德里克·约里奥·居里和平金质奖。1991 年 6 月，门格斯图被反政府武装力量推翻。

门格斯图上校的正确决策对战场局势产生了巨大影响，埃塞俄比亚军队逐渐地开始恢复战斗力，战场局势也开始慢慢发生变化。

之后的几个月，由于索马里国小力弱，战争潜力有限，战线拉长后，索马里军队补给开始发生困难。而埃塞俄比亚军队在国家遭难之时，众志成城，作战顽强，加上门格斯图上校指挥得当，因而逐渐稳住了阵脚。此后，索马里军队攻势进展迟缓，速战速决预期目的完全没有达到，双方开始进入僵持阶段。

4. 门格斯图妙计安天下

埃塞俄比亚军队在顶住索马里军队的强大攻势后，针对态势的发展变化，门格斯图上校也对埃塞俄比亚的战略进行相应调整。

门格斯图首先重新调整了军队部署，对前沿据点的防御力量进行了重点加强。与此同时，埃塞俄比亚军队还派出民兵深入索马里军队后方，进行有组织的袭扰破坏活动，牵制索马里军队的进攻兵力，继而减弱索马里军队的攻势。

另外，门格斯图上校极尽可能地展开外交攻势，积极从国际社会寻求外援。在这一过程中，门格斯图巧施妙计，釜底抽薪，使原本支持索马里的苏联转而支持埃塞俄比亚。到后来，苏联甚至直接派兵参战。

苏联的倒戈使索马里实力大为削弱，战场败局不断，而埃塞俄比亚军队则借机大力扩充军事力量，为反击做准备。

【军事小故事】门格斯图巧施妙计

当埃塞俄比亚即将全面失败时，门格斯图上校采取了釜底抽薪之计，主动向索马里人的“后台”苏联示好，表示将允许苏联在埃设立军事基地、驱逐美国军事代表团。

门格斯图的计划是正确的，在利益驱使下，苏共中央总书记勃列日涅夫很快便邀请他访问莫斯科，双方随即签署了一揽子军事合作协议，苏联不仅提供军事顾问和武器装备，还推荐古巴派兵“支援埃塞俄比亚人民的革命”。

得知消息后，索马里政府一怒之下将国内的6000名苏联顾问全部驱逐出境，但这一鲁莽举动反而加剧了自己的困境，苏联迅速将其中的1500人调到埃塞俄比亚，这些人对索马里军队知根知底，轻松地指挥着埃塞俄比亚军队收拾了自己的“索马里学生”。

门格斯图上校

埃塞俄比亚的意图是，先通过拉锯战使索马里军队的战斗力削弱到一定程度，尔后发起强大攻击，一举歼灭进入欧加登地区的索马里军队，同时借以打击“西索解”的武装力量。

在削弱索马里军队战斗力的意图初步达到后，埃塞俄比亚军队经过充分的准备，共集结正规军4万人，动员民兵8万人，向索马里军队发起反攻。

由于埃塞俄比亚军队有苏联、古巴军事人员的直接支援，索马里军队无法抵挡埃军的强大攻势，主力被迫撤离。但随后，埃塞俄比亚军队再次发动进攻，在古巴机械化部队的配合下，一举突破索军的正面防线。

到了这个时候，索马里军队已经完全不是埃塞俄比亚军队的对手了，在后续的战斗中全面溃败，被迫宣布全部撤出欧加登地区。

在将索马里军队驱逐出去之后，埃塞俄比亚军队迅速对“西索解”发起进攻，一举收复“西索解”长期占据的主要城镇。“西索解”失去了索马里军队的支援，溃不成军，主力被迫撤到索马里境内。

而战场上的连番失败，使得索马里元气大伤，损失了近1/3的兵力，再也无力组织大规模的战斗。

【背景链接】埃索战争背后的美苏争霸

为确保对埃塞的影响，勃列日涅夫下令支援埃塞俄比亚的“正义事业”，并特别强调支援行动要大张旗鼓地干，向北约展示“苏联无可比拟的战略打击能力”。

1977年11月25日，苏联开始向埃塞大规模空运物资，当天夜里，至少225架运输机从苏联飞抵埃塞，卸下足够装备3个师的坦克、步兵战车、火箭炮以及大量战斗机和武装直升机，负责操作这些装备的人员也从古巴飞来。接下来的两个星期，埃塞首都的亚的斯亚贝巴机场平均每20分钟就有一架苏联运输机降落。为保证空运的指挥联络，苏联还专门发射了一颗卫星。

面对困局，索马里的独裁者巴雷不得不向几个月前还被自己痛骂为“流氓强盗之邦”的美国求援，巴雷一口气拿出3个军事基地来吸引美国人的注意。但在美苏全球争霸中处于“全球战略防御阶段”的美国对此完全没有太当回事，最后，只有一些涂上埃及军徽的美国运输机运来1500吨军火和报废的军服钢盔，象征意义地安抚安抚巴雷政权。

5.“大索马里”梦想破灭

索马里宣布撤军后，埃索双方虽然没有大规模的军事冲突，但由于双方仍处于严重的对立并相互提出对方难以接受的要求和条件，因而小规模冲突不断。

索马里继续支持“西索解”的武装斗争，对埃塞俄比亚军队的据点开展袭扰活动。埃塞俄比亚军队经常越过边界与索马里军队发生冲突，埃塞俄比亚军队还经常出动飞机轰炸索马里边境的一些村镇。

在此期间，埃塞俄比亚军队在古巴武装人员的支援下，一度攻占了索马里境内的一些村镇。但索马里在美国的支持下成功地阻止了埃塞俄比亚的入侵，迫使其撤回境内。

两国长期的武装冲突，使国力本就弱小的双方疲惫不堪。于是，索埃两国最终还是走向了和平谈判的道路。1988 年 4 月，索埃签订了关系正常化的协议，并恢复了外交关系。两国由欧加登争端引发的埃索战争宣告结束。

在这场战争中，索马里有 8000 名正规军士兵战死，民兵的伤亡更是难以计算。这场战争的失败也宣告了巴雷的“大索马里”梦想的破灭，他不得不宣布放弃对埃塞俄比亚等邻国的领土要求。

然而，埃塞俄比亚也不是这场战争的赢家，尽管它保住了欧加登高原，但也损失惨重，使得原本混乱的国内局势更加动荡。

最后还要提及一点，颇具讽刺意味的是，当年刺激巴雷野心的欧加登油田和天然气田，各国专家勘探到今天也没有任何发现。

第四节　巴基斯坦祸起萧墙

1971 年，巴基斯坦因东巴基斯坦问题祸起萧墙，而印度趁火打劫，两国形成了尖锐的对立，爆发了分治以来的第三次战争。这场战争后，巴基斯坦被一分为二，实力大为削弱。占全巴基斯坦人口 56%，但面积仅为 16% 的东巴基斯坦在战后成为一个新的国家——孟加拉国。

这场战争对印巴两国乃至南亚的局势产生了巨大影响，自此，南亚次大陆各国力量对比发生了显著变化，被分割的巴基斯坦与印度的实力差距进一步拉大，印度则成为南亚唯一在经济和军事上明显占优的大国。

1. 地位不公引起同族异路

巴基斯坦独立后，由于中央政权以及经济、军事大权基本上都控制在西巴，东巴长期处于地位不公正状态，因而倡议东巴自治的

“人民联盟”日益获得东巴人民支持。1970年年底，巴基斯坦举行大选。选举结果，“人民联盟”在东巴大获全胜，拥有国会大多数席位。

随后，“人民联盟”领袖拉赫曼提出《六点纲领》，主张东巴自治，提出马上取消军法管制，要求军方移交权力。由于拉赫曼的主张不仅威胁到了叶海亚总统为首的西巴军人集团的利益和前途，对巴基斯坦统一与分裂问题也提出了严重的挑战，因而立即遭到了巴中央政府的拒绝。

拉赫曼及其“人民联盟”在东巴具有广泛群众基础，在与巴中央政府产生分歧后并没有放弃自己的政治主张。二者的分歧使东巴政治局势日益紧张，为控制局势，叶海亚以东巴法律和秩序失控为由，派军队进入东巴镇压，一举逮捕了拉赫曼等“人民联盟”领导人。

但是，叶海亚的镇压政策不仅未能控制东巴局势，反而使东巴局势更加动荡。许多东巴人出于对巴军队及政府当局的愤恨和恐惧，纷纷逃到印巴边境，甚至开始大量流入印度。

与此同时，一些同情“人民联盟”的孟加拉人组成“孟加拉解放军”与政府对抗，而且“人民联盟”中的一些成员在动荡中逃往印度，并在印度建立“孟加拉国临时政府”。自此，东、西巴开始出现严重分裂。

【背景链接】东巴的地位不公正

巴基斯坦建国之后，其国土被分为东西两块。东巴与西巴之间隔着印度的国土，相距2000多千米，虽然两地居民大多信奉伊斯兰教，但在语言、文化和风俗习惯等方面都存在很大差异。巴独立之后，虽然东巴孟加拉族人数占全巴的人口56%，但其中央政权基本上掌握在西巴人手中。因此，东孟加拉人认为在国家机构中受到排挤和歧视。

而在经济方面，东西巴之间在国民收入分配上长期严重不均，东巴的大量收入主要用于西巴建设，东巴仅能得到其中的20%左右。

在文化上，尽管巴基斯坦有54%的人讲孟加拉语，中央政府却坚持将西巴人使用的乌尔都语作为国语。因此，东巴人认为自己只受到二等公民的待遇，逐渐转向支持倡议东巴自治的“人民联盟”。

2. 祸起萧墙令宿敌趁势介入

巴基斯坦内乱本来是一国内政，与印度毫无关系。但“蒙巴顿方案”分治后的东、西巴基斯坦，在地理位置上对印度构成夹击之势，这使印度一直耿耿于怀。在第一、第二次印度战争中，印度就一直顾忌东巴在其后院放火，因而不敢全力与巴作战。多少年来，“东巴之忧”一直是印度总理英迪拉·甘地夫人的一块心病。

而这次东巴局势动荡，英迪拉·甘地认为机会千载难逢，于是借口巴总统叶海亚对东巴孟加拉人的军事镇压以及大量东巴难民流入印度，开始预谋武装干涉巴基斯坦内政。

英迪拉·甘地夫人

1971年3～4月，印内阁、议会、国大党接连开会，讨论巴内政问题，发表一项声明，通过了3项支持东巴分裂分子的决议。

与此同时，印度当局为了寻求国际舆论的同情和支持，借“东巴难民问题”，进行了一系列的外交活动。

在得到苏联的支持后，印度又通过外交试探确信英法美等至少不会出兵干涉印对巴发动战争。而对于中国，印度更是进行了精密的分析：当时中国正处在进入联合国的关键时期，还有国内的一些问题有待解决，因此出兵援巴的可能性极小。

排除了外界的干扰之后，印度认为单凭印巴双方各自的力量进行较量，获胜的希望极大，于是加快了军事部署。

【人物小传】容易被误解的“甘地”

英迪拉·甘地夫人虽然也叫甘地，但他和圣雄“甘地”并不是一个家族。圣雄“甘地”是印度民族独立的领袖，全名莫罕达斯·卡拉姆昌德·甘地，是印度民族主义运动和国大党领袖，也是印度最伟大的政治领袖。他带领国家迈向独立，脱离英国的殖民统治。他的“非暴力”的哲学思想，影响了全世界的民族主义者和一些争取和平变革的国际运动。

英迪拉·甘地是印度共和国第一任总理贾瓦拉尔·尼赫鲁的独生女。而尼赫鲁是圣雄“甘地”的追随者和政治盟友，他们并无血缘关系。英迪拉·甘地在旅居欧洲大陆和英国的时候，邂逅了费罗兹·甘地，尔后于1942年结婚，并随之改名为英迪拉·甘地。

尼赫鲁－甘地家族是现代印度也是世界上以政治著称的家族，自国大党成立以来该家族几乎一直占支配地位。尼赫鲁－甘地家族成员三位担任过印度总理，其中两位遭暗杀身亡，分别是英迪拉·甘地夫人和其子拉吉夫·甘地。而拉吉夫·甘地的遗孀索尼亚·甘地，后来曾经担任过印度国大党主席。

3. 大战一触即发，巴基斯坦心存幻想

在这之前，印度部署在东巴周围的兵力只有3个旅。印度决心介入东巴之后，印军在东巴周围的兵力部署逐渐增到7个师，还有12个空军中队，作战飞机约200架，并出动了舰艇26艘，舰载机33架，总兵力约17万人。

印度在西巴方向投入的兵力，也由9个师陆续增到13个师又8个旅，以及20多个空军中队，作战飞机300余架，舰艇约20艘，共30万人。到印巴战争爆发前，印陆军总兵力有4/5均推至印巴边境。

印军在进行兵力部署的同时，还进行了以侵巴为背景的军事演习，并把大量作战物资运至印巴边境。

巴基斯坦在东巴的守军有4个师共13个步兵旅和一些炮兵旅，2个空军中队，作战飞机12架，共约9万人。在西巴战线，巴基斯坦部署了12个师又6个旅、20个空军中队，作战飞机200余架，舰艇20余艘，兵力共约25万人。

就双方兵力对比而言，在东巴方向，印军占有明显优势，巴军处于劣势。在西巴方向，两军旗鼓相当，印军略占优势。

不过，以叶海亚总统为首的巴基斯坦政府在东巴发生分裂活动后，采取军事镇压措施，结果进一步加深了巴军和东巴当地居民的对立，巴政府在东巴陷入了内外交困的地步，处处被动。

而且，对印度日益严重的威胁，巴基斯坦既未认真做好战争准备，也无明确的战略目标，而是把希望寄托在大国的出面干预上，以求制止战争，然后谈判。

为此，巴基斯坦政府一反过去不要联合国干预的政策，要求联合国成立“斡旋委员会”，制止印度对巴发动战争。因而，战争还未爆发，但结局却已注定。

4. 大举入侵，印度气势汹汹

1971年11月21日，印军向杰索尔的巴军阵地突然发起大规模进攻。当天，巴总统叶海亚宣布全国处于紧急状态。随后巴基斯坦进行了多次外交努力，试图通过国际社会制止印度发动战争。

巴基斯坦的外交努力没有得到任何效果，印度对东巴的干涉和入侵反而变本加厉，印度总理英迪拉·甘地夫人甚至提出要求巴基斯坦军队撤出东巴，并说：“印巴已经处于爆发公开的全面战争的边缘。”

向战区开进的印度T-55中型坦克

12月3日，印度军队在加紧入侵东巴的同时，又向西巴发动了进攻。当天下午，巴基斯坦总统叶海亚被迫宣布对印度的不宣而战发动反击。

对于印度来说，这一宣战正中下怀。总理英迪拉·甘地兴高采烈地向全国宣布："孟加拉的战争已经变成对印度的战争了。"至此，第三次印巴战争全面爆发了。

战争在东巴和西巴两个战场展开。印度的战略企图是，东攻西守，以夺占东巴为最终目标。巴基斯坦的战略指导方针则是全力固守各战略要地，以此粉碎印军的突击行动。

在东巴战场，达卡是东巴的政治、经济、文化中心，也是印军最终攻占的目标。为此印军计划在地面集中优势兵力从东、西、北3个方面对达卡做向心攻击，企图速战速决，一举拿下东巴。

为了配合地面部队行动，印军首先出动了作战飞机多次袭击达卡机场，使东巴空军基本处于瘫痪状态。印空军迅速掌握制空权之后，集中力量对东巴主要交通枢纽、动力系统、巴军集结地域、仓库等进行轮番轰炸，切断了巴军的战场联系和后勤补给。

与此同时，印海军也开始行动。首次参加对巴基斯坦作战的印海军初露锋芒，其主力倾巢出动，对东巴沿海港口和舰船进行猛烈轰炸攻击，使东巴守军处于海空隔绝状态。

随后，印军三路大军一起出动，在地面战场上向巴基斯坦发动猛烈攻势，迅速攻破巴军防线。虽然巴军顽强抵抗，但由于实力偏弱，被各个击破。

此时，印军已经完成从东、西、北三个方向对达卡的合围，海、空军则从海上和空中实施严密封锁，完全切断了东巴守军与外部的任何联系。

东巴守军在孤立无援，欲战不能，欲退不得的绝境下，被迫宣布实行全线停火，向印军投降。

在西巴战场，双方进行了以空战为主的交战，但双方均未取得决定性战果。

在空中较量的同时，双方也进行了有限的地面作战。两军各有攻势行动，但实力略占优势的印军掌握了战场主动权，一度占领了

东巴守军宣布投降

西巴约2600平方千米的领土。由于印军在西巴的行动主要意图是牵制巴军，因而未向巴基斯坦更深远的腹地推进。

12月16日，印军攻下达卡，在战果“非常满意”的情况下，印度立即见好就收。于是，英迪拉·甘地总理宣布西线印军停火。

由于大局已定，巴基斯坦总统叶海亚宣布接受印度停火建议，并命令巴军停火。印巴的第三次战争至此结束。

【背景链接】贫穷的孟加拉国

孟加拉国国土面积14.7万多平方千米。位于南亚次大陆东北部的三角洲平原上。东、西、北三面与印度毗邻，东南与缅甸接壤，南濒临孟加拉湾。全境85%的地区为平原，东南部和东北部为丘陵地带。首都达卡坐落在恒河三角洲布里甘加河北岸，是全国政治、经济和文化中心。

其全国人口约1.5亿，人口密度达每平方千米900余人，是世界上人口密度最大的国家之一。孟加拉国是最贫穷和最不发达国家之一，经济基础薄弱，国民经济主要依靠农业，75%的人口住在农村，60%的人口生活以农业为主，主要食品是大米和鱼。

5. 战争代价巴基斯坦惨遭肢解

这是一场本不应该输得如此彻底的战争，战争的失败必须有人负责，叶海亚也必须为自己的错误决策付出代价。

在巴基斯坦国内对叶海亚的不满情绪日益高涨的情况下，布托替代叶海亚，就任巴总统兼军事管制首席执行官。

布托总统就任后，当晚发表广播讲话，强调巴基斯坦将继续战斗，保卫领土完整。同时，布托指出印度必须放弃对巴基斯坦的侵略，印军必须撤离东巴基斯坦。

于是在印军撤军后，孟加拉共和国，一个在战火血腥中诞生的国家正式成立了。“人民联盟”领导人拉赫曼随后被释放，并成为该国的第一位元首。

在这场让无数巴基斯坦人心碎的战争中，尽管巴基斯坦力量对比上处于劣势，但双方差距并不是压倒性的，若充分准备、顽强抵抗，加上正确的外交和军事战略，巴基斯坦也并不是没有胜算，至少不会如此惨败。但由于巴基斯坦心存幻想，加上内政外交各种失误，很彻底地输掉了这场战争，最终只能吞下国家被肢解的苦果。

“一旦军事打击融化为军事占领，就像利剑刺入水中，只会被水锈蚀或在水中腐烂，而不会将水斩断。”

——尼可罗·马基雅弗利

第六章　难以破解的多年“遗案”

在现今世界范围内，由于历史遗留、两极体制崩溃等原因许多国家都或多或少地存在着领土争端问题。2010 年一份报告显示，从 1945 ~ 2010 年共 65 年时间内，世界上出现的陆地边界争议多达 146 个。这些纠纷直接涉及国家的领土及主权，是引发战争与武装冲突的重要根源。

领土争端特别是因为历史遗留问题导致的领土争端问题，除了具有复杂性、敏感性的特点外，往往还具有长期性和反复性的特点。很多领土“遗案”，由于历史原因，往往使国际法和国际惯例难以准确把握和裁决，成为多年无法破解的难题。这也导致了相关国家在经历了“血雨腥风中的杀与罚”之后，却往往还纠缠其中，甚至在多年之后不惜再次铤而走险，发动战争。

第一节　纠结千年的柏威夏寺

泰国和柬埔寨都是中南半岛上两个古老的国家，也都是信仰佛教的国家。可命运偏偏捉弄人，在经历了各代王朝的兴衰和殖民主义祸害的同时，两国也经历了千年纠缠不清的恩怨。

而赫然耸立在两国边境争议地区的千年古刹——柏威夏寺，在成为漫漫历史长河见证的同时，也成为横亘在两国之间的心结。

这座千年古刹不仅是两国历史上佛教的圣寺，而且由于地理位置处于当地的战略制高点上，20 世纪两国就开始为其归属展开了激烈争夺，新世纪，柏威夏寺被联合国教科文组织列入世界文化遗产。其后，两国因古寺及其附近主权争端关系再起风波，直至兵戎相见的悲剧在佛陀脚下展开。时至今日，柏威夏寺仍是纠结在泰柬两国之间的难题。

1. 千年古寺见证人间沧桑

柏威夏寺是在吴哥王国的鼎盛时期修建的。历史上的吴哥王国曾经盛极一时，其版图不仅包括今天的柬埔寨，还包括了中南半岛大部分地方。在柬埔寨的货币上，柏威夏寺图像赫然其上，这除了是为证明柏威夏寺是柬埔寨的说法，或许还包括因为柏威夏寺也是柬埔寨曾经盛极一时的历史见证。

柏威夏寺建造屡经波折，持续了 200 多年，前后经历了几代吴哥国王。早在公元 889 年，吴哥王国第四位君主耶索华曼一世登基后立即策划在扁担山脉修建柏威夏寺，但直到约公元 1152 年，柏威夏寺才初步完工。其后，吴哥王朝经历了 13 位君主，如今仍在不断地建造柏威夏寺。

作为吴哥王朝时期最具代表性的大型石宫建筑物之一，柏威夏寺建筑风格与吴哥窟相似，有大量精美的石雕和佛像造型，凝结了无数吴哥人的心血。而且柏威夏寺地势极佳，占据崖顶平台，扼守两国边境，站在古庙之上可以俯瞰柬埔寨北部平原，因此具有重要战略意义。

2. 泰柬恩怨纠缠不清

吴哥王国建立后延续了几百年的繁荣，是中南半岛上最强大的国家。随着历史发展，中南半岛的泰族人开始兴起，而吴哥王朝势力则开始衰落。

后来，吴哥王国西北部素可泰的泰族首领们联合起来，向吴哥驻军发起进攻，打败了吴哥军队，占领了素可泰，建立了泰国历史上第一个统一的国家——素可泰王国，尔后泰国开始逐渐强盛，不断向外扩张，日渐衰落的吴哥王朝成为泰族人的征伐对象。

在征服湄公河上游后，素可泰王国加强了对吴哥的攻势，不但夺取了吴哥王国西部的属地，而且开始侵入吴哥本土。吴哥国王曾经率兵抵御，但无奈国势渐衰，无法抵挡素可泰扩张的步伐，领土被泰族人一点一点吞食。

这时，另一个泰族人建立的阿瑜陀耶王国兴起并取代了素可泰王国。

新兴的阿瑜陀耶王国也没有放弃对吴哥的征伐，阿瑜陀耶国王拉玛底菩提甚至亲自督战，围攻吴哥城。强大的阿瑜陀耶王国最终攻陷了吴哥城，随后，整个吴哥基本上被置于泰族人的统治之下。

经过多年的斗争之后，柬埔寨人光复了吴哥。但此时的吴哥城在经过多次劫掠之后，不再适于居住。领导光复吴哥的蓬黑阿·亚特国王决定放弃旧都，把首都迁到了交通便利、人口稠密、物产丰富的“百囊奔”（即今日金边）一带。

蓬黑阿·亚特国王去世后，柬埔寨王室内部出现了权力争夺。最终，柬埔寨人短暂的中兴因严重的内耗而终止，泰族人则趁势而入，扶植了亲泰国的柬埔寨贵族登上王位。

此后，柬埔寨几经抗争，曾经扭转主客，但无奈国势已衰，最终还是沦为阿瑜陀耶王国的属国。

后来，中南半岛上另一个国家——越南强大起来，于是，柬埔寨开始夹在泰国和越南之间过着朝秦暮楚的日子，一直持续到法国殖民者到来。

纵观这段延绵近千年的恩怨纠缠，泰柬两国一直斗争不休，不断地出现控制与反控制，不过，相对而言，绝大多数时间里泰国占据上风。

3. 法兰西搅混泰柬边境划分

19 世纪中叶，法国殖民者的铁蹄踏上了中南半岛。握有巨大技术和军事优势的法国殖民者占领金边之后，在不到一个月的时间里就占领了柬埔寨全境。法国殖民者的胃口远不止此，在先后控制了越南、柬埔寨、老挝三国之后，法国殖民者宣布建立法属“印度支那联邦”。

此时，泰国仍然是一个独立国家，幸免于殖民者的铁蹄之下。但后来，法国击败泰国，为了换取泰国的独立，泰王拉玛五世被迫同意放弃对柬埔寨的宗主权，并与法国进行勘界谈判。

在泰国与法国各派一个勘测组进行协商测绘两国边界线的过程中，由于柏威夏寺处于战略制高点，负责勘界的法国军官在地图上作弊，故意涂改分界线。于是，在两国测绘的地图上柏威夏寺被划到了柬埔寨境内，而地图知识匮乏的泰国人为了避免沦为殖民地，

柏威夏寺全貌

急于签约，没有发现这个小动作。

测绘和谈判完成后，蒙在鼓里的泰国代表在地图上签字认可。尽管后来泰国人发现了地图上的问题，但慑于法国的强大，在后来的两次修约谈判中，未敢表示异议，继续沿用旧地图。于是，这张殖民者留下的地图埋下了后来泰柬冲突的种子，并且成为了国际法庭判决的主要依据。

4. 对簿国际公堂

二战爆发后，法国沦陷，无暇他顾。泰国趁机占领柏威夏寺，但在战后被迫交还。而心有不甘的泰国人却在交还前，把寺中被掳走的珍贵文物私藏起来。

后来，柬埔寨脱离法国独立，法军撤出柏威夏寺。泰国眼见有机可乘，派出军队再次占领柏威夏寺。此后，泰柬开始了一场漫长的谈判，但双方各执一词，争端一直得不到解决，而泰柬关系也随之恶化。为此，双方还陈兵边界，互相威胁动武。

眼见双边谈判无法解决问题，1959 年，国力相对弱小的柬埔寨只能将期望寄托到国际社会，于是一纸诉状将泰国送上海牙国际法庭，而泰国也欣然应战。

为了打赢这场官司，双方可谓费尽心思。柬埔寨请到了美国前国务卿艾奇逊作为其控方律师。艾奇逊毕业于耶鲁大学和哈佛大学法学院，曾经为美国最高法院大法官布兰迪斯当过两年秘书。

泰国起初也聘请了一位非常优秀的美国律师，但这位律师随后被美国政府提名竞选国际法院法官，而且成功当选，只好回避这一案件。泰国最终

从柏威夏寺可以俯瞰三面

雇佣了英国前总检察长索斯凯斯和法国律师罗琳。

1962年，国际法庭开庭审理泰柬柏威夏寺之争。艾奇逊凭借出色的口才帮助柬埔寨赢得了官司，但也引发了泰国对盟友美国的愤怒抗议。艾奇逊在法庭上的表现使他至今都深受柬埔寨人的尊敬，他提出，决定柏威夏寺的归属权应当基于泰国暹罗王国时期与殖民柬埔寨的法国政府当时共同认可的一张边界划分图。

在激辩3个多月后，海牙国际法庭裁定柏威夏寺归柬埔寨，同时还判决泰国向柬埔寨归还所有从柏威夏寺庙中夺走的文物。海牙国际法庭的判决书写道："在勘测地图交给暹罗当局50多年间，泰国从未对柏威夏寺的归属权提出任何异议，泰国政府甚至在1930年时在柏威夏寺向一名法国殖民官员颁授政府荣誉称号，说明泰国事实性接受这一边界划分。因此，柬埔寨应当是这座寺庙的主人。"

国际法庭的判决宣布后，泰国拒不接受。为表示抗议，泰国撤回了它在东南亚条约组织理事会以及派往日内瓦参加老挝问题会议的代表团，泰国驻巴黎大使和在波兰的贸易代表团也被命令回国。

【法律小常识】利用法律途径解决领土争端的主要方法

利用法律途径解决领土争端的方法，主要有仲裁与国际法院裁判两种。

（1）仲裁。仲裁是指由各当事国所选出的一个或几个国际组织或国际法院以外的法庭作出法律判决来断定国家间的纠纷。仲裁的主要程序是争端双方订立仲裁条约或协定，由各当事国选任一个或几个仲裁人组成仲裁法庭成员进行秘密投票，其结果取决于多数；裁决一经正式宣布，并通知各当事国代理人之后，即对争端作了最后的决定，不得上诉。

（2）国际法院裁判。国际法院的管辖权主要有咨询管辖权和诉讼管辖权两项。咨询管辖权是指，国际法院有权应联合国大会和安理会或有此权限的其他机构的请求发表咨询意见。在诉讼管辖权上，国际法院的诉讼主体仅限于国家，其诉讼管辖范围相当广泛，主要分为三类：自愿管辖、协定管辖和任意强制管辖。

5. 申遗令矛盾再度激化

尽管泰国对国际法庭的宣判极为不满，但最终还是不得不面对现实。所幸在柬埔寨西哈努克亲王的努力下，柏威夏寺进入一个和平时期。

国际法院宣判后，西哈努克亲王积极实施和解的政策，宣布所有泰国公民可不用办理任何签证进入寺庙参观，泰国政府也不必归还所有先前流失的寺内文物。

于是，柏威夏寺出现了两国民众一道礼佛祈祷的和平景象。后来，短暂的和平曾被柬埔寨内战所打破，但柬埔寨重建国家秩序后，同样按照旧俗，默许泰国人免签免费入寺礼佛。泰柬柏威夏寺之争再次进入了一个和平时期。

不过冰冻三尺非一日之寒，泰柬的柏威夏寺之争不可能一下子就彻底解决，后来泰柬围绕柏威夏寺又再起风波。

【历史小故事】女明星一句台词，引发泰柬冲突

2003 年 1 月 29 日，驻柬埔寨首都金边的泰国大使馆被上千名暴怒的柬埔寨人围攻，直至使馆建筑物被点燃。起因是传说泰国影星苏瓦南·贡英曾在接受采访时说，要想让她去柬埔寨，除非柬埔寨向泰国“归还”吴哥窟。

事发当天，苏瓦南·贡英通过《曼谷邮报》解释说：那段言论是从她两年前主演的一部电视剧上截取的台词，并表示歉意。事后查明，这是《吴哥窟之光报》刊载的虚假新闻，加上各种媒体恶意炒作以及部分政客为了争取选票而推波助澜。

柬埔寨人纵火烧毁泰国大使馆的消息传到泰国，激起泰国舆论一片哗然。时任泰国首相他信反应激烈，甚至一度表示要派军队到柬埔寨去营救泰国公民。30日上午，上千名曼谷的大学生前往柬驻泰大使馆前抗议示威，焚烧了柬埔寨国旗，并摘下了使馆大门上的柬埔寨国徽。如此微小的误会竟导致泰柬两国民众这般激烈的反应，足见两国之间的积怨之深。

事情的起因是柏威夏寺的申遗问题。2007年，柬埔寨拒绝了泰国提出的由两国共同“申遗”的建议，独自“申遗”。第二年，联合国教科文组织正式批准柏威夏寺为世界文化遗产。此举使泰国极为不满，为此，与柬埔寨方面签署泰柬联合公报，支持柏威夏寺申报世界文化遗产的泰国外长诺巴敦还被迫辞职。

后来，3名泰国人越过边境检查站，试图进入柏威夏寺宣布泰国拥有该寺主权，但旋即被柬方逮捕。

尽管柬埔寨当天释放了这3名泰国人，但显然在这一事情上已经导致了敏感泰柬双方矛盾激化，于是，泰柬都在边界线两侧加强了军事力量，双方军队仍形成对峙局面。

而且，为了抗议柬埔寨申遗，泰国针锋相对地设立了“柏威夏寺国家公园”，将大半个摩艾丹崖纳入公园版图，只留了个山顶在版图外，将柏威夏寺彻底孤立。

泰国的公园将柬埔寨的公路也划入其内，柬埔寨自然不会同意。加上50多年前的国际法庭裁定只裁决了柏威夏寺归属柬埔寨所有，但对寺庙附近土地的归属权未作交代，于是，双方争议又起，而且争议不再只是寺庙本身，而是扩大到了4.6平方千米的寺庙“前院”的归属权问题。

柏威夏寺里的柬埔寨军人

矛盾愈演愈烈，泰柬军队在柏威夏寺

附近发生了交火事件。几天之后，两国军队又再次发生交火。鉴于愈演愈烈的武装冲突，两国开始寻求和平谈判，决定共同消除边界地区已经持续数月的紧张局势，恢复到以前的和平状态。

尽管两国已经达成相关协议，而且联合国教科文组织也已开始为柏威夏寺划界。但两国军队在柏威夏寺附近的军事对峙局面却未能得到根本解决，擦枪走火的危险仍然存在。

2009 年，泰柬军队在柏威夏寺附近地区两次发生交火事件。2011 年，两国军队再度发生交火，甚至动用了火炮、装甲车等重武器，泰国士兵直接声称：“柬埔寨军队把炮兵阵地就设在柏威夏寺后，在那里开火，我们当然要还击！”

历尽沧桑的柏威夏寺

6. 人类瑰宝不能承受之痛

自从联合国教科文组织正式批准柏威夏寺为世界文化遗产之后，泰柬两国因柏威夏寺及其附近地区主权争端再起风波，冲突不断，尤其是因为近几年来两国国内局势动荡，两国当权者更是不敢松口示弱，以避免被国内的反对派抓住把柄，因而常常是骑虎难下，导致两国纠结在柏威夏寺的矛盾仍难以解决。

泰柬两国在柏威夏寺的纠结历史久远，彻底解决纠纷或许不是一朝一夕的事。但可怜千年古寺不断遭到炮火的蹂躏，人类文化瑰宝蒙受劫难，当地居民再度遭受战乱，实在令人痛心。

第二节 争锋“麦克马洪线”

中印边境自卫反击战是1962年6～11月，中国人民解放军在藏南边境上进行的一场反侵略作战。

这场战争是在特殊地域进行的一场规模有限的战争，双方实际投入作战的部队不超过10万人。主要作战兵种是步兵，也有一定数量的炮兵，除了印军使用了少量轻型坦克和少量运输机和直升机用于物质补给和人员输送外，解放军未投入装甲部队和空军部队，而且双方作战飞机都没有直接参战。

尽管规模有限，但这场战争仍对地区格局乃至世界战略格局产生了影响，沉重地打击了印度尼赫鲁政府的地区霸权主义和扩张政策，保卫了我国西部的边防，打击了当时国际上的反华逆流和西藏的分裂主义势力，维护了祖国的统一和中华民族的尊严。

1. 殖民者强加的“麦克马洪线”

英国殖民者在19世纪初占领印度后，欲望继续膨胀，把窥视的目光盯向了我国的西藏地区。无耻的英国殖民者以印度为前进基地，通过各种方式和手段不断蚕食和侵占我国领土。此时，清王朝已经开始衰败，面对各列强的不断入侵已是筋疲力尽，对英帝国在西藏边境的渗透更是有心无力。

辛亥革命爆发后，曾经盛极一时的大清帝国土崩瓦解，但辛亥革命的成功并不能立即给中国带来强大，刚刚经历了大变革的中国进入了军阀割据的混乱局面。

于是，英国乘机不断唆使西藏“独立”，妄图阻止西藏地方政府与中央政府的联系。当十三世达赖喇嘛受到种种制约，在与中央的关系上处在徘徊犹豫的状态，不敢下决心脱离中国政府的情况下，英国又试图推动召开所谓“中英藏会议”，妄图通过缔结有关西藏的新条约，继续在中国中央政府和西藏地方政府关系问题上大做文章。

在英国政府的推动和压力下，1913 年 10 月，所谓“三方谈判”的西姆拉会议在印度西北部召开，袁世凯的北洋政府派西藏宣抚使陈贻范为代表参加了会议。

会议期间，英国首席代表亨利·麦克马洪爵士提出了一个中国与西藏关系的条约草案，并在草案所附的 1∶50 万西藏地图上，用红铅笔划出了西藏的“边界线”。红线大部分是西藏同中国的“边界线”，但在南端却划出了西藏和英属印度的“边界”，把英属印度东段边界从印度向中国境内推进了约 100 千米，等于“吞并”了约 9 万平方千米的中国领土，面积相当于一个浙江省。

臭名昭著的“麦克马洪线”就这么诞生了，也为后来的中印边境争端埋下了祸根。

在麦克马洪不断的恫吓、威胁之下，1914 年 4 月，中国代表陈贻范被迫在草约上画了押，但他声明只是草签，需中国政府批准才能正式签字。消息传到中国国内，引起全国各界民众的强烈反对。

“麦克马洪线”示意图

在民调压力下，袁世凯和北洋政府宣布不批准该条约，训令陈贻范不得在条约正式文本上签字，并召见英国驻华公使，严明“界务一端，不能承认”。

尔后，麦克马洪以支持和帮助西藏反对中国、取得“独立”为诱饵，哄骗和逼迫西藏地方政府代表伦青·夏礼在条约正文上签字。但当麦克马洪再次找到陈贻范签字时，陈贻范不仅拒绝签字，还根据北洋政府的训令，向会议正式声明：凡英国和西藏本日或他日所签订的条约或类似文件，中国政府一概不能承认。

后来，因第一次世界大战在欧洲爆发，英国无力东顾，西姆拉会议宣布无限期休会。对于炮制“麦克马洪线”这件肮脏的事情，英国政府是理亏心虚的，多年不敢公开。直到20多年后，才在英属印政府的“外务大臣”编纂的一本条约集中将《西姆拉条约》悄悄塞进去，而“麦克马洪线”的地图也仍然不敢收入，直到1960年才由印度在地图册中收入。

而当时的西藏地方政府对此也持否定态度，认为有关藏印边境的秘密换文是伦青·夏礼背着西藏地方当局干的，是非法和无效的。

【地理小常识】中印边境三段边界线

中国与印度之间，有约2000多千米的共同边界。由于各种原因，中印两国至今尚未正式划定边界线，但是，长期以来，两国之间实际存在着一条传统习惯线，分为西、中、东三段。

西段：由印度拉达克与西藏阿里交界的空喀山口起，穿过羌摩臣河和西隆格巴尔马交汇处，再穿过班公湖和印度河上游的桑格藏布河，向西经过帕里河直到西藏阿里地区、印度旁遮普邦和克什米尔印占区拉达克交接处，这一段边界长约600千米。这条传统习惯线以北的阿里地区，一直在中国西藏地方政府的管辖之下；从阿里到新疆和田之间的阿克赛钦，历来属于中国新疆管辖。

中段：从西藏阿里地区西南角和印度拉达克、旁遮普邦交接处起到普列克山口附近中国、印度、尼泊尔三国交界处止，长约450千米。

东段：从中、印、尼三国交界处起向东沿喜马拉雅山南麓和布拉马普特拉河北岸，直到察隅河下游，再向东南到三国交界处，长约650千米。这条线以北的门隅、洛瑜、下察隅约9万平方千米的土地历来属于中国领土。

2. 从“不结盟”到“霸权主义”的蜕变

印度独立后，尼赫鲁雄心勃勃，梦想以“大印度联邦”的形式全盘继承英帝国留下的“遗产”。印巴分治使尼赫鲁“大印度联邦”梦想遭到重挫，对此，尼赫鲁耿耿于怀，对巴基斯坦一直虎视眈眈。同时，“心怀大志”的尼赫鲁还将中国视为实现其“大印度联邦”不可回避的挑战，一直梦想建立一个“西藏缓冲国”，因而从未放弃控制西藏地区的企图。

于是，在独立后不久，尼赫鲁政府便致电西藏地方当局，声言除继承英国在西藏的全部“权利”外，还要求占领“麦克马洪线”以南地区。

当时的西藏地方政府断然拒绝了这一无理要求，并要求印度归还其占领的土地。但印度政府并不甘心，在公开声明中从不承认中印边界从未正式划定的事实，并以实际行动不断蚕食我国领土。

新中国成立后，我国政府在相当长一段时间里，对印度侵占我国领土的行为，表示出极大的克制和忍让。

中国政府根据和平共处五项原则和友好协商、互谅互让的一贯方针，提出了和平解决中印边界问题的原则立场：中印之间的边界，有待两国政府在友好协商的基础上，有准备有步骤地通过谈判划定和全面解决；在边界问题尚未解决之前，作为临时性措施，双方应维持边界现状，而不应以片面行动，更不应以武力改变这种现状；边界问题的存在不影响两国友好关系的发展，对一部分边界争端，可以通过谈判，达成局部性和临时性的协议。

中国政府的上述主张，通过多种外交途径，多次向印度政府作了陈述，一再表示了自己的和平诚意，希望能够得到印度政府的响应。

但是，印度方面对我国政府的正确主张置若罔闻，将我国政府的克制和忍让当成软弱，不断推行“霸权主义”，在中印边界上继续蚕食我国领土，不断挑起事端。

到 1953 年年底，中印边境东段“麦克马洪线”以南约 9 万平方千米的中国领土基本上全被印军占领。

3. 尼赫鲁错误的“前进政策”

作为“不结盟运动”倡议国之一的印度，本应奉行“不结盟运动”独立、自主和非集团的宗旨和原则，支持各国人民维护民族独立、捍卫国家主权。但在大国野心的刺激下，印度却一意孤行地在霸权主义路上越走越远。于是，战争的危险越走越近。

1959年8月，侵占中印边界东段朗久的印军派出巡逻队，悍然侵入“麦克马洪线”以北的小村庄马及敦。我边防军队发现印军企图后，向其喊话，但却遭到印军开枪袭击，我边防部队被迫进行还击。枪战进行了一个多小时后印军撤回朗久，战斗中一名印军被我边防部队击毙。

同年10月的一天，印军60多人蓄意进攻我空喀山口，并在空喀山谷中包围了一支只有14人的我边防巡逻队。兵力占据优势的印军气势汹汹地要求我边防部队放下武器投降，遭到我边防部队义正言辞地拒绝后，印军首先开火，致使我边防部队1人牺牲。我边防部队奋起还击，经两小时战斗，击毙印军9人，并俘虏印军7人。

由此，中印边境争端由两国军人面对面的武装对峙发展成真枪实弹的武装冲突。

为了阻止边境冲突愈演愈烈的势头，1960年4月，周恩来总理带着和平解决边界问题的诚意，在印度国内的一片反华喧嚣声中飞抵新德里，与印度政府进行谈判。其后，根据两国总理的协议，中印又分别在北京和新德里举行了两次晤谈。

中印边境反击战中的印度军人

但是，由于印方不顾事实，肆意歪曲边界问题的历史和现实状况，并为印军的侵略行径无理辩护，所以几次会晤谈判均未取得一致意见，使中印边界继续处于极度紧张的状态。

边境上冲突并未能使印度政府警醒，反而使其变本加厉。1962年6月，印度总理尼赫鲁悍然发表所谓“前进政策”，声称中国不应独占西藏，并命印军由目前的阵地朝“国际边界”（即印度片面主张的边界）尽可能向前推进巡逻。

在尼赫鲁错误的“前进政策”指令下，印军在中印边境上不断集结兵力，并增设据点。到1962年8月，在中印边境西段，印军已部署了步兵7个营和炮兵、工兵等支援部队，兵力5600人左右；在东段，配置了步兵15个营，约1.6万人，东西两段共集结了约2.2万人的兵力。

印度政府的“霸权主义”野心远未止步。1962年9月，印度国防部长梅农主持召开了国防委员会会议，制订了代号“里窝那作战行动”的入侵计划。为了实施该计划，印军还新组建了一个陆军第4军，由陆军参谋局长考尔中将任军长。考尔中将到任后，印军立即着手准备发起“里窝那作战行动”。

4.“王牌旅”覆灭记

当印度政府大肆疯狂挑衅，集结部队，完全堵塞了和平谈判的一切渠道后，中共中央认识到，只有在军事上取得决定性的胜利，才能有效地配合国家的政治外交斗争。在此情况下，中央军委做出决定：为了打击印度反动派的嚣张气焰，保卫祖国边疆的安全，创造边界问题谈判解决的条件，决定对入侵印军进行反击。

在印军即将发起进攻的前夕，中央军委下达了反击入侵印军的作战命令：“以西藏现已集中的兵力，首先歼灭侵入‘麦克马洪线’以北克节朗地区的敌人，并准备继续作战，歼灭可能由达旺地区来援之敌。”

随后中央军委还对反击作战做出指示，强调“此次对印度反动派作战，事关国威、军威，务求初战必胜，只能打好，不能打坏”，并要求作战部队“对军事指挥、政治动员、后勤保障工作，务必精心计划，周密组织，切实做好。参战部队全体人员，务必兢兢业业，戒骄戒躁，千万不要轻敌大意，要上下一心，排除万难，争取胜利”。

按照中央军委的命令，我边防部队迅速进行了调整。西藏边防部队组成了东段指挥部，由西藏军区司令员张国华任指挥部司令员，西藏军区政委谭冠三任指挥部政委，并调集优势兵力集中在克节朗河地区和拉则山口以北的错那地区，同时，为了加强麦克马洪东端察隅一带的防御，东段指挥部还从四川抽调了部分兵力。

与此同时，新疆边防部队也成立了西段指挥所，由南疆军区司令员何家产任指挥部司令员兼政委，并向喀喇昆仑山地区集结兵力。

1962年10月20日，印军在中印边界东段的克节朗河谷地区向我边防部队阵地发起猛烈炮击。30分钟后，我边防部队开始反击，中印边境反击作战全面展开。

在炮火掩护下，西藏边防部队投入4个团约9000人，与入侵印军激战至当晚，歼灭印军2000人。这一战西藏边防部队不仅收复了部分失地，还打出了国威军威，几乎全歼印陆军“王牌旅”——第4师第7旅，并将其旅长达尔维准将俘虏。

随后，根据总参谋部“相机占领达旺”的电令，西藏边防部队马不停蹄地向达旺推进，相继攻占了桑彩拉山口、哈东山口、棒山口和亭山口，然后分兵4路，向哈东山以南的邱善谋、吉米塘、龙布和永邦桥推进。

西藏边防部队集中5个团又1个营的兵力，向达旺发起总攻。经两天激战，终于攻克达旺，并继续向南推进，攻占了达旺河以南的部分地区。至此，西藏边防部队收复了克节朗河以南、达旺河以北、不丹以东、达旺以西被印军侵占的中国领土。

5. 东边亮了西边也亮

在西藏边防部队取得中印边境东段战场首战大捷的同时，根据中央军委“东线西线同时发起反攻，给敌人造成全面紧张”的

解放军奋起还击

指示，新疆边防部队在西段也打出了一场漂亮的反击战。

反击作战发起前，新疆边防部队根据印军的布防特点，决定首先在阻止印军的进一步推进后，采取拔点攻坚的战术，逐个清除奇普恰普河谷和加勒万河谷以及阿克赛钦地区西大沟以北河尾滩、天文点两个防区内的印军据点。在进行拔点作战的同时，空喀山口防区守卡分队在班公湖以南组织积极防御，牵制当面入侵印军。待成功后，再挥师东进，横扫整个西段印军据点。

战斗打响后，新疆边防部队向印军迅速发起突击，至中午，攻占了加勒万河谷南岸的台地和奇普恰普河谷的红山头，重创印军曾在缅甸对日作战3年并参加过印巴争夺克什米尔之战的第114旅。拔除了奇普恰普河谷、加勒万河谷等地入侵印军据点。

第二天，空喀山口防区守卡分队发现了从班公湖地区撤退的印军，当即抓住战机，取得班公湖两岸拔点，四战四捷的胜利，一举拔除了印军在班公湖南岸以北地区全部入侵据点。

紧接着，根据总参谋部“东面的部队已插到‘麦克马洪线’以南去了，西线要配合……时间不能拖得太长，否则，印军可能增援，气候有限制”的指示，新疆边防部队两个团昼夜兼程向西藏阿里地区冈底斯山脉开进，反击侵入巴里加斯地区的印军。

截至10月28日中国边防部队奉命全线停止中印边界反击作战行动时，新疆边防部队在从新疆境内喀喇昆仑山脉到西藏境内冈底斯山脉的几万平方千米中国领土内一共拔除了37个入侵印军的据点。

【军情秘闻】印度王牌“第7旅”

印军第7旅所在的第4师是印军的“王牌师”，第7旅又是第4师的主力旅。所辖拉加普特联队第2营；旁遮普联队第9营；第9廓尔喀联队第1营；阿萨姆步兵第5营。

其中，第9廓尔喀联队第1营成立于1823年，英勇善战，1944年在意大利战场的卡西诺战斗中立下了不朽功勋。拉加普特联队第2营成立于1798年，士兵多来自拉加斯坦、拉加普特，均系印度最强悍的民族。印军前陆军参谋长蒂迈亚上将曾夸赞说：“拉加普特人是印度的骄傲，哪里的任务艰巨，哪里就有拉加普特士兵。”第二次世界大战，该营曾在非洲和中东战场作战，战功显赫。旁遮普联队第9营成立于18世纪中叶，“二战”中在中东地区作战，印度独立后曾参加过印、巴克什米尔战争，战斗作风顽强，吃苦善战，从没打过败仗。

6. 侵略者卷土重来

印度政府虽遭惨败，但仍不认输，悍然要求恢复到1962年9月28日以前，印军侵占中国大片领土后的边境状态，同时，印度政府进一步掀起反华浪潮，加紧战争动员和准备，准备同中国大干一场。

印度政府先是把国家绑上战争轨道，宣布全国处于“紧急状态”，成立了“应对紧急情况的”内阁，随即公开向美国等西方国家乞求军事援助，公开倒向西方，彻底脱下了“和平中立”和“不结盟”的外衣，并从全国各地调兵遣将，日夜向边境增派军队，赶运武器。

印军经过频繁调动和紧张部署，沿中印边境全线集结了1个军部、3个师部、14个旅，总兵力增至5万人左右。印军调整部署后的重点仍然是中印边境东线，部署了1个军部、2个师部、8个旅、28个营，约3万人。

在印度政府咄咄逼人的情况下，要缓和边境紧张局势，创造用谈判解决边界问题的条件，必须再给印军以沉重打击，因此中共中央和中央军委决定再次反击入侵印军。

随即，中央军委电令西藏、新疆边防部队分别在东段和西段同时反击入侵印军，在打退印军的进攻后，西段的新疆边防部队要乘胜拔除中国境内所有入侵印军据点，收复被侵占的中国领土；东段的西藏边防部队则要乘胜追击，直抵中印边界传统习惯线。

在印度政府大吹大擂之下，11 月 14 日，驻瓦弄的印军向我军队发起猛烈进攻。

瓦弄是印军作为在中印边界全线发起一系列大规模进攻行动的始点，位于喜马拉雅山南麓，中印边界传统习惯线以北，南距“麦克马洪线”20 千米，东、南与缅甸和印度相邻，西、北与西藏门隅和察隅地区相连。

为了粉碎瓦弄印军的进攻，54 军军长丁盛奉命率 54 军 130 师再度进藏，组成以军长丁盛为首的前线指挥部，简称“丁指”，负责全歼入侵瓦弄的印军第 11 旅。

经过近两天的战斗，我军守住了阵地。随即，我军向瓦弄开始反击。由于两军指挥员指挥艺术和战场经验完全不在一个层次，在我军猛烈攻势下，印军不堪一击，仅 10 小时就被我军击溃，正在瓦弄印军步兵第 11 旅旅部的印军第 4 军军长考尔中将和第 2 师师长乘机仓皇逃走。

我军继续向南追击，相继攻占哈拉、拉木维西、沙木维尔和金古底，已逼近传统习惯线，入侵瓦弄地区的印军第 11 旅已全军覆灭。

与此同时，在中印边界西段印军新组建的喜马拉雅第 3 山地师在中国境内的班公湖地区，同我新疆边防部队发生了激烈的战斗。

战斗中，新疆边防部队用 122 毫米榴弹炮、130 毫米火箭炮和各种口径的迫击炮向印军阵地实施炮火急袭。到当天中午，侵入中国境内的全部印军据点即被拔除。下午，印军溃退至楚舒勒。

在瓦弄的印军第 11 旅遭到围歼时，印军第 4 师已完成了在西山口—邦迪拉地区的战役部署，并制订了进攻作战计划，其设想是，阻止我军向达旺河以南反击，并伺机进攻，再度向北推进。

西藏边防部队根据印军的布势特点，决定集中3个步兵师和山南地区边防部队的2.2万余人的兵力，担任这一地区的反击作战任务。

我军作战设想是：在粉碎印军的进攻后，先以2个步兵团的兵力猛击印军的头部——盘踞在西山口第62旅，同时以3个团的兵力从两翼迂回，夹击其下腹部——申隔宗、略马东地区，再以2个步兵团、一个炮兵团实施大迂回，从达旺河以北直插德让宗、邦迪拉之间，斩断印军的尾部，形成对印军第4师的多路向心合击，将其分割包围，各个歼灭。

经过7天5夜的行军，担任迂回登班的我军部队深入印军后方180多千米，迅速攻占了登班，完全切断了德让宗—邦迪拉公路，形成对印军第4师主力的战役合围。

中印边境战争中我军缴获的印军装备

担任正面进攻的我军部队向西山口发起总攻，攻占了西山口和申隔宗，印军一字长蛇阵的“头”被彻底砸烂，整个防御体系顷刻瓦解。印军第4师溃不成军，残余部队或藏于山林中，或择偏僻小道往印度平原逃去。

随后，西藏边防部队集中了几个团的兵力，开始在德让宗—查库地区拉开了大网搜剿残敌，中印边境反击作战接近尾声。

7. 解决争端任重道远

为进一步争取政治上的主动和促成中印边境问题的和平解决，在彻底粉碎了印度军队的进攻，取得了自卫反击作战的重大胜利后，11 月 21 日，我国政府宣布主动停火，并撤回到 1959 年双方实际控制线的内侧 20 千米地区。停火后，中国边防部队还将缴获的大批武器、装备以及被俘人员主动交还给印度。

中国政府的这一举动，在战争史上是决无先例，再一次用实际行动表达了通过和平谈判解决中印边界问题的诚意，得到了世界上许多国家和人民的高度赞扬。

反观印度方面，由于尼赫鲁政府误判了形势，采取错误的“前进政策”，因而遭到可耻的失败，并得到了应有惩罚。

据印方公布的数字，印军共阵亡霍希尔·辛格准将以下 1383 人，失踪 1696 人，被俘约翰 · 达尔维准将以下 3968 人。此后，印度甚至将此次战争称为输掉了“天堂门口的战争”，而伤了心的尼赫鲁在 1964 年 5 月去世。

不过，中国政府善良的诚意并没有换来印度政府的回应。

战争结束后，中国政府本着和平解决边界争端的立场，遵循“相互尊重、相互理解”的原则，在中印边界谈判中，甚至间接承认了印度对锡金的主权，为解决边界争端做出了重大让步。但印度在边界谈判中一直顽固坚持自己的主张，不仅对中国在东线合理的领土要求置之不理，甚至还妄图在西线阿克赛钦瓜分一片土地。

鉴于印度的强硬立场，时至今日，解决中印边境争端仍然任重而道远。

第三节　殖民主义遗留的奥祖之争

在独立之前，非洲大陆的很多国家都未建立过民族国家，利比亚和乍得也是如此，在二次大战前分属意大利和法国的殖民地。

1951 年，利比亚获得独立，建立了伊德里斯封建王朝。但时隔没多久，1969 年卡扎菲发动民主革命，结束了伊德里斯封建王朝短暂的统治，建立了利比亚共和国。

而乍得独立时间相对较晚，直到 1960 年才宣告独立，建立了乍得共和国，而且尽管独立，但却同其宗主国法国仍然保持着密切联系。

利乍接壤，两国共有一长约 960 千米的边境线，但同非洲很多国家类似，利乍两国的边境线也是殖民主义在非洲划分势力范围的产物。这种殖民主义者人为强行划分的边境线，往往成为遗留在非洲国家之间的定时炸弹，不断引发边境争端，致使当事国家矛盾激化，甚至铤而走险走向战争。

而 20 世纪 70 年代，利比亚和乍得也同样因奥祖地区的主权争夺，爆发了一场绵延近 7 年的局部战争。

1. 殖民者的龌龊交易

在 19 世纪末，是殖民主义疯狂瓜分非洲的时代，欧洲殖民主义者按照势力划分，人为确定了利比亚和乍得的边境线。随后在利益妥协的过程中，这一边境线得到了法意之间的相互承认。

按理说，关于这条边境线确定之后应该是没有争议的。但 20 世纪 30 年代，法国政府为换取意大利的其他支持，打算在利乍边界线上作出让步，与意大利签订了《罗马条约》。按照《罗马条约》的规定，利乍边境线以南属于乍得的约 11 万平方千米的奥祖地区划入利比亚。于是，祸根埋下了。

《罗马条约》签订后，因为和意大利在突尼斯和埃塞俄比亚问题上发生分歧和争端，法国议会拒绝批准《罗马条约》。也因此，后来法国也一直没有和意大利互换条约书，因而，法军仍驻扎在奥祖地区，一直到 1960 年乍得独立。

利比亚和乍得独立之初，双方也都能恪守利乍边境线，在边境两侧一直相安无事。两国还声明双方边界不存在历史遗留问题，并签订了友好睦邻协定，同意奥祖地区属于乍得。不过，令人意想不到的是，这一纸从未生效的空文，却成为利比亚在1973年意图摄取奥祖地区的借口。

【地理小常识】“非洲死亡之心”——乍得

乍得全名乍得共和国，是非洲中部的一个内陆国家，与利比亚、苏丹、中非、喀麦隆、尼日利亚、尼日尔相邻，国土面积约128万平方千米，比秘鲁略小，比南非略大。

乍得拥有人口约1210万人，共有民族256个。首都和最大城市是恩贾梅纳，官方语言是法语和阿拉伯语，居民中44%信奉伊斯兰教，33%信奉基督教，23%信奉原始宗教。

乍得是世界上最贫穷、贪污情况最严重的国家之一，该国的人类发展指数排名倒数第五。同时，因为乍得远离海洋，且国土大部分属沙漠气候，所以又被称为“非洲死亡之心”。

2. 乍得内乱引来外患

原本相安无事的利乍两国，为何最终爆发战争，事情还得从乍得的内乱讲起。

乍得独立后，托姆巴巴耶政府实行歧视北部的政策，使乍得南北方矛盾不断激化。在这一过程中，经济相对欠发达的北部地区逐渐形成了有组织的反政府武装暴动。

在与政府的不断对抗中，乍得北部反政府武装力量不断聚合，在苏丹成立了乍得民主解放阵线（以下简称乍“民阵”），与乍得政府分庭抗礼。于是，独立仅6年的乍得，刚刚摆脱殖民统治噩梦又陷入了内战的深渊。

两年之后，因“民阵”领导人易卜拉欣·阿巴查战死，“民阵”分裂成了11个武装派别，长期混战，导致乍得的内战愈发混乱。

乍得的内战终于招来外患。卡扎菲上台之初只是在政治上和外交上对乍“民阵”表示同情，并没有介入的打算和实际行动，但后来乍得发生的一起未遂政变，却使利比亚的立场发生了根本性转变。

乍得与利比亚接壤

1976年8月，乍得在首都恩贾梅纳粉碎一起政变企图，随后乍得政府发表声明，指责利比亚是此事的策划者，将矛头直接指向卡扎菲，并断绝了与利的外交关系。卡扎菲听闻此事后极为愤怒，干脆撕破脸皮，立即公开宣布支持乍“民阵”。

【人物小传】卡扎菲

卡扎菲是一个富有争议的人物，世人对他的评价毁誉参半。卡扎菲曾经任利比亚革命警卫队上校，1969年9月1日，他领导“自由军官组织”，推翻了亲西方的伊德里斯王朝，并建立了阿拉伯利比亚共和国。

作为这次利比亚革命的精神领袖，在革命成功之后，他当之无愧的成为利比亚最高领导人。其后，长达42年的统治使他成为阿拉伯国家中执政时间最长的领导者。即便在被西方制裁长达10年的过程中，凭借丰富的石油资源，卡扎菲控制的利比亚成为非洲最富裕的国家之一。

利比亚前领导人卡扎菲

2011年，在“阿拉伯之春”的影响和国外煽动等多重因素下，利比亚局势开始出现动荡，随后，西方势力开始介入。10月20日，卡扎菲在其家乡苏尔特被捕后因伤重不治身亡。

后来，两国虽然勉强同意了恢复外交关系，但卡扎菲根本不可能就此罢休，不仅继续保持与乍“民阵”的密切联系，而且还产生了趁火打劫的想法。

于是，在1973年年初，卡扎菲以1935年签订却从未生效的《罗马条约》为借口，派遣军队进驻奥祖地区，公开宣称奥祖地区划归利比亚南部城市库夫拉管辖，并向当地居民颁发利比亚居民身份证。对利比亚侵占奥祖地区的行为，深陷内战的乍得政府无暇北顾，一直保持沉默。

两年之后，乍得发生政变，马鲁姆推翻托姆巴巴耶政府，并提出民族和解的口号，与“民阵”北方武装部队派别领导人哈布雷成立联合政府。但北方武装部队前领导人古库尼坚决反对与乍得政府实现和解，宣布与哈布雷分裂，并以“民阵”临时革命委员会的名义，重新联合北方各派，继续展开与乍得政府的武装斗争。

马鲁姆政府上台后，一改托姆巴巴耶政府对利比亚侵入奥祖地区保持沉默的做法，宣布奥祖地区属于乍得，并呼吁邻国进行调解。在马鲁姆的呼吁下，尼日尔和阿尔及利亚先后进行了调解。但此时的卡扎菲根本不可能放弃已经尝到的甜头，而且还变本加厉，在将奥祖地区划归利比亚的版图之后，还宣布将乍得奥祖地区以南的巴尔达地区并入利比亚。

于是，被逼无奈的乍得政府宣布关闭利乍边境，并向卡扎菲提出举行边界谈判。卡扎菲根本没有谈判的诚意，提出乍得必须皈依伊斯兰教的要求，导致双方谈判破裂。

在双边谈判无果的情况下，乍得又将边界问题提交“非洲统一组织”（以下简称“非统”），但同样没有结果。于是，乍得又将希望寄予国际社会，向联合国安理会提出控告，但还是没有结果。

这时候，和平根基不牢固的乍得政局再次急剧动荡。1978年，马鲁姆与哈布雷因政见分歧，双方再次走向决裂。此时，古库尼借机联合哈布雷攻入首都恩贾梅纳，推翻了马鲁姆政权。

在乍得局势再次动荡之时，利比亚继续趁火打劫，乘机出兵占领了乍得北部重镇巴尔达、伍尔和兹瓦尔等地。第二年，乍得各大派别实现和解，宣布成立古库尼和哈布雷联合团结过渡政府，古库尼任主席，哈布雷任国防部长。

但不到一年，短暂的和平再次被打破，古哈两派为争夺控制权再次爆发大规模武装冲突。在冲突中，实力相对欠缺的古库尼处境逐渐不利，便邀请利比亚派兵支援，心怀不轨的卡扎菲当然求之不得，立即派出大批利比亚军队直接介入乍得内战。至此，乍得的内乱升级成为了严重的内忧外患。

3. 卡扎菲欲望膨胀

得到利比亚助阵的古库尼武装实力大增。经过数个月激战，利、古联军不仅控制了乍得大部分领土，还占领了首都恩贾梅纳。而哈布雷的武装面对不利态势，被迫撤至东部山区。

尝到更多甜头的卡扎菲欲望迅速膨胀。1981 年 1 月，卡扎菲胁迫古库尼签订了利、乍合并的协议，妄图借乍得内乱之际，趁势将其吞并。卡扎菲的巧取豪夺遭到了乍得国内多数派别及非洲大多数国家的强烈反对，于是，在英、法等西方国家的支援下，“非统”向乍得派出了由一些非洲国家军队组成的部队进驻乍得，帮助维持乍得和平。

面对“非统”的实际行动和国际舆论的巨大压力，利比亚被迫把军队撤回奥祖地区。哈布雷派武装趁势展开猛烈反攻，重新夺回首都恩贾梅纳并成立新政府。没有了利比亚强力支撑，古库尼派武装只能撤回在乍得北方的根据地，古库尼本人则流亡国外，后来在利比亚的支持下在乍得北方成立“民族救国”临时政府，继续与哈布雷政府对抗。

1983 年 5 月，第十九届“非统”组织首脑会议宣布承认哈布雷政府为乍得合法代表。对此，古库尼大为不满，在利比亚鼓动下向政府军发动进攻。紧接着，对上次吞并乍得未果而心有不甘的利比亚也出动军队卷土重来。

这一次利比亚气势汹汹，出动了大批正规军和“伊斯兰军团”雇佣军，以及飞机、坦克、火炮，向乍得北部和东部的一些城镇的守军发起进攻。乍得军队猝不及防，很快，利比亚军队就进逼至乍得北部重镇法亚—拉若附近。

乍得在法亚—拉若只有 2000 名守军，根本无法抵挡有空军和炮兵支援的利比亚军队，伤亡惨重，仅仅抵抗了 1 天多，就被迫弃城南撤。

利比亚军队乘胜兵分两路向南追击，又先后攻占了乍得部分城镇，一直推进到科罗托罗和阿贝歇，距乍得首都恩贾梅纳仅有 600 千米和 700 千米的距离。此时，利比亚已经占领了乍得将近一半的领土。

4. 乍得岌岌可危

不过，随着利比亚军队的深入，利比亚军队补给线不断拉长，开始出现供应困难。而乍得军队则逐渐稳住了阵脚，并建立了防御阵地，坚守待援。同时，哈布雷对乍得军队进行了整编，并从南部调来新的部队，积极进行反攻的准备。

经过一番准备，乍得军队在法国、扎伊尔、苏丹等的援助下开始向利、古联军发动反击。哈布雷也亲临前线，指挥部队，乍得军队士气大增。经过数日激战，乍得军队先后收复了一些城镇并乘胜北进，攻克法达，进至法亚—拉若一线。

这时天公作美，法亚—拉若地区突刮大风、沙尘蔽天，乍得军队乘机向据守法亚—拉若的利、古联军发起突然袭击，一鼓作气收复了法亚—拉若，重新控制了局势。

恼羞成怒的卡扎菲迅速大举增兵，正规军增至6500多人。此时，利比亚在乍得的军事力量，由正规军加上“伊斯兰军团”和古库尼武装，总兵力达到 1.2 万多人，装备了飞机 50 架、坦克和装甲车共 450 辆，对弱小的乍得军队形成了巨大优势。

重新集结的利比亚军队，利用空军优势，对乍得守军阵地进行轮番轰炸，并炸毁了法亚—拉若唯一的简易机场，切断乍政府军和法亚—拉若守军的联系。乍得守军遭受重大伤亡，几乎陷于孤立无援的境地。

随后，利、古联军向法亚—拉若从北和西北两个方向发起了钳形攻势。尽管哈布雷亲率2500名守军进行了顽强抵抗，但毕竟势单力薄。经过36个小时激战，法亚—拉若再次沦陷。尔后，利比亚军队继续向前推进，在攻占法达之后，将战线推进到乌姆沙卢巴、科罗托罗一线，再次逼近乍得首都。乍得局势岌岌可危。

5. 宗主国助力乍得

面对利比亚在乍得的肆意妄为，作为宗主国的法国再也无法坐视不管。为了挽救乍得危局，法国增加了在乍得境内的军事部署，在原有2500人的基础上又派出伞兵部队和飞机8架，援助乍得。同时，扎伊尔增加了军事援助乍得的力度。哈布雷也对军队进行了重新部署，继续充实一线作战部队，使前线兵力达到4000多人，兵力与利、古联军大体相当。

在法军、扎军的援助下，乍得军队顶住了利、古联军的凶猛攻势，逐渐稳住了阵脚。随后，双方开始进入一段时间的对峙局面。

第二年，法国与利比亚达成双方同时撤出在乍得有争议地区的军事力量的协议。尔后，法军遵守协议的规定，从乍得全部撤出。但利比亚没有死心，根本没有履行协议，并且支持古库尼再次向南进攻。

驻扎乍得的法国空军

乍得政府一面积极组织抗击，一面向国际社会请求支援。在乍得政府的请求下，法国制订了代号为“食雀鹰”的行动计划，派出 900 名军人和 12 架飞机进驻乍得首都恩贾梅纳。除了直接派兵之外，法国及其他一些国家还加强了对乍得的经济和物资援助，法国提供了 1500 万法郎的援助，美国也提供了 1600 万美元的紧急援助。

于是，在后续的几个月战斗中，利比亚军队几次试图越过对峙线发动进攻，但都失利，被迫退回对峙线附近。

6. 利比亚上演“黑吃黑”

由于战事不断失利以及一直受利比亚的控制，古库尼武装内部开始产生厌战和对利比亚不满的情绪，要求实现民族和解的呼声日高。而此时，哈布雷政府推行民族和解政策，主动通过刚果、塞内加尔等国的斡旋，积极与古库尼进行和解谈判，试图化干戈为玉帛。

在这两大因素下，古库尼开始出现同乍得政府实现和解的倾向。这一举动使卡扎菲十分恼火，因为古库尼一旦与乍得政府实现和解，这将会使利比亚失去介入乍得内战的借口，甚至使利比亚在奥祖地区的多年经营化为泡影。

于是，卡扎菲决定“换马”，上演一出“黑吃黑”。1986 年 8 月，利比亚把古库尼部队调出法达地区，随后将古库尼逮捕软禁起来。但卡扎菲偷鸡不成反蚀一把米，软禁古库尼的这一行动激起古库尼部队强烈的反利情绪，宣布与乍得政府军联合。

古库尼部队的倒戈使卡扎菲再次恼羞成怒，立即出动大批军队向古库尼部队发动进攻。而乍得政府军则力援古库尼部队，与之并肩抗击利比亚军队。于是以提贝斯地区、法达地区和瓦迪杜姆地区为主战场，利、乍军队再次爆发大规模的战斗。

在 4 个多月的作战中，乍得军队与古库尼部队同仇敌忾、士气高涨，大胜利比亚军队，收复了大片失地。利比亚军队则遭受重创，不仅部队减员严重，还损失大批飞机、坦克和装甲车等武器装备以及其他军用物资，甚至连战区正副司令也被俘和被击毙。

战场形势发生了巨大变化，利比亚军队在法亚—拉若的后路被切断，成为一座孤城。利比亚军队不敢固守，最终弃城突围。

7. 鏖战奥祖

在作战失利后，利比亚军队退守奥祖，加强防御设施，大量增兵，使奥祖守军达到 1 万多人，并在沿利乍边境线北侧的三个利比亚空军基地部署了大量的飞机，并派出 3000 多人的兵力进入苏丹西北部与乍得接壤的地区，企图在固守奥祖的同时，相机夺回法达和兹瓦尔等战略要地。

乍得军队在内乱暂时平息，全国一致对外的情况下，积极准备收复奥祖。为此，乍得组建了一支适合沙漠作战的轻装快速攻击部队，哈布雷还先后出访法、美两国寻求经济和军事援助。在国际援助下，乍得军队的实力得到补充，收复奥祖的机会即将到来。

经历了短暂的平息，暴风雨终于到来。利比亚军队从奥祖地区派出一支部队奔袭 70 千米外的巴尔代，企图先发制人，但没想到中途遭到了乍得军队的预先埋伏。利比亚军队的这支奔袭部队很快就被击溃，残部仓皇撤退至奥祖。

乍得军队乘胜追击，借机向利比亚奥祖地区的守军发动进攻。奥祖守军突遭进攻，阵脚大乱，无法组织战斗，被迫向利比亚境内溃散。乍得轻而易举地收复了奥祖。

恶劣的气候条件使得乍得被称为“死亡之心”

但事情远未结束，利比亚为了夺回奥祖，第二天便出动空军对奥祖和法亚—拉若的乍得军队进行猛烈空袭。几天之后，利比亚军队对奥祖发起强大攻势，曾一度占领乍得军队全部前沿哨所，但又被乍得军队反击夺回。

此后几天，双方在奥祖持续鏖战，争夺进入白热化，利比亚军队甚至动用了坦克、武装直升机和伞兵突击队，但利比亚军队的两次进攻仍未能攻下奥祖。

8. 利比亚基地意外遭袭

在奥祖地区的鏖战使利、乍两方都伤亡巨大。为了保存有生力量，乍得军队主动撤出奥祖，退守到奥祖以南 40 千米的巴尔代。利比亚军队重新占领奥祖后并不死心，企图继续向南推进，继续侵入乍得。

几天之后，利比亚军队向乍得另一重镇大乌尼昂加发起进攻。乍得军队顶住攻势后，立即转入反攻，一举击溃利比亚军队。随后，乍得军队乘胜追击，但在追击途中突然改变方向，转而越过利比亚边境，对利比亚境内的马滕—萨拉基地发起进攻。

利比亚在该基地有守军 2500 人，飞机数十架，坦克 100 多辆，实力也不俗。但利比亚守军根本想不到乍得军队敢越境袭击，顿时猝不及防，乱作一团，很快就被全歼，飞机坦克也被乍得军队全部摧毁，而乍得军队则在得胜后从容撤回。

马滕—萨拉基地意外被突袭，使利比亚军队很是受伤，卡扎菲大为震惊，立即宣布实行全国总动员，并出动图 –22 战略轰炸机，对乍得首都恩贾梅纳进行报复性轰炸。

此时，作为宗主国的法国再次助力乍得，除了多次警告利比亚不要继续向南推进，还出动了驻乍得的空军对利比亚空军的轰炸进行截击，并击落利比亚飞机 1 架。为了此事，利比亚还专门向法国提出抗议。不过利比亚虽然嘴上硬，但战事却暂时平息下来，此后利比亚没有再次发动大规模军事行动。

【军史小战例】丰田（皮卡）战争

1987 年 1 月 2 日，乍得军队和利比亚军队在法达地区发生交火。乍得军队装备了陆虎吉普以及大量的丰田皮卡，皮卡上配备法国提供的“米兰”反坦克导弹及机枪。在短暂的冲突中，利比亚1个装甲旅被全歼，784名利比亚士兵阵亡，92辆坦克和33辆装甲车被毁，81人被俘，13辆坦克和18辆装甲车被缴获，而乍得军仅18人阵亡，3辆丰田车被毁。此战因此被称为“丰田（皮卡）战争”。

9. 战火渐渐平息

利比亚在乍得的军事行动虽然告一段落，但卡扎菲的各种举动表明，利比亚可能正在酝酿更大规模的交战。卡扎菲扩大战争的企图引起国际社会的广泛关注和警觉，纷纷呼吁“非统”再次出面调解利、乍冲突。

随后，时任“非统”执行主席的赞比亚总统卡翁达分别同利、乍领导人会晤，要求双方停止一切军事行动，通过谈判解决问题。经过多年战事，双方已是筋疲力尽，于是在“非统”组织的努力调解下，1987年9月11日，利、乍双方终于表示接受调停，随即宣布停火。

这场旷日持久的战争虽然宣告结束了，但奥祖地区的归属之争却没有随之结束，仍是未能解决的“遗案”。战争后，利比亚一直控制着奥祖地区，随后几年里，两国就奥祖地区归属问题曾经进行过多次谈判，但都以失败告终，两国军队还因此不时发生一些小冲突。不过，1994年国际法院裁定乍得对奥祖地区拥有主权，这一难以破解的“遗案”才算真正告一段落。

第四节　勒住巴勒斯坦的锁喉链

巴勒斯坦位于中东地区的中心地带，西濒地中海，南邻西奈半岛，扼亚、非、欧三洲要冲，是连接东西部阿拉伯国家的纽带。长期以来，巴勒斯坦一直是强邻和大国争夺的主要目标。

二战结束后，英国结束了对巴勒斯坦的委任统治。根据1947

年“联大”关于巴勒斯坦分治的决议，巴勒斯坦被分为犹太和阿拉伯两个独立国家。随后，以、巴之间的武装冲突愈演愈烈，直接导致了第一次中东战争（也称巴勒斯坦战争）的爆发。

战争中，以色列先败后胜，紧紧勒住了巴勒斯坦的咽喉。近百万巴勒斯坦居民被逐出家园，流落到邻近的阿拉伯各国，沦为无家可归的难民。时至今日，恢复巴勒斯坦人民的民族生存权利问题，仍是中东的核心问题之一。

1. 并不公平的巴勒斯坦分治的决议

第一次世界大战结束后，英国取得管辖巴勒斯坦地区的“委任统治权”，成为巴勒斯坦地区的“太上皇”。此后，世界犹太复国主义运动不断兴起，并得到英国的大力支持。1917 年 11 月，英国发表了支持犹太复国主义的《贝尔福宣言》。随后，巴勒斯坦开始成为犹太复国主义的中心，大批犹太人开始移入。犹太人的移民遭到了当地阿拉伯人的强烈反对，自此，阿拉伯人和犹太人之间开始不断地发生冲突。

【历史小常识】巴勒斯坦的来历

随着第一次世界大战奥斯曼帝国的战败，国际联盟授权英、法两国临时殖民统治土耳其以南的奥斯曼各省。

这些地区在奥斯曼帝国时期称为“省”，但指派给英、法后当时称为“托管地”。这两个国家随心所欲地划了边界，将这个地区分成四部分，其中的三个部分后来演变成了伊拉克、叙利亚和黎巴嫩。

第四部分建立起来时叫做“叙利亚南部”，当时的官方名字是巴勒斯坦英帝国托管地。英国重新修订过它的边界，但是按照丘吉尔的意愿这个地区被沿着约旦河分成两个行政区域。约旦河以东的部分是外约旦，后来成为约旦王国，而河西区仍然保留原来的名称巴勒斯坦。

美国也是犹太复国主义运动的大力支持者。第二次世界大战期间，美国就开始大力扶持犹太复国主义，以扩大美国在中东的势力范围。第二次世界大战结束后，美国把支持犹太复国主义运动作为它在中东地区的主要战略方针，于是，巴勒斯坦地区成了美国进入中东并排挤英国的一块特殊跳板。

在美国的大力支持下，犹太复国主义运动发展势头极为强劲。但有了靠山支持的犹太复国主义者也变得愈发极端，开始大肆进行反英和排阿的暴力活动，使巴勒斯坦局势愈加复杂尖锐。当初，大力扶持犹太复国主义运动的英国搬起石头砸到了自己的脚，面对愈演愈烈的犹太复国暴力活动，根本束手无策，几乎精疲力竭，只得将巴勒斯坦问题提交联合国。

根据英国的要求，"联大"召开特别会议，开始讨论巴勒斯坦问题。1957 年，联合国第二届大会成立了专门委员会进一步研究巴勒斯坦问题，美、苏代表主张在委任统治结束后立即进行分治，他们的主张获得通过。1957 年 11 月 29 日，在美、苏等 33 国支持下，联合国大会不顾 13 个阿拉伯国家的反对，通过了《关于巴勒斯坦将来治理（分治计划）问题的决议》。

【历史小故事】冷战时期美苏争霸

众所周知，以色列是在苏、美两个超级大国的支持下建立的，特别是苏联的支持更具有实质意义。

以色列国成立于冷战初期，在两大政治军事集团对抗的年代，双方在许多国际问题上往往都是针尖对麦芒、互不相让。然而在巴勒斯坦问题上，莫斯科和华盛顿同时选择了支持犹太人建国的政策。

特别是苏联方面，从 1947 年联合国大会关于巴勒斯坦问题的特别会议开始，就坚定不移的站在犹太人的立场之上。如果没有苏联及其东欧卫星国的支持，作为现代以色列国成立的政治保证和法律基础的《联大 181 号决议》就不可能获得所必需的 2/3 支持票。1948 年 5 月第一次中东战争爆发后，苏联通过捷克斯洛伐克等国为以色列提供了相当数量的武器装备。

此外，在苏联的默许下，大批东欧犹太人源源不断地涌入巴勒斯坦，保证了犹太国的人口数量和充足兵源。在很大程度上，以色列正是依靠这些武器装备和来自东欧的犹太移民才打赢了这场战争。

按照联合国决议规定，英国将在1948年结束对巴勒斯坦的委任统治，尔后，在巴勒斯坦将建立阿拉伯和犹太国两个国家以及耶路撒冷国际托管政权。其中，划分的阿拉伯国家面积为1.1万余平方千米，犹太国面积为1.4万余平方千米。

当时在巴勒斯坦地区的阿拉伯人约为130万，犹太人只有约60万。但联合国的分治决议中人口占少数的犹太人获得了55%的土地，而且集中了巴勒斯坦全境绝大多数的淡水资源，并且都是肥沃的平原。而人口占多数的阿拉伯人只分到45%的土地，并且都是贫瘠的丘陵，而且领土首尾被分成3块。这显然极为不公平。

巴勒斯坦人望着以色列战机轰炸的方向

于是，阿、犹之间的冲突和矛盾进一步加剧，使得整个中东从此陷入了持久动乱之中。联合国分治决议通过伊始，群情激奋的巴勒斯坦阿拉伯人和阿拉伯国家就纷纷举行示威，反对分治，被划入犹太国的阿拉伯人在耶路撒冷、特拉维夫等地也掀起了激烈的反抗运动。

而犹太复国主义者则认为，联合国分治决议的通过是武力建立犹太国的大好时机。随即，犹太复国主义者开始强化军事准备，对巴勒斯坦的犹太人进行了战争总动员，把原有的3个军事组织改编成了3万多人的“犹太国民军”，并征集17～25岁的犹太青年入伍。

在这样的情况下，阿、犹矛盾终于演变成严重的武装冲突。在耶路撒冷和一些阿犹混合的城镇，开始爆发犹太人和阿拉伯人之间的激烈武装冲突，巴勒斯坦“非正式战争”正式开始。之后，双方之间的武装冲突愈演愈烈。

2. 战争爆发，以色列仓促迎战

1948 年 5 月 14 日，英国宣布结束对巴勒斯坦的委任统治。当天下午，身高只有 1.6 米的“以色列建国之父”本·古里安宣读《以色列国独立宣言》，宣告了以色列国的成立，古里安也成了以色列第一任总理。11 分钟后，美国白宫新闻秘书查理·罗斯宣布美国对以色列“事实上”的承认。

当以色列的犹太人还沉浸在建国的欢乐中时，阿拉伯联盟国家埃及、伊拉克、黎巴嫩、叙利亚以及外约旦（1950 年改称约旦）决定集体出兵巴勒斯坦，其军队也相继攻入巴勒斯坦。随后，1948 年 5 月 15 日，阿拉伯联盟发表声明，宣布对以色列处于战争状态，第一次中东战争由此爆发。

【人物小传】以色列之父——古里安

戴维·本·古里安是以色列第一任总理，也是任职时间最长的总理。他凭借敏锐的直觉和务实的精神，在长达 30 年的时间里一直是犹太民族的领袖。他领导创建以色列国，是现代以色列当之无愧的国父。

1949 年，古里安策划了“魔毯行动”，动用上百架次飞机，把近 5 万名犹太人从也门接回以色列。1950 年的“以斯拉—尼希米行动”则将 12 万犹太人从伊拉克运回以色列。建国初期的 4 年时间里，以色列的人口增加了 1 倍，这也是以色列能迅速强大的重要原因。

古里安曾短暂去职，但他于 1955 年再次当选总理。1965 年他与工党闹翻，此后他与摩西·达扬和希蒙·佩雷斯成立了一个新政党。后来从 1970 年开始，古里安完全淡出政治。

1973年，在以色列刚经历了“十月战争”的急风暴雨后，87岁高龄的古里安辞别人世。根据他的遗嘱，他的葬礼没有颂词，只有无声的默哀。他的去世被以色列看作是一个时代的终结。

战争一开始,阿拉伯国家军队在数量上比以色列部队略占优势。其中埃及出兵约7000人，外约旦“阿拉伯军团”约7500人，叙利亚约5000人，伊拉克约1万人，黎巴嫩约2000人，“阿拉伯解放军”和“阿拉伯拯救军”1万余人，合计4万多人。空军装备有各类飞机131架，舰船12艘，坦克装甲车240辆，各种野战炮140门。而以色列总兵力只有3.4万人，各类飞机33架，舰船3艘，几乎没有什么火炮、装甲车。

鉴于实力上的明显差距，以色列在之初对阿拉伯世界采取了求和政策，想让他们接受以色列在这个地区“生存”的权利。但是，阿拉伯国家显然已下定决心，誓要将以色列这个异教徒国家从中东版图抹掉，因而断然拒绝了这一请求。以色列只得硬着头皮，仓促应战。

面对国家刚刚建立一天就有可能陷入被扼杀的险境，在民族存亡的生死关头，整个犹太世界紧急动员起来。许多从纳粹死亡集中营死里逃生的犹太青年纷纷加入新成立的以色列军队，为祖先世代梦想的家园而拿起武器。美国犹太人迅速筹集了7500万美元巨款，这笔款在第一时间变成了枪支弹药……不过，这些显然还是不够抵抗强大的阿拉伯联军，毕竟以色列还像一个初生的婴儿，襁褓之中还待哺育。

第一次中东战争中的阿拉伯联军

阿拉伯国家军队发起进攻之后，埃及军队约两个旅从阿里什分两路开入巴勒斯坦。北路以第1旅为主力，沿海岸公路通过加沙向特拉维夫进发。就如苏军在莫斯科城外的抗争德军入侵一般英勇惨烈，以色列军队在特拉维夫南面拼命抵抗，埃军的攻击遭受挫折，无法前进。随后埃军只能改变目标，转而占领内格夫的一些要地及公路干线。南路第 4 旅经过比尔谢巴、希布伦，向耶路撒冷进发，初期进展较为顺利。

叙利亚军队以 2 个机械化旅从库奈特拉出发，主攻方向是在太巴列湖南端。在陆续攻克了约旦河两岸的三个犹太居民点后，叙利亚军队推进至太巴列湖南端。但叙利亚军队在这一地区遭到以色列军队的激烈抵抗，在战斗中，以色列军队还第一次使用了飞机。最终，叙利亚军队的进攻在此受挫。

外约旦国王阿卜杜拉一心想着多占地盘，向伊斯兰教圣城——耶路撒冷（同时也是犹太教和基督教的圣城）派出了由英国教官训练指挥的“阿拉伯军团”的精锐部队。他处心积虑地想夺取这个城市，成为“耶路撒冷之王”。

战争开始后，“阿拉伯军团”如狼似虎般直捣耶路撒冷，很快就帮阿卜杜拉国王拿下了耶路撒冷旧城。但占领旧城后，“阿拉伯军团”没有抓住机会，一鼓作气拿下耶路撒冷新城，战斗出现僵局。此后，阿卜杜拉国王一直未能有更好的机会实现他的“耶路撒冷之王”梦想。

伊拉克军队先前的计划是向北部的盖谢尔和贝桑进攻，但进展不大，后来转而进攻纳布卢斯。伊拉克军队投入的最初是 1 个装甲团和 1 个步兵营，后来又投入 3 个航空中队。攻下纳布卢斯后，伊拉克军队又相继占领了杰宁和图勒卡姆，几乎达到地中海海边。眼看就可以将以色列军队拦腰切断，但伊军未能继续进行攻击，也丧失了战机。

黎巴嫩军队在北部的进攻规模较小，它先是攻占了马勒基亚边防哨所，但又被以色列夺回。不过后来黎军发动进攻，又再次攻占此地，并固守到战争结束。

综观战争初期的形势，尽管进攻遭受一些挫折，但总体上阿拉伯国家处于十分有利的地位，以色列军队节节败退。以军的将领甚至惊呼，以色列军队无法抵挡阿拉伯国家军队的进攻，全军已处于崩溃边缘，建国仅一天的以色列面临着覆灭危险。

【历史小故事】沙龙——以色列之王

1948 年 5 月 5 日，第一次中东战争爆发时，沙龙只不过是位名不见经传的排长。

在一次阿以交战中，阿拉伯联军抓住了两名以色列士兵，以军司令官——以色列前国防部长摩西·达扬决定抓几个阿拉伯联军士兵，以便交换以军士兵，但参谋们为制定各种营救方案陷入无休止的争论之中。

火暴性格的沙龙对以军后方指挥机构的扯皮深恶痛绝，径自带了几个士兵，驾着吉普车，冒着阿拉伯联军的枪林弹雨冲过停火线，穿上阿拉伯的长袍，伪装成约旦的农民，智擒几名阿拉伯士兵。一小时后，达扬的桌上留有沙龙的纸条："摩西，俘虏在地下室。"

沙龙的突袭成功令达扬震惊不已。在以后的战斗里，沙龙的勇猛善战感动了以色列的将士，他们在坦克的炮塔上用白漆写上"沙龙，以色列之王"，沙龙以战功赢得了以色列人的普遍崇拜和尊重。

3. 停战四周，阿拉伯军队错失良机

为摆脱灭顶之灾，古里安一面继续加强战争的准备，一面急电以色列驻联合国代表埃班说："以色列急需几星期的喘息时间来重新组织和装备部队""以色列需要立即停火。"

在以色列的外交运作下，开战后的第三天，美国代表向联合国安理会递交了一份议案，建议安理会命令战争双方在 36 小时内停火。苏联代表也要求安理会立即表决，并指责阿拉伯国家发动进攻，要求它们停止行动。

英国最初反对美国的建议，并声称继续给予阿拉伯国家援助。

但不久，英国又同意了美国的建议，并撤走了阿拉伯军团的英国军官，停止向埃及、伊拉克、外约旦提供武器。

此时的阿拉伯联军犯下了一个致命错误。因为阿拉伯联军已经占领了巴勒斯坦2/3的领土，军事上处于绝对优势，所以阿拉伯国家认为这时进行停火谈判，能够达成有利于自己的协议。

另外，阿拉伯联军伤亡也比较严重，也希望得到休整。同时，阿拉伯各国彼此并不信任、表面团结的背后深藏着诸多的内部猜忌和不和。况且，在圣城打仗，对伊斯兰教虔诚至致的阿拉伯人认为是对真主阿拉的亵渎，以至于在耶路撒冷城甚至出现了阿拉伯人在战场上一边打仗一边祈祷的奇特景象。

于是，6月11日，阿、以双方接受了联合国安理会停火4周的决议。

停火给以色列带来喘息之机，而以色列也充分把握住了这宝贵的机会，它最大限度的利用这4周停火时间，为尔后的战争做准备，最终实现了民族命运的逆转。

经过3周的战斗，以色列军队伤亡惨重，因而，补充有生力量成为首要之急。除了以色列的犹太人被再次动员起来，世界各地的犹太人也用最大的努力支援着以色列，犹太人志愿兵从世界各地而来，其中许多人是第一次拿起枪，以至于以色列的部队里出现了说着不同语言、穿着不同服装的士兵。经过四周紧急动员和补充之后，以色列军队已由开战时的3万多人发展到最多时的约10万人。

以色列从美国、英国进口了轰炸机，还从国外购买了小型舰船和巡逻艇。在此基础上，以色列组建了空军和海军，武装力量构成得到完善。此外，以色列从法国运来了坦克和大口径火炮，尤其是从捷克斯洛伐克获得了大量轻武器、野战炮、炸弹和炸药，实力大大增强。古里安后来就说过，“与捷克斯洛伐克的军火贸易挽救了年轻的以色列国”。

以色列将散布在全国各地的游击队也统一起来，在原有的基础上，正式建立了一支正规的以色列国防军，并将以色列国防军整编成4个军区，明确了各军区所分担的作战地域，实现了国防军的真正统一。在整编过程中，以色列陆军还正式组建成了一支摩托化部队，使得以色列军队具备了快速作战能力。

反观阿拉伯军队，在停火期间仅仅进行了驻军地域内的调整，埃及野战军增加到1.8万人，伊拉克军队增加到1.5万人，叙利亚和黎巴嫩募兵后兵力也有所增加，但阿拉伯国家正规军不过4.5万人。

4. 以色列奋起还击，阿拉伯军队每况愈下

4周的停火时间到了之后，经过充分准备的以色列军队向阿拉伯军队发动攻击，战斗再次打响。这次进攻从7月9日开始，至7月18日结束，因而也被称为“十天进攻”。因为准备充分，而且整个犹太世界众志成城，因而以军的作战取得了较大成功。相反，阿拉伯国家由于内部分歧，没有统一的军事计划，一开始就处于被动地位，此后每况愈下。

战事重开后，以军先是把进攻重点方向放在中部战线。以军集中了约4个旅的兵力，向特拉维夫东南12英里的卢德和腊姆拉城实施突击。这两座城市是巴勒斯坦地区东西和南北的交通枢纽，但被外约旦国王的“阿拉伯军团”占领，因而对以色列产生了较大威胁。以色列要实现整个作战意图，必须首先解除这一威胁。

在经过精心谋划之后，以色列两个旅向这两座城市发动了进攻。此时，令人意想不到的事情发生了。“阿拉伯军团”司令格拉布竟然借口后勤供应困难，需要缩短战线，未经顽强抵抗就轻易放弃了这两座城市。于是以色列军队轻轻松松地就占领了这两座城市，打开了通往耶路撒冷的走廊。

在北线，以色列部队向叙利亚军队发动进攻，打算夺回丢失的几个犹太居民点，把叙利亚军队赶往约旦河东岸。但叙利亚军队显然在阿拉伯联军中还是颇具战斗力的，以色列的进攻没有得手，被叙军击退。于是，以军改变了进攻方向，主力西移，向拿撒勒地区

和加利利北部的黎巴嫩军和“阿拉伯解放军”发动进攻，占领了沙德阿姆尔和拿撒勒，并进而夺取了整个加利利地区。

以色列军队的另一条进攻路线是进攻圣城耶路撒冷。以军的计划是，首先进攻马纳哈和艾因卡里姆谷地，进攻得手后，趁势进攻旧城并占领耶拉赫贾拉，切断阿拉伯人至新城的道路。经过反复争夺，以军后来攻占了马纳哈谷地，但对耶路撒冷旧城的进攻最终还是未能得手，在锡安门附近被阿拉伯军队击退。

“以色列之王”沙龙（左）和“以色列之父”古里安

经过10天的浴血奋战，以色列把自己从覆灭的边缘拉了回来，并且还夺取了巴勒斯坦的阿拉伯地区约1000平方千米的土地，极大地改善了自己的生存环境。

5. 以色列胜券在握

随后，美国又操纵安理会，在7月15日通过了无限期停火方案。7月18日，联合国关于阿、以停火令再次生效，阿、以进入第二次停火时间。

在第二次停火期间，以色列继续大力推行移民计划，不断扩充军队和武器装备。到10月初，以军总数为9万多人，有100多架飞机和16艘舰船。相反，阿拉伯国家在第二次停火期间内部矛盾进一步激化，导致了后来战局每况愈下，到了不可扭转的地步。

为了进一步巩固“十天进攻”的胜利果实，为自己创造一个更好的生存环境，10月15日，在美、苏支持下，以色列军队不顾停火令，突然向阿拉伯军队发起进攻。为了达成作战目的，以色列的这次进攻由两个主要部分组成，一是对埃及的进攻，一是对北加利利的进攻。

在对埃及发动进攻后，以军空军率先行动，对埃军机场进行了轰炸。尔后，以军地面部队开始进攻，但先后两次被埃军击退。为了避免出现屡攻不破的局面，以军改变主攻方向，结果取得突破，一举夺占了比尔谢巴，切断了埃军的后勤线。紧接着，以军又发动攻击，占领了阿什杜德。至此，埃及军队已经丧失了战斗意志。

以军对加利利的进攻计划是，先对南部方向实施牵制作战，随后从塔尔希哈和萨费德进攻萨萨，占领萨萨后进而直逼胡拉谷地，控制整个加利利山谷，解除了阿拉伯人对特拉维夫的威胁。

进攻发起后，同样是以色列空军最先冲锋。不过这一次不同的是，以色列这是第一次集中使用空军。

以色列空军对阿军阵地实施了密集航空火力突击之后，防守的阿军却对以军的主攻方向判断失误。以军顺利地攻占了萨萨，尔后继续北进，阿军溃散。随后，以军占领胡拉谷地，基本达成了对加利利进攻作战的目的。

不过，此时以军还只是将比尔谢巴以北的埃军击退，在南面的内格夫沙漠等西奈半岛的埃军却依然存在。为了清除这一威胁，以军出动 5 个旅，向埃军发动了最大规模的一次进攻，即“霍雷夫”战役。

以军计划先以戈兰尼旅对加沙地区实行牵制性进攻，阿隆师主力从比尔谢巴方向进攻奥贾，尔后占领阿里什。

战斗打响后，以色列空军对加沙和阿里什机场进行了轰炸，从而掌握了制空权。随后，戈兰尼旅沿海岸公路向前挺进，夺取了加沙南侧制高点。

紧接着，以军阿隆师主力从比尔谢巴开始向阿里什方向进攻。进攻的路线选择了一条被湮没的罗马时代的古道。这完全出乎埃及人的意料。埃军没有想到，以色列已秘密将这条古道修成可通行轻型装甲车辆的道路。因为埃军之前判断，以军将沿海岸公路进攻，因而对奥贾方向戒备不严，使得阿隆师的主力部队奇袭获得成功。

以军占领了奥贾后，立即向沿海公路派出一支机动部队，攻占了阿布奥格，转而进攻阿里什。正当以军准备给埃军进行决定性打击时，英国要求以色列从埃及领土上撤出，紧接着，连遭败局而不堪重负的埃及也主动提出停战要求。由于主要目的已经达到，以色列同意了埃及的要求，双方停止了战斗。

后来，以色列又乘胜发起了一次作战行动，这次作战行动也成了第一次中东战争中的最后一次作战行动。以军两个旅南下内格夫沙漠，占领了沙漠一带，保住了埃拉特。

阿拉伯联军的接连失利，使阿拉伯国家之间的间隙越拉越大，而埃及的率先媾和也使得其他阿拉伯国家萌生和意。

以色列国旗在硝烟未散的战场上冉冉升起

于是，在联合国的调停下，从1949年2～7月，埃及、黎巴嫩，约旦、叙利亚先后分别同以色列签订了停战协定，并分别设立了混合停战委员会。伊拉克拒绝和以色列谈判，但表示遵守以阿协定。以阿停战后，伊拉克军队也撤出了巴勒斯坦。

至此，战争结束，阿拉伯世界和犹太世界在中东地区的第一个回合较量以犹太人的先败后胜而告一段落。

6. 今日仍是中东火药桶

第一次中东战争从阿拉伯出兵开始到以色列、叙利亚签订停战协定为止，共历时15个月。

在这场战争中，阿拉伯世界遭遇惨败，有至少1.5万人战死。

而且，这场战争的失败还使得阿拉伯国家备感耻辱，最终给阿拉伯国家带来了严重的后续恶果。

战争结束后，1949 年 3 月叙利亚政变；1951 年 7 月约旦国王阿卜杜拉父子被巴勒斯坦难民刺杀，阿卜杜拉国王 18 岁的孙子侯赛因幸免于难，后来即位成为约旦哈希姆王国国王；1952 年 7 月，埃及军人推翻法鲁克王朝，纳赛尔成为总统。

以色列方面死亡约 6000 人，但通过这次战争，以色列不仅占领了巴勒斯坦地区 4/5 的领土，还包括耶路撒冷的西半部（新城区），使它的实际控制面积达到 2.07 万平方千米，比分治决议划给它的面积多 0.67 万平方千米。在这之后，一直流浪世界的犹太人在中东地区站稳了脚跟，并在其后的多年奋斗中将以色列建设成了中东的地区强国。

战争虽然告一段落，但战争对中东政治格局产生了重大影响，留下了很多长期性的恶果。

战争使得建立两个国家的分治计划告吹，除以色列外，巴勒斯坦的其余部分约旦河西岸及耶路撒冷城的东半部由约旦管辖，加沙地带由埃及管辖。战争中有 96 万巴勒斯坦阿拉伯人逃离家园，沦为难民，他们只能流落到附近的约旦、叙利亚和黎巴嫩，在那里形成了一个个难民营，这成为后来多次阿、以冲突的重要原因。

而且，战争进一步激化了阿拉伯国家和以色列，阿拉伯国家和美、英的矛盾。此后，中东进入了一个战乱不断的动荡时代，巴勒斯坦问题也成为国际政治中的一大热点，以阿拉伯联盟国家为一方、以以色列为另一方的阿以矛盾对立、难以调和，时至今日仍是牵动世界神经的“中东火药桶”。

第五节　滴血的喜马拉雅之鹰

克什米尔，又名查谟和克什米尔，人口约 500 万，面积 21 万平方千米，位于印、巴、中国和阿富汗之间，从古至今均为战略要地。

在英国统治印度时期，克什米尔是一个土邦。1947 年印、巴分治时，英国鉴于克什米尔处于重要的战略地位，力图利用它作为军事基地，并以此制造纠纷，从中渔利。

其后，印、巴双方为争夺这一地区的归属，矛盾升级、不断激化，直接导致了印、巴之间的两次战争。

1. 英国“分而治之”克什米尔成遗案

第二次世界大战结束后，前英属印度各地先后爆发独立运动。1946 年 3 月，英国发表宣言，规定印度为英帝国的一个自治领，并将自治领分成一个印度教辖区和两个伊斯兰教辖区。1947 年 6 月，英国公布旨在“分而治之”的《印度独立法案》，即“蒙巴顿方案”。两个月后，印、巴正式分治，英军于同日撤军，从而结束了英国在印度的殖民统治。

随着南亚次大陆上空“米字”旗的飘落，统治印度整整两个世纪的殖民制度也随之寿终正寝。然而，随着殖民统治者的离去，印、巴之间的宗教矛盾以及民族矛盾等不断激化，尤其以克什米尔的归属问题最为尖锐。

克什米尔是印、巴分治前英属印度最大土邦之一，包括查谟和克什米尔两个地区。克什米尔俯瞰巴基斯坦，离巴基斯坦首都伊斯兰堡近在咫尺，对于印、巴都具有重要的战略地位。

对此，印、巴都有十分深刻的认识，印度总理尼赫鲁就曾经说：“没有克什米尔，印度就不会在中亚的政治舞台上占据一个重要的位置。”同样，巴基斯坦首任总理阿里·汗在评价克什米尔和巴基斯坦的关系时说：“克什米尔就像是巴基斯坦头上的一顶帽子。如果我们允许印度取走我们头上的这顶帽子，那就会永远受印度的摆布。”

根据“蒙巴顿方案”，“穆斯林”占多数的地域划归巴基斯坦，印度教徒占多数的地域划归印度，但对克什米尔地区等土邦的归属并没有明确规定，这些土邦可以自由加入印度或巴基斯坦。

克什米尔地区宗教情况比较复杂，其居民约 70% 为穆斯林，20% 为印度教徒。鉴于此，印、巴分治后，巴基斯坦主张克什米尔以公民投票方式决定归属，而印度却利用它在分治时控制的克什米尔议会通过决议，宣布克什米尔归属印度。在这样的情况下，由英殖民主义者一手制造的印巴克什米尔地区归属之争，矛盾不断扩大、日益尖锐。

【背景链接】“蒙巴顿方案”暗埋祸根

1947 年 3 月 24 日，蒙巴顿接替魏菲尔出任印度总督，并于 6 月 3 日发表了被英国政府称之为“印度独立法”新宣言，也被称为“蒙巴顿方案”。

所谓“蒙巴顿方案”，其要点是：把印度分为两个部分，即印度教徒的印度国家和伊斯兰教徒的巴基斯坦国家；在新成立的两个国家的国界未作最后确定之前，将由西北边省、阿萨姆省的锡尔赫特区的选民区的选民进行全民投票，并在信德省的立法议会投票，表决关于这三个省份加入哪一个国家的问题；在分治以前，先解决旁遮普和孟加拉的划界问题；授予各土邦以决定它们加入哪一个自治领问题的权利。如果某个土邦不愿加入任何自治领，它可以保持同英国的旧关系。

这样印度就被分割成三种不同类型的地区，即巴基斯坦国、印度联邦和王公土邦，也就为印度、巴基斯坦发生武装冲突埋下了祸种。

2. 印度攫取克什米尔大部分地区控制权

印、巴分治两个月后，围绕克什米尔地区的主权归属，双方加快了争夺，终于爆发了第一次印巴战争。在双方第一回合争夺中，尽管巴基斯坦穆斯林武装来势汹汹，抢占先机，但最终印度反败为胜，全面占据上风，控制了克什米尔地区 3/5 的土地和约 400 万的人口。

1947年8月，克什米尔地区的宗教矛盾急剧激化，穆斯林和印度教徒之间出现血腥杀戮，仅在查谟地区便有20万穆斯林居民被印度教徒杀害。

在巴基斯坦的穆斯林闻知此事，义愤填膺，成千上万的穆斯林部落武装分子从北、西和西南分三路进入了克什米尔进行“复仇”。由于克什米尔土邦政府中的印度教徒武装缺少武器，所以穆斯林武装不费吹灰之力，就先后攻占了乌里、巴拉穆拉、吉尔吉特等众多战略要地。克什米尔首府斯利那加、杰城和拉乔里等少数战略要地虽然仍掌握在印度教徒手中，但穆斯林武装也将其围得水泄不通。

面对来势汹汹的穆斯林武装，身为印度教徒的克什米尔大君哈利·辛格惊恐万状。他立即致信于印度政府，向其救援。

有所图谋的印度政府求之不得，立即将先头部队2个步兵营由新德里紧急空运到斯利那加附近一机场。装备精良的印军一踏上克什米尔的地面，便迅速向斯利那加城进发，并很快从哈利·辛格的地方武装手中接管了斯利那加的防御。

此时，穆斯林武装已兵临斯利那加城下，双方在城郊发生了激烈交火。于是，第一场争夺克什米尔的帷幕正式拉开了。

印度为了夺回在克什米尔的主动权，很快又派出第161旅、第50伞兵旅、第19步兵旅和第7坦克旅等精锐部队，进入克什米尔进行增援。印军参战兵力已达数万人，而且装备精良，占有明显优势。

得不到巴基斯坦正规军增援的穆斯林武装很快便招架不住，被击退到距斯利那加城20多千米的沙拉登地区。

印军乘胜追击，与巴基斯坦穆

克什米尔地区

斯林武装在沙拉登展开争夺战。在坦克有力支援下，印军仅仅20分钟左右就将巴基斯坦穆斯林武装击溃。穆斯林武装损失惨重，约有500人被打死。

其后，印军势不可当，又先后攻占了克什米尔谷地及其南部、西部一些较大的城镇如巴拉莫拉等地，牢牢掌握了战争主动权。截至年底由于大雪封山，天气严寒，交通运输不便，印军决定终止进攻行动，借机为来年备战。

此时，印、巴双方围绕克什米尔问题，开展了政治外交斗争。在联合国安理会，印、巴皆以对方派遣军队进入克什米尔地区为由，提出控告，要求联合国进行调停。联合国进行了干预和调解，要求印、巴双方首先实现停火，尔后撤出外来军队，举行公民投票。

但印度的外交斗争只是其积极备战的掩护，联合国的调停丝毫不能阻止印度全面夺占克什米尔的野心。

大雪解封后，印军又发动了新一轮进攻，以第7坦克旅开道，从查谟地区向克什米尔西南重镇唐格尔发起进攻，全面展开与巴基斯坦在克什米尔西南的争夺战。

翌日，印军占领了查谟唐格尔，解除了巴基斯坦武装对查谟最直接的威胁。其后，印军再次向巴军发动大规模攻势，陆续攻占克什米尔西南和西部的一些城镇，其先头部队已经抵达巴基斯坦边境地区，距巴基斯坦已经不足50千米，对巴构成了直接威胁。

面对不利的战场态势，巴基斯坦命令巴正规部队进入克什米尔，意欲与印军一决雌雄。增援部队赶到克什米尔后，巴军总数达到了5万人，与4万之众的印度军队形成旗鼓相当之势。

巴军开始向印军发起反击，得到增援后的巴军开始扭转一面倒的战争态势，逐渐控制了克什米尔喀喇昆仑山脉一线。接着，印、巴又在斯利那加西南73千米处的蓬奇展开激烈争夺，战事惨烈，双方不断投入新的兵力，战争规模逐步升级，有全面引爆南亚次大陆火药桶的危险，这不得不令全世界担忧。

为此，联合国安理会派遣联合国印巴委员会，进行调查和调停活动。尔后，印巴委员会在日内瓦召开会议，通过了停火、非军事化和公民投票等分阶段解决克什米尔纠纷的决议。印、巴双方均表示接受这一决议。

1949年1月，印、巴双方实现就地停火，并按照当时实际兵力部署划定了停火线。印度占据了克什米尔全境3/5的地区，人口约400万。巴基斯坦只控制2/5的地区，人口约100万。第一次印巴战争终告结束。

按照停火决议，印、巴双方停火后应该举行全民公决来决定克什米尔的归属。但由于印度和巴基斯坦从各自的利益出发，都拒绝撤出军队，联合国的决议成为一纸空文。此后，印度和巴基斯坦在克什米尔地区仍然摩擦不断，其归属问题成为巴基斯坦和印度之间一个解不开的“死结”。

克什米尔高原上的巴基斯坦哨所

3. 喜马拉雅之鹰再燃战火

第一次印巴战争在联合国干预下刚一实现停火，就有一位远见卓识的军事评论家指出：“这只是暂时的休战。”他的话不幸言中，16年后，积压于印、巴两国的怨恨再次喷发出来，印度和巴基斯坦为争夺克什米尔再动干戈，爆发了两国第二次战争。

战争中，双方互有胜负，巴基斯坦略占上风，但最后双方接受联合国调停，撤回至战争爆发前所在地区，最终对两国克什米尔的实际控制线没有产生太大影响。

印、巴双方宣布停火后，在卡拉奇签订了关于军事分界线的协议，划定了克什米尔临时停火线，并得到双方政府的批准。此后，两国还发表了总理联合公报，宣布将举行公民投票，以解决克什米

尔的争议问题。但是，印、巴双方在停火线附近地区重兵对峙，小规模的武装冲突时有发生，双方围绕克什米尔问题争端，长期未能获得真正彻底的解决。

1965 年，围绕一块名为库奇兰恩的盐碱沼泽地，双方发生了两个月的有限冲突，后在英国调停下，签订了停火协议。

但战争的火种并没有因此熄灭，印度和巴基斯坦都在紧张地开始战争准备。在印、巴双方签订停火协议的当天，印度内政部长发表谈话，宣称：克什米尔是印度的一部分，是“不容辩论和谈判的既定事实”。

这番言论大大激怒了巴基斯坦。随后，大批号称“自由战士”的穆斯林武装人员进入印控克什米尔地区，对印军的哨所、补给仓库、车队进行袭击，以达到迫使印度在克什米尔问题上进行让步的目的。

但穆斯林武装人员很快被印军所镇压，5000 多名穆斯林武装人员被打死。为进一步打击穆斯林武装，印军在停火线一带集结了 6 个师的兵力，并越过停火线向巴控区发起了进攻，战火燃到了巴基斯坦。印、巴两国之间围绕克什米尔的第二次战争全面爆发。

【历史小故事】盐碱沼泽地成为诱发战争的“多米诺骨牌”

面积约 1.8 万平方千米的库奇兰恩，是印度河入海口附近的盐碱沼泽地，印度和巴基斯坦从未在这里正式划定国境线。1947 ~ 1956 年，该地区一直为巴基斯坦控制，巴在此建立了警察哨所。1956 年年初，印度破坏巴哨所并赶走了巴边防警察，建立了自己的哨所，并在随后突然占领了库奇兰恩的北部地区。3 月，印度以进行“箭头”演习的名义向库奇兰恩地区持续增兵，使该地区的兵力达到 3 个旅。

巴基斯坦起初认为库奇兰恩是不毛之地，因此，对印军的侵入只是提出了抗议而未采取实质性的行动。但不久传出库奇兰恩地区可能蕴藏石油及其矿产资源的消息。巴基斯坦坐不住了，遂向库奇兰恩地区派出了第8师的2个旅。在对峙中，双方发生了对射，冲突进一步升级。4月24日，印巴两军在库奇兰恩发生小规模的武装冲突，由此拉开了印、巴第二次战争的帷幕，成为了第二次印巴战争的第一张“多米诺骨牌”。

印军先是向巴控制区的帖斯瓦和乌里以南地区发动进攻，夺占了巴基斯坦边防军的三个哨所。巴军以1个加强团、1个装甲团，在空军的支援下，开始组织反击。巴军以正面钳制，侧后迂回的战法，同印军约2个步兵旅、1个坦克团和1个炮兵团及空军1部，进行了激烈战斗，收复了部分失地，对阿克努以南及查谟地区的印军形成钳形攻击的有利态势，遏制了向这一方向发动进攻的印军。

为遏止向查谟地区反击的巴军，印军以3个步兵师分三路向巴基斯坦境内的锡亚科特地区发起进攻，以主力迂回巴军侧后实施攻击；在克姆卡兰方向，印军以3个步兵师、1个装甲师，兵分三路越过国界，直指巴境内的拉哈尔地区。

巴军面对印军的强大进攻，在适时投入了3个步兵师、1个装甲师进行顽强抗击的同时，还利用空中优势，出动大批航空兵对印境内的斯利那加、安巴拉、帕坦科特、佐得普尔等空军基地和指挥机关，进行突然袭击，有力地迟滞了印度军队的进攻。

在此情况下，印军也出动空军作战飞机对巴境内的一些重要城镇及空军基地实施空袭。而巴海军也对印军进行了反击，并对印度的德瓦卡尔要塞和涅卡港进行炮击。此后，双方互有攻防，在战场上出现胶着状态。

【历史小故事】巴基斯坦空军节的诞生

第二次印巴战争爆发后，1965年9月6日，巴基斯坦空军司令努尔·汗下令出动32架F-86和8架F-104战机对印本土纵深的5个机场和3个雷达站发动突袭。

突袭非常成功，仅在印军帕坦科特基地一处就击毁了未来得及起飞的7架米格-21和5架“神秘”式飞机。而在空战中，F-86又上演好戏，击落了近10架印军战机。

遭到重创的印度空军迅速从纵深机场调来200多架飞机，对巴空军展开全方位反击。然而经过近两天的激战，巴空军在空中击落印机19架，在地面击毁35架，而自己仅损失6架F-86飞机、1架F-104飞机和1架B-57轰炸机，从此印空军战机再也不敢轻易上天，巴空军在夺取制空权的同时，还为地面部队提供了火力支援，初步扭转了战局。

由于巴空军作战有功，9月7日总统阿尤布·汗通令嘉奖空军，并将这一天定为巴基斯坦的空军节。

为了加快作战进程，印军出动坦克近400辆，向查温达发起攻击。查温达是通向查谟和克什米尔的门户，距离克什米尔南部中心查谟仅27千米，巴军以前就是通过这里进入克什米尔参战的。如果攻下查温达，就等于切断了巴基斯坦和克什米尔之间最重要的联系通道。

巴基斯坦也深知查温达对于作战胜利的重大意义，也投入了大量兵力，装甲部队倾巢出动。在地面战场激烈争夺的时候，两国空军也在战场上空展开了激烈厮杀，印、巴双方的战场较量由此进入高潮。但最终巴方凭借空中力量的质量优势，迅速掌握了制空权。

在空中力量的配合下，巴军击毁印军坦克近百辆，迫使印军停止了攻势行动。同时，通过犀利的反击行动，巴军在南部不仅击退了攻入巴基斯坦国境的印军，一度乘势推进印度国境内6千米，共占领了约1200平方千米的印度国土。

此后，战局陷入僵持。在联合国的调停下，1965年9月，印度和巴基斯坦同时宣布：接受联合国的调停，全线停火。第二年1月，在苏联政府的斡旋下，双方政府签订了《塔什干协定》，印巴两国同意撤退到1965年8月前所在地区。

在印、巴第二个回合的争夺中，巴军自始至终掌握着战争的主动权，与第一回合争夺时的全面被动形成了鲜明对比。更值得称赞的是巴空军的优异表现，虽然与印空军相比数量上处于 1∶5 的劣势，但却能充分发挥装备质量优势，大规模参战，不仅出色完成了打击印空军的任务，而且出色完成了打击印军主要地面火力的任务，是巴军作战行动的巨大功臣。

印军在克什米尔地区的炮兵

不过，由于整体国力相对弱小，巴军在作战取得胜利后最终选择接受国际社会斡旋，撤回到战争爆发前所在的地区。

4. 世界上最危险的领土争端

克什米尔地区的主权归属一直是纠结印巴两国的历史遗案。目前，印度控制了克什米尔大部分地区，包括中部和南部地区（查谟—克什米尔邦），巴基斯坦则控制了西北部地区（自由克什米尔和克什米尔北部地区）。

对于克什米尔的归属问题，两国立场严重对立，矛盾极其尖锐。印度援引其宪法证明克什米尔地区为印度不可分割的一部分，一直没有正式承认巴基斯坦对该地区的控制权，甚至声称包括中、巴于 1963 年签署的边界所划归中国的喀喇昆仑走廊地区等都属于印度领土。巴基斯坦则将整个克什米尔地区视为有争议的领土。而克什米尔地区也有一部分人倾向于独立建国，但是由于种种原因，却受到印度和巴基斯坦的共同反对。

印、巴两国却为了争夺克什米尔地区曾经直接爆发了两场战争：1947 年第一次印巴战争和 1965 年第二次印巴战争（1971 年第三次

印巴战争虽然直接诱因不在克什米尔，但双方也在克什米尔地区大打出手）。1972 年，印、巴两国政府同意克什米尔问题必须由双边经过政治谈判解决，但 1999 年在印控克什米尔的卡吉尔地区又爆发了卡吉尔边境冲突。

时至今日，克什米尔问题仍然无法得到根本解决。生活在克什米尔地区的人民常常会看到喜马拉雅山雀鹰的自由飞翔。然而克什米尔人民期待和平，但代表克什米尔的喜马拉雅之鹰却仍不停地在滴血。由于民族、宗教矛盾尖锐，在克什米尔，小规模武装冲突和恐怖事件不断。克什米尔争端成为南亚次大陆的最不稳定因素，乃至亚洲重要的不稳定因素之一。而且，由于印、巴两国都拥有核武器，克什米尔争端甚至也被认为是目前世界上最具危险性的领土争端之一。

第三部分
遥想边界的趋势走向

目前，世界上有100多个国家还存在40多处矛盾较为突出的边界争议地区，许多热点地区矛盾反复激化，对地区安全的影响居高不下。和冷战时期相比，现在的热点问题或者危机，持续周期越来越长，处理难度越来越大，成功解决的概率越来越低。危机的结果，要么只看到风险呈螺旋式上升而抓不住机遇；要么危机失控，并且为新的更大的危机埋下了隐患。

“两国的边界就是一条和平的边界、友好的边界、合作的边界，这对我们两国人民有好处，对地区乃至世界的和平稳定也有好处。”

——李肇星

第七章 现代国家安全观催生新型边界模式

对于一个国家来说，在历史文化和现代国家的形成过程中，“国土神圣”的观念深入人心，所谓“宁死十万兵，不失一寸土”描述的就是这种心态。从国家利益上讲，维护领土的完整和不受侵犯，当然是责无旁贷的义务，如果外国入侵，危害民族生存，全体国民必定不惜代价背水一战。

长期以来，由于历史问题遗留和资源争夺而不断出现的国际领土纷争，使国际社会局势始终处在动荡中。国家之间陆地疆界争端在全球范围内引发了两次世界大战和数以百计规模不等的局部战争，给人类世界造成了无法估量的损失，甚至造成有些民族和文化几近消亡。

尽管要和平、求发展、谋合作已成为不可阻挡的历史潮流，但各个国家维护国家安全、主权和领土完整的意志不会轻易改变，围绕这些问题的争端以及为此而强化的军力发展，在一些国家和地区仍然会长期存在，如果不能理智和冷静地处理，引发局部冲突的可能性就不能排除。

从国家诞生之日起，各国就把疆界安全视为国之大计，处理解决边界纷争是国家安全的重中之重，也使得领土争端成为威胁世界安全的主要诱因。冷战结束后，随着世界各大地区国家框架日趋稳定，人们普遍意识到世界战争的威胁已大大缓解，而人类又面临新的安全挑战。

随着各种国际政治力量的活跃与失控，新的安全问题在国际政治舞台上凸显，“非传统安全”问题日益突出。以“9·11”事件为转折点，长期在国际关系领域中居于支配地位的政治、军事对峙关系逐渐让位于恐怖主义、分裂主义和极端主义，形成了对国际安全威胁明显上升的非传统安全因素，尤其近年来世界各地区面临的主要威胁大都来自这“三股势力”。

严峻的现实冲击着传统的安全观念和安全理论，国家安全的内涵逐渐从传统的军事和政治安全拓展延伸到社会、经济、资源、环境、文化等人类生活的各个领域，各国对安全问题的认识开始超越国家层次和地区层面，探索运用现代国家安全观认识和解决国际政治的热点问题。

国家安全观是一个国家生存与发展的重要前提，在一个国家与周边国家关系中具有重要地位与作用。世界各国都根据自身面临的国内国际形势，在不同的时期制定着不同的国家安全战略，处理着与周边国家的安全关系。

现代国家安全观是适应国际安全形势变化的需要开辟的安全合作新途径，主张顺应时代的潮流，彻底抛弃冷战思维，积极探索维护和促进国家安全和国际安全的新思路。现代国家安全观的核心是发展共同利益，形成新的地缘政治共识，不断通过相互信任、平等协商、互利合作，建立一种新型国家关系和新型地区安全模式。

中国原外交部长李肇星 2005 年在第十届全国人大三次会议期间，对中、俄彻底解决边界问题给予了高度的评价，并对两国边境地区的发展进行了展望。他说：“我们非常高兴我们和我们的友好邻邦俄罗斯关系发展得非常顺利，也非常富有成效。我们两国去年在普京总统应胡锦涛主席对中国进行国事访问期间，双方已经彻底解决了历史上遗留下来的边界问题。从那以后，两国的边界就是一条和平的边界、友好的边界、合作的边界，这对我们两国人民有好处，对地区乃至世界的和平稳定也有好处。”

为了维护共同利益，携手应对非传统安全的挑战，在现代国家安全观新的安全思维作用下，毗邻国家的对话与合作不断加强，演变为次要矛盾的边界争端进一步得到缓解，在不涉及国家核心利益的边界地区逐步衍生出倾向于合作协商的和谐式、无疆界和不设防边界模式。

第一节　纵贯欧洲的无痕式边界

欧洲曾是两次世界大战的爆发地，各国在边界上一度戒备森严，重兵把守。战争爆发时，各国相邻交界地带曾是“绞肉机”一般的主战场，动辄血流成河尸横遍野。而如今的欧洲，各国公民自由迁徙流动，国与国的边界已经相当模糊，甚至看不出任何痕迹。邻国之间的边境上没有检查站，也没有守卫的士兵，甚至不需要出示任何通行证件，只有路边静静矗立的路标，提示你已经不知不觉进入了另一个国家。

德国与奥地利边境指示牌

今天在德国与奥地利之间的边境，已经没有一般边境检查站及围栏等阻隔设施，而仅立有欢迎指示牌。较大的蓝色指示牌说明已进入德意志联邦共和国，较小的白色指示牌表明进入德国巴伐利亚州。

1. 颠覆国家概念的“申根”

如今，国人跨出国门赴欧洲旅游已经不是新鲜事，细心的人会发现在护照上一般要被盖上“SCHENGEN VISA”的签证印章，人们称其为“申根签证”。有了这个签证，你就可以在西欧25个国家自由行走。

不过，可能还有许多人不知道“申根”原本是一个地名，是一个田园牧歌式的小村庄，那里河水清清，树影婆娑，草地经年翠绿，山坡上是一块块齐整的葡萄园，犹如世外桃源。

从卢森堡驾车沿着欧洲 23 号公路往东南方向走，沿途一路上都会看到提示“Schengen”的路牌，大约半小时就到了大名鼎鼎的申根村。这是一个只有几百户人家的小村子，门前清澈的摩索尔河在缓缓流淌，河对岸是德国，南面是法国。也就是说，申根是法国、德国和卢森堡三国交界之处，可谓是“鸡鸣三国”之地。

1985 年 6 月 14 日，在申根村前河面上的一艘名为“Princesse Marie-Astrid”号小型客轮上，法国、德国、荷兰、比利时、卢森堡等 5 国的官员签署了一个开放边境的协议——《申根协定》，由此让“申根”名扬天下，成为世界上“最著名的村庄”。

1914 年以前，欧洲尚未形成系统的护照和签证制度。那时，人们从巴黎出发，横贯欧洲到俄罗斯的圣彼得堡，无需护照，更无需签证。然而，战争改变了一切。到第一次世界大战结束时，跨国旅行需要携带护照，过境需要查验护照和签证已经成为一种常规做法，最终推广到了全世界。一直到 1995 年申根区正式成立，那种曾被世人视为“理所当然”的做法才在欧洲终结。

当然，也有例外。1922 年当爱尔兰获得独立后，英国和爱尔兰两国通过法律，建立“共同旅行区”，两国人员免签自由来往，英国与爱尔兰之间的这种安排一直持续到现在。

1944 年，尚处在流亡状态的比利时、荷兰和卢森堡三国政府签署一项免除相互边境控制的协议，1948 年正式实施。比、荷、卢三国边境相连，而且国土面积本来就不大，三国之间的经济和人员往来非常频繁，取消边境控制对三方都有利。北欧的丹麦、芬兰、瑞典、挪威和冰岛随后效仿，这些国家于 1952 年成立“斯堪的纳维亚护照联盟”，彼此之间取消边境控制，人员可自由往来。

历史的车轮转到 20 世纪 80 年代。这种“无边界区”的顺利运行让当时的欧共体内开始酝酿建立泛欧规模的“无边界区”，不过，由于许多成员国的顾虑，法国和德国决定先行试验。于是，经典的一幕在 1985 年 6 月 14 日上演。没有奢华的场地，没有庆祝的歌舞，一个划时代的协定居然就在一艘略显破旧的小小客船上签订了。从流传至今的黑白照片上看，当时签署的舱室特别狭小，高个的官员几乎要头顶天花板了。不过，大家笑容满面，挺高兴的。这就是历史，而历史并不是“任人打扮的小姑娘”。

《申根协定》签订场景

当然，《申根协定》一开始并没有发展到今天这么成熟。当时只是要求签署国改革边境控制规程，将护照查验改为目视车辆通过，即过境车辆在减速慢行的情况下接受边防警察的“过目”，无特别要求无需停车。

1990 年，五国又签署了一个《关于实施申根协议的公约》，明确提出创立“申根区”，区内完全取消相互边境控制，实行同一签证政策和开展警务和司法合作。这才形成今天真正意义上申根区的法律框架和实质内容。

不过，1995 年，《申根协定》正式实施时，也只有部分欧盟国家完全加入了申根区。一直到两年后的欧盟阿姆斯特丹峰会，才将除英国和爱尔兰以外的欧盟国家，外加挪威和冰岛全部纳入申根区，峰会通过的《阿姆斯特丹条约》将《申根协定》的内容吸收进去，成为涵盖全欧盟的通用法律规定。这样一来，新欧盟成员国无需另外签署《申根协定》，入盟即意味着接受其相关规定。

但是，成员国能否正式加入还要看其司法合作、边境控制等方面的设施、标准和人员配置等是否达标。原因很简单，一旦加入申根，其对外边境就是申根区整体的边境，其边境控制水平直接牵涉到申根区整体利益，如非法移民、偷渡和越境犯罪等。

【百科小常识】《申根协定》

《申根协定》是一项欧洲国家间的条约协定，亦称申根条约、申根协议，最早于1985年6月14日由联邦德国、法国、荷兰、比利时、卢森堡5国在卢森堡小城申根（Schengen）签署。该公约于1995年7月正式全面生效。

申根公约的成员国亦称“申根国家”或者“申根公约国”，成员国的整体又称“申根区”。其签约目的是取消相互之间的边境检查点，并协调对申根区之外的边境控制。即在成员国相互之间取消边境管制，持有任一成员国有效身份证或签证的人可以在所有成员国境内自由流动，出入各个国家不用再办理其他签证手续。

根据该协定，旅游者如果持有其中一国的旅游签证即可合法地到所有其他申根国家。这意味着，包括中国在内的非申根区国家公民只要获得某个申根成员国发放的“申根签证”，便可在签证有效期和停留期内，在所有26个申根区国家间自由旅行。

2. 今日欧洲边界日渐消除

2007年12月21日，捷克、爱沙尼亚、匈牙利、拉脱维亚、立陶宛、波兰、斯洛伐克、斯洛文尼亚和马耳他等9个欧盟新成员国正式加入申根协定区。在德国、捷克、波兰三国交界的德国小镇齐陶举行了隆重的庆祝仪式。此后，以上9国的海陆边境将向其他15个申根协定签署国开放。难以想象倒退到100年前，德国和波兰曾经因为边界问题发生过无数次战争。至此，申根区从欧洲大陆西部向东扩展到与俄罗斯、白俄罗斯和乌克兰等国相邻一线。

这天，颇具呼应意义的是，一艘船从芬兰首都赫尔辛基开出，驶往波罗的海对面的爱沙尼亚首都塔林。身在申根区的芬兰总理万哈宁坐着这艘船前往爱沙尼亚，迎接这个隔海邻居加入申根区。而横渡波罗的海的这艘船不仅跨越了地域的鸿沟，更是预示着2004年5月入盟的众多新成员国进一步纳入“欧洲村”。

上午9时许，德国海军乐队奏起欧盟盟歌《欢乐颂》，孩子们放飞带有欧盟12星标志的气球，德国边防警察和波兰边防警察携手打开边界栏杆，标志着德波边界检查站正式撤除。在相距约500米的波捷边界关口，波兰总理图斯克和捷克总理托波拉内克“有些夸张”地联手锯断隔开两国的栏杆，任凭摄影、摄像记者把这一时刻记录下来。

【政治小常识】欧盟

欧洲联盟（英文：EUROPEAN UNION；法文：UNION EUROPéENNE），简称欧盟（EU），总部设在比利时首都布鲁塞尔，是由欧洲共同体（EUROPEAN COMMUNITY，又称欧洲共同市场，简称欧共体）发展而来的，初始成员国有6个，分别为法国、联邦德国、意大利、比利时、荷兰以及卢森堡。欧洲理事会主席为范龙佩。欧盟委员会主席为巴罗佐。

1991年12月，欧洲共同体马斯特里赫特首脑会议通过《欧洲联盟条约》，通称《马斯特里赫特条约》（简称《马约》）。1993年11月1日，《马约》正式生效，欧盟正式诞生。2012年，欧盟获得诺贝尔和平奖。

欧盟是世界上最有力的国际组织和世界上第一大经济实体，在贸易、农业、金融等方面趋近于一个统一的联邦国家，而在内政、国防、外交等其他方面则类似一个独立国家所组成的同盟。2013年7月1日零时整，克罗地亚正式加入欧洲联盟，成为第28个欧盟成员国。

欧盟现有 28 个成员国，人口 5 亿，GDP16.106 万亿美元。欧盟的宗旨是“通过建立无内部边界的空间，加强经济、社会的协调发展和建立最终实行统一货币的经济货币联盟，促进成员国经济和社会的均衡发展”“通过实行共同外交和安全政策，在国际舞台上弘扬联盟的个性”。欧盟的盟旗是蓝色底上的 12 星旗，普遍说法是因为欧盟一开始只有 12 个国家，代表了欧盟的开端。实际上这个 12 星旗代表的是圣母玛利亚的 12 星冠，寓意圣母玛利亚将永远保佑欧洲联盟。

欧盟已经制定了一个单一市场，通过一个标准化的法律制度，其中适用于所有会员国，保证人员、货物、服务和资本的迁徙自由。它保持了一个共同的贸易政策，包括农业、渔业和区域发展政策。15 个会员国已通过了一个共同的货币——欧元。在对外政策上，代表其成员在世界贸易组织，在八国集团首脑会议和在联合国的会议上发言，维护其成员国利益。

2001 年，欧盟体现的作用，在司法和内政事务方面，包括许多会员国之间根据《申根协定》取消护照管制。而且在某些领域，它取决于会员国之间的协议。不过，也有超国家机构，能够作出决定，而不管协议的成员。欧盟的重要机构和组织，包括欧洲委员会、欧洲议会、欧洲联盟理事会、欧洲理事会、欧洲法院的司法和欧洲中央银行。欧盟国家公民选出议会每 5 年一次。

德国总理默克尔很兴奋，甚至和其他领导人做鬼脸、开玩笑。欧盟委员会主席巴罗佐分到一段边境栏杆作为礼物，他拿着这个“礼物”笑着说：“这是我们欧洲人伟大的一天，这里曾经是分割欧洲的‘铁幕’所在地，但今天我们在这里实现了融合。”

仪式很快就结束了，车流开始无障碍地驶过这“鸡鸣三国”之地。许多人在残存的边境检查站前拍照留念，因为再过几年，这些“历史陈迹”将会被拆毁。

欧盟选择在这里举行申根扩大仪式极具象征意义。因为齐陶所在地属于苏台德地区，是第二次世界大战的“导火索”之地。

第一次世界大战，奥匈帝国战败，该国被一分为三：奥地利、匈牙利和捷克斯洛伐克，苏台德地区归属捷克斯洛伐克。后来，希特勒上台后，以苏台德为题，向第一次世界大战后形成的欧洲格局进行挑战。在慕尼黑会议上，英、法两国妥协让步，纳粹德国从捷克斯洛伐克，攫取了苏台德地区。之后，尝到甜头的希特勒得寸进尺，欲望膨胀，干脆吞并捷克，由此第二次世界大战爆发。

在当年的“火药桶”之地举行仪式表明，欧洲真正与过去的战争做了一个切割，既有警醒不要忘记过去的意思，也具有展望崭新未来的现实意义。

众所周知，2004 年 5 月，欧盟历史上最大规模的扩大使欧盟边境向东推移，欧洲政治、经济一体化进入新时代。然而，不可否认的是，横亘在新、老成员国之间的边境关卡让新成员国民众耿耿于怀。如今，申根区的扩大让这些民众切身体会到自由进出的同等待遇身份，无疑会提高他们对欧盟的认同感。

因此，当时德国内政部长朔伊布勒把此次申根区扩大的意义与 18 年前柏林墙的倒塌相提并论，并非耸人听闻。的确，申根区的此次扩大让新成员国体会到自己是欧盟里待遇同等的一员，所谓新、老成员国的差别将随之湮没，新、老欧洲也将成为“过去的故事”。

波兰与德国拆除边境栅栏

2008 年年底，已经被申根区包围的瑞士也正式加入申根，至少使其从地图上看少了一个尴尬的“夹生”饭团，除了希腊外，基本连成一体。申根成员国扩大到 25 国，面积达到 430 多万平方千米，人口 4

亿多。另外，夹在申根区中的列支敦士登、圣马力诺、梵蒂冈等“袖珍国家”虽然没有签署《申根协定》，实际上也认可申根签证，成为申根区的一部分。

在欧洲大陆，实行无痕式边界管理申根区，使得这些国家依据《申根协定》取消了内部边界，极大方便了人员、货物、资金和服务在欧盟内部的自由流动。无论是不是欧盟成员国家的公民，无论来自哪个国家的外国人，只要在这些国家中的其中一个国家获得了合法居留和入境签证，就同时获得了申根国家自由通行的权利。

申根区的建立，在西欧大陆形成一个无边境关卡的人员自由流动区。到过申根区的人都能亲身感受到：在申根区内驱车穿越国界，看不到荷枪实弹的边防警察，也没有关卡栏杆，甚至连在国内省界、县界乃至镇界常见的“某某地人民欢迎你”的字样都没有。要不是国界路边树立有国名标牌或低矮的界碑，恐怕还不知道自己已经出国。

乘坐申根区内的跨国航班形同国内航班，无需过关检查护照签证。毫无疑问，申根区对促进人员流动、推动社会融合和经济发展发挥了重大作用，尤其是让老百姓切身体会到方便。

当今世界有一种有趣的现象：一些国家打着“反恐”“国家安全”之类的旗号加强边境控制，动辄要求外国公民按手印才给办签证、入境。欧洲人则不拘一格，申根区的成功建立和运行打破了所谓“边境神圣”的神话。并且，实际上已经改变了传统的“国家”概念。

不过，正所谓“外松内紧”。虽然申根区内过关不再检查护照，不过边境地区警察的随机抽查护照也是屡见不鲜的。例如，在比利时与法国交接的高速公路上，偶尔会看到法国警察在路边抽查护照。

还有一点值得注意，《申根协定》成员国有权根据国内、国际安全形势临时中止执行该协定，即恢复边境检查和控制。比如，2004 年葡萄牙欧锦赛和 2006 年德国世界杯期间，两国就中止执行《申根协定》，恢复或部分恢复边境检查和控制；2005 年 7 月英国伦敦遭受恐怖袭击后，法国也曾临时中止执行《申根协定》；2011年利比亚局势动荡，大批非法移民云集意大利，法国加强了边境控制，丹麦甚至威胁恢复边境护照查验。

3. 申根协议覆盖欧洲

在实施《申根协定》之前，欧洲国家的大部分边境都设有巡逻警戒力量和庞大的边境检查站网络，用以检查来往于各个国家之间的公民身份与授权。在实施《申根协定》之后，申根国之间的边境检查站被关闭，并且大部分都被移除。

根据《申根边境法》（Schengen Borders Code）的有关规定，成员国之间需要移除所有障碍以保证内部边境的交通通畅。因此，旅客搭乘水上、陆上以及空中交通工具在申根国之间行动时，无需再受边境卫队的身份检查，但各交通工具的承运人仍有权对乘客进行安全检查。

申根成员国有权在公共政策和内部安全受到威胁时临时恢复与其他申根国之间的边境管制。当一些预见性的活动可能会带来潜在的风险时，所涉及的国家必须提前通知欧洲委员会并与其他成员国进行商讨。2010年4月，由于本笃十六世访问马耳他，该国执行了临时的边境管制。

【百科小常识】申根区

申根区是指履行1985年在卢森堡申根镇签署的《申根协定》的欧洲国家所组成的区域。对于国际旅行者而言，这一区域非常像一个单独的国家，进出入这一区域需要经过边境管制，而在该区域内的各个国家之间却几乎不存在边境管制。

目前，申根区已有26个国家：德国、法国、荷兰、比利时、卢森堡、奥地利、丹麦、芬兰、冰岛、意大利、希腊、挪威、葡萄牙、西班牙、瑞典、爱沙尼亚、拉脱维亚、立陶宛、波兰、捷克、匈牙利、斯洛伐克、斯洛文尼亚、马耳他、塞浦路斯、瑞士和列支敦士登，其中22个属于欧盟成员、4个非欧盟国家和3个欧盟微型国家，包含超过4亿的人口，面积达430多万平方千米。

1999年通过的《阿姆斯特丹条约》使《申根既有规范》（SCHENGEN ACQUIS）正式成为了欧盟法律的一部分。除了爱尔兰和英国外，其余的欧盟国家均被要求履行《申根既有规范》，遵循《申根既有规范》有助于取消该区域内国家之间的边境管制，同时加强与非成员国之间的外部边境管制力度。申根协议包含了一系列涉及临时入境（包含申根签证）、外部边境管制的协调和跨国警务合作等共同政策。

在搭乘航空器来往于申根国之间或者申根国国内时，部分航空公司会要求乘客在换取登机牌或者是登机时，出示身份证明（例如身份证或护照等），这种身份检查并非官方的边境管制，而是用于建立乘客档案。

还有一些往返于申根国之间的航班被认作是非申根航班。例如，搭乘智利国家航空公司往返于马德里—巴拉哈斯机场和法兰克福机场航班的乘客会被要求在离开马德里时，进行申根区的离境检查，并在抵达法兰克福后进行入境检查，这是由于该线路是从智利圣地亚哥启程，因此德国政府无法区分抵达乘客究竟是来自智利还是来自马德里。

用欧盟委员会主席巴罗佐的话说，《申根协定》在“旧大陆”上缔造了一个“新欧洲”。“申根模式”的一个重要意义在于，它在欧洲一体化进程中开创了“双速欧洲”乃至“多速欧洲”的先例，即在某些领域各成员国如果不能同时采取行动，部分国家可以先行一步，其他国家则可随后跟进或继续置身其外。

目前，在欧盟5个非申根区成员国中，英国和爱尔兰仍无意加入，而希望加入的罗马尼亚、保加利亚和塞浦路斯可以在安全标准等方面达到《申根协定》要求后成为申根区国家。

4. 消除边界携手未来

战争与和平是欧洲历史发展的永恒主题，是贯穿欧洲历史的一条主线。各国统治者用武力统一欧洲的努力，使欧洲的历史充满了军事征服的血腥味。从查理曼帝国到哈布斯堡王朝，从拿破仑到希特勒，都想通过军事和战争的手段来统一欧洲。20世纪的两次世界大战，都造成了巨大的人员伤亡和物质损失，经济发展遭到严重破坏。特别是第二次世界大战对人类产生了深远的影响，战争所带来的血腥杀戮，所造成的巨大破坏，长久地反映在战后人类的社会生活各个方面。

第二次世界大战后，昔日的欧洲强国英国、法国、德国、意大利都因被削弱或被打败而沦为二等国家。政治上丧失了发号施令的地位，经济上千疮百孔。欧洲的发展受到了严重阻碍，严重影响了欧洲的国际地位。第二次世界大战不仅打击了法西斯主义，更教育了世界人民，使争取和平进步的思想日益深入人心，所建立的战后新秩序多倡导和平、民主、独立的原则，对战后世界的发展有着极大的影响。

中东欧国家之间存在着复杂的领土纠纷。在历史上，中东欧国家长期处于异族占领和压迫之下，一些国家的领土多次易手，边界多次变动，因而国家之间遗留的领土问题较多。

匈牙利和罗马尼亚关于特兰西瓦尼亚的历史地位问题，一直以来存在分歧。中世纪时，特兰西瓦尼亚曾是一个公国，11世纪末开始，成为匈牙利王国的一部分。1867年，奥匈帝国成立，遂为其属领。

第一次世界大战后，奥匈帝国瓦解，1919年6月正式签署的《凡尔赛条约》，承认了罗马尼亚对于特兰西瓦尼亚的主权。《圣日耳曼条约》（1919年）和《特里亚农条约》（1920年6月）进一步描述了特兰西瓦尼亚的地位，确定了匈牙利和罗马尼亚两国的边界。1922年，罗马尼亚国王斐迪南一世和罗马尼亚王后玛丽亚在阿尔巴尤利亚加冕。

1940年8月，在第二次世界大战期间，阿道夫·希特勒通过第二次《维也纳仲裁裁决》，将特兰西瓦尼亚的北半部划给了匈牙利。二战结束后的《巴黎和约》（1947年）废除了《维也纳仲裁裁决》，北部特兰西瓦尼亚的疆域归还罗马尼亚。根据《巴黎和约》，二战后罗马尼亚与匈牙利的边界与1920年测定的一致。

【地理小常识】特兰西瓦尼亚

特兰西瓦尼亚，指的是罗马尼亚中西部地区。位于欧洲东南部，东喀尔巴阡山以西，多瑙河支流蒂萨河流域。居民除罗马尼亚人外，其余多为马扎尔人（匈牙利人）。今天，我们所说的特兰西瓦尼亚包括罗马尼亚中部和西北部的16个县，面积近10.36万平方千米，将近罗马尼亚总面积的一半。特兰西瓦尼亚高原海拔约为300～500米，境内有穆列什河、索梅什河、克里什河、奥尔特河等多瑙河的支流，克卢日—纳波卡是其中心城市。

此外，匈牙利和捷克斯洛伐克两国关于多瑙河水坝问题长期以来争论不休，涉及领土争议、环境保护、资源利用多个方面。1977年9月，捷克斯洛伐克和匈牙利缔结一项条约，决定两国共同在多瑙河上修建并联合营运两座拦河坝，从作为界河的多瑙河中引水至捷克斯洛伐克领土，以蓄峰模式运行一个双重拦河坝系统。该条约所规划的水坝系统服务于4个目的：发电、通航、防洪和区域开发。

整个系统包括一座水库，水库的很大一部分、发电渠和盖巴斯科夫发电站完全建在捷克斯洛伐克领土上，第二座水坝则位于下游113千米处的拉基玛洛。在那里，多瑙河完全位于匈牙利领土上，第二座较小的水电站以连续模式运行，而“老多瑙河”仍是两国的边界，其中的河水由两国共享。

1988年，匈牙利国会认定该河流的生态效益高于经济利益，并通过一项决议将该项目置于严格的环境保护之下，命令政府重新评价该项目。1989年5月，匈牙利政府中止在拉基玛洛的工程，并宣布该项目的环境影响得到充分评价之前，停止执行在盖巴斯科夫附近的工程。

然而，捷克斯洛伐克于 1991 年决定继续建设该项目并开始了一个“临时解决办法”，单方面将近 2/3 的多瑙河河水截引至其领土上的一条分流渠。由于这一决定不仅对匈牙利的环境，而且对其经济将带来重大影响，1992 年 2 月，匈牙利对捷克斯洛伐克的这一决定提出正式抗议。

1992 年 4 月，欧共体出面调解无效。1992 年 5 月，匈牙利政府发表声明，宣布终止有关该项目的 1977 年条约。1992 年 10 月，匈牙利向国际法院提出申请，请求国际法院裁决。1993 年 7 月，匈牙利和捷克斯洛伐克签订特别协定，将争端提交国际法院。

此外，在欧洲南部的科索沃地位问题一直是困扰阿尔巴尼亚和南联盟及周边国家的重点问题，爆发了多次武装冲突，甚至局部战争后，仍然没有得到很好解决。科索沃东、北面为塞尔维亚其余部分，南临马其顿共和国，西南面为阿尔巴尼亚，西北为黑山。科索沃占地 10887 平方千米，人口接近 200 万，最大城市为首府普里什蒂纳。

科索沃最终于 1912 年，第一次巴尔干战争结束时由奥斯曼帝国划归塞尔维亚。之后，塞尔维亚于 1918 年加入由塞尔维亚人、克罗地亚人和斯洛文尼亚人组成的王国（即后来的南斯拉夫王国）。第二次世界大战期间，轴心国占领了南斯拉夫，科索沃并入了由意大利所控制的阿尔巴尼亚。战争期间，大量塞族人被阿族武装驱逐出科索沃。战争结束后，科索沃重归南斯拉夫，铁托政府将科索沃设立为塞尔维亚的自治区

科索沃塞尔维亚族民众在设立路障

（后又改为自治省），并给予当地阿族人地方自治权，当地塞族人则认为科索沃所实行的民族政策实际上是对塞族的歧视。

1989年，塞尔维亚公投修宪，大大缩小了科索沃、伏伊伏丁那两个自治省的自治权利，阿族人强烈抗议，并抵制了接下来举行的科索沃议会选举，后来阿族人宣布建立独立的科索沃共和国，自行举行选举，同时自行开办了医院、学校、广播电台等。而南斯拉夫解体也在这时开始。

波黑战争后，塞尔维亚开始组织塞尔维亚人移民至科索沃，引发了阿尔巴尼亚人的反感。20世纪90年代中叶，阿族游击队以塞族军政人物及设施为目标开始进行游击战。1998年3月，南斯拉夫军队开始协助塞尔维亚警察，进行大规模军事行动。在接下来的几个月里，有20万阿族人在南联盟的军事行动中流离失所，沦为难民，同时也有数万非阿族人（包括塞族人、罗姆族人等）沦为难民。阿族及西方普遍认为这是南联盟种族清洗政策的结果，认为塞尔维亚领导人米洛舍维奇当时图谋把科索沃的主要民族由阿族换成塞族。

1999年3月24日，北大西洋公约组织开始轰炸塞尔维亚，科索沃战争打响。北约称战争的目的是为保证阿族难民可以重归家园，但战争又造成数十万阿族人及塞族人逃离家园。战后，阿族人大量重返家园，但大量塞族难民则不愿回到科索沃。

战争结束后，科索沃改由北约管辖，后来北约将管辖权交予联合国。部分西方国家，如美国支持科索沃独立建国，美国总统小布什在2007年访问阿尔巴尼亚时便公开表示了这一立场；然而俄罗斯与塞尔维亚并不认同。科索沃总理哈辛·塔奇于2008年2月17日，宣布科索沃脱离塞尔维亚独立，并由国会通过独立宣言。

然而，塞尔维亚政府宣布绝不放弃科索沃的主权，准备采取多项制裁措施，但保证绝不使用武力阻止科索沃的独立。塞尔维亚之盟邦俄罗斯也坚持反对该独立行动，联合国为此召开安全理事会紧急会议，但并未达成共识。

捷克与斯洛伐克分家之后，两国关于财产划分的问题始终没有得到有效解决，成为制约地区发展的主要因素。同时捷克和奥地利关于泰梅林核电站的矛盾也比较尖锐，两国公开表态要上升到政治高度解决该核电站的建设问题。泰梅林核电站位于捷克共和国，靠近泰梅林。

该电站规划开始于20世纪70年代末，该项目是有争议的，最后的项目是在1985年提交。由于泰梅林核电站距奥地利边境仅50千米，奥地利政府一直强烈反对它的兴建，甚至威胁将在捷克加入欧盟的问题上投反对票。

保加利亚和希腊两国关于马其顿地位问题立场不同，一直以来也没有达成共识。马其顿是位于欧洲东南部巴尔干半岛的一个地区。马其顿地区包括从前南斯拉夫独立出来的马其顿共和国、希腊北部的马其顿地区（面积3.4177万平方千米），以及保加利亚的布拉格耶夫格勒州。

马其顿共和国自立国以来，一般简称为“马其顿”，但马其顿共和国和马其顿地区是两个不同的概念，希腊方面认为“马其顿”是希腊历史的一个概念，反对马其顿共和国使用“马其顿”的名称，所以暂名为前南斯拉夫马其顿共和国。现在普遍认为马其顿共和国的首都为斯科普里。

阿尔巴尼亚和希腊两国目前也没有完全解决领土争端问题，焦点主要集中在各自认为应该属于本国的北部伊皮鲁斯地区。伊皮鲁斯大区位于希腊西北部，北部与阿尔巴尼亚接壤，东部和南部分别与西马其顿和色萨利两个大区比邻，西部临伊奥尼亚海。大区总面积为9200平方千米。由约阿尼纳、阿尔塔、普雷韦扎和塞斯普鲁提亚4个州组成，大区首府设在约阿尼纳，是希腊人口最稀少的地区。

总体上说，冷战结束后两个德国合二为一，苏联的15个加盟共和国全部变成了独立国家，捷克斯洛伐克一分为二，南斯拉夫一分为六，这些新独立的国家又形成了许多新的疆界及新的领土争端。这些争端形成原因比较复杂，涉事双方各持己见，短期内全部妥善解决存在很大难度。

但是，战争给欧洲人民带来了无穷的痛苦，残酷的事实说明，通过战争只能增加国家之间的仇恨，而不可能从根本上解决领土纷争，共同的发展是超越边界划分和管理的理想途径。饱受战争之苦的欧洲各国人民深感欧洲大陆要摆脱战乱、实现持久和平，就要使各国联合起来。

欧洲从血腥的历史中吸取了教训，学会了尊重不同的文化和传统，并通过建立制度规范来约束人们的行为，建立法治社会，培育法治观念。同时，通过一体化培育共同的身份，也就是超越各自的民族主义，建立共同的集体身份。

在这个过程中，欧洲一体化的进程一直遵守着多边、民主、认同的原则，不是某个国家利用强权，而是在尊重弱小国家的基础上，多个国家平等磋商，制定国家间的规则、制度、程序，从而使欧盟成为了一个利益的共同体、价值的共同体和制度的共同体，同时又保持了各个国家的利益、政治和文化的多样性，形成了多元一体的格局。

因此，欧洲通过多边协商建立的新型边界模式对世界具有借鉴意义，即欧盟提供给世界一种经验，那就是如何超越民主国家体系，超越权力政治，促进和平与安全。而且，随着欧盟实力的增强，这种多边协商制度对国际社会影响越来越大。

第二节　融合美加的无防式边界

美国和加拿大两国之间的陆地边界是世界上唯一不设任何军事设施的边界线。从地图上看，美加之间的边界由两段构成，其中加拿大与美国本土的边界东起自大西洋，西终于太平洋，全长 6416 千米，是世界上单条边界中第二长的边界线。

加拿大与美国阿拉斯加州的边界线南起太平洋，向北终于北冰洋，全长 2477 千米。两段边界相加，总长度为 8893 千米，是全世界邻国之间最长的边界线。

1. 不设防的美加边界

美国与加拿大之间的边界，被官方组织称为“国际界线”。其陆路边界总长 8893 千米，其中 2477 千米是加拿大和阿拉斯加州之间的边界，是世界上最长不设边防设施的国家边界，这也是加拿大唯一的陆地边界，值得一提的是，加拿大是世界上只有一个陆上邻国的国家中面积最大的。

美国政府于 2011 年督促加拿大政府收紧移民政策，并签署泛加美安全协议，该协议将增设加拿大境内的美国预检查机构，但是美方对于无法在加拿大境内逮捕犯罪嫌疑人感到困难。该协议的内容还包括共享两国空中及海上旅客进入北美大陆的信息。加拿大任何飞越美国领空的航班，途经美国领海的轮渡（即使并不在美国降落或者停靠），都需要向美国的国土安全部提供乘客的信息。加、美两地将统一使用非美、加两国公民访问者的指纹或眼睛虹膜等生物数据来记录出入境乘客。

美国和加拿大之间的边界主要以经纬度所构成的天文线划定，部分地段沿地表河流、湖泊和海峡划定。美国和加拿大间采用北纬 49 度线为分界线的一部分边界，中间没有明显的分界标志，由于美加关系良好，现在这条边界线已成为全球最长的无防边界。

美、加边界上的和平拱门

有关美、加两国边境线的协议是在 1846 年签订的。当时两国政府决定两国的边境线应当形成一条直线，沿线不设置军事基地、不驻守军队或安置军用车辆。两国公民可以在任何一条只要有路的地方跨越边境，往返穿越国境来去自由不受任何限制，并可以优哉游哉地在对方的国家逗留3个月，而不需要办理任何外交部门签发的证件。

顺着美国和加拿大边界线行走，你将惊奇地发现两国交界的大片土地上一派祥和宁静，看不到任何边防驻军的踪迹，甚至看不到任何边境检查设施。不过，随处可见的旧时堡垒和纪念碑，似乎在提醒着人们：这些地方在历史上曾经是血腥的战场。

2. 昔日对手变盟友

时间回溯到200年前，为了争夺更多领土，美、加两国曾大开杀戒，大小战争此起彼伏。1812年，刚独立不久的美国向当时加拿大的宗主国英国宣战，派大军全方位侵入加拿大领土。加拿大军队、民兵和部分印第安人奋起应战，捍卫疆土。战争在大西洋、大湖地区的加拿大边境、美国海岸和美国南部州等四条战线上同时展开。

战争从1812年6月一直持续到1815年2月。以1814年上半年为分界线，此前，美国几乎倾注全部的陆军和海上舰只发起进攻，短时间就占领了加拿大很多土地；此后，英国携大胜拿破仑之威抽兵西进美洲大陆，开始逐渐收复失地，并在8月攻占美国首都华盛顿特区，将总统官邸付之一炬。

战争中，美、英两军在陆上和海上的各个战役中互有胜负，人员伤亡也旗鼓相当，所以这场战争异常残酷，以至于战争结束后，美、加边界线上尸横遍野。1815年2月，战火停止。双方在比利时根特签订和平协议。协议规定交战双方从各自所占领土地上退出，恢复到战前状态。

由于战争导致大量人员伤亡，发起战争的美国一方没有通过战争抢占任何新的领土，历史学家称这场战争是一场“白忙活的战争”。美、加战争可能是世界上最古怪的军事冲突之一，因为双方都相信自己赢得了战争。美国虽然损兵折将，但是领土却通过战后谈判增加了，因此今天他们将这场战争称为“第二次独立战争”。

而加拿大方面则击退了美国侵略者，促使加拿大的英语和法语两大殖民地居民联合起来对抗共同的敌人。抵抗入侵之敌加强了殖民地的内在凝聚力和对国家的忠诚，战争的最重要结果是使英属北美殖民地于1867年联合为加拿大联邦。在这场战争后，加拿大和美国之间再也没爆发过战争。加拿大是世界上极其少有的、能连续200年在本土不经历战火的国家。

这场旷日持久的战争让美、加两国都冷静了下来，开始用更加理性的态度处理两国领土问题。在战争结束之后的100多年时间里，美、加之间大部分模糊的边界通过谈判和仲裁而逐步确定下来。

其实，美国的领土扩张运动在很早以前就已展开。1783年独立战争胜利后，美国就积极酝酿开疆扩土。为了防范领土面积不断扩大的美国，统治加拿大的英国开始袭扰美国的海上贸易，使美国在贸易、政治和军事等方面受到英国的压制，特别是英国通过加拿大向反抗美国的印第安人部落提供武器，更让美国人深感不满，美、英矛盾不断加剧。

与此同时，英国以加拿大为基地，支援印第安人与美国政府作战，特别是西北部的印第安人在酋长特库姆塞的领导下，一直坚定地阻止美国向西扩张。这使美国政府深信，只有征服了加拿大，才能确保领土扩张能够顺利地向西挺进。

1812年6月1日，美国国会通过了麦迪逊总统的对英宣战提议。时隔半个月后，美国向英国正式宣战，第二次美英战争爆发。美国将发起战争的理由美其名为：维护航海自由，但其真实的目的是想占领加拿大，继续扩大自己的版图。

战争初期，美国通过紧急扩军，使正规军和民兵改编的志愿兵数量达到6.5万人，海军拥有10艘军舰，150艘快艇和318艘私掠船。而英国正在欧洲与法国打得难分难解，无暇顾及美洲。在加拿大，只有7000名英军和1万民兵，还拉拢了一些印第安人作为同盟者。

1812年6月至1813年年初，是美国战略进攻时期。在海上，美国战舰和私掠船在大西洋全面出击，战果辉煌，仅几个月时间，便击沉英舰3艘，俘获英舰船500艘以上。但在陆地上，美军却连吃败仗。陆战主要在美、加边境的西北部展开。美军发动了3路攻势，企图入侵加拿大。

英国将领布罗克率军于7、8月击退了美军的西路进攻，并攻占了美国西部的几个重要堡垒。美军不堪一击，底特律2500名守军不发一枪，便向700名英军缴械投降。接着，英军转到中路，于10月12日夜以1000人击溃了3000美军的进攻，许多美军士兵还未交火，便四散逃跑，而纽约民兵则袖手旁观，按兵不动。11月东路美军的攻势也因民兵不配合半途而废。

从1813年年初至1814年年初，英军转守为攻，大批英国海军赶到北美，控制了制海权。英国海军封锁了美国东海岸，1813年捕获美国船只200多艘。美国舰船避在港内，难有作为，仅有个别美舰突破了封锁在外海作战。这期间，双方主要在通往加拿大的门户——五大湖区展开激烈争夺。1813年年初，美军分三路反攻底特律，英军击溃了其中两路。美军控制了伊利湖后，打开了通往安大略湖的通道，切断了英军供应线，英军被迫撤出底特律。

美国将领哈利逊指挥3500人乘胜追击，10月5日在泰晤士河畔的莫拉维安追上了英国同印第安人联军1600人。经过激战，美军歼敌500多人，生俘英军600人。美军在战斗中残忍地杀害了著名的印第安人领袖特库姆塞，并将尸体身上的皮剥下来制成了剃刀皮带。接着，美军兵分两路，共1.3万人向加拿大首府蒙特利尔发起钳形攻势，但被2000名英、印联军击溃。到年终，英军反攻，把美军赶出了加拿大。在这期间，战争还扩大到美国东海岸和墨西哥湾沿岸地区。

1813年春天，英国陆海军对缅因州至弗吉尼亚州的沿海地区进行骚扰和攻击。美军在诺福克保卫战中获胜，击退了2000名英军的进攻。但在佛罗里达州的米克斯堡之战中，美军被印第安人打败，伤亡400多人，被俘500多人。在东海岸，英军将领罗斯在8月19日率领4000人在美国东海岸的切萨皮克湾登陆，直奔首都华盛顿。

战争后美、英谈判场景

美军集中正规军和民兵7000人迎击。但英军300人的先头部队一发起冲锋，美军便溃不成军。麦迪逊总统及政府成员仓皇逃往弗吉尼亚山区。英军轻而易举占领了华盛顿，为报复当年美军焚烧多伦多市国会大厦，英军也放火焚毁了白宫、国会大厦等政府建筑。

在首都失守后，美国人终于肯坐到谈判桌前。1814年12月24日，两国外交官员在比利时城市根特签署和约。美国在这场战争中处于明显劣势：不但损兵折将，而且首都也被占领，一部分国土还在英军手上。他们本想可能要割地求和，要把肥沃的俄亥俄州割让出去。可是，在发现了英国方面急于求和的心理后，精明的美国人开始漫天要价：要求美国和加拿大以北纬49度线为界，这意味着英国要把整个五大湖流域和上加拿大省割让出来。

英国人虽然打赢了，但是连续两场战争也让他们疲惫不已。在一阵讨价还价之后，最终同意“以土地换和平”：加拿大西部地区以49度线为界，但是保留肥沃富饶、人口密集的上加拿大省。这就是为什么今天加西地区的美加边界非常平滑，而南安大略省地区却像一个突出的钉子，好像“嵌”在美国国土内一般。

200年后的今天，这两个昔时的冤家仿佛成了恩爱的夫妻，在国际事务中夫唱妇随。在经济层面，它们相互为对方最大贸易伙伴（进出口额接近6000亿美元）和最大投资输出输入国（美国在加拿大直接投资存量约3000亿美元，而加拿大在美国则为2000亿美元）。

加拿大和美国的边界北纬49度线分界线已经成为“北美大道”，而非一个检查区。据悉，该区每年有2亿人次出入，每日有总值20

亿元的货物跨境往来。两国政府官员表示，全长近9000千米的美、加边界已经名存实亡，作为省份之间分界线的作用大过两个独立国家的地域分界。

美、加边境欢迎驾驶员们进入美国的标牌

根据全新的国家边防概念，美、加两国各自负责在北美的边境防卫任务。驻守入境处的官员会查问入境人士，防止有非法入境者和有可能是恐怖组织的成员进入国境。一旦获准入境，就可以自由前往各地。

3. 特殊的边界委员会

虽然不设防的边界客观存在，但是时至今日，美国与加拿大之间的边界问题并没有得到完全彻底解决。美、加边界存在的主要问题是跨界河流问题，大湖区问题和边界经过地段的不规则地形问题。例如，美、加两国关于边界线在圣劳伦斯河的准确位置以及圣劳伦斯湾中的岛屿归属仍然存有不同意见，延续到美、加两国于1979年3月29日达成缅因湾海洋边界协议时，仍然是争议较大的问题。

【地理小常识】圣劳伦斯湾

圣劳伦斯湾位于加拿大东南部的大西洋海湾，在圣劳伦斯河口东南，西起圣罗伦斯河口安蒂科斯蒂岛，北至纽芬兰岛与大陆之间的贝尔岛，南以纽芬兰岛和新斯科舍半岛之间的卡伯特海峡为界。圣劳伦斯湾面积15.5万平方千米，平均水深127米，最大水深572米，是一个宽广而几乎被陆地包围的水域，东圣劳伦斯湾与大西洋相通，是进入整个北美大陆腹地的一个重要门户。

另外，美国在伍兹湖上的安琪尔小岛只能通过加拿大领土才能登上去，圣乔治亚湾的罗伯茨角存在同样问题，这样就意味着美国有部分领土实质是在加拿大疆域的包围之中。

【地理小常识】圣乔治亚湾的罗伯茨角

罗伯茨角位于措瓦森半岛南端。1792 年英国探险家乔治·温哥华勘测这个半岛的时候，用“罗伯茨角”纪念他的朋友亨利·罗伯茨。

1846 年 6 月，美、英签署《俄勒冈条约》，英国作为宗主国与美国规划加拿大与美国之间的边境线，双方商定以北纬 49 度线为美、加西部地区的边境线：北纬 49 度以北，归英国（加拿大），以南归美国。因为北纬 49 度线正好横穿温哥华岛，但在英方坚持下，美国同意边界线从陆上延伸至乔治亚海峡后，在温哥华岛向南绕弯把整个温岛划进了加拿大境内。作为补偿，美国得到了不到 8 平方千米土地的罗伯茨角。

如今罗伯茨角隶属美国华盛顿州沃特科姆地区，常住人口仅 1300 多人，以旅游服务业为生。虽然罗伯茨角是美国的领土，但四周都不与美国领土相连，反而与加拿大连着。从美国本土去罗伯茨角无论开车还是乘渡轮都必须经过加拿大，除非坐飞机，名副其实是块“飞地”。罗伯茨角陆地与加拿大有 5000 米多边界，没有任何天然屏障，于是美国人就沿 49 度纬线修了条公路，路面属于美国，路北沿就是国界。

时至今日，美国和加拿大并没有完全解决这些领土上的细节问题，不过这些问题已经不再是影响两国友好交往的因素。他们终于在经历了战争和仲裁等各种尝试之后，找到了一种更加有效的处理机制。美、加解决两国领土纠纷的有效方法，就是创建一个双边的常设国际机构——美加国际边界委员会。

1908年，两国正式缔结了《关于划定美国与加拿大自治领间国际边界的条约》，决定在美国与加拿大之间建立一个永久的国际机构以专门处理包括阿拉斯加在内的所有边界问题。1925年，这个名曰美加国际边界委员会的国际机构正式开张。一直到21世纪，这个机构的运作模式基本没有什么变化。

这个常设的边界委员会由美、加各出一名边界代表所组成。在美国，边界代表由总统任命，但是对国务卿负责并向他报告；在加拿大，边界代表属于国家公职，对外长负责并向他报告。边界委员会的职责包括定期进行边界联检，修复和重建被毁坏的界桩，保持边界线通视，协助地方官员解决边界纠纷。与其他国际机构比较，美加国际边界委员会的特点是极为鲜明的。

这个委员会由两名常任委员组成，分别来自美国和加拿大。他们各自在华盛顿和渥太华设立总部，雇请少许行政和工程技术等辅助人员。两个委员每年碰头两次，交换意见和规划未来工作任务。美、加两国财政部共同支付委员会日常运作费用。2005年前，该委员会年度预算金额一般都在150万美元以下，目前维持在500万美元左右，机构运营成本是很低的。

根据1908年美英双边条约、美国总统声明和1960年国际边界委员会法案的规定，美加国际边界委员会专门负责8893千米边界上的各项事务，包括勘察地形、绘制边界地图、清理边界线周边杂物、维护和修建边界标识物、监督和管理边界线附近建筑物规划、定期巡查以及解释与边界有关问题。

两个委员还可以就所发现的边界问题向各自政府提供咨询意见，每年联合撰写一份详细的工作报告并提交美、加两国政府。虽然该委员会在规模上几乎是世界上最小的国际组织机构，但是因为得到美、加两国的全力支持和充分尊重，它在其存在的近一个世纪时间里解决了很多具体边界问题，美、加两国再也没有因为边界问题发生武力冲突抑或激烈争端。

美加国际边界委员会的两位委员分别由美国总统和加拿大总督

任命。正常情况下，他们的任职都是终身的。因为其所服务的是国际组织，所以他们在履行职责时保持有很大的独立性。虽然美、加两国政府为这个委员会提供全额财政支持，但是这属于向国际组织所尽的义务，而不能将其视为联邦政府的一个部门，所有这一切均是为了保证该委员会在处理边境问题上的权威和公道。

4. 边界无防源自合作

加拿大自从独立以来就和美国有着传统的密切合作关系，体现在从国家防务到经济生活多个方面。加拿大一直被看作是美国的后院，加、美两国无论是在经济上还是在政治立场上，都有着极为密切的合作和默契。加拿大大量的工业制成品来自于美国，而加拿大每年会为美国市场提供大量的矿产资源和初级的资源型商品。

在政治上、军事上、环境保护问题上（如阿富汗驻军、温室气体排放等问题），加拿大一直是美国的追随者。现任美国总统奥巴马上任第一个访问的国家就是加拿大，加拿大总理哈珀说这是“加拿大的荣耀”。加拿大民众也对这位美国传奇总统的来访表现出极大的热情。事实上，美国新总统上任后首访加拿大几乎已经成为美国的一个传统。

加拿大和美国在二战期间正式结成了防务联盟关系，并建立了共同处理美洲大陆防务机制。战后，美国面临的主要威胁曾一度是苏联发动空中核打击的可能性。因此，需要及时有效地作出预警并提前作出反应计划，没有更多时间来对具体事件进行磋商和制订联合反应计划，而是成立了一个新的国防司令部来有效指挥美、加两国的防空部队。虽然随着时代变迁、苏联解体和冷战结束，对美洲大陆构成的威胁也在逐渐减少，但美、加军事合作已如此牢固，以至在地缘政治环境发生了变化后两国仍然保持着紧密的盟友关系。

“9·11”恐怖袭击发生后，美国和加拿大签署了一项军事合作协议，规定双方军队在紧急情况下可以跨越边境进入对方境内，以更好地应对恐怖主义和自然灾害，在军事合作基础上进一步提高。

协议规定，任何一方都有权请求对方提供军事援助，在加拿大执行任务的美国军队将由加拿大官员指挥，而在美国执行任务的加拿大军队则相应地由美方指挥。双方将按照协议要求加强应对恐怖袭击的联合演练。协议还要求两国成立一个筹划小组，研究两国如何在面临恐怖袭击和其他灾难时，部署军队和落实救援服务。

美国国务院发言人鲍彻评论说，北美海陆空面临的威胁在增加，这种威胁包括恐怖分子可能利用大规模杀伤性武器发动袭击。美、加这一协议将帮助两国更好地应对恐怖袭击和在危急时候向对方提供援助。加拿大国防部长麦考伦则指出，该协议的目标是实现资源的充分利用。比如，部署在华盛顿州的美军能够比安大略省的加拿大军队，更快地对温哥华和不列颠哥伦比亚省的恐怖袭击做出回应。

从地图上看，加拿大与美国的边境线几乎是直线走向，加、美边界彼此根本不设防，还有一个重要原因就是加拿大国防力量薄弱，他们甚至要借助美国的军事力量来防卫自己的疆界，美国在北美设立的弹道导弹防御系统就将加拿大大部分国土囊括在内。近年来，美、加边界在共同防务方面存在一些细节上的争议，但军事同盟关系总体上还是得到了比较好的维护。

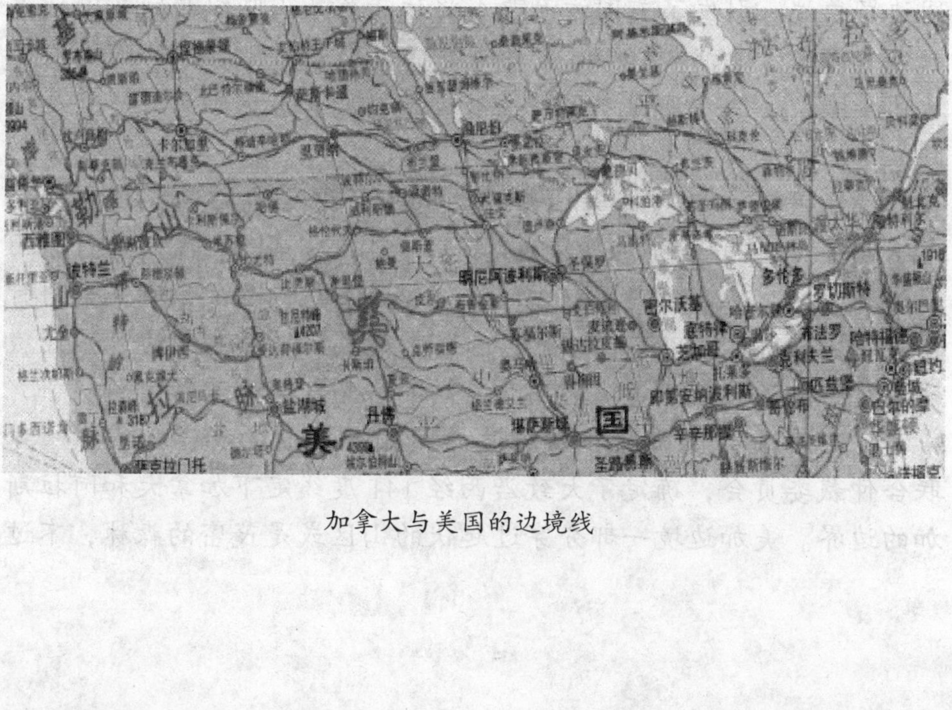

加拿大与美国的边境线

【地理小常识】美加边境

今天的美加边境，源于签署于1783年，旨在结束美国独立战争的《巴黎条约》。之后根据1794年签署的《杰伊条约》（JAY TREATY），创建了一个国际边界委员会（INTERNATIONAL BOUNDARY COMMISSION），专门负责测绘勘定美国和英属北美的边境。随着英属北美和美国向西部扩张，两者的界线也根据美英达成的《1818年条约》（TREATY OF 1818）沿着北纬49度从伍兹湖西北角向西延至落基山脉。

此条约签订以后，英国放弃了北纬49度以南红河谷地区的领土权（该一带原是鲁伯特地区的一部分），而美国也同时放弃了路易西安纳购地时取得的密苏里河流域位于49度线以北部分土地的所有权；该地区今属加拿大艾伯塔省，密苏里河最西北端支流米尔克河（MILK RIVER）流经此地。双方的边界纷争导致了阿鲁斯图克战争。战后于1842年，双方签订了《韦伯斯特阿什伯吞条约》，更明确地划分了缅因州与英属新不伦瑞克和加拿大省之间的陆上边界，以及安大略与明尼苏达州之间苏必利尔湖和西北角的水上边界。

1844年美国总统詹姆斯·诺克斯·波尔克任期内发生的俄勒冈边界争端，引发了美国方面要求将位于落基山脉以西的美国领土北部边界定于北纬54度40分的呼声（即与当时俄罗斯的阿拉斯加地区接壤），然而英国方面却主张边界应沿着哥伦比亚河一直延伸到太平洋。

1846年签订的《俄勒冈条约》解决了这一边界争端，双方商定将北纬49度的边界延伸穿过落基山。1857～1861年间进行的西北边界勘测，从此勘定了双方的陆地边界，然而这次勘测并未同时划定水上边界。在1859年爆发边境冲突之后，1872年的边界仲裁才最终解决了乔治亚海峡群岛和圣胡安群岛之间的边界问题。

1903年，为解决阿拉斯加边界问题而设立的英、加、美三方联合仲裁委员会，确定了大致沿西经141度线定下加拿大和阿拉斯加的边界。美加边境一部分穿过起伏的山区或是茂密的森林，不过更多的部分则是穿过边远的北美大草原耕地、五大湖和圣劳伦斯河，还有一小部分由大西洋、太平洋和北冰洋的水上边界组成。美加边界还贯穿了阿克维萨斯涅民族的土地，而在佛蒙特州和魁北克省交界的一些社区里，一些修建于划界前的老建筑甚至坐落在边界之上。

美加边界常被认为是世界上最长的不设防边界，但这仅仅是在军事意义上，法律的管制还是存在的。美加边境的低戒备与美墨边境（长度大约只有美加边境的1/3）形成了鲜明对比。在美墨边界，美国海关和移民部门的工作人员频繁巡逻以防止非法移民和毒品走私活动。

美加边境的安保人员实际人数仍属机密。相比之下，仅在美、墨边境的美国边境巡卫队人员就达1.1万人之多。“9·11”恐怖袭击事件后，不论是在人口密集地区，还是人烟稀少的乡村，两国都显著加强了对边界的安全控制，积极开展了广泛、细致的战术及战略情报共享活动。

第三节　连接中俄的和谐式边界

中国和俄罗斯两国都是位于东半球欧亚大陆、面积广袤、资源丰富、人口众多的地理空间大国。近代国家形成后，两国边界问题始终存在争议，从1685年的雅克萨战争到1969年的珍宝岛冲突，中俄就边界问题进行的武装冲突和以武力相威胁的紧张状态，一直延续了300多年。

1. 不堪回首的边界争端

中、俄两国是互为陆地边界最长的邻国。两国的边界是在300年里逐渐形成的，有着复杂的背景——对中国人而言可能更多的是酸楚的记忆。沙俄在两个世纪中，对中国采用军事威胁和外交讹诈手段，攫取了中国北方大片领土。正如邓小平指出的，“鸦片战争以来，从中国得利最大的是沙俄，沙俄通过不平等条约侵占的中国土地，超过150万平方千米，相当于15个江苏省或3个法国那么大”。

【历史小常识】中俄不平等条约丧失国土一览表

1.1689年9月7日（康熙二十七年），兴安岭及额尔古那河以西约25万平方千米国土，于《尼布楚条约》签订后丧失。

2.1727年10月21日（雍正五年），贝加尔湖之南及西南约10万平方千米国土，被迫签订《恰克图条约》而丧失。

3.1858年5月28日（咸丰八年），混同江以西，黑龙江以北，外兴安岭以南广大地区，面积约46万平方千米土地为俄侵占，并逼清廷签订《瑷珲条约》加以承认。

4.1860年11月14日（咸丰十年），混同江及乌苏里江以东兴凯湖附近，约43万平方千米国土为俄侵占，事后逼清廷签订《北京条约》加以承认。

5.1864年（同治三年）后，自沙渍达巴哈起至葱岭止约40万平方千米国土，俄逼清廷订立《塔城界约》等多次界约，加以承认。

6.1881年（光绪七年），自伊犁西南天山之阴，那抹哈勒克山口起至伊犁西北喀尔达止，约2万平方千米国土，俄逼清廷订立《伊犁条约》而丧失。

7.1883年（光绪九年），额尔齐思河及斋桑泊附近，约2万平方千米土地，被俄逼订《科布多塔尔巴哈台界约》而丧失。

中俄总理签署《中俄国界东段补充协定》

中、俄边界问题是两国关系中极为敏感的问题，也是两国关系重要的组成部分。在两国交往的300年里，边界变化之大、影响之深远都是十分罕见的。一方面，边界是两国交往的纽带，是两国关系的组成部分。另一方面，边界数百年来又是两国负面关系的一部分，是两国矛盾斗争的焦点之一，也曾是两国对立对抗的前沿。

问题的复杂性还在于，虽然中、俄关系史上前后涉及疆界的条约有 20 多个，但由于各种原因，两国边界从未进行过得到双方认可的认真勘定。无论从哪个角度讲，确定边界走向，解决历史遗留问题都成为两国关系中首要的任务。

中、俄国界历经 300 余年沧桑，从 20 世纪 80 年代才步入合理解决双边矛盾的正确轨道，即按照国际法准则和国际通行惯例，并正视边界现实状况，通过 1991 年《中苏国界东段协定》（1992 年中俄正式换文）和 2004 年《中俄国界东段补充协定》（2005 年正式换文），在双方的艰苦卓绝的共同努力下，得到了全面解决。

2. 旷日持久的边界谈判

长期以来，中俄边界争端成为影响两国关系稳定和发展的重要因素。新中国成立后，中国政府一贯主张，历史遗留的中苏（俄）边界问题应该通过和平谈判解决，在顺利解决边界问题之前，两国应努力保持边境地区的和平与安宁。

在此基础上，中国政府继而提出并反复重申，将按照国际法和国际通常做法解决历史遗留问题。所谓按照国际法一般原则，是指一个国家在国体改变和新政府成立后，对旧政府签订的政治或其他性质的条约可以继承或不继承，但对划界条约必须继承。从 1964 年中苏开始边界谈判时开始，中方多次明确表示同意以有关已签订的中苏边界条约为基础解决边界问题，表达了我国解决边界问题的最大诚意。

自 1964 年以来，中俄之间共进行了 4 次边界问题谈判：第一次是在 1964 年 2 ～ 8 月；第二次是在 1969 年 10 月 ~1979 年 12 月；第三次是从 1987 年 2 月 ~1991 年 5 月；第四次是从 2001 年 7 月 ~2004 年 10 月。

在中苏第一次边界谈判期间，中国方面真心希望通过谈判解决两国间业已存在的边界问题，尽最大可能防止双边关系恶化，反复向苏方强调边界问题应当服从和服务于两个友好邻邦的整体利益，这是中国方面的最大关切，也是合情合理的。

但苏联方面却根本不承认两国间存在边界问题，置中方合理关切于不顾，坚持苏方单方面主张的边界线就是唯一合法的界线，不容谈判。在这种气氛下，谈判丝毫不可能取得进展，彼此互信的基础无从谈起。

20世纪60年代,苏联在整个中苏、中蒙边境地区加强军事部署，在这种背景下，中苏第二次边界谈判期间，中方最大的关切仍是解决安全问题，希望消除或是至少缓和来自北方的威胁。而苏方却不以为然，甚至公开表示“不理解”。这种基于不平等关系的谈判同样无果而终。

从1987年2月开始的中苏间第三次边界谈判,情况发生了改变。中方秉承第一次边界谈判和第二次边界谈判以来的一贯立场，继续采取解决问题的态度。在这一阶段，中方最为关切的是为国内改革开放创造和平的外部环境。由于中苏在1989年前尚未实现关系正常化，因此希望通过解决中苏边界问题，顺利推动两国关系正常化。

苏方终于认识到中方的立场是合情合理的，最终承认中、苏两国边界争议地区是事实存在的，应该通过谈判协商解决。至此，以尊重彼此合理关切为基础的互信终于建立起来。也正是因为有了这种互信，直接促使此后的1991年中苏国界东段协定、1994年中俄国界西段协定的顺利签订。

苏联解体后，俄罗斯继承了苏联在我国东北的全部边界，彻底解决中俄两国边界问题的难点与敏感点在于对争议地区的处理。以中俄边界最复杂的黑瞎子岛为例，在清王朝与沙俄签订的条约中，并没有涉及黑瞎子岛的归属问题。事实上，该岛也一直处于无人管控状态。

1929年，张学良发动“中东路事件”后，苏联占领该岛并开始实施管控，至2008年中、俄两国勘界结束，苏联（俄罗斯）实际占领该岛近80年。苏联（俄罗斯）在岛上建有村镇，有常住居民以及农场、工厂等设施，并在岛上兴建了公路、河坝、桥梁等基础设施。

在这种背景下，要求俄将该岛全部划归中方，俄方绝无接受的可能；同样，对方要求我方将该岛全部划归俄方，中方也绝对不会接受。因此，中、俄双方专家经过反复谈判磋商，最终就大致平分黑瞎子岛达成了共识。从黑瞎子岛问题的解决过程不难看出，在中俄解决边界问题过程中，"全是你的"与"全是我的"两种模式均不现实，通过和平谈判，找到彼此均能够接受的解决方案，实现共赢乃是上策。

中、俄两国于1996年建立了战略协作伙伴关系，两国关系自此开始进入新的发展历程。为不使剩余边界问题引发新的不安定因素，并最终消除两国关系这一最后的障碍，创造良好的全面建设小康社会的周边环境，中国政府做出了积极与俄方谈判解决剩余边界问题的战略抉择。

2000年7月17日，刚刚正式就任俄罗斯总统不久的普京，应邀对中国进行国事访问。7月18日，江泽民主席在与普京总统进行的小范围会谈中，建议责成双方有关部门就黑瞎子岛归属问题抓紧谈判，尽快找到相互都能接受的解决方案，以全面彻底解决中俄边界问题。普京表示，俄、中尚未解决的边界问题应该得到尽快解决，表示将要求俄有关部门就此问题同中方进一步磋商。两国领导人还决定将有关边界问题的原则性表态写入作为总结高峰会晤成果的《中俄北京宣言》。

在中俄谈判解决边界问题的关键时刻，两国最高领导人利用高层访问、会见会谈多次交换意见，直接做对方工作，并在关键时刻及时给予负责谈判的各自政府部门及专家明确指导，指明了谈判方向，克服重重困难推动谈判，取得积极进展。

经过艰苦漫长的讨论协商，在两国元首的直接推动下，2004

年边界遗留问题谈判终于有了结果。中、俄两国同意大体平分上述两个有争议的地区。2004年10月14日，普京访华期间，中、俄双方签署了《中华人民共和国和俄罗斯联邦关于中俄国界东段的补充协定》，从而为彻底解决边界问题画上了圆满的句号，这是两国300多年交往史中首次全线确定了边界走向（具体边界线的设定有待勘界工作的最后完成）。

在此基础上，中国全国人民代表大会常务委员会通过了批准《中华人民共和国和俄罗斯联邦关于中俄国界东段的补充协定》的决定。随后俄罗斯议会上下两院也先后批准了俄中边界东段补充协定。2008年10月14日，中国和俄罗斯在黑瞎子岛上举行了中、俄界碑揭牌仪式。从此，中国鲜艳的五星红旗高高飘扬在黑瞎子岛上。黑瞎子岛问题的解决使中俄长达40多年的边界谈判落下了帷幕，为中俄两国长期存在的边界争端画上了历史句号，同时也为中俄关系未来的发展开辟了新的前景。

历史再次证明，边界问题最终顺利解决，是中国方面自始至终付出的诚意使然，也证明了中国方面的立场从一开始就是合理、正确的，是经得起历史检验的。中俄如此解决东段边界问题，是最及时、最必要的双边举措。我们有理由期待，并且坚信中俄之间从此定会成为"好邻居、好伙伴、好朋友"，从而不仅有利于我国完成当前以经济建设为中心的历史任务，而且会造福于中俄两国的子孙后代。

中国同周边邻国的边界问题尚未全部彻底解决。我们需要认真汲取中俄顺利解决边界问题的经验和启示，丰富我们的智慧，使我们能够更好地面对未来的挑战，以更加前瞻的视角，更加准确的判断，更加科学的分析研究解决问题，向我们的子孙、向历史交出一份满意的答卷。

黑瞎子岛的潮落潮起见证了中、俄边界的纷争起伏，也见证了中、俄关系的变迁发展。"黑瞎子岛模式"将为21世纪的现代中国解决外交和领土争端提供一种新思路：即在尊重历史的前提下，通过和平谈判的方式，最大限度地保护国家利益和领土完整，同时对目前已经造成的现实问题给予一定的承认。黑瞎子岛的部分回归是中俄友好、和平解决领土纷争的一个成功案例，曾经困扰中俄多年的这一页历史，终于可以轻轻翻过了。

黑瞎子岛上的俄罗斯建筑

1964 年，中俄就黑瞎子岛领土争议展开交涉。2004 年 10 月 17 日后，中国外长李肇星与俄罗斯外长谢尔盖·拉夫罗夫在北京签署《中华人民共和国和俄罗斯联邦关于中俄国界东段的补充协定》，在原来签署的《中苏国界东段协定》《中俄国界西段协定》的基础上，确定两国分割黑瞎子岛。根据该协定，中国恢复半个黑瞎子岛的主权，获地 174 平方千米。抚远三角洲第二大的岛屿银龙岛，因位处黑瞎子岛之西北，故此全部归属中国。

俄罗斯保留大乌苏里岛（黑瞎子岛）东半部分，包括有丘姆卡村和俄罗斯居民的别墅。2008 年 7 月 4 日，俄罗斯联邦安全局远东联邦区地区边防局局长瓦列里·普托夫上将表示，将在 2008 年 8 月将银龙岛和黑瞎子岛西半部移交中国。10 月 14 日，中、俄双方在黑瞎子岛举行了“中华人民共和国与俄罗斯联邦国界东段界桩揭幕仪式”。同日，中国外交部和俄罗斯外交部通过换文确认《中华人民共和国和俄罗斯联邦关于中俄国界东段的补充协定》及其附件正式生效。两国边防部队已开始按双方勘定的国界线履行防务。2012 年 3 月 30 日，中国黑龙江省公安边防总队在黑瞎子岛举行揭牌仪式，宣布设立黑瞎子岛公安边防执勤点。

黑瞎子岛位于中俄边界的黑龙江、乌苏里江汇合处，面积 300 多平方千米。根据 2004 年签署的《中俄国界东段补充协定》：黑瞎子岛一分为二，西侧靠近中国的一半岛屿归中国所有，是中、俄长达 4300 多千米的边界线最后勘定的地方。

黑瞎子岛边界勘定后，其保护开发立即受到广泛关注。2010 年 11 月 23 日，中国和俄罗斯共同发表中俄总理第十五次定期会晤联合公报称“双方将共同对黑瞎子岛进行综合开发”，将其建设成为友谊之岛、和谐之岛、自由之岛，最终逐渐成为一个互免签证区。黑瞎子岛边界勘定时，归属中国的部分基本处于未开发的自然状态。

根据黑龙江省编制的黑瞎子岛保护开发规划，黑瞎子岛的建设将突出生态保护、口岸通道、旅游休闲和商贸流通四大功能，与俄罗斯共同开发，将黑瞎子岛建成中、俄合作的典范。黑瞎子岛见证了中俄边界的纷争，也见证了中、俄关系的变迁。黑瞎子岛部分回归是中俄友好、和平解决领土纷争的一个成功案例，“黑瞎子岛模式”将为 21 世纪中国解决外交和领土争端提供了新思路，成为国家间陆地疆界问题和谐式发展的一个里程碑。

【地理小常识】黑瞎子岛

黑瞎子岛，满文名为摩林乌珠岛（即马头之意）。该岛地处黑龙江、乌苏里江交汇处主航道西南侧，四面环水，地处中国最东端“鸡形”版图上鸡嘴位置，是由两江主流冲刷而成的三角洲，故又名抚远三角洲。该岛位于两江主航道中心线中国一侧，东与俄罗斯哈巴罗夫斯克市隔江相望，扼守黑龙江、乌苏里江两江通航要道，地理位置十分重要。

黑瞎子岛上我军哨兵正在执勤

黑瞎子岛地处我国最东端，其地理坐标为东经 134°25′19″至 135°4′48″，北纬 48°16′38″至 48°27′3″，面积为335平方千米。该岛北临黑龙江，长约60千米，东南部靠乌苏里江，长约40千米，西、南是连接黑、乌两江的抚远水道，长约35千米。西距佳木斯市抚远县县城11千米，东距俄哈巴罗夫斯克1500米。最宽处12千米，最窄处3千米，岛屿平均海拔约40米，地势平坦，且大面积为湿地，基本处于未开发状态，森林、鱼类等自然资源丰富。

该岛与长江入海口崇明岛面积差不多，相当于香港的1/3、澳门的12倍、珍宝岛的500倍。该岛由银龙岛、黑瞎子岛、明月岛3个岛系组成，其中黑瞎子岛面积最大。中国习惯于将整个三角洲统称为黑瞎子岛，俄罗斯称黑瞎子岛为大乌苏里岛，称银龙岛为塔巴罗夫岛。因岛上常年有黑熊出没，当地老百姓称黑熊为黑瞎子，这也是“黑瞎子岛”名称的由来。

在中国的行政区划中，该岛归属黑龙江省佳木斯市抚远县管辖。但自从1929年“中东路事件”后，苏联借机占领该岛，隶属于伯力。1929年以后苏联和俄罗斯在黑瞎子岛上建立了不少设施，有住房、教堂、别墅，一直实行军事控制，在银龙岛、北代岛及东正教堂处建有5个边防哨所。沿中国侧岛边设有铁丝网约40千米，抚远水道上、下口处俄方都有炮艇驻守。

这是一桩功在当代、利在千秋的伟大事件。我国正在全力以赴地从事以经济建设为中心的现代化事业。营造和平友好的周边环境为我国建设事业所必需。中、俄边界是我国最长、最重要的陆地边界。如今，双方能够在平等协商的基础上，一劳永逸地消除两国长期悬而未决并引发冲突的重大根源，实在是可喜可贺的盛事。

中国外交部长李肇星在2005年3月6日中国十届全国人大三次会议期间，对中俄彻底解决边界问题给予了高度评价。他说：“我们非常高兴我们和我们的友好邻邦俄罗斯关系发展得非常顺利，也非常富有成效。我们两国去年在普京总统应胡锦涛主席对中国进行国事访问期间，双方已经彻底解决了历史遗留的边界问题。从那以

后，两国边界就是一条和平的边界、友好的边界、合作的边界，这对我们两国人民有好处，对地区乃至世界的和平稳定也有好处。”

黑瞎子岛地区的边界占中俄边界全线的比例虽然不大，但历经数十载，迟迟不能解决。历史经验告诉我们，只要遗留的边界问题不解决，就一直是两国关系的隐患。

纵观古今中外，因边界问题引发的战争不胜枚举。想当年，中苏曾因珍宝岛问题兵戎相见。其实珍宝岛的面积只有小小的 0.74 平方千米，而黑瞎子岛的面积是它的 400 多倍。可见，如果黑瞎子岛问题久拖不决，不排除有一天会给两国关系带来麻烦。中国人民热爱和平，在和平、发展、合作为主流的当今世界，我们一贯主张通过和平谈判，妥善解决邻国之间的边界问题，并为此坚持不懈地努力。

中、俄剩余边界问题的解决，消除了两国关系中的长期隐患，这是双边关系不断改善、发展的生动体现，也有利于进一步深化和推进中俄战略协作伙伴关系，增进双方的睦邻友好和相互信任。从此，双方更可以集中精力，将人力、物力、财力等资源用于发展国民经济，提高人民生活水平。

中俄边界问题的妥善解决，对解决我国同其他邻国的边界问题亦具有一定的示范作用和参考价值，对我们搞好周边外交、为国内经济建设营造良好的外部环境，具有重要意义。

黑瞎子岛的回归，能为中俄地方贸易提供新的发展契机。“一岛两国”的独特地理位置，利于促进自由贸易，培育延伸各个功能区，直至打造成为辐射中国、俄罗斯、蒙古、日本、韩国、朝鲜东北亚各国贸易综合体系，实现各国客商来岛经商贸易与经济技术合作，不仅进一步激活中俄区域经济，而且为实现六方共赢提供绝佳的机遇。在中俄边境开发，特别是新划定的黑瞎子岛诸洲的开发问题上，我国从两国政治关系出发，制定、坚持使中俄双方互利双赢的双边政策，这里，包括环境保护、资源合理开采、人员对等交流等一系列问题。

“春来草色一万里，芍药牡丹相间红。”黑瞎子岛的回归，中国政府和人民将黑瞎子岛历史沉痛的一页翻了过去，揭开了历史的新篇章。我们有理由相信，回到祖国怀抱的黑瞎子岛，这颗镶嵌在黑龙江与乌苏里江上的东方明珠，定会放射出灿烂的光芒。

2012 年 7 月 20 日，中国黑瞎子岛旅游首发仪式在黑龙江省抚远县举行，黑瞎子岛登岛游进入“试营业”阶段。其中，中方的保护与开放开发总体规划由海内外多家知名机构参与研究，融合了国际智慧。

之前，黑瞎子岛完成湿地景观栈道项目、2 个旅游厕所项目，以及餐饮接待中心项目。同时，岛内公路、沿江码头、跨江大桥、东极宝塔等项目也在加紧施工。开放旅游后，游客登岛主要可以参观乌苏镇及“东方第一哨”景区、乌苏镇太阳广场景区、通岛浮桥、俄罗斯兵营旧址、湿地公园、北大荒生态园、回归交接纪念碑，乘船游览黑龙江、乌苏里江和抚远水道，还可以在行程中饱览大界江、黑龙江和乌苏里江秀美的风光。

中方希望经过 10 年的努力，把黑瞎子岛建设成为人与自然和谐相处的生态岛，极具异域特色、民俗风情和文化底蕴的国际化旅游岛，中俄共建、连接中国东北老工业基地和俄罗斯远东地区的开放岛，促进中俄两国边境地区经济繁荣、共同发展的活力岛，建成沿边开放对俄合作示范区。

3. 边界和谐互利双赢

中俄边界历史遗留问题的彻底解决，对两国关系发展具有突破性的意义，也为中俄关系进一步发展奠定了良好基础。边界问题的解决是两国既尊重历史和现实，又考虑对方利益和关切，既以国际法和通行惯例为依据，又充分照顾实际可能，互谅互让、互相妥协的成果。对于两国关系发展乃至世界各国边界问题发展具有“突破性”的意义。两个大国通过和平方式合理、互让地解决边界纠纷的价值是怎么评价都不过分的。

黑瞎子岛官兵巡逻在边境线上

边界问题的解决消除了两国关系中的一大障碍，消除了长期以来两国关系潜在的一个冲突点。为我们进一步推进两国关系、发展平等互利的合作奠定了基础。两国都知道，中、俄为解决这个问题付出了多么艰苦的努力，我们也十分清楚地了解两国在边界地区曾经发生过的对峙给两国的政治、经济和社会带来了多么沉重的包袱。

俄罗斯前驻华大使罗高寿说，苏联为与中国对抗而白白浪费的300亿美元的事实，应该足以时刻提醒人们，不能再回到毫无意义的对抗中。今天，边界问题在两国关系中终于成为了历史，两国4300多千米的边界从此完全可以变为和平友好、稳定清晰的睦邻地带。

边界问题的解决为中俄两国在漫长的边界地区开展经贸往来、环境保护、合理利用资源、开展航运业务、共同打击犯罪等许多具体领域合作创造了新的条件。边界不仅是划定中俄疆土的标志，更可以成为两国人民友谊的纽带和桥梁，可以为两国人民提供带来福祉的机遇。

边界问题的解决为改善两国的外部环境、维护国家安全提供了可能。营造良好的周边环境是中国和平发展的一个前提条件。为此，中国政府提出了“以邻为伴、与邻为善”，“睦邻、富邻和安邻”的周边政策指导思想。其中与我国有着最长边界的俄罗斯无疑是影响中国安全最重要的因素之一。边界问题彻底解决使得100多年来中国陆疆安全最大的忧患基本得以消除，北部边陲的长治久安有望得以确保。

为国家发展塑造和维护有利的外部环境，努力在周边建立睦邻带，并防止出现新的紧张和冲突同样也是俄罗斯外交的一个核心任务，俄罗斯也面临着周边各种形式的挑战，包括与其他国家的领土问题。与中国边界问题的解决，也为俄罗斯远东的安全与发展创造了条件。

边界问题彻底解决是中俄两国对地区和世界稳定与和平作出的贡献，为解决其他类似问题的争端提供了一个榜样，也印证了两国主张的和平互利、着眼于大局为解决争端的原则。两国解决边界问题的经验证明，无论历史有多长、问题有多复杂，是否曾经有过多严重的冲突，只要能够遵循这个原则，只要能够把建立睦邻友好关系当作努力的目标，就可能化解所有冲突和矛盾。

中俄是陆地边境毗连的好邻居，互为战略屏障的好伙伴。古语曰：幸伴德邻，如携益友。从地缘政治现实分析，中俄两国在21世纪战略目标相近，中国推进和平发展是为实现中华民族的伟大复兴，俄罗斯为的是建设一个强大的国家。与此同时，中俄两国的安全，都面临西方特别是美国霸权主义威胁的战略压力。

俄罗斯西部与西南部，在相邻的“独联体”地区与国家，由于“北约”东扩，美国对乌克兰、格鲁吉亚等国搞“颜色革命”的西化，以及俄罗斯海军进出大西洋的通道被西方限制，故而战略安全环境日趋严峻。俄罗斯的东部与东南部，因中国的存在，恰成为其地缘安全环境的有利战略依托及安全后方。中国的南部与西部，由于中国坚持推行睦邻、富邻、安邻的政策，绝大多数国家与中国处于较为友好状态，美国霸权势力左右该地区并非易事，安全环境有所改善。

中国的北部与俄罗斯和蒙古毗连，是地缘安全的重要保障。中国东部的主要威胁来自海洋方向。中国与俄罗斯两国的战略目标相近，战略安全环境相似，互为“战略协作伙伴关系”的“好邻居”，相互借助对方战略力量一臂之力，是最符合两国战略的重要举措。

从20世纪90年代以来，中俄关系的发展演变经历了由睦邻友好、建设性伙伴关系到“平等信任、面向21世纪的战略协作伙伴关系”，再到“平等信任、相互支持、共同繁荣、世代友好的全面战略协作伙伴关系”的地缘政治战略的过程。中、俄双方高层互访频繁，国际共识增多，政治、经济与军事合作不断加强，不仅为两国经济建设、社会稳定、民族振兴和国家繁荣创造了良好的外部环境，而且对建立公正合理，造福人类国际政治、经济新秩序，使全球逐步走向和平、繁荣和发展的21世纪产生了重大影响。

随着全球化发展，各国相互依存度不断增加，各国利益已经紧密地联系在一起，任何国家的发展离不开世界，世界的发展也离不开各个国家。不同宗教、不同文化、不同价值观相互尊重，各种不同模式并行不悖地发展，已经逐渐被大多数国家所接受。

建设一个持久和平、共同繁荣的和谐世界，既是世界各国人民的共同愿望，也是人类社会发展的必然要求。从大的历史尺度来看，国界的消失恐怕是人类社会发展不可逆转的趋势。在这样的历史规律下，边界和争议性领土的神圣性，必将随着这一趋势而逐渐淡化。如能确认这一点，在面对复杂的历史形成的边界争议之时，和平谈判应该成为唯一的方法。

长期的领土纷争，无论对哪一个国家来讲，需要付出的代价都十分沉重和高昂。因此，我们要用理性的眼光看待国际领土纷争问题，国际社会的各个国家应理性地和平地有前瞻性地解决边界问题。

“没有一个杰出的统帅没有从人类精神遗产中得到一些感想与经验。亚里士多德是亚历山大众多胜利的基石之一。”

——夏尔·戴高乐

第八章　寻找解决边界争端的金钥匙

在国际关系中，边界与领土问题是影响国际和平与安全的重要因素之一。边界争端与其他类型的冲突相比，其扩大为战争的可能性更大。边界与领土争端往往导致国家交恶，引发局部战争，形成地区热点，激化国际局势，是引发国际冲突的重要温床。

边界与领土争端，是引发国与国之间冲突的重要导火索，一些局部战争就是从边界战争开始的，甚至二战也是希特勒借德国与邻国间的边界问题挑起的。历史上，法国与德国之间的恩怨，始终伴有边界与领土争端，德国与波兰之间的矛盾冲突，边界也总是借口之一。今天国际上的许多热点问题，背后都有边界与领土争端的影子。

边界纠纷导致的国际冲突，始终是当代国家间斗争的热点。目前，世界上仍有约 1/3 的国家存在着与邻国的边界与领土问题，由此引发的冲突构成国际政治冲突的重要内容之一。

从 1945 年至 1986 年，世界上大约发生较大规模的局部战争 78 起，其中 32 起是国家间战争，而其原因大多是边界领土争端。中东地区二战后爆发的 60 多场战争或大规模武装冲突中，有近一半是由边界领土争端引发的。

因边界与领土争端引发的大小战争中影响比较大的有：中印、中苏、中越之间的边境战争与冲突；1947 年，印巴分治后为克什米尔归属问题爆发的长期冲突和战争；60 年代前期和 70 年代后期，埃塞俄比亚与索马里之间两次欧加登冲突与战争；80 年代，伊拉克与伊朗之间的两伊战争；90 年代初，伊拉克入侵科威特及其引发的海湾战争。

而 90 年代末，埃塞俄比亚与从其分离出来不久的厄立特里亚之间的边界战争，成了联结新旧两个世纪的最后一场和第一场边界战争。进入 21 世纪后，柬埔寨与泰国又为柏威夏寺问题发生了多次武装冲突。

历史上形成的国家间的边界领土争端，有的是帝国主义、殖民主义的侵略政策造成的，有的是冷战背景的产物。随着时间的推移，许多边界争端日趋复杂，由此产生的边界冲突也绵延不绝。

从实践来看，因为边界领土争端问题多是源于双方对历史遗留问题的分歧，单纯用战争的手段并不能彻底解决双方的分歧，相反，还可能增加相互仇恨和隔阂，埋下新的冲突和战争的种子。

从世界范围看，发展已成为世界各国和全人类面临的共同任务，特别是发展中国家，迫切希望尽快解决边界争端，努力争取发展经济所需的和平稳定的周边环境。

从历史角度看，当一个国家与邻国间的领土边界纷争不断时，往往给霸权主义、强权政治干涉其内政提供可乘之机，容易给国家和民族带来更大灾难。

正是基于以上多种因素的考虑，世界各国数十年来不断探求妥善解决边界争端的有效途径，有的求助外部势力调解，有的申请国际法庭仲裁，有的诉诸武力陷于对峙，有的通过协商对话圆满解决，其中成功的经验和失败的教训都为至今悬而未决的边界争端最终得到解决，提供了宝贵借鉴。

人类自从诞生那天起就从不缺乏智慧与理性，千百年来人类依靠自身的智慧解决了无数生存与发展的难题，法国总统戴高乐曾说过“没有一个杰出的统帅没有从人类精神遗产中得到一些感想与经验。亚里士多德是亚历山大众多胜利的基石之一。”

第一节 他国协调干预 多方谈判解决

《联合国宪章》第33条明确规定：“任何争端之当事国，于争端之继续存在足以危及国际和平与安全之维持时，应尽先以谈判、调查、调停、和解、公断、司法解决、区域机关或区域办法之利用，或各该国自行选择之其他和平方法，求得解决。”

通过谈判协商解决边界问题是弥合纷争的最佳途径。但是边界争端的特殊性决定了当事双方很难心平气和地坐在一起就争议地区的归属进行讨论，根本原因就是边界争端通常触及相关两个国家或地区的核心利益，双方各自开出的解决争端条件对方无法做出让步，加之爆发冲突或者战争后的双方矛盾进一步激化，主动达成和解的可能性微乎其微。在这种情况下，第三方或者他国出面调解斡旋就成为了解决争端的必要条件。

1. 国际压力阻止侵略

1978年12月25日，越南当局在苏联的支持下，悍然对柬埔寨发动了突然袭击，从而拉开了越柬战争的序幕。

在公元17世纪以前，越柬两国并不接壤，两国之间还存在着一个占婆国。从17世纪起，越南先是吞并了占婆国，继而又开始掠夺柬埔寨的大片领土。从此，两国积怨颇深。19世纪中叶，越南和柬埔寨同时沦为法国殖民地。为了反抗共同敌人，两国人民开始消除积怨，并肩作战。

20世纪50年代以后，在抗击美国的入侵和争取民族解放斗争中，越柬两国人民又互相支援，相互合作，在共同的经历中建立了深厚的友谊。特别是柬埔寨人民，为越南的南北统一提供了极大援助，同时也付出了巨大代价。当时，越南政府曾发表声明，表示承认和尊重柬埔寨的完整和越柬边界线。然而，越南在他们的抗美救国战争结束后，却以越柬“关系特殊”为借口，加紧对柬埔寨进行领土扩张，并多次向柬埔寨抵抗力量施加压力，要求成立所谓的“联合指挥部”，由越南人担任要职，这遭到了柬埔寨人的拒绝。

但是，越南并没有就此罢手。他们派重兵占领了柬埔寨的鹤鹉嘴地区，使它成了越军侵柬的前沿阵地。自1975年开始，越南就不断在越柬边界地区挑起武装冲突，制造边界纠纷。1978年2月底，越南当局作出决定：用军事力量支持在柬埔寨的叛乱活动。之后越南当局变本加厉，越共四届四中全会正式把中国和柬埔寨明确定为“直接的作战对象”，并决心发动大规模的侵柬战争。

1978年12月25日，越南出动20多万正规部队分别从柬埔寨边境的柴祯、斯努、腊塔纳等地发起突然进攻。越南打算通过突然袭击，一举攻占柬埔寨。

越军先是兵分5路对柬埔寨进行大举进犯，集中兵力夺取柬埔寨馆公河以东地区。第1路在柬埔寨设防薄弱的东北地区实施突破，迅速占领了部分地区；第2路在坦克的配合下突破了柬军的斯努防线，占领了橘井市；第3路从克列向西进攻，推进到湄公河的重要渡口洞里贝，并渡河围攻磅湛；第4路是主攻部队，直逼柬埔寨首都金边，很快与第5路一起完成了对金边的包围。

在这种情况下，民柬政府命令部队主动撤离金边，1月9日越军占领了金边。次日宣布成立伪政权。然后，越军又兵分3路，向柬埔寨西部地区推进，占领了柬埔寨的主要城镇和交通线。柬埔寨抵抗力量则转入到乡村和山区开展游击战争。

【历史小常识】民柬政府

民柬全称民主柬埔寨，是波尔布特领导下的柬埔寨共产党，也被称为红色高棉或赤柬。1975年4月17日至1979年1月7日在柬埔寨建立了共产主义政权。该政权由柬埔寨共产党人领导，推翻了郎诺将军建立的高棉共和国，建立了民主柬埔寨，后因为越南入侵而终止。

在越南人的入侵下，民柬政府充分认识到，只有把一切抗越力量组织起来，才能发挥重要作用。于是召开了由人大常委会、政府和军队代表参加的联席会议，对民柬政府进行了改组。根据新历史条件提出了新的政治纲领："爱国、民主、民族大团结阵线"，柬埔寨的民柬国民军、西哈努克部队和宋双领导的高棉人民民族解放军三支抵抗力量以民族利益为重，抛开分歧，携起手来，共同组成了民主柬埔寨联合政府，抵抗越南的入侵。

民柬联合政府成立以后，积极领导柬埔寨人民同越南侵略军及金边傀儡集团进行战斗，收复了不少失地，从而扭转了战争形势。

为了消灭民柬抵抗力量，全面占领柬埔寨。越南侵略军于1983年开始，在柬埔寨西部发起攻势。民柬部队利用敌人的弱点，采取灵活作战方式，不断袭击敌人的据点。他们经常派出游击队，深入到内地袭击越军的运输补给线、袭扰敌人后方，牵制敌人兵力，使越军疲于应付，处处被动。

1984年11月，越军在经过充分的准备后，调动7个师的兵力，在金边伪军的配合下，向柬埔寨西部地区发起了大规模进攻。他们在泰柬边境地区修筑工事，对活动在这一带的民柬抵抗力量进行围剿。针对越军的行动，民柬政府将作战重点由泰柬边境地区移向了内地，并将游击活动扩大到湄公河以西，粉碎了越军的企图。

越南对柬埔寨的入侵，遭到了国际社会的强烈谴责。同时，柬埔寨人民的抗越斗争，也得到了国际社会的同情与支持。柬埔寨问题已成为国际社会关心的重大问题。联合国安理会曾多次通过决议，要求越南无条件地撤出柬埔寨。从1979年的第34届联大开始，此后的几届联大都围绕着柬埔寨问题进行讨论，并强烈要求越南从柬埔寨撤军。

在国际社会舆论的压力下，越南当局只好发表声明，宣布有

入侵柬埔寨的越军装甲兵

条件地从柬埔寨撤出其部队。1986 年 3 月，民柬联合政府提出了政治解决柬埔寨问题的建议，建议越南政府同民柬三方举行谈判，讨论从柬埔寨撤军的进程，筹备组成以西哈努克亲王为首、以宋双为总理的柬埔寨四方联合政府。

1990 年 8 月，联合国 5 个常任理事国在联合国总部召开了关于解决柬埔寨问题的第 6 次会议，通过了全面政治解决柬埔寨问题的一揽子计划。1990 年 9 月 9 ~ 10 日，柬埔寨四方代表在雅加达举行了非正式会议，并达成协议，宣布成立柬埔寨全国最高委员会。柬埔寨四方代表还以声明的形式宣布接受联合国安理会 5 个常任理事国通过的关于解决柬埔寨问题的一揽子计划，并保证将其作为解决柬埔寨问题的基础。

然而，由于金边政权反对西哈努克担任全国最高委员会主席一职，使该委员会一直不能正常运转。之后，柬埔寨巴黎会议代表同柬埔寨全国最高委员会 12 名成员在巴黎举行会议，就联合国安理会起草的计划中的根本点达成了一致协议。至此，柬埔寨的和平进程开始有序推进。

2. 国际斡旋协议共识

所谓斡旋，就是当冲突或争端发生时，冲突方以外的国家、国家集团、国际组织或国际名流，往来于争端双方之间，对当事双方的决策者进行说服，目的是促成双方停止战争行为，以求通过和平的方式解决争端。

斡旋者的任务就是要将双方的立场协调为从各自的实际需要出发，寻找双方都能接受的共同点。有些情况下，国际社会的斡旋有时能发挥决定性的作用。特别是冲突的一方或双方与斡旋方有着重要利害关系时，斡旋成功的可能性就更大些。

在边界争端引发局部战争中，由于接受国际社会的斡旋，战争双方通过谈判，使冲突停止或结束的事例不胜枚举。

通过斡旋，可使双方暂时摆脱剑拔弩张的状态，缓和双方之间的矛盾。交战双方开启了战争机器之后，为了不示弱，都会力图通过战争手段迫使对方屈服，尽管双方的冲突程度还没有达到鱼死网破的程度。在这种情况下，如果国际社会进行适当的斡旋，有可能使双方通过妥协的方式结束战争。

1971 年，当英国从苏伊士以东撤军时，伊朗立刻派兵占领霍尔木兹海峡中的阿布穆萨、大通布和小通布三岛，控制了波斯湾的出海口。伊拉克对此提出强烈的抗议。由于两国还存在边界争端，于 1974 年发生了边境冲突。此次边境冲突持续时间很长，双方各有伤亡，并有不断升级之势，如果没有国际社会的斡旋，冲突将可能扩大为大规模的战争。

在这种情况下，阿尔及利亚总统布迈丁出面，在两国首都间进行斡旋。最终两国领导人接受斡旋，就边界重新划定问题达成协议，从而结束了暴力冲突状态，避免了代价惨痛的两伊战争爆发，尽管后来两国由于边界和宗教问题再次爆发了大规模战争，但是期间国际斡旋所发挥的作用也不容忽视。

【军事小常识】两伊战争

两伊战争，又称第一次波斯湾战争，是发生在伊朗和伊拉克之间的一场长达 8 年的边境战争。战争于 1980 年 9 月 22 日爆发，直至 1988 年 8 月 20 日结束。两国相邻，共同边界绵延 1200 多千米，长期以来两国存在着边界争端，经常发生的边界武装冲突是两伊战争爆发的重要原因。

阿拉伯河界线问题是两伊战争的主要导火索。阿拉伯河由幼发拉底河和底格里斯河在伊拉克境内汇合而成，下游约 100 千米长的一段为伊朗、伊拉克两国界河。

1847年，当时统治伊拉克的奥斯曼帝国和当时的波斯王国签订的协议中，阿拉伯河以波斯一侧的浅水区域为界，也就是鄂图曼帝国掌握着大部分的水域。1913年，双方计划重新划分国界，但因第一次世界大战的爆发而取消。至1937年，已脱离奥斯曼帝国独立的伊拉克与伊朗签订的协议，又将国界划到了河面上主要航线的中间位置，也就是两国各分一半。

1975年3月15日，在阿尔及利亚总统的斡旋之下，双方签订了阿尔及尔协议，协议将国界确定为阿拉伯河的中央。由于阿拉伯河是伊拉克唯一进出波斯湾的出海通道，对伊拉克十分重要，伊拉克认为要将阿拉伯河水道与伊朗平分是对伊拉克大大不利，更认为阿尔及尔协议为不平等条约，并于开战前的9月17日撕毁条约。

此外，波斯湾上的阿布穆萨岛、大通布岛和小通布岛也是两国争执的对象。这些岛屿原本归英国所有，20世纪60年代后，英国将其控制权交给沙迦，但沙迦与其他国家组成的阿拉伯联合酋长国尚未独立，不能在这些区域建立实际的控制。1971年11月英军撤走后，伊朗便出兵占领了这些地区。这些岛屿靠近霍尔木兹海峡，伊朗占领这些岛屿后扩大了其在海峡地区的控制能力，引发了伊拉克的担忧。伊拉克认为伊朗应将这些岛屿归还给阿联酋。

1980年9月22日，伊拉克为这块有争议的河流，借口为抵御“伊斯兰革命”，悍然向伊朗发动军事进攻，不久战局发生转变，1982年之后，伊朗侵占了伊拉克的领土，从而引发了旷日持久的两伊战争，战争长达8年，成为继越南战争后持续时间最长的一次战争。两伊战争实际上是一场“马拉

两伊战争后的伊拉克军人墓园

松”式的消耗战。8年中，两国军费开支和经济损失总计达6000亿美元，交战双方人员伤亡148万人，被俘8万人。

3. 国际介入平息战乱

通常情况下，战争争端的问题越严重，所引起国际社会的关切程度越高，一旦爆发战争造成不可估量损失或已经威胁到其他国家利益时，国际力量必然强势介入，通过调停或直接干涉的手段向交战各方施加压力，迫使双方或一方作出放弃战争的决策。在波黑战争中，国际社会特别是欧洲各国和美国对战争的发展十分关切，先后派出数批人士前往斡旋。经过多年的努力使双方感到国际社会的压力沉重，从而不得不相互妥协，结束战争。

1992年4月～1995年12月，波斯尼亚和黑塞哥维那（简称“波黑”）的三个主要民族围绕波黑前途和领土划分等问题而进行了战争。1991年6月起，前南斯拉夫开始解体。波黑（前南斯拉夫6个共和国之一）穆斯林、塞尔维亚和克罗地亚三个主要民族就波黑前途发生严重分歧：穆族主张脱离前南斯拉夫独立，建立统一的中央集权国家；克族也主张独立，但希望建立松散的邦联制国家；塞族则坚决反对独立。

1992年3月3日，波黑议会在塞族议员反对的情况下正式宣布波黑独立。4月6、7日，欧共体和美国相继予以承认。塞族随即宣布成立“波黑塞尔维亚共和国”，脱离波黑独立。波黑3个主要民族间的矛盾骤然激化，导致战争爆发。波黑战争是第二次世界大战后在欧洲爆发的规模最大的一次局部战争。战争中，三族共动用近2000门火炮、600辆坦克、600辆装甲车以及一些战斗机等。波黑430多万人口中有27.8万人死亡，200多万人沦为难民；全国85%以上的经济设施遭到破坏，直接经济损失450多亿美元。

联合国和由美国、英国、法国、德国和俄罗斯组成的五国联络小组多次试图调停波黑战争，但均无结果。波黑战争的进程伴随着

独立后的波黑共和国版图

外部势力的军事介入和武装干预，特别是北约所进行的军事干预对战争结局产生了重大影响。

北约从最初的对塞族军事威胁到后来的直接军事介入，充分发挥空中优势，对塞族阵地进行打击，配合地面穆克联军的进攻，最后迫使塞族停火妥协。1995 年 11 月 21 日，南联盟塞尔维亚、波黑、克罗地亚三国总统在美国俄亥俄州代顿市达成《波黑和平框架协议》，并于 1995 年 12 月 14 日在法国巴黎正式签署。协议规定，波黑继续作为统一的主权国家存在，由穆克联邦和塞族共和国两个实体组成，穆克联邦控制波黑领土 51%，塞族控制 49%。

4. 国际斡旋解决领土纷争

交战双方之所以要把战争进行下去，是因为立场相去太远，边界争端引起的冲突或战争往往具有这一典型特征，争端双方提出的结束战争的边界要求彼此无法容忍。

尽管这些条件与要求不一定完全符合各自的实际需要，但是双方均不愿做出任何让步。具有说服力的第三方势力进行成功的调解斡旋后往往能够使当事双方更加理性看待己方的最低需求，找到可能谈判和解的利益共同点。通过斡旋，可使双方的立场发生变化，进而解决复杂棘手的边界争端。这一方面比较具有代表性的案例是在第四次中东战争中，美国出面调解埃及与以色列关于西奈半岛、戈兰高地及其他敏感地区的归属事件。

【地理小常识】戈兰高地

戈兰高地位于叙利亚西南部，约旦河谷地东侧，东到鲁卡德河，南到亚尔木克河，北到赫尔蒙山东坡，其西南临约旦河上游的太巴列湖（或称加利利海），北长71千米，中部最宽处约43千米，最高处海拔2724米，面积1800平方千米（其中以叙两国争议地区面积达1200平方千米）。

第三次中东战争（六日战争）期间，以色列曾担心叙利亚和约旦会改变约旦河上游的流向，切断以色列水源，于是用武力控制了戈兰高地和约旦河整个河道，同时占领了这些河流发源地的大部分地方。

戈兰高地被称为中东地区的“水塔”，每年年降水量约500～800毫米，以色列国内使用的40%的水源都来自这里。戈兰高地西与以色列接壤，居高临下，是叙利亚西南边陲的战略要地，从戈兰高地可以俯瞰以色列加利利海和叙利亚首都大马士革，战略地位可想而知。高地上公路交通网密布，库奈特拉城为此地重镇，有公路直通叙利亚首都大马士革，只有60千米路程。

西奈半岛是一块北接地中海、南临红海的三角形半岛。其西部边界是苏伊士运河，东北部边界为以色列与埃及国界，面积约为6.1万平方千米，西奈半岛位于西南亚，而阿拉伯埃及共和国的另外一部分位于北非。

西奈半岛现在全部属于埃及，地形上，南高北低；行政区划上，分为北西奈与南西奈两个省。人口约36万人，居民主要为世代牧羊及贩卖骆驼为生的贝都因人，以及西部农耕的埃及人，两者人口约相等。

在第三次中东战争爆发前，西奈半岛一直在埃及的控制之下，可以向北直接威胁以色列的安全，由叙利亚在戈兰高地首先攻击引发的战争爆发后，以色列先发制人发动了空袭，将正在调集力量的埃及、叙利亚和约旦三国的空军几乎全部摧毁，夺取制空权后的以

色列向西奈半岛全线进攻，仅用 3 天时间就全歼了埃及在西奈半岛 5 个师的守备力量，战后西奈半岛落入以色列控制之下。

【军事小常识】第三次中东战争

第三次中东战争，以色列方面称“六日战争”，阿拉伯国家方面称六月战争，亦称六·五战争、六天战争，发生在 1967 年 6 月初，是“先发制人”战争的一个典范。它发生在以色列国和毗邻的埃及、叙利亚及约旦等阿拉伯国家之间。战争从 6 月 5 日开始，共进行了 6 天，结果埃及、约旦和叙利亚联军被以色列彻底打败，是 20 世纪军事史上最具有压倒性结局的战争之一。

1967 年 4 月 7 日，戈兰高地的叙军向以色列人定居点开火，由此爆发冲突，叙利亚的 6 架米格战机被以色列国防军击落，叙利亚马上呼吁埃及参战。埃及立即动员 10 万大军和 1000 辆坦克，开进西奈半岛的埃以边界地区。以色列军队在敌人调兵遣将之际决定先发制人，1967 年 6 月 5 日清晨 7 点 10 分率先对埃及 10 个机场发起空袭，在摧毁埃及空军后又马不停蹄的挥师约旦，弱小的约旦空军瞬间消失。

第二天，以空军又扑向大马士革、达米尔等空军基地，消灭了近一半的叙利亚飞机。3 个阿拉伯国家的空军完全瘫痪，以色列彻底掌握了制空权，为战争的胜利奠定了坚实的基础。

在实施空袭后的半小时，以色列地面部队 5 个师以坦克装甲车为前导，自加沙、阿里什和阿布奥格拉，向西奈半岛大举进攻。当时，埃军在西奈半岛有 5 个步兵师和 2 个装甲师，共约 12 万人，分别据守在各个战略要点上。以军在空军的掩护下，占领了加沙地带，进入了西奈半岛的阿里什、阿布奥格拉等地。

接着以军兵分三路，向苏伊士运河地区进攻：北路攻打坎塔腊、中路指向伊斯梅利亚、南路对准陶菲克港和苏伊士城。虽然埃军顽强抵抗，发动了两次反攻，但终因没有空军支援而失败。到 6 月 8 日，以军全歼了埃及在西奈半岛上的 5 个师，一直挺进到苏伊士运河东岸。当日埃、以双方接受了联合国的停火决议。仅仅3天时间，西奈半岛就全部落入以军之手。

6年后，埃及为收复失地与叙利亚携手发动了第四次中东战争，双方在西奈半岛再次进行了激烈争夺，最后埃及只夺回了西奈半岛一小部分土地，以军处于劣势被迫停火而告终。

进入耶路撒冷站在哭墙旁的以色列士兵

第四次中东战争发生后，美国认为只要阿拉伯国家的埃及和以色列能够调和边界争端，那么中东和平的实现是有可能的。换言之，如果埃及和以色列结束彼此之间的战争状态，中东战争就可能不会反复地发生。基于这样的认识，美国国务卿基辛格便展开“穿梭外交”，往来于以色列和埃及之间。

【历史小常识】第四次中东战争

第四次中东战争（又称赎罪日战争、斋月战争、十月战争）发生于1973年10月6日至10月26日。起源于埃及与叙利亚分别攻击6年前被以色列占领的西奈半岛和戈兰高地。战争的头一至两日埃叙联盟占了上风，但此后战况逆转。至第二周，叙军退出戈兰高地。在西奈半岛，埃及付出了巨大代价，只占据了半岛一小部分土地，后期以军在两军之间攻击，越过苏伊士运河（原来的停火线）。直到联合国停火令生效以前，以军已经歼灭了部分埃及军队。

起初，埃及人坚持对以色列要求“还我西奈半岛”，作为实现和平的条件。以色列的回答是“我们将永远占领西奈”，以提示埃及进行战争无用。双方的立场截然分明，相互排斥，妥协或和平看来是不可能。但基辛格却极为耐心，再三询问双方希望什么、担心什么、需要什么，使双方明确地说出各自的意愿。

据此，埃及的新立场是："我们需要西奈是为了恢复我们在战争中的失地，为了挽回我们的威望，我们将保证不入侵，我们将承认以色列的生存权。"以色列的立场也软化了："我们需要承认和一项保证，即埃及坦克不再开进我们的边界。如果我们得到承认并保证互不侵犯，由埃及以外的一个国家作此保证，我们就可能放弃西奈。"

基辛格的这种设想使双方放弃极端政策立场的斡旋，终于使埃、以签署了 1978 年的戴维营协议，结束了两国数十年的战争状态。

【政治小常识】戴维营协议

戴维营协议是有关中东问题的一项重要协议，因会议举行地点为美国总统休养地戴维营，而被称为此名。1977 年的以色列国会选举，以色列工党被梅纳赫姆·贝京领导的利库德集团击败。接着在当年的 11 月，埃及总统沙达特首访以色列，双方关系开始缓和。

1978 年 9 月 6 日，在时任美国总统吉米·卡特的邀请下，美国、埃及和以色列三方在戴维营举行最高级会议。与会的三国首脑有美国总统卡特、埃及总统萨达特及以色列总理梅纳赫姆·贝京。在持续 12 天的会议后的 9 月 17 日，埃以双方签署了《关于实现中东和平的纲要》和《关于签订一项埃及同以色列之间的和平条约的纲要》两份文件，即著名的"戴维营协议"，并在第二年正式签署了和平条约，协议的主要内容涉及以色列无条件归还两次中东战争中占领的西奈半岛。

5. 国际干预终结冲突

苏联解体后，新独立的阿塞拜疆共和国和亚美尼亚共和国，围绕纳戈尔诺—卡拉巴赫自治州（简称"纳—卡"）的归属问题，于 1992 ~ 1994 年进行了持续近 3 年的武装冲突。在国际社会的努力下，双方达成了停火协议，但纳—卡的归属问题仍未得到彻底解决。

纳—卡是阿塞拜疆共和国的一个自治州，面积4388平方千米，人口18.61万，其中信奉基督教的亚美尼亚人有13.86万，占总人口数的73.5%，信奉伊斯兰教的阿塞拜疆人有4.75万，占总人口数的25.3%。在近代历史上，阿塞拜疆、亚美尼亚和格鲁吉亚等国所处的外高加索地区，是伊朗、土耳其和俄国长期争夺角逐的焦点。异族入侵和统治，使得当地各民族被迫多次迁居，因而形成了多民族混居的复杂状况。

纳—卡地区作为伊朗、土耳其和俄国竞技场，历史上就是民族冲突的“热点”。十月革命后，新成立的阿塞拜疆革命委员会曾于1920年12月承认纳—卡州属于亚美尼亚。1921年7月4日，俄共（布）高加索局也决定纳—卡州划归亚美尼亚，但次日又以纳—卡州的社会经济发展和居民就业为由，将该州划归阿塞拜疆。

但是纳—卡的亚美尼亚人始终怀有强烈的民族情绪，从1923年自治州建立之日起，就抱怨信奉伊斯兰教的阿塞拜疆人实行的民族歧视政策，并一直谋求并入亚美尼亚加盟共和国。同时，亚美尼亚加盟共和国也对这一敏感地区表现出强烈关注。至20世纪80年代后期，随着苏联中央政权对各地控制能力的削弱和亚美尼亚民族情绪的高涨，纳—卡州的亚美尼亚人再次要求并入亚美尼亚，媒体也开始宣称该地历史上属于“大亚美尼亚”的一部分。

1988年2月20日，纳—卡州人民代表苏维埃非常会议通过决议，请求将其划入亚美尼亚，遭到阿塞拜疆政府的断然拒绝，却得到亚美尼亚政府的热烈欢迎。之后不久，亚美尼亚最高苏维埃通过决议，同意接收纳—卡州，同时申报苏联最高苏维埃。亚美尼亚的表态使纳—卡州的同胞受到极大鼓舞，纳—卡州苏维埃会议于7月再次通过决议，决定脱离阿塞拜疆，改名为亚美尼亚阿察赫自治州。这一决定再次遭到阿塞拜疆政府抵制，并被苏联最高苏维埃否决。

但是，亚美尼亚与阿塞拜疆的民族矛盾愈演愈烈，两国都举行了群众性游行示威，酿成大规模动乱和流血事件。苏联当局不得不出动军队暂时控制了局势。随后苏联政府进行调解，同意给予该州更多的自主权，但不同意其脱离阿塞拜疆。

1989 年 1 月，苏联政府决定成立纳—卡州特别管理委员会，直接隶属中央，把问题搁置起来。但纳—卡州内两族群众的对立情绪并未平息，民族冲突不断发生。1990 年 1 月，苏联政府宣布在纳—卡实行紧急状态。两族的武装战斗队员抢夺武器弹药，使局势更加恶化。

1991 年 9 月，阿塞拜疆和亚美尼亚宣布独立后，纳—卡局势更加恶化，两族武装冲突日益升级，战斗中双方使用了坦克、火炮等重型武器，造成了数百人的伤亡，大量居民被迫逃离家园。苏联解体后，该地区武装冲突不断升级，战火愈演愈烈，亚阿之间的民族冲突最终发展为亚美尼亚和阿塞拜疆两国之间的武装冲突。由于独联体没有解决内部问题的有效机制，纳—卡问题日趋国际化。

苏联解体后，独联体军队开始陆续撤出纳—卡地区，当地亚族自卫队不断袭击阿族人居民点，两族间的对抗再度升级。1992 年 1 月 2 日，阿塞拜疆宣布对纳—卡州实行“总统管理”，实际上取消了该州的民族自治权。纳—卡州议会则于 1 月 6 日宣布该州为独立共和国，并要求国际社会予以承认。亚美尼亚亦宣称，如有任何国家承认纳—卡州独立，亚美尼亚也将随后承认其为独立国家。

在政治矛盾白热化的情况下，纳—卡地区武装冲突急剧升级。阿塞拜疆武装于 1 月 12 日对纳—卡州首府斯捷潘纳克特发起猛烈进攻，使该城 2/3 建筑物被摧毁，水电供应被切断，食品供应告急。与此同时，纳—卡当局在接收原苏军部分装备的基础上，得到亚美尼亚的大量人力和物资援助，也不断对阿族人采取大规模军事行动。

纳—卡地区的武装冲突升级后，亚美尼亚共和国武装直接对驻纳—卡阿塞拜疆武装发动了进攻。当时驻扎在纳—卡的阿方武装战斗力较弱，其训练、装备水平均无法与进入纳—卡的亚美尼亚武装抗衡。至 2 月 27 日，亚美尼亚武装把阿塞拜疆武装赶出了纳—卡州的霍贾利镇，控制了该州的机场，阿塞拜疆只控制着该州的舒沙据点。

武装冲突中丧生的阿族武装人员

面对战场上的连连失利，阿国内要求总统辞职和要求政府采取强硬措施的呼声不断增强。3月6日，阿总统穆塔利博夫被迫辞职，由新议长马梅多夫代理总统职务。阿武装人员随即开始进行大规模报复性反击，武装冲突的规模明显扩大。战场由过去的几个村镇发展到数十个之多，大小规模的战斗几乎不断，而且双方都动用了坦克、火炮、导弹、直升机等重型武器装备，伤亡人数大大增加。驻扎在纳—卡地区的独联体第366摩步团被阿方指责帮助亚族人攻打阿族武装，并因此受到攻击，被迫撤到格鲁吉亚境内。

武装冲突之初，双方在纳—卡地区作战的都是地方武装，随着武装冲突不断升级，两国为取得各自的军事优势，都在加快组建正规军队，征召在独联体部队中服役的本族军人，并从外国进口武器。3月上旬，亚美尼亚军队攻占了纳—卡州重镇舒沙，5月中旬，又攻占了阿、亚两国交界处的战略要地拉钦。至此，亚军已基本控制了纳—卡全境，并建立了宽约20千米的连接纳—卡与亚美尼亚本土的通道。此外，亚美尼亚部队和阿塞拜疆部队5月中旬还在纳希切万地区进行了激烈交火。

阿塞拜疆不甘于战场上的失利，6月12日发起大规模反攻，出动大批地面部队，并动用了坦克、装甲车及作战飞机和直升机，先后攻占了纳—卡州北部的邵武勉、马尔达克特，南部的阿斯凯兰、德鲁特等地及亚美尼亚境内的列宁坎纳地区。针对阿塞拜疆军队的进攻，亚美尼亚军队进行顽强抗击，并继续向阿领土纵深扩展，12月又占领了阿居吉兰的8个村庄。此后，双方在战场上呈相持状态。

1993年3月底，阿、亚冲突进一步升级，亚军发动大规模的军事行动，占领了阿塞拜疆的克里巴扎尔区全境和拉钦区北部地区。此后一年多的时间内，亚军又陆续占领了阿塞拜疆的格达姆区、菲祖利区、古巴德利区和詹杰兰区。1994 年 6 月 12 日，有关国际组织出面调解，阿、亚双方签署停火协议时，亚军已占领了纳—卡及其周边 7 个区的阿塞拜疆领土，总面积达 14376 平方千米，约占阿领土面积的 20%，大量阿族人沦为难民。

阿、亚冲突初期，以俄罗斯为首的独联体首先进行了调解，阿塞拜疆指责俄罗斯“在冲突中起着不光彩的作用”，调解未能奏效。亚美尼亚利用与俄罗斯的盟友关系和在美国亚裔的“院外集团”，在国际上将冲突宣传为“纳—卡人民争取民族自决的斗争”，因此，一些国际组织未给予更多关注。直到 1993 年亚军及纳—卡当局武装占领阿塞拜疆的克利巴扎尔等区时，联合国安理会才通过决议，要求冲突各方“尊重国家主权与领土完整以及边界不可侵犯的原则”，停止军事冲突和一切敌对行为，并要求亚方“尽快从占领地区撤军”，但决议并未得到执行。

欧安组织也介入对纳—卡冲突问题的调解。1992 年 3 月，欧安会成立了由美国、俄罗斯、白俄罗斯、法国、意大利、德国、土耳其、瑞士和捷克 9 国组成的冲突调解小组，并在白俄罗斯首都明斯克召开了成立会议，故称为“明斯克小组”。1993 年 8 月，该小组召集阿、亚冲突双方进行会谈，敦促双方停止军事行动，通过和平方式解决冲突，并于 1994 年 6 月促成了双方停火。由于纳—卡问题直接关系到阿的主权和领土完整，以及阿、亚两国的地缘政治利益等重大而敏感的问题，而主要是冲突各方的立场相去甚远，双方直接谈判未取得实质性进展，问题没有得到彻底解决。

第二节　诉诸国际法庭　寻求法理仲裁

随着社会文明程度的不断提高，通过战争解决边界争端的极端方式日益为人所排斥，尤其是当边界纷争不涉及国家民族生死存亡之根本时，传统的使用武力解决领土争端逐渐被认为是一种不明智之举，争端两国往往希望通过和平方式解决历史遗留的问题。

除了借助休戚相关的第三方出面调解谈判解决争端外，还有一种重要方式可以用以解决复杂的边界划定问题，就是将边界争端问题直接诉诸国际法庭，寻求合理公允的法理仲裁，通过司法行动来判定边界领土归属。

【法律小常识】国际法院

国际法院，又称为国际法庭，是联合国的司法裁决机构，根据《国际法院规约》于1946年2月成立，位于荷兰海牙。国际法院的主要职能是对各国所提交的案件做出有法律约束力的仲裁，或在联合国大会及联合国安理会的请求下提供咨询性的司法建议。它还可以审理涉嫌违反国际法的案件。

国际法院共有法官15人。法官人选由常设仲裁院的仲裁员组成的国内团体或各国政府专为国际法院选举而委派的团体提名，由联合国大会和联合国安理会选举产生。法官任期为9年，并且可以连任，每3年改选1/3的法官。15名法官必须全部来自不同的国家，其名额分配办法与安理会席位分配一致，即非洲3名，拉美2名，亚洲3名，东欧2名，西欧及其他国家（包括加拿大、美国、澳大利亚和新西兰）5名。

国际法院法官应不论国籍，而且应尽量能够代表世界各大文化及主要法系，其中不得有2名属于同一国籍。除1967～1984年期间无中国籍法官被提名外，安理会的5个常任理事国：美国、英国、中国、法国和俄罗斯事实上一直各占有一个名额。所有决议都

坐落于海牙和平宫的国际法院

必须在出席法官多数同意后才能做出。法官的职能有两方面：一是对当事国一致同意提交国际法院的法律争端，根据《联合国宪章》规定以及有关条约及公约做出判决；二是对联合国其他机构或各种专门机构就其工作范围内提出的任何法律问题发表咨询意见。

经过了两次世界大战毁灭式的洗礼，作为维护全球和平的最重要组织——联合国在1946年2月成立了国际法庭，主要功能就是对主权国家所提交的案件，做出有法律约束力的仲裁，也可以审理涉嫌违反国际法的案件。

从1946年成立到2002年间，国际法院共受理的102个案件中，有13个涉及国家领土主权的归属问题，占法院所有案件的12%，尽管和现存众多的领土争端数量相比较，只有极少数的领土争端选择上诉国际法院这一解决途径。但在解决领土争端方面，国际法院从成立至今作出了很大贡献，形成了一整套制约领土获得和划界的法律原则，还解决了许多国家之间的领土争端。

从国际法院受理和裁决的领土争端案例来看，不同国家对选择国际法院有不同倾向和偏好。西方国家或受到西方殖民影响较深的国家比较倾向于在国际法院运用法律手段解决领土争端，尤其以非洲领土边界争端最具代表性。由于领土争端多数只涉及两个国家，具体情况又千差万别，因此国际社会没有制定领土变更的法律规则和程序。

国际法院在裁决领土争端案件时也没有具体的法律条款作为依据。通过半个多世纪的实践，国际法庭在审议争议领土归属时，多年来已建立一套特定的裁判规则，最重要的是争议土地是否已有适用条约来界定归属权，如果有的话，就必须遵守，接下来是依法占有原则和有效控制原则。

1. 有“法”必依

审议争议领土归属时，第一条准则就是必须遵守条约原则，也就说要有法必依。几乎所有领土争端都涉及不同时期、具有不同法律地位的条约。若能确定当事国之间存在解决领土问题的有效国际条约，就算这些条约被某些人斥责为殖民时代的不平等条约，国际法庭还是会认定缔约国家必须遵守有关约定。利比亚与乍得之间关于奥祖地带的领土争议正是国际法庭依据这一原则进行的仲裁。

奥祖地带军事冲突中的乍得士兵

奥祖地带是位于乍得北部博尔库—恩内迪—提贝斯提区的一条狭长地带，覆盖乍得与利比亚的边境，宽约100千米。20世纪50年代以后，该地区被发现有丰富的铀储藏量，这使乍得和利比亚两国因对该区主权的争议而爆发战争。1973年，利比亚在奥祖地带进行军事行动，以获得对矿藏的控制权，并以此作为影响乍得政治的基础。

1976年，奥祖地带被利比亚吞并。1990年，利比亚和乍得分别向国际法庭提起诉讼，声称两国边界的奥祖地带是属于自己的。国际法庭追溯至1955年利比亚和乍得前宗主国法国的划界条约，确定条约附件中提到缔约各方承认边界的安排，而随后双方没有新的领土安排，而利比亚明显知道奥祖地带归属乍得。国际法庭在1994年裁定乍得胜诉。

2. 殖民约定也有效

许多领土纷争是随着殖民地历史的结束而出现的，宗主国的划界往往引发新生国家的领土矛盾。国际法庭会优先使用依法占有原则来处理，就是承认殖民地国家独立时已经占有的领土符合国际法，新国家自独立之日起所占有的领土就是该国的领土，要予以尊重。2001年国际法院驳回卡塔尔对海瓦尔岛的主权要求，而将该岛判属巴林就是依据的依法占领原则。

【地理小常识】卡塔尔

卡塔尔位于阿拉伯湾西海岸的中部，是由沙特阿拉伯向北延伸的一个半岛，周围有几个岛屿。从南到北全长160千米，自东向西宽80千米，包括诸岛在内总面积11532.5平方千米。在西南方向与沙特阿拉伯和阿拉伯联合酋长国接壤，其余三面临海，在西北部与巴林隔海相望，相距仅不到30千米。1995年6月26日，哈利法·本·哈马德·阿勒萨尼的儿子哈马德·本·哈利法·阿勒萨尼趁他在瑞士日内瓦度假时，发动不流血的宫廷政变，废黜他的政权而继位，并在位至今。2001年，卡塔尔同时与巴林及沙特阿拉伯解决了长久以来的边界争议。

海瓦尔岛也称哈瓦尔群岛，位于巴林岛以西，分布在卡塔尔西部海岸（实际上巴林控制着这些岛屿），由16个小岛组成，一直是备受青睐的珍珠捕捞基地，也是卡塔尔与巴林主权争议之地。石油出现之前，珍珠是巴林和其邻国卡塔尔的主要财富来源，巴林统治者在谈到海瓦尔岛时总是喜欢把它称作“巴林无价的珍珠”。巴林国防部队一直在那里有一支卫戍部队，目的是确保卡塔尔人不会突然入侵。

卡塔尔和巴林两国间在海瓦尔岛问题上长期存在争议，卡塔尔和巴林都在17世纪成为英国的保护国，而海瓦尔岛就位处两国之间。1939年7月，英国政府通知卡塔尔和巴林统治者，海瓦尔岛归属巴林。为此，两国曾于1986年发生过武装冲突。

1991年，卡塔尔向国际法院指控巴林非法占有海瓦尔岛，国际法院于2000年5月开始审理此案。2001年3月16日，海牙国际法院认为虽然两国都认为他们的边界是被外国列强任意人为制造和强加的，但国际法庭认定，当年英国的裁决在1971年两国不再接受英国保护后，仍有约束力，因此巴林是依法占有海瓦尔岛。根据国际惯例中的依法占有原则对海湾岛国卡塔尔和巴林间长期存在的领土争端作出了最终裁决。

武装冲突中的卡塔尔士兵

根据裁决结果，国际法院将位于卡塔尔和巴林两国间海域长期有主权争议的海瓦尔岛判归巴林所有，同时否决了巴林对卡塔尔半岛北部祖巴尔地区的主权要求。国际法院此项裁决结果对卡塔尔和巴林双方均具有最终约束力，任何一方不得上诉。这意味着卡塔尔和巴林两国间长期悬而未决的领土争端由此得到最终解决。

【地理小常识】巴林

巴林位于亚洲西南部，为波斯湾西南部的岛国，邻近卡塔尔和沙特阿拉伯之间，属热带沙漠气候，石油为经济支柱。巴林王国是一个中东国家，原为英国殖民地，1971 年 8 月 15 日宣布独立，首都麦纳麦，面积 706.5 平方千米，外籍人占全国人口的 1/3，主要居民为阿拉伯人，超过 60%，其他为印度、巴基斯坦、孟加拉和伊朗等国家的侨民。阿拉伯语为官方语言，通用英语。

3. 有效控制成边界

国际法庭解决领土纷争的第三大原则是有效控制。有争议的领土若无明确条约和实际行政划界，那么土地就应该归属相对来说进行统治更为有效的一方。2008 年国际法庭对马来西亚和新加坡关于白礁岛争端的裁决就是运用有效控制原则。

马来西亚在 1962 年和 1975 年出版的官方地图和信函，都表明了白礁岛位于新加坡领土范围。新加坡独立后，新加坡在白礁岛进行调查沉船、停止马来西亚官员在该岛海域进行科学研究，同时在岛上插军旗，安装军用广播电台，填海造地。对于这些实质控制手段，马来西亚一直未有任何回应。

【地理小常识】白礁岛

白礁岛又称白礁，位于马来西亚半岛柔佛东南 7.7 海里，新加坡以东 25.5 海里，处于新加坡海峡东面入口的南中国海水域，两端长度 137 米，平均宽度 60 米，低潮时面积约 8560 平方米。1840 年英国殖民地政府占领了白礁岛，随后交给新加坡管理。

1979 年，马来西亚突然出版地图把白礁岛划入它的领土范围，开始争夺主权。反复争论没有结果后，双方决定将该岛争端交由国际法院裁决。2008 年 5 月 23 日经国际法院裁决，由 16 名多国法官组成的聆审团以 12 票对 4 票判决白礁岛主权归新加坡。

历史上柬泰之间国界与疆域曾多次互有伸缩进退，为此结下历史宿怨。柬泰边界长 790 千米，立有 73 块界碑。

现实中，柬泰边界与领土争端的核心问题之一是柏威夏寺所属区域的主权之争。拥有 900 多年历史的柏威夏寺位于柬泰边界地区的扁担山脉，建于公元 10 世纪中叶至 12 世纪初。该寺建在一座高 525 米的峭壁之上，三面悬崖，向南俯瞰一马平川的柬埔寨西北平原。柬泰两国在历史上都曾宣称对该寺所属区域拥有主权。

柏威夏寺的争议焦点在于，根据 1904 年暹罗（当时泰国称为暹罗）和法国（当时柬埔寨是法国的保护地）之间的边界条约，两国的边界应该以分水岭为界。如果严格按照分水岭原则，寺庙所在高地应该在泰国一边，但后来绘制的该地区的边界地图，整个高地却被标在了柬埔寨一边。该地图作为附件，成为两国 1907 年缔结边界条约的组成部分，暹罗当时并未提出异议，后发现地图有误又提出主张。

1949 ~ 1952 年柏威夏寺及附近曾被泰国占领，柬埔寨政府于

1959年9月30日向国际法院提起诉讼。国际法院认定，泰国接受了地图线作为两国边界线，泰国不得反悔，即使地图线与条约规定不符也不影响地图和地图线的效力，进而于1962年6月15日作出判决，确认柏威夏寺的主权属于柬埔寨。判决作出后，国际法院的官方文件宣称泰国服从了国际法院判决。然而，泰国虽在国际法院作出判决后撤回了军队，但仍保留收回柏威夏寺的权利。

2007年，柬埔寨开始进行柏威夏寺的申遗工作，并再次引发柬泰两国间的争议。柬埔寨方面坚持拥有对争议领土的主权，并全力推动柏威夏寺的申遗工作。泰国部分人认为，一旦柏威夏寺申遗成功，将意味着古寺附近尚存争议地区的主权属于柬埔寨，造成泰国国土损失。

2008年7月，联合国教科文组织正式批准柏威夏寺为世界文化遗产。之后不久，包括1名僧侣在内的3名泰国人越过边境检查站，试图进入柏威夏寺宣布泰国拥有该寺主权，旋即被柬方逮捕。尽管柬方当天释放了这3名泰国人，但泰柬双方立即在边界线两侧加强了军事力量。柬泰发生边境争端后，两国曾举行多次会谈，但均未能取得进展。

3个月后，泰柬军队在柏威夏寺附近有争议的地区发生激烈交火，战斗持续了40多分钟，造成柬军2人死亡，2人受伤，泰军5人受伤，20人被俘。此后，尽管柬泰两国均表示将就紧张局势进行积极接触，和平解决争端，但双方军队仍形成对峙局面。进入2009年，双方又于4月初发生了边境武装冲突，数名泰国士兵阵亡。目前，柏威夏寺附近的两国边界线仍未最终划定。泰、柬两国都坚称，古寺方圆4.6平方千米的范围属于它们的领土，成为双方边界争端延续至今的斗争焦点。尽管泰国一再声称要夺回柏威夏寺，但是依据国际法“遵守条约”和“有效控制”两个原则，泰国在法理上还是站不住脚的。

【地理小常识】柏威夏寺

柏威夏寺是一座位于柬埔寨和泰国边境的古代高棉时期的印度教寺庙，建于公元 9 ~ 12 世纪，是高棉帝国时期最具代表性的大型石宫建筑物之一，艺术成就堪比吴哥的诸多名刹殿宇。柏威夏寺建于海拔 525 米高的马夸山（扁担山）“鹰喙”式摩艾丹崖顶，“喙尖”朝向柬埔寨，“喙根”朝向泰国。在柬埔寨一侧是陡峭的山崖，难以攀爬，香客和游人只能由泰国一侧山脚到达山顶的神庙。

泰国与柬埔寨两国对此庙的归属有争议，目前该寺处于柬埔寨柏威夏省的实际管辖之下。2008 年，该寺被认定为世界文化遗产，引起了泰国和柬埔寨之间新一轮的主权争夺。2008 年 7 月 8 日，尽管泰国政府作出过多次抗议，联合国教科文组织把柏威夏寺列为世界文化遗产，更令主权争议升级，泰国内矛盾激化。泰外相被迫辞职。随后，泰柬两军在神庙发生边界冲突，双方互有伤亡。

2011 年 2 月 5 日，柬埔寨和泰国两国军队在柏威夏地区再次发生武装冲突，一度出动了火炮等重武器。柬埔寨自神庙申遗成功后，开始向争议地带派驻国民，并且在中国的援助下，修建了一条连通神庙和吴哥窟古迹的公路，大力发展旅游经济。柬方逐渐将遗址周围的边界线向泰方推延，柏威夏寺争议地区实际被柬埔寨控制。

第三节　长期拉锯对峙　有限定期协商

在现实边界争端中，边界划分触及国家的陆疆领土完整及附带利益，任何一方都不愿做出妥协，彼此都想将争议地区完全据为己有。此类边界纠纷通常不会接受第三方势力的调解斡旋，也不愿将各自坚持的利益交由国际法院仲裁，而是选择派驻足够的军事力量与对手展开对峙争夺。

如果对峙双方军事力量势均力敌，这种对峙就会演变成长期拉锯式的争夺战，对抗行为可能呈现周期性激化升级的态势，冲突缓和时双方往往通过有限的磋商谈判消弭彼此间的鸿沟，以期在拉锯对峙中获取更多利益并力求边界纷争向利于己方的趋势发展。

1. 紧张对峙的朝鲜半岛

第二次世界大战后期，朝鲜被美、苏两霸无情分裂，南北双方在“三八线”两侧重兵对峙，加上大国因素的影响，南北之间冲突事件不断发生。1950 年爆发的朝鲜战争给半岛人民带来巨大的生命和财产损失，但却未能改变半岛的分裂格局，南北方依然紧张对峙，尽管没有发生大规模军事冲突，零星隐蔽的摩擦冲突时有发生。

在陆地军事分界线附近，从 1974 年开始，韩美军警巡逻部队先后在高浪浦、铁原、板门店、杨口附近的非军事区内又发现了 4 条穿越军事分界线的坑道，尔后韩国大肆渲染，宣称北方构筑的越界坑道多达 20 多条，并称战时北方可利用这些地道穿越军事分界线向南方大量机动作战兵力，朝鲜则对韩国的指责全部予以否认。

为了应对朝鲜挖设地道的行为，韩国当局动员几十万军人和劳工，耗时 3 年在军事分界线南方一侧修建了一条横贯东西的水泥墙。水泥墙距军事分界线 4 千米，依山势构筑，底部宽 10 ~ 19 米，顶部宽 3 ~ 7 米，高 5 ~ 8 米，全长 240 千米，每隔 70 ~ 90 米设一火力点，每隔几百米设有一道 4 米宽的自动铁门，可通过坦克、装甲车等重装备。朝鲜多次指责南方修筑的水泥墙是“民族分裂的象征”，并要求组成联合调查组进行实地调查，韩方始终予以否认。

在南北双方紧张的对峙中，朝方指责韩美军方经常运用直升机或电子侦察机越过军事分界线进行“侵略性”挑衅，韩方则指责朝方人员经常越界实施侵扰，对峙双方在分界线两侧的任何行为都极为敏感，被视为有敌意的一举一动往往立即升级为暴力冲突，朝鲜和美国士兵就曾经因为砍伐一棵杨树引发了流血冲突。

1976 年 8 月 18 日上午，14 名美军士兵在 2 名军官的带领下进入板门店共同警备区，以遮挡美军哨所视线为由，企图单方面砍伐共同警备区内的一棵白杨树。朝鲜警备人员认为此举违反停战协定，上前制止时遭到对方攻击，双方发生大规模殴斗。结果朝方 5 人受伤，美方2人丧命，8人受伤。

事件发生后，美国立即做出强烈反应，紧急命令驻韩美军及韩军进入战备状态，并向朝鲜半岛大举增兵。与此同时，朝鲜也命令全军进入战斗状态，平壤等大城市实施了灯火管制和防空演习。之后，300余名全副武装的美军在直升机掩护下，进入板门店共同警备区，将白杨树砍倒，并砸坏了朝方两个哨所的门窗。朝方对美军行动进行了监视，但并未采取对抗行动。当日中午，在军事停战委员会首席委员会谈中，朝方表示事件“令人遗憾”，并提议“双方应做出努力使此类事件不再发生”。

交火事件中的朝方军人

1992年5月22日，韩军在军事分界线附近同3名越界的朝鲜士兵发生交火，3名朝鲜士兵全部被打死，1名韩国军人受伤。这是自1989年南北举行总理会谈以来，朝、韩发生的首次交火事件，一度引发半岛局势紧张。

事件发生后，韩方提议在板门店召开军事停战委员会会议，商讨事件的解决。但是，此前美国违反停战协定，私自将军事停战委员会联合国军方面的首席代表职位让给韩国，朝鲜以此为由，一直拒绝参加军事停战委员会会议，因此韩方的提议遭到朝方拒绝，事件最终不了了之。

1994年12月17日，一架驻韩美军OH–58侦察直升机在韩国江原道地区越过军事分界线进入朝鲜境内，在非军事区北侧距军事分界线5千米处，被朝鲜人民军高炮部队击落。机上2名飞行员，1人死亡，1人被俘。事发后美方称是飞行员迷失航向，误入朝鲜境内，要求朝鲜归还被俘飞行员和死亡飞行员的尸体。而朝鲜认为此事件是美国精心策划的对朝侵略活动，要求美方正式道歉，并同朝鲜举行会谈，商讨签署取代停战协定的和平协定。

双方经过一段时间的对峙后，驻韩美军司令加里·勒克致函金正日，表示道歉，并保证美机不再侵犯朝鲜领空。由于朝美均不希望事态影响日内瓦框架协议的履行，在美方道歉后，朝鲜于1995年1月30日，向美方移交了被俘飞行员和死亡飞行员的尸体，事件逐渐平息。

第二次世界大战结束时，美国率先占领了“西海五岛”。朝鲜战争结束后，美韩方面根据停战协定中“除‘西海五岛’外，在黄海道与京畿道道界以北及以西的一切岛屿，均置于朝中方面的军事控制之下”之规定，继续占据“西海五岛”。

1953年8月，韩美单方面将距“西海五岛”北3海里，“西海五岛”与朝鲜海岸线的中间线划定为“北方限界线”，并将“北方限界线”作为南北双方海上军事分界线。而朝鲜主张在西海也应以陆上军事分界线的延长线作为双方的海上分界线，此线以北为朝鲜管辖区，以南为韩国海域。韩方船只经此线以北海域出入“西海五岛”必须向朝方申请许可，否则将予以坚决惩罚。

双方立场对立，互不相让。自1973年起，朝鲜海军舰艇也经常越过韩军的“北方限界线”，在白翎岛以西、以南海域活动，双方经常在此海域发生冲突。

1978年4月28日，朝方1艘武装间谍船渗透至巨文岛东南海域，被韩国2艘巡逻艇发现，韩国立即出动18艘舰艇、17架作战飞机，进行截击。经激战，朝方间谍船被击沉，6名船员中2人阵亡，4人被俘。韩方1艘快艇被击伤，死亡1人，伤3人。

事件发生后，韩国继续实施海空协同反渗透作战，出动舰机搜索北方间谍船。5月20日，韩军在东海军事分界线以南约9.5千米海域又击沉1艘朝鲜渔船（韩方称其是武装间谍船），8名船员全部被俘。其间，朝鲜海军曾出动7艘警备艇援救未果。6月13日，韩方通过板门店向朝方移交了8名被俘人员。

2002年6月29日，朝军2艘警备艇越过“北方限界线”，抵

紧张训练中的朝鲜士兵

达延坪岛附近海域活动。韩国海军快艇编队随即出动，向朝艇喊话，要求其退回北方，朝艇不予理会，双方发生交火。交火持续大约 25 分钟，韩方 4 人死亡，1 人失踪，19 人受伤，1 艘快艇被击沉。朝方则有 24 人丧生，1 艘警备艇被击中起火。

事件发后，双方均加强戒备，半岛局势再度紧张。韩方要求朝鲜“对事件赔礼道歉”。7 月 25 日，朝鲜方面对事件表示遗憾，并建议恢复朝韩部长级会谈。韩国对此表示欢迎，紧张局势就此缓解。

20 世纪 90 年代初，美国政府公开谴责“朝鲜正在研制核武器”，声称必须对朝鲜核设施进行核查。经反复交涉朝鲜同意接受国际原子能机构的核设施核查。国际原子能机构对朝鲜进行了 6 次不定期核查后表示，朝鲜的核技术尚处于低级阶段，但美国对此仍表示怀疑，要求国际原子能机构对朝实施强制性“特别核查”，但遭朝鲜拒绝。

此后，美韩宣布恢复针对朝鲜的“协作精神”联合军事演习，朝鲜则声明退出《不扩散核武器条约》，同时宣布全国进入“准战时状态”。为避免事态失控，在有关各方的积极努力下，朝美于 1993 年 6 月启动高级会谈，经过数次会谈，双方最终于次年签署了关于朝鲜核问题的日内瓦框架协议，第一次核危机和平解决。

1998 年美方称在朝鲜宁边东北 40 千米的金仓里地区发现一个大型地下“核设施”，公开指称该地下设施为“核设施”，并指责朝鲜违反日内瓦框架协议继续研发核武器，要求对该地下设施进行核查，并威胁可能采取“决定性措施”。对于美国的指责，朝鲜断然予以否认。

朝美经过一系列会谈达成妥协，朝允许美国核查，美则向朝提供20万吨粮食、1000吨土豆种子及土豆栽培技术。随后由15名美国专家组成的核查小组对金仓里地下设施进行了现场核查。核查后，美方宣布，“没有发现与后处理设施或核反应堆相关的任何证据”。于是，由金仓里地下设施事件引发的半岛紧张局势逐渐平息。

2002年，美国总统特使助理国务卿詹姆斯·凯利一行访问朝鲜。访问期间，凯利声称美国已经掌握朝鲜建设浓缩铀设施的“证据”，并在核武器、导弹及常规力量部署等问题上对朝鲜施压，致使访问未能取得实质成果。

随后，美国务院发言人宣布朝鲜承认有一个秘密的浓缩铀计划，公开指责“朝鲜的核武器计划严重违反日内瓦框架协议、《不扩散核武器条约》、国际原子能机构的安全保障协定和《朝鲜半岛无核化共同宣言》”，在国际上引起轩然大波，并迅速引发了第二次朝鲜核危机。

此后，美国对朝鲜采取了中止提供重油，宣布朝鲜为“无赖国家”和“邪恶轴心”，指责朝鲜为“暴政前哨”、实施金融制裁等一系列强硬措施，而朝鲜则采取了解除核冻结、重启核设施、退出《不扩散核武器条约》、宣布拥有核武器、进行地下核试验等“超强硬”对抗措施，使危机不断加剧。

为了防止局面失控，中国和有关国家一道，通过不懈努力将核问题的解决纳入六方会谈机制。截至2009年年底，六方会谈已经举行了七轮会谈，并在和平解决朝鲜核问题方面取得了重要进展。

1998年8月31日，朝鲜在咸镜北道花台郡舞水端里发射了一枚多级火箭推进的远程弹道导弹，导弹的第一级落入日本海，第二级越过日本落入太平洋。美日韩等国政府随即对朝鲜进行了严厉谴责。

美国称“这是一个严重的事态发展，并将对那里的形势做出评估”。日本当日即向朝鲜驻联合国使团提出严重抗议，并迅速采取了暂停对朝粮食援助和朝日邦交正常化谈判，禁止包租航班飞往平壤等制裁措施。韩国政府要求朝鲜“立即停止发展导弹，并参加国际社会为防止导弹扩散所进行的努力”。

面对国际舆论的一片哗然，朝鲜在沉默了数天之后，于1998年9月4日宣布，其发射的是一颗自主研发的人造卫星——“光明星1号”。此后，美日韩与朝鲜之间进行了一系列激烈对抗，一度使半岛局势陷入危机。为化解危机事态，1998年10月美朝重启导弹会谈，并最终于1999年9月达成“柏林协议”，以美国放松对朝经济制裁、朝鲜承诺暂停远程导弹试射的方式化解了这场危机。

2006年7月5日，朝鲜在东海岸地区进行导弹发射训练，共向日本海方向发射了7枚导弹，其中包括6枚射程为300～450千米的“飞毛腿”和“劳动”导弹、1枚“大浦洞”Ⅱ型远程导弹（发射失败）。事件引起国际社会高度关注，并使因核问题引发的半岛紧张局势进一步加剧。

美国从日本冲绳嘉手纳空军基地派出RC–135侦察机对朝鲜实施监视，并表示“朝鲜发射导弹是一种挑衅性行为”，威胁将对朝实施制裁。日本出动了宙斯盾驱逐舰和EP–3电子侦察机，在日本海及其上空实施警戒，同时宣布对朝实施制裁。韩国对朝鲜试射导弹“深表遗憾”，并呼吁朝鲜早日重返六方会谈。

朝鲜新领导人金正恩上台执政后，出于国内国际形势发展的需要，继承了一贯的强硬作派，面对美日韩等国进行的联合军演，进行导弹试射、卫星发射、核爆试验表示抗议，使朝鲜半岛的局势一度紧张，最近一段时期南北关系又出现了回暖趋势。从长期来看，朝韩对峙的局势不会从根本上得到缓和，但是通过有限的定期协商，双方就争议问题达成一定共识的可能依然存在。

2. 旷日持久的克什米尔拉锯

半个多世纪以来，印度和巴基斯坦在克什米尔问题上长期对峙，始终无法找到打破僵局的出路。克什米尔是查谟和克什米尔土邦的简称，位于南亚次大陆的西北部，面积19万平方千米，人口约500万。

1947 年，英国殖民者撤离南亚时抛出的关于印度和巴基斯坦分治的蒙巴顿方案，并未对印巴交界的克什米尔地区的归属问题作出定论。

关于克什米尔问题的解决方案，印度的立场是愿意接受印巴两国的临时控制线为正式国境线。但是，巴基斯坦则要求在此基础上再得到印控克什米尔穆斯林占多数的斯利那加谷地。如果此方案行不通，巴基斯坦也愿意接受一个通过“公投”获得独立的克什米尔。为此，巴基斯坦积极推动克什米尔问题的国际化，将之提升到“民族自决”的高度，而印度则反对任何外部势力插手，也拒绝和克什米尔反政府组织举行会谈，以免有损自己在该地的主权。

印巴双方之所以在克什米尔问题上长期拉锯对峙，首先是缘于克什米尔地区重要的战略地位，尤其是对巴基斯坦而言。巴基斯坦境内的三条主要河流均源自克什米尔地区，对于水源短缺的巴基斯坦而言，克什米尔无疑就是生命线。其次，面对强大的印度，巴基斯坦缺乏战略纵深，若失去克什米尔，巴基斯坦将完全陷入印度的包围之中。对于印度而言，克什米尔也是印度通往中亚的桥梁，战略地位异常重要，也绝不允许落入他人之手。

另外，克什米尔问题牵扯到两国的立国理论及国家统一的大局问题。巴基斯坦建国基础是印度教徒与穆斯林分属不同民族的“两个民族理论”。1947 年巴基斯坦以牺牲 100 万人民生命的代价建国，成为南亚次大陆穆斯林的家园。若巴在穆斯林占大多数的克什米尔问题上做出巨大让步，就等于否定了赖以生存的立国根基。

而印度作为一个多种族、多信仰的国家则始终追求世俗化的建国思想，否定“两个民族理论”，认为穆斯林与印度教徒虽宗教信仰不同，但同属一个民族，可以共同生活在一个世俗化的国度里。目前，印度仅穆斯林人口就有 2 亿人左右，几乎遍布印度各地，这进一步凸显其坚持世俗化建国理念的重要性。如果印度将克什米尔划归巴基斯坦，则等于承认了“两个民族理论”，这可能会打开印国土裂变的“潘多拉盒子”。

为争夺克什米尔的主权归属，60 年来双方使出浑身解数，不

部署在克什米尔的印军山地部队

惜兵戎相见。印度和巴基斯坦之间历史上曾爆发了三次战争和一次大规模边境武装冲突，其中两次战争和卡吉尔冲突都是因克什米尔问题而起。进入21世纪以来，随着国际形势的转变以及自身利益的需求，双方开始合作，两国关系一度出现缓和。但克什米尔事关两国核心利益，双方明争暗斗打打谈谈，致使克什米尔的归属至今成为留在印巴之间的一个悬而未决的问题。

在印巴分治初期，双方便围绕克什米尔的归属问题曾经爆发了长达一年多的战争，即史称第一次印巴战争。印度以10万兵力挺进克什米尔地区展开全面攻势，巴方也相继投入近5万正规军进驻克什米尔与印军展开激战。

为防战事无限扩大，联合国组成“印巴问题委员会”前往调解，经过不懈努力印巴两国政府终于达成协议。1949年1月实现完全停火，根据印巴双方的实际控制情况，双方在卡拉奇划定了一条永久停火线，正式签署了“停火线协议”。通过这场战争，印度占据了克什米尔全境3/5的领土和约400万的人口，并占据了对巴基斯坦农业生产具有重要意义的杰纳布河和拉维河的上游。

【地理小常识】杰纳布河与拉维河

杰纳布河是印度西北部、巴基斯坦东部河流，属印度河主要支流。源于喜马拉雅山脉西段，由印度旁遮普喜马拉雅山脉中的坚德拉河和帕加河汇成。西流经查谟和克什米尔，穿过西瓦利克山与小喜马拉雅山，向西南流入巴基斯坦，与印度河支流苏特莱杰河汇合。

长约1200千米，流域面积13.8万平方千米。沿河有灌溉渠，可灌田约150万公顷。

拉维河是印度河中游的主要支流之一，发源于印度喜马偕尔邦，从伯索利以南的马多普尔流入巴基斯坦，在锡德奈附近注入奇纳布河。拉维河流域面积1.16万平方千米，河长725千米。

由于印度河及其他好几条支流都是从印度流入巴基斯坦，两国在水资源的分配上出现争议，后由世界银行介入调停，经多年努力，两国于1960年9月达成《印度河水协定》。根据协定，将拉维河、萨特莱杰河及比亚斯河划归印度，奇纳河、印度河及杰赫勒姆河划归巴基斯坦。

第一次印巴战争后两国曾就克什米尔问题多次举行谈判，由于分歧较大没有取得协商成果，双方各自积蓄力量扩军备战。1965年9月，由印度镇压克什米尔穆斯林起义引起的第二次印巴战争全面爆发，由于无法承受战争带给本国政治与经济压力，印度于9月下旬向联合国提出了无条件停火的请求，巴方予以赞同并签订了停火协议。翌年1月双方领导人举行会晤，发表了《塔什干宣言》，印巴军队撤退到开战前所在地区。

1971年11月，印度为支持东巴基斯坦建立孟加拉国，借机发动了第三次印巴战争，占有优势的印军取得较大胜利后结束了战火，这一战使东巴脱离巴基斯坦，成立了孟加拉共和国。印方还占领了巴控克什米尔地区的320平方千米的土地。1972年7月双方经过磋商签署了《西姆拉协定》，同意在查谟和克什米尔尊重1971年双方停火后形成的实际控制线。

第三次印巴战争结束后，双方围绕克什米尔的摩擦和冲突仍然持续不断。进入20世纪80年代后印巴关系有所改善，但总体上说仍然是僵局未变。尤其是1998年双方进行的核试验，使两国关系再次蒙上阴影。为了避免发生核战争双方展开了最具历史意义的“巴士外交”，并签署了《拉合尔宣言》，以期解决包括克什米尔问题在内的悬而未决的问题，但由于分歧依旧未能实现实质性的突破，两国边境局势依然紧张。仅3个月后，印巴在克什米尔卡吉尔地区再次爆发大规模的武装冲突。

进入21世纪以来，印巴局势时紧时松，双方多次会谈并举行阿格峰会，但未能取得任何实质成果，沿实际控制线一带零星的武装冲突一直不断。在国际力量推动下，2004年印巴领导人举行正式会谈，于次年实现了印巴克什米尔地区之间的首次通车，并实现了高层互访决定就克什米尔问题进行全面对话，被称为是“克什米尔的春天”。但是纵观历史，印巴双方在克什米尔问题上积怨太深，前景依旧荆棘丛生，克什米尔问题何时以何种方式解决，值得双方和国际社会的深入探讨。

第四节　开展军备竞赛　武力消除争端

军事实力是解决边界争端的根本保证，运用武力解决边界纠纷是当事双方的最后底线。为了能够最终达成己方目的，边界争端双方都非常注重加强自身的军事实力，均希望通过争取并不断扩大自己的军事领先优势在边界争端中占据主动，增加谈判或军事行动的胜利砝码。

从历史上看，边界问题存在较大争议的当事国双方通常会在边界地区囤积重兵，并瞄准未来可能发生的军事冲突，不吝财力开展军备竞赛。一方面，通过加强军备做好应对突发战事的准备；另一方面，也期望通过加强军事威慑在边界问题上争取更大利益。

1. 以国防工业立国的以色列

以色列自建国后，坚持从国情出发，始终认为国防工业是建立强大国防的物质基础，历届政府都把国防工业放在战略地位，投入巨资加快发展。

从地理环境来看，以色列国家地形复杂，最窄处仅14.5千米，边境线长，极易受到邻国的攻击。从安全环境来看，以色列一直处于紧张状态，既有与巴勒斯坦的领土之争，又受到敌对阿拉伯国家的重重包围。如此恶劣的地理位置和周边环境，决定了以色列国防工业的重要地位。因此，以色列采取以国防工业为立国之本的战略方针，谋求建立一支与周边阿拉伯国家能够抗衡的现代化军队。

据统计，以色列对国防工业的投资占整个工业投资的50%，国防工业发展水平非常高，其中50%以上的产品用于出口，从业人员达60万人。以色列国防工业产值占其工业总产值的50%，而在20世纪60年代末期，这一比例还不到20%。

目前，以色列已经建立了完整的国防生产体系。世界上没有几个国家在武器系统国产化的种类和数量方面能超过以色列。以色列自己生产的武器装备达1000多种，陆军武器包括全部的步兵武器（自给率超过95%），各种门类、各种口径的火炮及弹药；空军武器包括先进的作战飞机、各种机载电子设备、常规炸弹及先进的空空、空地导弹；海军武器包括潜艇、大型舰船以及各种功能的小型舰船和先进的舰舰、舰空、舰岸导弹，并出口世界十几个国家，位居国际军贸出口额前10位。

核武器对于以色列来说早已不陌生。以色列还利用自己研制的运载火箭成功地发射了“地平线Ⅰ”和“地平线Ⅱ”卫星，这说明以色列解决了远程导弹的运载工具和精确制导问题，已拥有核打击能力。

几十年来，以色列的国防工业成为其军队战斗力的重要保证。以色列军队建国时仅有3万名军人和屈指可数的重型武器。目前已经发展为70万人、拥有先进的武器的现代化军队。以色列军队现在拥

以色列研制的“费尔康”预警机

有 2800 多辆主战坦克和 700 多架作战飞机，其中绝大多数为先进的第三代主战坦克和第三代作战飞机。就连国际武器评估小组的专家们也承认，以色列军队已经成为世界上技术装备最先进的军队之一。

2. 热衷扩军的印度

在克什米尔问题和阿克赛钦地区，与巴基斯坦及中国都存在边界争端的印度，历来注重扩充军备，其持续强军备战行为一直挑动着南亚地区军备竞赛。2010 年以来，印度军费投入连续 3 年增速超过 15%，其 2012 ~ 2013 财年的国防开支约为 386 亿美元，比前一年增长幅度高达 17%。印度对外武器采购清单动辄上百亿美元，过去 5 年都是全球最大武器买家，其最近一批武器订单包括飞机、潜艇和火炮，其中采购 126 架法国“阵风”式战机，合同额预计约为 120 亿美元。

目前，印军仍保持 130 余万人的总兵力，是世界第三大军事力量。在兵力部署上，印度在针对巴基斯坦西部战略方向进行重点防御，部署了陆军实力的 55%、空军实力的 50%、海军实力的 50%。印度在其庞大的军费开支支持下，军事实力始终领先于巴基斯坦，这也是在历次印巴克什米尔冲突中印军总能占据优势的主要原因。

巴基斯坦则针锋相对，将陆军实力的 70%、海军实力 90% 以上均部署在针对印度的东南方向。2010 年 4 月 8 日，印度陆军在塔尔沙漠举行军事演习，印军的 3 个攻击编队参加了演习，其中包括 T–90、T–72、M1 坦克战斗群。为与印度针锋相对，仅仅过了 2 天，巴基斯坦军队就举行代号为“新决心Ⅲ”的军事演习。这是巴基斯坦 20 年来最大规模的一次军事演习。两国的演习几乎同时举行。

在武器采购方面，印度每年同俄、美、法等国签署了多项军购合同，采购内容涉及山地榴弹炮、军用运输机、战斗机、潜艇、坦克等陆、海、空三军各式武器。巴基斯坦尽管国力薄弱，但也不得不与印度进行这场“死亡游戏”。2010 年 9 月，巴基斯坦与法国签署军售协议，法国将向巴基斯坦的“阿戈斯塔”柴电潜艇舰队提供两套潜艇战术综合作战系统。

印度多年来坚持不懈地发展核武器，努力追求构建“三位一体”的核力量。在陆基核导弹方面，印度把重点放在发展能够携带核弹的陆基弹道导弹上，已先后成功研制出了“大地”短程弹道导弹、“布拉莫斯”巡航导弹和“烈火”系列中程弹道导弹。2010 年 5 月 17 日，印度从东部奥里萨邦的惠勒斯岛成功试射一枚“烈火Ⅱ”型地对地弹道导弹，导弹射程达 2000 千米，既可携带常规弹头，也可携带核弹头。可以将巴基斯坦全部地区纳入打击范围。在海基弹道导弹方面，印度研制成功了“弩弓”“海洋”海基弹道导弹。2010 年 12 月 3 日印度海军参谋长维尔玛上将表示，印度的第一艘核潜艇“歼敌者”号将于 2011 年年底服役，印度将成为继美国、俄罗斯、法国、中国之后第四个拥有“三位一体核力量”国家。印度计划在未来几年建造 3 ~ 5 艘“歼敌者”级导弹核潜艇和 6 艘鱼雷核潜艇。

巴基斯坦海军发言人阿里称，“歼敌者”号核潜艇将在整个印度洋地区引发新一轮军备竞赛。在空基核武器方面，印度空军改装的“美洲虎”“幻影 -2000”“米格 -27”、“苏 -30MK”等战斗轰炸机，都可以运载核武器。印度研制的“无畏”级巡航导弹和“布拉莫斯”超音速巡航导弹均可携带核弹头。2010 年 10 月，印度战略司令部高调宣布印度将在近期购买 40 架先进核运载飞机，增强其核武器投送能力。

印军改装的“幻影 -2000”战斗机

印度如此热衷扩充军备的目的之一，就是力求能够在与巴基斯坦和中国的边界纷争中占据军事优势，以谋求边界争端的解决向着有利于其所期望的方向发展。

3. 高度战备的朝韩

朝鲜半岛是东北亚地区名副其实的“火药桶”，是冷战结束后世界上军事对峙最紧张、军事力量部署最稠密、战争准备程度最高的地区。被称为“冷战活化石”的朝鲜半岛可以说至今仍未脱离冷战状态，任何一点火星都可能激起朝鲜半岛全面的军事对抗。

朝鲜半岛南北双方存在着严重的边界分歧。二战后美苏双方依照“三八线”划定南北两国，朝鲜战争爆发前双方冲突不断，最终演变为战争。《朝鲜停战协定》签署后，南北双方的军事冲突并没有停止。领土“划分”是南北关系紧张的主要原因，朝韩都认为整个朝鲜半岛才是自己国家的完整领土，南北双方都想“吃掉”对方，统一朝鲜半岛。

同时，由于停战协定并没有涉及南北双方关于海域的划分，南北各自主张的海上“警戒线”争议较大，包括“西海五岛”（白翎岛、大青岛、小青岛、延坪岛和隅岛）在内的领海分歧持续发酵也是南北交恶的重要诱因。

朝韩双方长期对峙，陆地和海上边界始终严阵以待，两国军队互有侵扰，小规模冲突时有发生。为了能够达到各自统一全岛领土的主张，朝韩双方一直进行着紧锣密鼓的军备竞赛。

【历史小知识】延坪岛炮击事件

延坪岛炮击指发生在2010年11月23日的朝韩双方相互炮击事件。延坪岛，位于仁川西北方约83.2千米，在朝鲜瓮津半岛的下方。面积为7.29平方千米，海岸线长24.3千米，人口1000多人，是西海渔业的中心地。

2010年11月23日上午10时，韩国在延坪岛附近海域上进行已预定年度例行的军事炮击演习。当日，朝鲜曾要求韩国停止有关军事演习，但韩国方面不予理会，并向朝鲜一方的水域进行了发射炮弹的演习。在当地时间下午约2时34分，朝鲜人民军在无任何预警的情况下开始向韩国延坪岛炮兵阵地射击。

延坪岛上的韩国军事设施随即在炮击中起火，韩国方面立刻用K-9自行火炮向朝鲜海岸炮部队基地还击。朝鲜遭到韩国还击后，随即又进行了还击。据统计，炮击事件中韩国亦还击了80多炮，双方开始进行互射。朝鲜发射的炮弹共计170余枚，其中60枚命中延坪岛。

朝鲜的炮击造成延坪岛上多处停电与火灾，韩国的炮击也造成了朝鲜方面的损失。韩国军方命令疏散平民躲进防空洞内，且快速重新组织在岛上的战力，并迅速派遣F-15K、F-16战斗机协防空域。

韩方称朝方炮弹造成2名韩国海军士兵和2名平民死亡，20人受伤，伤者中有17名韩军士兵和3名平民。朝鲜方面伤亡不详，据悉，至少5名朝鲜人民军官兵在韩国军队的还击中丧生。

自从朝鲜人民军与联合国军在朝鲜战争中达成休战协议以后，朝鲜和韩国海上界线的划定一直未能取得进展。朝鲜政府并不承认韩国主张的“北方分界线”，并且宣称拥有此线南侧由韩国支配的延坪岛及其周边海域的主权。历史上朝、韩双方多次在韩国设定的海上“北方分界线”周围进行军事行动，韩国同样不承认朝鲜主张的南方警戒线。

从20世纪90年代末至21世纪初，两方军队以拥有此海域的主权为理由，在双方主张的分界线中间争议海域活动，引起了第一次延坪海战、第二次延坪海战等军事冲突。2009年11月10日，朝鲜人民军海军与韩国海军在大青岛海域发生海战。“天安”号事件后，双方在此海域的紧张对峙局面升级。

【历史小知识】“天安”号事件

“天安”号事件，又称天安舰事件，事发于2010年3月26日，韩国“天安”号警戒舰在黄海朝韩两国争议海域白翎岛和大青岛之间巡逻，在船尾发生不明原因爆炸后于21时45分沉没，造成46名船员遇难，仅有58名船员获救。“天安”号是韩国海军一艘浦项级护卫舰，该舰于1989年11月开始服役，排水量为1200吨，舰长88.3米、宽10米、吃水2.9米，最大航速为32节。

天安舰爆炸沉没是韩国海军史上最大惨案。经证实，在韩国海军历史上，巡逻舰级以上大型战斗舰因爆炸而沉没这还是第一次。事件发生后，韩国政府表示，将客观、科学、彻底地查明“天安”号事故的真相，追究相关责任。韩国于5月20日正式发表有关事件原因的调查结论显示，综合各种证据来看，“天安”号是受到朝鲜小型潜水艇发射的鱼雷攻击而沉没的。

朝鲜虽然经济基础比较薄弱，但是在历届领导人“先军政治”思想的指引下，集中大量的人力、财力与精力努力发展自身的陆军和核力量。

实射中的朝鲜火炮

在常规力量上，朝鲜十分重视炮兵发展，拥有至少4000门130毫米、152毫米、170毫米以上大口径炮，射程可以覆盖首尔地区，对韩国构成直接威胁。在延坪岛炮击事件中朝军使用的122毫米火箭炮还装填了“燃料空气弹头”，这种弹头一接触目标就会产生高热高压，对大面积目标具有极强的毁伤效果，一发炮弹就可覆盖80平方米的区域。另外，装备的新型12管240毫米火箭炮射程更远，可达45～65千米，据军事专家称，如果该炮多车齐射，完全可以覆盖整个延坪岛。

朝鲜的核力量发展也不容忽视，到目前已经成功进行了3次地下核爆试验，其发展较为成熟的“劳动者Ⅰ”型导弹，射程履盖100～4000千米，可以携带生化弹头，甚至核弹头。有关专家预测，朝鲜的拥核进程如果进展顺利，不久的将来就可能成为名副其实的有核国家。

与朝鲜的“先军政治”相对应，经济发达且得到美军庇护的韩国军事力量在武器装备性能和信息化程度上都远胜于朝鲜，尤其是其斥巨资打造的空军和海军。韩国空军拥有超过200架美制F-16和F-15K战斗机，海军拥有全球领先的“宙斯盾”驱逐舰和1.6万吨的“独岛”号两栖攻击舰。海空实力总体领先朝鲜30年以上，博采众家之长的韩国陆军整体水平也要高出朝鲜一个台阶。

韩国唯一忌惮的就是自己的首都首尔距离“三八线”只有约50千米，而朝鲜陆军装备有大量射程超过50千米的170毫米自行加农炮、240毫米火箭炮和战术导弹。韩国方面经常声称有能力在短时间内入侵并占领整个朝鲜，朝鲜则公开声称其炮兵“可以把首尔打成一片火海”。

在朝鲜半岛的紧张对峙中，南北双方军备制衡是很重要的一个因素。只要南北双方关于朝鲜半岛统一与归属问题一天得不到妥善解决，作为解决领土与边界纷争的一种必要途径的军备竞赛就一天不会停止。

第五节　搁置彼此争议　耐寻有利时机

存在领土争端的国家和地区间，如果通过军事或战争手段解决边界问题，双方往往付出惨痛代价，是当事两国政府和人民都不愿承受的。运用外交或国际法手段处理边界纷争，通常会有一方做出牺牲或让步，损失本来极力争取的利益，也是妥协一方无法接受的。实施僵持对峙拖延解决边界争端，纷争双方也势必长期付出高昂代价，给国家和人民带来沉重负担。

若想摆脱以上几种困局，唯一的选择就是暂时搁置彼此争议，维持现有边界状况不变，确保双方和平共处互不侵犯，静待时机或条件成熟再寻找解决争端的良策。

1. 不堪重负搁置争议

1993年厄立特里亚从埃塞俄比亚分离出去后，两国曾友好相处。但随着两国经济摩擦的不断加深，边界武装冲突随之爆发。

厄立特里亚位于非洲东部，国土面积达12.43万平方千米，拥有人口350万，首都位于阿斯马拉。厄立特里亚原为埃塞俄比亚的一部分，1993年4月27日宣布脱离埃塞俄比亚成为独立国家。厄立特里亚独立后，一直与埃塞俄比亚保持着较为密切的关系。两国都使用埃塞俄比亚货币“比尔”，并且埃塞俄比亚是厄立特里亚最大的贸易伙伴，但后来两国在比尔兑换问题上逐渐出现了分歧。

1997年11月初，埃塞俄比亚的汇率为6.8比尔兑换1美元，而厄立特里亚的汇率为7.2比尔兑换1美元。埃塞俄比亚指责厄立特里亚为吸收美元而损害了埃塞俄比亚的利益。为此，厄立特里亚于1997年11月8日正式发行本国货币“纳克法”，以取代埃币比尔，并要求两者等值兑换，互相流通，还要求埃塞俄比亚“赔偿”其货币比尔在厄立特里亚流通多年给厄所造成的“损失”。

被关闭的双方合营炼油厂

埃塞俄比亚拒绝“赔偿”，要求厄立特里亚要么把比尔作为厄的“保护货币”，要么交出没有兑换的比尔纸币，并针锋相对发行新版埃币，将两国贸易改以美元结算。此举使两国贸易额骤减，厄立特里亚原本困难的经济也因此雪上加霜。在这种情况下，厄立特里亚采取了一系列措施作为应对，如禁止从埃塞俄比亚市场进口任何商品，不再按约向埃塞俄比亚提供港口便利，并关闭了双方共同经营的一家炼油厂。

历史上埃、厄两国都曾长期遭受殖民统治，殖民主义者对埃、厄边界曾有过不同的划分方法。厄立特里亚独立时，两国未能及时划定边界，埋下了矛盾冲突的隐患。双方都称两国边境一块荒无人烟的狭长地带为“自己的领土”。随着两国经济上，特别是财政和贸易摩擦的加剧，两国很快处于武装冲突的边缘。1998 年 5 月 6 日，埃、厄两国在有争议的边界地区发生摩擦，并最终演化为一场边界武装冲突。

最初，两国军队在边界地区发生小规模的战斗。之后演变为两国军队在巴德梅地区中心地带的扎拉姆贝萨镇展开激战。该镇位于埃塞俄比亚首都亚的斯亚贝巴以北 550 千米、厄立特里亚首都阿斯马拉以南 100 千米处，连接两国首都的高速公路穿过该镇。战斗中双方动用了坦克、火炮和迫击炮等重型武器，100 ~ 150 名士兵在战斗中被打死。战斗发生后，两国都指责对方首先挑起冲突。

矛盾激化后，埃塞俄比亚政府要求厄立特里亚把驻亚的斯亚贝巴的外交人员减少为 3 人，其他外交人员必须在数日内离境。作为报复，厄立特里亚则逮捕了 500 多名埃塞俄比亚人，并将 3000 多名埃塞俄比亚人驱逐出境。

随后冲突进一步升级，厄军出动战斗机对埃塞俄比亚北部提格雷州首府默克莱城区和机场进行了袭击，造成埃方 44 人死亡，140 人受伤。与此同时，埃空军也对厄立特里亚首都阿斯马拉及附近的空军基地连续发起猛烈的攻击。面对两国武装冲突的升级，西方国家于 6 日撤离了在厄立特里亚的人员。9 日，双方在扎拉姆贝萨地区继续展开战斗。埃方宣布击退了厄军 4 次进攻，给厄军造成重大伤亡，厄方则指责埃军首先挑起战斗。10 日，埃塞俄比亚和厄立特里亚两国军队再次在边境地区展开激战。

埃、厄武装冲突引起了国际社会的强烈关注。6 月 14 日，两国在国际社会的强大压力下暂时停火，但随着非洲统一组织调解的失败，两国军队 19 日又在边界附近互施炮击，其中埃军动用了重型火炮和多管火箭炮。此后，联合国、非统组织、欧盟和一些国家政府积极进行调解和斡旋，埃、厄冲突得以暂时控制，但两国继续向边境地区集结重兵，形势仍很严峻。

6个月后，非统组织在瓦加杜古召开冲突机制中央机构首脑会议，通过了和平解决埃、厄冲突的《瓦加杜古框架协议》。《协议》规定：厄军撤回至1998年5月冲突前的位置，在有争议的巴德梅地区恢复埃方民政机构；由非统派军事观察员监督厄方撤军，两国重新划分边界。埃塞俄比亚对《协议》表示接受，而厄立特里亚则对《协议》提出质疑，拒绝接受。

在国际社会调解无效的情况下，埃、厄边境地区在保持了7个多月相对平静后重燃战火。埃、厄两国地面部队在空军支持下在西部的巴德梅–谢拉罗一线进行了全面交战，战火向东扩展到索罗纳，紧接着蔓延至靠近阿萨布港的布雷。战斗中厄军击落埃军1架米–24型直升机，打死埃军250人，俘虏18人。但埃军攻占了厄军的吉扎格拉塞、科宁和科尼托3个据点，击毁厄境内阿迪夸拉城东南5千米处的一座雷达站，重创厄军在阿萨布港以西约20千米处的哈塞勒后勤支持中心，在战场上占了上风。

埃、厄再次交火引起国际社会的普遍关注。联合国安理会呼吁双方立即停止敌对行动，并强调《瓦加杜古框架协议》“仍然是和平解决冲突的可靠而又妥善的基础”。埃塞俄比亚在外交上积极争取国际社会的支持，在军事上则用武力压制厄军。埃空军轰炸了厄方的阿萨布机场，给这一战略目标造成了严重破坏。之后，埃军在巴德梅前线发起代号为“落日”的攻击行动，攻克了厄军占领的巴德梅及邻近地区。面对军事上的失利和国际社会的压力，厄立特里亚被迫于2月28日宣布接受《瓦加杜古框架协议》。

埃、厄双方虽然同意接受《瓦加杜古框架协议》，但并未放弃战场上的军事较量。3月1日，厄立特里亚外长发表声明称，厄军从巴德梅撤军是新战略的一部分，厄军将会为更加有力地保卫阵地而发动凌厉的攻势。埃塞俄比亚政府则发表声明称，巴德梅并不是厄方入侵埃塞俄比亚领土的唯一证据，厄军还占领着扎拉姆贝萨—艾加地区、巴达—布雷地区和伊加拉地区，埃军将一鼓作气夺回全部地方。

面对上述局势，国际社会加大外交斡旋的力度。在国际社会强烈要求和平的呼声下，埃、厄双方也相继表示了和平解决冲突的愿望，并开始谈判解决争端。但双方在谈判过程中，仍不放弃武力较量，以期争得有利的谈判地位。

进入本世纪后，两国军队的战场较量仍在进行。厄军向驻守在布雷地区的埃军发动进攻，打死打伤埃军200人、俘虏4人。两国军队随后在两国约1000千米的边界线上全面交战。厄军一度在战场上处于主动地位，但埃军很快扭转了不利局势。

埃军首先攻克距边界约40千米的厄方西部重镇巴伦图，此处也是厄方西部战场的指挥中心和后勤供应中心。同时，埃军还出动战斗机轰炸了厄方北方港口马萨瓦附近的一些战略要地。不久后，埃军全部收复了被厄军占领的领土，并继续向厄方发动进攻，双方交战区有数万名百姓流离失所。

针对埃、厄冲突再度升级，联合国安理会迅速作出决议，要求埃、厄两国停止一切军事行动，并在非统主持下尽早并不附加先决条件地重新开始实质性和平谈判。在国际社会的努力下，埃、厄两国的态度有所松动。两国先后接受了由非统提出的和平方案，在阿尔及尔签订了《终止敌对协议》，重申遵守采用和平方式解决冲突、不使用武力、遵守历史遗留边界和按非统和平计划解决边界争端的基本原则。至此，持续2年多的埃、厄边界冲突宣告结束。

埃军装备的战斗机

埃、厄边界冲突之所

以结束，一方面是由于联合国、非统、欧盟及一些国家发挥了重要作用；另一方面，埃、厄军事冲突是两个穷国之间的对抗，两国的财力和军力都非常有限，远不能满足长期战争的巨大耗费。冲突不能解决争端，和平谈判才是化解争端的唯一出路。

2. 开创搁置争议新思路

近年来，中国作为地区性负责任大国，在解决陆地领土争端问题上开辟了新思路，提出并率先实践解决领土争端的新思想。从中越边境的全面划定到黑瞎子岛问题的顺利解决，中国与邻国之间跨越几百年的边界历史问题，通过不断搁置争议的新思路得到了全面解决，集中体现了中国政府超越历史和现实的政治智慧，也因此赢得了国际社会的普遍赞誉。

长期以来，中俄边界争端成为影响两国关系稳定和发展的重要因素，而黑瞎子岛的归属是中俄东部边界最大的争议问题。自1964年以来，中俄之间共进行了四次边界问题谈判。

1964年2月23日，中苏之间开始第一次边界谈判，当时尽管双方的立场存在原则性分歧，但在谈到两国东部边界的实际划分时还是取得了重大的进展。两国同意以黑龙江、乌苏里江两江主航道中心线为界，主航道中心线一侧的争议岛屿（包括珍宝岛）和洲渚划归中方。

额尔古纳河以现行主河道中心线为界，苏方控制的200多平方千米的岛屿（苏界外领土）划归中国。双方同意先将黑瞎子岛的归属问题搁置起来。由此可见，除黑瞎子岛问题之外，中俄就东段边界大部分争端问题基本上达成一致意见。

【地理小常识】黑龙江和乌苏里江

黑龙江自8世纪中国唐朝起是中国的内河，19世纪后期沙俄强行占领中国黑龙江以北、乌苏里江以东大片领土之后，才成为中俄界河。黑龙江是中国四大河流（包括黑龙江、黄河、长江、珠江）

之一、世界十大河之一（有些资料计为第六）。2004年，中华人民共和国和俄罗斯联邦签署最后边界协定，将两国国界以黑龙江为基本界限划清。

黑龙江上游北源石勒喀河（上源鄂嫩河）出自蒙古北部肯特山东麓；南源克鲁伦河—额尔古纳河，上源又分3支，其中一支海拉尔河发源于中国内蒙古自治区大兴安岭西侧古利牙山麓。南、北两源在漠河以西洛古河村汇合后始称黑龙江。蜿蜒东流沿途接纳结雅河、布列亚河、松花江、乌苏里江等大支流，最后在俄罗斯境内注入鄂霍次克海。全长5498千米（从南源克鲁伦河至河口），流域面积184.3万平方千米。在中国境内河长3474千米，流域面积约88.7万平方千米，占流域的48.1%。从黑龙江南北源汇合点起，到俄罗斯哈巴罗夫斯克（伯力）的黑龙江与乌苏里江汇合点止，为中、俄界江。

乌苏里江是中国黑龙江支流，中国与俄罗斯的界河。上游由乌拉河和道比河汇合而成，两河均发源于锡霍特山脉西南坡，东北流到哈巴罗夫斯克（伯力）与黑龙江汇合。长909千米，流域面积18.7万平方千米。乌苏里江江面宽阔，水流缓慢，有5个月左右封冻期。主要支流有松阿察河、穆棱河、挠力河等，其干流有一长段曾引起中苏边界纠纷，1977年双方制定在中苏国境水域的航行规则。

随着20世纪六七十年代，中苏两国在社会主义路线认知上的分歧，两国的关系日益紧张。到了1969年随着“珍宝岛”事件的爆发，中苏几乎进入全面对抗时期，这为中苏边界谈判带来了困难。

1969年9月11日，中苏两国总理在北京首都机场举行会晤，其中就维持边界现状、两国武装力量从边界争议地区撤出达成协议。第二次中苏边界谈判从1969年10月至1979年12月，长达十年。在这场谈判中，中苏双方主要围绕争议地区问题争论不休。

苏方不仅拒绝承认中苏之间存在争议地区，也不承认以主航道为中心线划界的国际惯例，连上次边界谈判中同意的以界河主航道和中心线为界的划界原则也不认可了，所以这次边界谈判未取得任何实质性结果。

中苏第三次边界谈判是在中苏关系转暖和走向正常化的背景下开始的。1986年7月28日，戈尔巴乔夫在符拉迪沃斯托克（海参崴）发表关于中苏和解的讲话，提出了全面改善中苏关系的建议，特别提出同意遵照以主航道为中心线划界的国际惯例。

1987年2月中苏开始了第三次国界谈判，在谈判中双方都同意以历史条约为基础，根据公认的国际法准则，本着平等协商、互谅互让的精神，公正合理地解决边界问题。1989年5月，中苏两国领导人在北京举行会晤，实现了两国关系的正常化。

1991年5月19日江泽民访苏期间，两国签订《中苏国界东段协定》，确立了国界勘分的主要原则是以通航界河主航道中心线、非通航界河水面中心线为依据。根据协定，黑龙江和乌苏里江主航道中心线中方一侧的岛屿，包括珍宝岛，划归中国。中国保留了经黑瞎子岛外侧两江水域的航行权和经图们江口的出海权。协定同时规定，两国将尚未解决的额尔古纳河上的洲渚和黑瞎子岛问题暂时搁置，选择有利时机继续进行谈判。1994年9月，中俄签署《中俄国界西段协定》。1999年12月9日，中俄签订《中俄关于国界线东段的叙述议定书》。

【地理小常识】额尔古纳河

额尔古纳河是黑龙江的正源，上游是发源于大兴安岭西侧吉勒老奇山西坡的海拉尔河，折而北行始称额尔古纳河，流至黑龙江省漠河县以西的内蒙古额尔古纳右旗的恩和哈达附近与流经俄罗斯境内的石勒喀河，汇合后始称黑龙江。全长1620千米（其中海拉尔河622千米），属山区型河流。额尔古纳河本为蒙古帝国时期中国的内陆河，公元16世纪末，俄罗斯南侵，康熙皇帝为了同卫拉特的噶尔丹争夺蒙古地区的控制权，匆匆忙忙于1689年同俄罗斯签订《中俄尼布楚条约》，割地求和，将额尔古纳河以西划归俄罗斯，直至今日，成为中国与俄罗斯的界河。

2001年7月17日，中俄两国签订《中俄睦邻友好合作条约》，条约明确规定，中俄双方相互没有领土要求，一定要解决黑瞎子岛问题。双方的第四次谈判启动，经多轮谈判后最终两国达成共识，原则上决定平分黑瞎子岛。2004年10月14日，中俄两国终于签订了解决额尔古纳河上的阿巴该图洲渚和黑龙江上的黑瞎子岛问题的《中俄国界东段补充协定》。按照该协定，面积为335平方千米的黑瞎子岛，其中171平方千米划归中国，164平方千米划归俄罗斯联邦。

2005年6月2日，中俄两国外长在符拉迪沃斯托克互换《中俄国界东段的补充协定》批准书，完成了划界的全部法律程序，并启动中俄勘界工作。2007年，中俄黑瞎子岛地区陆地勘界工作基本完成。

2008年7月21日，两国外长在北京签署了《中俄国界线东段的补充协议议定书及其附图》。10月14日，根据《中俄国界线东段的补充协定》及《中俄国界线东段的补充协议议定书及其附图》，俄罗斯将半个黑瞎子岛移交给中国。同日中国和俄罗斯在黑瞎子岛上举行中俄界碑揭牌仪式，标志着中俄长达4300多千米的边界线彻底确定，为中俄两国长期的边界争端划上了历史句号。

黑瞎子岛上的中俄界碑

黑瞎子岛问题的解决，就像许多国家解决涉及国家和民族重大利益的边界问题一样，在中俄社会各界引起不同的反应，有的拥护，有的反对。但主流舆论都认为，黑瞎子岛问题的解决符合两国的根本利益。中国国家主席胡锦涛则指出，“彻底解决边界问题为双边关系发展扫清了政治障碍”。时任俄罗斯总统的梅德韦杰夫称，“双方成功解决历史遗留问题的典范就是边界问题的解决，这是一件具有历史意义的大事”。

黑瞎子岛问题的解决，使漫长的中俄边界由两国关系中的不稳定因素变成了联系两国人民友好的和平纽带，为实现中俄两国世代友好、永不为敌的思想奠定了坚实的基础。所以说，黑瞎子岛问题的解决对中国利大于弊，也符合俄罗斯的国家利益。

3. 搁置争议有章可循

历史上形成的国家间的边界领土争端成因复杂，采取“搁置争议”方法解决时必须注意三点：一是尊重历史和现实和平协商，决不涉及武力，以避免恶化两国关系。二是双方相互让步，维护两国的根本利益，并且能向各自的人民交待。三是在和平解决边界纠纷之前，维持边界现状，避免武装冲突，不采取任何不利于和平解决的单方面行动，为后续和平谈判创造良好气氛。

搁置争议的目的是通过合作发展和友好往来，增进了解和友谊，为最终用和平的方式合理解决主权的归属创造条件。邓小平同志曾经指出，“考虑国与国之间的关系主要应该以国家自身的战略利益出发，着眼于自身长远的战略利益”，只要认真按照搁置争议的思路走下去，就一定能获得一个圆满的解决。“如果我们这一代不能解决，下一代会比我们聪明一些，总能找到解决的办法。”我国通过实践创造出了一个具有中国特色的和平解决国际领土争端问题的新思路，是我国和平外交政策的新发展，也是我国为维护世界和平作出的新贡献。

“祖宗疆土，当以死守，不可尺寸与人。”

——李刚（南宋抗金名臣）

第九章　威武之师铸就国家陆疆安全的坚强后盾

从秦始皇修筑长城，汉武帝经略边陲，到当今世界上的发达国家，无不致力于巩固本国的边界防务，把强边固防作为国家安全的第一道屏障。

边强则国泰民安，边弱则国危民殃，这已为无数国家兴衰的历史所证实，更为中国近代“有国无防”遭受外国列强侵略凌辱的历史所证实。从1840年鸦片战争到1945年抗日战争结束，多个帝国主义国家侵略过近代中国，迫使中国政府先后签订了上千个不平等条约或协定，那是中华民族一段最为黑暗、最为屈辱的历史。

“每一个强大的民族背后，都站立着一支强大的军队。”这句话，对有着100多年被侵略历史的中国，有着最刻骨铭心的感受。

自20世纪20年代，中国共产党创立了我们这支新型的人民军队以来，从土地革命到抗日战争，从解放战争到抗美援朝战争，在毛泽东军事思想的指引下，在力量对比敌强我弱、武器装备敌优我劣的条件下，人民军队克服了重重艰难险阻，战胜了国内外强大敌人，由小到大，从弱到强，以其杰出的实践和辉煌的历程，为实现中国人民的民族解放和阶级解放，为这个世界上最大民族的崛起和复兴，为维护国家安全建立了不朽功勋。

巩固的国防是民族生存之盾，强大的军队是国家发展基石。没有一支强大的军队，就不可能抵御外来武装侵略和颠覆，就不可能减轻以至从根本上化解危害国家安全的各种威胁，就不可能有效地捍卫国家主权和领土完整，就没有国家的安全与尊严，也就没有人民的一切。中国人民热爱和平，中国人民正在进行现代化建设，迫切需要一个安定的国际和周边环境。但是历史和现实一再表明："能战方能止战。"要获得安全，必须先拥有遏制威胁和战争的能力与手段，而一支强大的军队正是维护国家安全的最主要的力量。

面对国家安全形势的新发展新变化，面对维护国家安全利益的新问题新挑战，我们要避免历史悲剧的重演，就要不断增强忧患意识、责任意识和使命意识，全面提高我军应对多种安全威胁、完成多样化军事任务的能力，努力建设一支与我国国际地位和国家发展利益相称的强大军队，更好地肩负起新世纪新阶段我军历史使命，以威武之师铸就保卫我国陆疆安全的坚强后盾。

第一节　守边护边是军队的首要职责

对于一个主权国家来讲，有国就会有边，有边就要有防，在整个国防体系中，边防处在最前沿的位置上，是国家安全的第一道屏障，人们习惯地把它称作"国门"。一个国家如果国门形同虚设，那就毫无安全可言，所以边防是国家安全体系中一个须臾不可忽视的重要组成部分。强边固防，守好国门，维护国家和民族尊严不受侵犯，处理边境武装冲突，保持边境的稳定与安宁，是军队存在的重要意义和首要职责。

"国无防不立，民无防不安。"没有巩固的国防必然遭受侵略，没有强大的军队就会任人宰割。正是由于人民军队的存在和发展，才彻底改变了旧中国有国无防、国门洞开的局面，祖国的辽阔大陆、万里疆土才有了坚强的捍卫者。国家的主权独立、领土完整、统一和稳定，是一国及其人民生存和进一步发展的基础和前提要求，而能否实现这些要求及实现到什么程度都是由一国的国防能力，特别是军队的强大程度来决定的。

1. 犯强汉者，虽远必诛

阿富汗是南亚西北端的一个内陆国家，东南接南亚次大陆，可下印度洋；西北邻中亚和西亚，能抵地中海。全国 4/5 的面积为山地和高原，平均海拔 3500 多米的兴都库什山横陈境内，是中亚与南亚间的天然鸿沟。阿富汗特殊的地理位置和地形，使其成为南亚与中亚和西亚的交通要冲，历来是兵家必争之地。

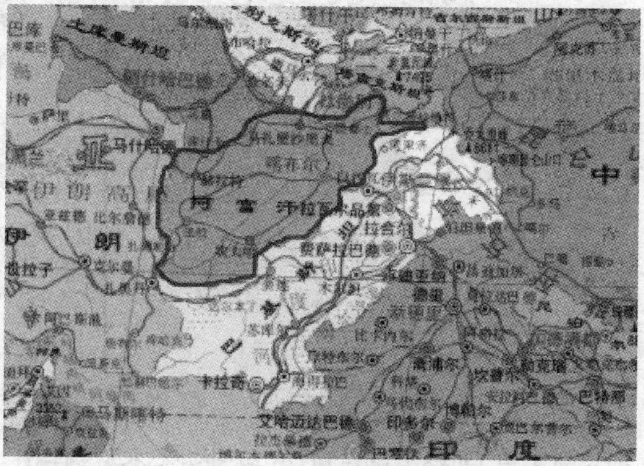

阿富汗的战略要冲位置

【地理小常识】阿富汗

阿富汗全称阿富汗伊斯兰共和国，是一个位于亚洲中南部的内陆国家，坐落在亚洲的心脏地区。它与大部分比邻的国家有着宗教上、语言上、地理上相当程度的关联，领土上 3/5 交通不便。农业是主要的经济支柱，但可耕地还不足农用地的 2/3，是世界上最贫穷的国家之一。

阿富汗的历史可上溯到古波斯帝国，公元前 6 世纪居鲁士大帝远征时将其并入波斯。公元前 4 世纪，亚历山大远征后又并入其马其顿王国。亚历山大死后帝国三分，阿富汗地区又转属于东部的塞琉古王国。约公元前 250 年，位于阿姆河与兴都库什山间（包括阿富汗北部）的巴克特里亚总督狄奥多德据地脱离塞琉古而独立，建

立了希腊化的巴克特里亚王国（中国史籍称大夏、吐火罗等），公元前2世纪上半叶最强盛，曾扩地至印度河流域的上游地区，后因内乱转衰。

8世纪初，阿拉伯人征服了阿富汗，控制了吐火罗。自751年怛罗斯之战后，葱岭以西之西域诸国尽皆归于阿拉伯人(黑衣大食)，此后中亚地区逐渐伊斯兰化，直至今日。

1747年，阿富汗阿布达里酋长艾哈迈德乘波斯衰落之际独立，建立了阿富汗王国，使得统一的阿富汗国家正式形成。历经阿布达里德（1747～1826年）、巴拉克宰（1826～1973年）两个王朝。1839～1842年，英国对阿富汗发动了第一次侵略阿富汗战争，但是遭到惨败。1879～1880年，英国发动第二次侵略阿富汗的战争，迫使阿富汗签订了《干达马克条约》，阿富汗丧失了外交权，沦为英国的附庸。

1919年，阿富汗再次打败了英国的入侵，获得独立。独立以后，阿富汗政府推行亲苏联政策，在资产阶级的推动下，进行社会主义改革，不久遭到国内外势力的反对。1929年，阿富汗发生叛乱，改革进程中断，政权转入亲英派手中。第二次世界大战时期，德国、日本和美国先后插手阿富汗事务。在50年代，与巴基斯坦因为普什图尼斯坦问题关系紧张最终爆发战争。

1973年，达乌德发动军事政变，推翻了查希尔王朝，国王流亡国外，阿富汗共和国宣告成立。1978年4月，阿富汗人民民主党再次发动军事政变，改国名为阿富汗民主共和国。次年，苏联出兵阿富汗，直到1989年才全部撤离。苏联撤离阿富汗之后，阿富汗境内各派爆发内战。1992年4月，纳吉布拉政权垮台后，阿富汗游击队接管政权，改国名为阿富汗伊斯兰国，拉巴尼任总统。1996年9月，阿富汗伊斯兰武装“塔利班”攻占首都喀布尔，控制了阿富汗90%以上的领土，总统拉巴尼流亡国外，其他各派游击队在马扎里沙里夫建立其政治中心，建立反塔利班联盟。1997年10月27日，塔利班政权改国名为阿富汗伊斯兰酋长国。

2001 年，美国以“反恐”为名联合反塔利班联盟对塔利班进行军事打击，推翻了塔利班政权。阿富汗建立了以卡尔扎伊为首的政府，进行艰难的战后重建工作。

19 世纪初，英国殖民者为建立从北非到印度的势力范围带，把矛头指向了阿富汗。而野心勃勃的沙俄为南下印度洋，夺取暖洋出海口，也对阿富汗垂涎三尺。南北两大势力不断在阿富汗发生碰撞。英殖民者为与沙俄争夺对中亚地区的控制权，不惜三番五次出兵阿富汗，1839 ~ 1919 年连续对阿发动了三次侵略战争，但在阿富汗军民的顽强抗击下，入侵者碰得头破血流，遭到惨败的可耻下场。兴都库什山成了英殖民者不可逾越的障碍。

19 世纪 30 年代，阿富汗经旷日持久的封建割据和内战，终于由多斯特·穆罕默德统一了全国。这时，已控制了大半个印度的英殖民者为把阿拉入其军事同盟，不断对阿进行间谍活动。沙俄也加紧对阿渗透，并骗取了阿统治者的信任，使阿倒向了沙俄。英随即以“俄国威胁”为幌子，加紧进行战争准备，决心出兵阿富汗，推翻阿亲俄政府，扶植傀儡政权。

1839 年 4 月，英军 3 万多人经长途跋涉，先后到达奎达，后越过霍贾克山口侵入阿富汗西南部；英军另一路强行穿越开伯尔山口，配合英军主力作战。阿军仅有 1.5 万人，无论在数量上还是在装备上都远不及英军。英军很快就攻占了坎大哈和加兹尼，兵临喀布尔城下。多斯特·穆罕默德向俄求援遭拒，只好逃到布哈拉避难，英国随即在喀布尔建立傀儡政权。

抗击英军的阿富汗游击队员

为回击英国侵略军，阿富汗人民揭竿而起，展开抗英游击战争。各地游击队依托有利地形，灵活机动地打击敌人，袭击英军哨所，切断敌交通补给线，收复重要城镇。英军在阿游击队的沉重打击下，士气低落，惶惶不可终日。

1841年11月2日，喀布尔爆发起义，各地游击队举行联合反攻，怒不可遏的喀布尔市民手执各种原始武器冲向预定目标。起义军英勇作战，势不可当，当晚就占领了喀布尔全城。第二天起义军向城外的英军据点进攻，英殖民军惊呼“阿富汗全国居民都拿起武器反对我们了”。战至9日，起义军攻占了喀布尔至巴拉·喜萨尔要塞间的全部据点，后又击毙英国公使麦克诺顿，英军被迫同意从喀布尔撤军。

英军残部及随行人员和家属1.6万人向贾拉拉巴德撤退沿途中，多次遭到起义军的伏击，最后只有一名身负重伤的军医跑回贾拉拉巴德，报告了英军全军覆没的消息。此后，抗英武装又包围了贾拉拉巴德和坎大哈，收复了加兹尼，英傀儡政权彻底垮台。

英殖民者不甘心失败，增调援军，首先解开了贾拉拉巴德和坎大哈之围，尔后从东、南两个方向大举进攻喀布尔。1842年9月，起义军经浴血奋战，终因力量悬殊，主动撤离了喀布尔。英军重占喀布尔后烧杀抢掠，疯狂报复。

阿富汗人民没有屈服，抗英斗争更加高涨。英军唯恐再遭惨败，在救出人质后，慌忙于10月12日撤回印度。历时3年半的第一次英阿战争，使英殖民者损失了3万余人，耗资1.5亿英镑，结果以阿富汗人民大获全胜而告终。以后30多年英国殖民者未敢再向阿富汗发动侵略战争。

19世纪70年代，英俄两国在阿富汗南北两翼不断进行侵略扩张，将边界向前推进直接与阿领土接壤，对阿构成直接现实威胁。

阿为寻求庇护，接受了沙俄提出的包括出兵援阿等条款的条约草案，拒绝了英国使团来访。英殖民当局不能容忍阿与俄结盟，便以使团遭拒为借口出兵侵阿。1878年11月，英殖民军3.5万人分3路入侵阿富汗。

阿统治者一心指望俄国援助，采取不抵抗政策，有意将5万人的军队分散在全国各地，企图让英军深入国境，迫使沙俄实现出兵援助的诺言。由于阿实行这一指导思想，使得阿军防守十分薄弱。南路殖民军向坎大哈推进，一路未遇抵抗，于1879年1月8日轻取该城；中路殖民军在派瓦尔山口受阻，后潜回阿军侧后迫其后撤；北路殖民军在开伯尔山口遭阿军炮火猛烈轰击前进受阻，但当夜阿军奉命撤退，殖民军顺利占领了贾拉拉巴德。

至此阿大片国土沦丧，请求俄国出兵。沙俄的战略重点在欧洲，不愿在阿与英国摊牌，因而拒绝出兵。阿富汗迫不得已于5月26日同英方签订了丧权辱国的《甘达马克条约》，成为英国的附属国。

【历史小知识】《甘达马克条约》

阿富汗被英国入侵后于1879年签订了不平等条约，英国获得了干涉阿富汗并控制其外交的权利。该条约规定“未经英国同意，埃米尔殿下将不能同外国缔结条约，不可对任何国家采取武装行动”，英国军队有权“为击退外国势力入侵，进入阿富汗领土”，阿富汗将“按英国政府的劝告和愿望处理与外国的关系”。条约还规定在喀布尔设英国使团，把阿富汗的库腊姆、比辛等地区和开伯尔等几个重要山口划归印度。

《甘达马克条约》的签订激起阿国内一片义愤。9月8日，喀布尔爆发人民起义，愤怒的士兵和群众包围殖民者官邸，杀死了英国总督。喀布尔的人民起义点燃了全国抗英烈火，许多部族纷纷组织抗英游击队。在喀布尔市郊，不少农村妇女拿着铁锹、斧头、马刀参加抗击英军作战，使侵略者每前进一步都付出了惨重代价。10月12日，殖民军再度占领喀布尔，对爱国者和广大市民进行疯狂的报复。各地抗英武装以加兹尼为基地，对喀布尔形成包围，积极主动地打击敌人，并挫败了殖民军对加兹尼的进攻，给敌以重创。

1880年7月27日，抗英军2.5万人在坎大哈附近与殖民军1

个旅遭遇，打响了著名的迈万德会战。抗英军在兵力、火力上均占优势，战斗开始后，抗英军首先以炮火压制敌两翼的炮兵和骑兵，掩护步兵前进。尔后步、骑兵紧密配合，乘势发起猛攻，打得殖民军溃不成军，援军赶到才免遭被全歼。抗英军乘胜向坎大哈进军，喀布尔殖民军也被10万起义军包围，英殖民当局调来大量增援部队才把抗英军镇压下去。

在阿人民的英勇抗击下，英殖民军到处挨打，四处碰壁，被迫同阿富汗统治者签订妥协性协定，同意阿内政自主，但外交受英控制。1881年4月，殖民军放弃了侵占阿富汗的打算，全部撤出阿富汗。

19世纪末，阿富汗国内安定，经济复苏，民族资本主义开始萌芽。第一次世界大战后，印度民族解放运动高涨，牵制了英国很大力量；俄国发生了十月革命。国际国内形势对阿摆脱英国控制，争取彻底独立十分有利。1919年2月，阿改革派代表人物控制政权后，宣布阿富汗独立，不承认任何外国特权，并采取联苏抗英的政策。英殖民者拒不放弃它在阿享有的特权，在阿边境集结兵力，准备发动新的侵略战争。

5月3日，英军袭击开伯尔山口阿边防军，接着英国侵略军3.4万人分3路入侵阿富汗。主力在北线经开伯尔山口向贾拉拉巴德方向进攻，一部在南线向防守薄弱的坎大哈出击，另一部在科哈特地区取守势。阿军4万人分3路在开伯尔、加兹尼和坎大哈迎击敌人。英军训练有素，装备精良，还拥有少量装甲车和作战飞机；而阿军训练很差，装备落后，刀、剑是主要兵器，为数不多的枪炮不但陈旧，而且弹药不足，英军在兵力兵器上占有绝对优势。

尽管如此，阿富汗人民为独立自由而战，士气高昂，作战英勇，并得到了印阿边境少数民族起义军的大力支援，扭转了被动局面。5月6日，开伯尔方向阿军以3个步兵营攻占了巴格要塞，抢占了朗迪科塔尔要塞周围有利地形，但未乘敌兵力空虚之机攻下要塞，坐失战机。

英军增援部队迅即赶到，在皇家空军的支援下，夺回了巴格要塞，阿军且战且退。英军又集中轰炸了贾拉拉巴德和喀布尔，引起阿军和市民恐慌。英军正准备向贾拉拉巴德进攻时，得知阿军在中路主动出击，被迫分兵增援。

加兹尼方向阿军行动迅速，5 月 19 日进至边境重镇马敦，居高临下，迫敌后撤。随即抄小路直插塔尔城下，直接威胁敌设在科哈特的大本营，打乱了英军部署。阿军以炮火猛轰塔尔城，但由于步炮协同不利，未能攻下该城。英援军赶到后，阿军为保存实力，主动撤出战斗。南线阿军取守势，在优势之敌进攻面前，顽强坚守，给敌以重大杀伤，迫其停止进攻。

阿富汗抗英战争英雄巴克雷特丁·哈奇莫夫

阿富汗军的英勇抗击和印度解放运动的高涨，使英侵略军处境困难，被迫放弃了继续作战的计划。6 月 3 日，双方停火，进行谈判。1921 年 11 月 22 日，英阿签订和约，英国承认阿富汗独立。至此，阿富汗人民抗英战争取得了彻底胜利。

2. 形同虚设的马奇诺防线

第一次世界大战后，根据《凡尔赛条约》规定，法国收复了被东邻德国夺占长达半个世纪之久的阿尔萨斯—洛林。但对失地的收复又增加了法国防卫上的负担。阿尔萨斯—洛林边境开阔，难以防守。德国能夺走第一次，就能夺走第二次。为了保卫阿尔萨斯—洛林，防止德国东山再起，发动新一轮对法战争，第一次世界大战后的法国历届政府绞尽脑汁，却想不出任何对策。

【百科小常识】《凡尔赛条约》

《凡尔赛条约》全称《协约国和参战各国对德条约》，是第一次世界大战后，战胜国（协约国）对战败国（同盟国）的条约。协

约国和同盟国于1918年11月11日宣布停火，经过巴黎和会长达6个月的谈判后，于1919年6月28日在巴黎的凡尔赛宫签署条约，标志着第一次世界大战正式结束。该条约得到国际联盟的承认后，于1920年1月20日正式生效。

早在巴黎和会之前，法国、英国和美国已经表明了对巴黎和会的不同目的。法国因深受战争伤害及对历史上德国数次对法国的侵略，主张严惩并尽可能的削弱德国；英国出于传统的政策考虑希望能保持一个相对强大,并在经济上能够自立的德国以保持欧陆均势;美国则希望尽快建立一个能保证长久和平的体系，并从该体系中获益，同时主张德国进行战争赔偿。

三个主要协约国的目的是不相同的，甚至存在矛盾，虽然三国都做出了让步最终达成了一致，但结果是各方都做出了妥协，但却没有任何一方完全达到了自己的目的。而德国没有被彻底削弱也没有得到安抚，这个结果预示着：无论是对战胜国还是战败国，以至于整个欧洲甚至全世界都是个不安定的因素。

一战中的法军

法国为战争付出了巨大代价，500余万军民伤亡，而且西线战场绝大部分在法国。因此法国希望能取得德国工业的控制权以补偿自身损失。法国的主张可以简单归为以下方面：德国对战争中法国的损失（包括人员、财产等）进行战争赔偿，将其军力削减至不再对法国构成威胁，象征性的惩罚德国军国主义以使德国再也不能恢复到1914年以前的政治格局，当众处死德国皇帝（在战争结束前退位并流亡至荷兰）。法国收回阿尔萨斯—洛林，建立莱茵非军事区，由战胜国瓜分德国的海外殖民地。将德国军力削减至较低水平。同时，法国还希望签订封锁德国海岸线的秘密条约，以便法国能控制德国的进出口贸易。

战后，法国军队迅速控制了鲁尔工业区的重要城市，如盖尔森基兴等，造成大批居民无家可归，同时法国将该地出产的煤通过铁路运至法国。德国铁路工人组织了罢工以对抗法国占领者，其中约200人被法国当局处死。

1929年，在第一次世界大战中以擅长堑壕战著称的安德烈·马奇诺担任法国国防部长，他根据第一次世界大战的堑壕战经验，提出一个万全之策，就是沿德、法750千米边界线修一条永久性防御工事，以期既节约用兵，又能保证阿尔萨斯—洛林的安全。

马奇诺将军的建议立即得到法国政府和军界领袖的一致赞成。尽管正碰上席卷欧、美各国的经济大危机，法国政府仍然为修建这项边境防御工程投资2000亿法郎巨额经费，这大致相当于1913年以后20年法国国防开支的总和。法国最好的设计师、工程师都被国防部征用，参与设计施工。工厂日夜加班加点，为工程建设生产水泥、钢材、专用枪炮和其他重装备。

经过5年努力，法国终于克服重重阻力，在1934年建成这项宏伟的防御工程。为了表彰马奇诺国防部部长的功绩，这项工程被法国人称为马奇诺防线。

马奇诺防线南起瑞士和德、法边界交汇处，沿德、法边界线向北延伸，直达两国边界尽头，全长750千米。

防线前面，带刺铁丝网层层叠叠，绵亘不断，地雷场星罗棋布。纵深3千米的防线上，依托山势，修有成千上万个钢铁暗堡和永备火力点，位置隐秘，火力相互交叉。用钢筋水泥整体浇筑而成的壁垒和工事顶盖，大都超过1米厚。根据工程师们的严格计算，这些永备工事绝对可以经受住德军重型野战炮的持续轰击和空投炸弹的袭击。

在防线的地下，无数暗道纵横交错，把前沿工事、所有的暗堡和永备火力与复杂的地下工程连接在一起。这些巨大的地下工程，

不仅包括铁道、公路、指挥部、弹药库、医院、仓库、日用品储备和水源，还包括俱乐部、娱乐场、电影城。总而言之，持久抵御敌人大规模进攻的一切必备措施，工程师们都考虑得面面俱到。

整个马奇诺防线浑然一体，固若金汤，堪称军事工程建设史上的一大奇观。参观过马奇诺防线的法国军政要员，一提起马奇诺防线，无不得意洋洋。他们确信马奇诺防线攻不破、炸不垮，绝对可以阻挡德军的进攻。

在德、法750千米边界线上，马奇诺防线确实像铜墙铁壁一样，令德国人望而止步，无可奈何。但是，马奇诺防线有一个明显的先天性弱点：它的北端未能延伸至英吉利海峡。由马奇诺防线北端往北是林深路隘的阿登山地，再往北是比利时、荷兰、卢森堡三个中立国。这样，从防线北端到大海屏障之间，就有250千米战线没设防，从而给德国留下绕过马奇诺防线，进攻法国的机会。而这正是1914年德国进攻法国的老路。

【地理小常识】阿登山地

阿登，也译作亚尔丁，是位于比利时和卢森堡交界的一片森林覆盖的丘陵地带，并一直延伸到法国境内。1940年5月13日德国A集团军通过法国防守力量薄弱的阿登，越过马奇诺防线进入法国，盟军在阿登山地因为德军的奇袭完全无法组织有效的抵抗。

1944年12月16日，由于战局对德国逐渐不利，以及东线红军的压迫，希特勒遂下令发动“守望莱茵”（美方称之为突出部之役）之战，就在这同样的地方发起。

由于要设法堵住马奇诺防线北端的缺口，法国除了固守马奇诺防线以外，还必须维持一支庞大的野战军，这是法国人力、财力绝对办不到的。但是，法军将领迟迟认识不到这其中的矛盾。

德国进攻法国前夕，法国的部署是一面固守马奇诺防线，一面在荷、比两个中立国背后配置百万重兵，摆出与荷、比军队会合，堵住防线北翼缺口的姿态。至于二者之间的阿登山地，法军普遍认为那里山高林密，地势陡峭，德国的坦克群难以通过，因而未加注意。

德国参谋本部制订的“曼施坦因计划”，正好利用了马奇诺防线和法国军事部署的弱点。

1940年的德、法之战完全超出法国军界领袖们的预想。在战线南翼的马奇诺防线对面，德军仅以少量部队，用冷枪冷炮牵制防线上的法军，在战线北翼，另一支德军师也虚张声势，摆开决战架势，把法军百万主力拖入比利时境内，使其失去机动能力。

德军中路主攻部队的1700辆坦克，却以3天行程，偷越阿登山地，10天之内进抵大西洋岸边，拦腰截断法国领土上的军队，割断了比、荷境内法军野战主力与马奇诺防线的联系。在消灭法军野战主力后，德军大队人马回兵南下，然后向左急转，以摧枯拉朽之势，突然出现在马奇诺防线背后。马奇诺防线不攻自破，不但未能成为抵御德军进攻的金城汤池，反而成为大批法军的葬身之地。

第一次世界大战和工业技术进步，使战争形式发生了革命性变化。飞机、坦克投入实战，为远距离、高速度、大规模机动作战提供了技术条件。法国的军事首脑们拘泥于陈腐经验，用1914年的头脑指挥1940年的战争。他们相信即将到来的新战争像上次世界大战一样，也是一场持久的堑壕战，念念不忘法军在凡尔登的永备工事曾顶住德军炮火10个月的饱和轰击。

他们仍然认为防御是最有力的作战形式，藏身于永备工事后的步兵永远至高无上。根据这种军事思想，他们不惜血本修筑马奇诺防线。结果，一个拥有数百万大军的军事强国，竟然不堪一击，在6个星期内土崩瓦解。

3. 捍卫国土的以色列军队

1948年5月15日，以色列在它刚刚成立的第二天，就同埃及、伊拉克、黎巴嫩、叙利亚、约旦等阿拉伯国家爆发了一场大规模的战争，历史上称之为第一次中东战争，以色列军队在守护自己刚刚

第一次中东战争中的以军

诞生的国家疆土中建立了卓越功勋。

这场战争的核心和实质是巴勒斯坦问题。巴勒斯坦位于地中海与死海、约旦河之间，北与黎巴嫩接壤，东与叙利亚、约旦为邻，西南与埃及的西奈半岛相连，南端的一角濒临红海，面积2.7万平方千米，它地处亚、非、欧三洲的交通要道，地理位置十分重要。

巴勒斯坦有着悠久的历史，特别是位于地中海东岸的小城耶路撒冷，更是举世闻名，它是三大宗教——犹太教、基督教和伊斯兰教的共同圣地。巴勒斯坦人和犹太人的祖先都曾在这里建立过自己的家园。

【地理小常识】耶路撒冷

耶路撒冷是三大宗教的圣城（犹太教、基督教和伊斯兰教），位于犹地亚山区顶部，海拔790米。耶路撒冷城东部为穆斯林区，包括著名的神庙区，神庙区的圣地有摩哩山的岩顶（伊斯兰教、犹太教）及岩顶上的圣殿（伊斯兰教）、阿克萨清真寺、哭墙（犹太教）。西北部为基督教区，有基督教的圣墓教堂。西南部为亚美尼亚区。南部为犹太教区。城西南面的锡安山为犹太教又一重要圣地。城东的橄榄山有基督教与犹太教圣地。

耶路撒冷是由JERU（城市）和SALEM（和平）两个词根组成，意思是“和平之城”。巴勒斯坦国中部城市，世界闻名的古城。人口72.4万（2006年），居民主要是犹太人和阿拉伯人。相传公元前10世纪，以色列的大卫王曾在此筑城建都。公元7世纪成为阿拉伯帝国的一部分。阿拉伯人不断移入，并和当地土著居民同化，逐步形成了现代巴勒斯坦阿拉伯人。以色列和巴勒斯坦都对耶路撒冷有首都的宣称。

耶路撒冷市目前属于巴勒斯坦还是以色列现在尚有争议。第二次世界大战后曾由联合国管理，1948 ~ 1949 年以色列占领了耶路撒冷西部建立了新市区，约旦则占领城东旧区。1967 年第三次中东战争后，以色列占领了整个耶路撒冷。1988 年 11 月 15 日巴勒斯坦国宣布定都于此。

在联合国的决议中，耶路撒冷被分割到巴勒斯坦，所以以色列在建国时定都特拉维夫。第一次中东战争后，以色列占领西耶路撒冷。第三次中东战争，以色列占领东耶路撒冷。

巴勒斯坦历史上一直处在周边国家的占领、争夺之中，先后被多个外族轮番占领。罗马帝国入侵巴勒斯坦后实行残酷统治，引起了犹太人的强烈反抗，他们曾先后 4 次举行大规模的起义，遭到了罗马帝国的血腥镇压，有 100 多万犹太人惨遭杀戮。大批的犹太人被掠往欧洲，沦为奴隶。余下的犹太人则大部分被赶出巴勒斯坦，开始在世界各地流浪。

【地理小常识】犹太人

犹太人，又称犹太民族，是广泛分布于世界各国的一个族群。根据犹太教律法《哈拉卡》的定义，一切皈依犹太教的人（宗教意义）以及由犹太母亲所生的人（民族意义）都属于犹太人。犹太人发源于西亚的以色列地或希伯来地。犹太人的民族、文化和宗教信仰之间具有很强的关联性，犹太教是维系全体犹太人之间认同感的传统宗教。以色列的《回归法》界定犹太人的身份是按母系相传为标准，凡是母亲是犹太人的，其子女都会被以色列承认为犹太人，有权移民以色列。

犹太人在世界各地经过接近2000年的流浪，和当地人的通婚，使得犹太人的肤色变得多种多样，有白种犹太人、黄种犹太人和黑种犹太人，及印度和拉美的亚肤色的犹太人。

在长达1000多年的流浪生活中，犹太人的处境非常悲惨，遭受到种种的种族迫害。这种迫害始于罗马帝国把基督教当作国教之日，到了中世纪则愈演愈烈。第二次世界大战中，纳粹德国把这种迫害达到了登峰造极的地步。

面对着欧洲各地不断出现的排犹浪潮，犹太人中就出现过返回巴勒斯坦重建犹太国的主张。在犹太复国主义创始人西奥多·赫茨尔的领导下，世界各地的犹太人纷纷向巴勒斯坦回迁。犹太人的大量涌入激起了巴勒斯坦人和阿拉伯人的强烈反抗，爆发了史称"阿拉伯起义"的巴勒斯坦斗争，二者之间的矛盾日益加深。

1948年以色列建国

1948年5月14日，犹太领导人本·古里安在巴勒斯坦的特拉维夫宣布成立以色列国。10分钟后，美国总统杜鲁门宣布予以承认。

5月15日，英军自巴勒斯坦撤退。阿拉伯联盟国家埃及、伊拉克、约旦、黎巴嫩、叙利亚等国军队却相继开进巴勒斯坦，第一次中东战争正式爆发。

阿方军队从三面向以色列发起进攻，埃及、沙特阿拉伯军队在南面攻占贝尔谢巴后，进逼以临时首都特拉维夫和耶路撒冷；外约旦和伊拉克军队在东面攻占耶路撒冷东城区，几乎把以色列占领区拦腰切断；叙利亚和黎巴嫩军队在东北和北面的进攻受到以军顽强阻击。

以色列国防军等武装部队虽顽强抵抗，但由于刚刚建国，各项准备都不充分，战争初期极为被动。以军加紧扩编、调整部署、统一指挥，财政上得到美国的援助，并从捷克斯洛伐克转运西欧国家的武器，于5月、7月、10月和12月先后展开反攻和进攻。阿拉伯国家因受帝国主义国家掣肘，缺乏统一的作战指挥，再加上武器装备和部队素质较差，结果战败。

1949年2～7月，埃、约、黎、叙分别同以色列签订停战协定，根据协定，埃及承认除加沙地带外，以色列占有整个内格夫地区；边界重镇奥贾非军事化，埃及在距离奥贾23～27千米内不得设立阵地。外约旦和以色列的停战谈判于3月2日也在落得岛开始。通过协定，以色列控制了越过卡梅尔山脉到埃斯雷德郎和加利利山谷的战略公路，解除了阿拉伯人对特拉维夫和哈德腊东部沿海平原的军事威胁。

【地理小常识】加沙地带

加沙地带是位于以色列以西地中海沿岸的一个狭长地区，面积365平方千米，人口150万，主要由巴勒斯坦人聚居。加沙地带的中心城市加沙是一座著名古城。1948年阿以战争被埃及占领，直到1967年"六日战争"又再被以色列夺回。2005年8月15日，以色列从加沙地带撤军，结束了以色列38年来对加沙的占领。

犹太人认为加沙地带是以色列的领域，而巴勒斯坦人则声称这是将来要成立的巴勒斯坦国的领土。根据巴以有关协议，加沙地带69%的土地与西岸的部分地区由巴勒斯坦民族权力机构管理，其他部分（主要是以色列公民居住的地方）则由以色列管理。由于巴勒斯坦民族权力机构不允许拥有正规军，治安由巴勒斯坦的公共治安队和民警负责。

加沙在现代历史上被稳固掌控最长的一段时间是在土耳其统治下，这段历史自1317年开始，最终在一战时因为土耳其帝国的崩溃而告终。1917年加沙被英国占领，成为英国托管的巴勒斯坦的一部分。因为当年英国政府的强制将犹太人和阿拉伯人区分以及犹太人的大量流入，导致了1948年的阿以战争。接下来在1949年达成休战停火协议，约旦掌握约旦河西岸的巴勒斯坦地区，而埃及控制了加沙。

1947 年 11 月，联合国大会通过巴勒斯坦分治决议，包括加沙地带在内的 1.15 万平方千米地域划归“阿拉伯国”。由于阿拉伯国家反对，“阿拉伯国”未能成立。此后，加沙人一直在埃及的军事掌控之下，以色列在加沙建有 16 个犹太人定居点。这种局面直到 1967 年以色列在“六五战争”之后占领加沙地区为止。此后 30 多年，加沙和约旦河西岸地区一直在以色列的军事掌控之下，而与此同时，加沙的巴勒斯坦人则一直努力获得独立地位，因为他们与侵入其地盘的犹太人之间的矛盾正日益加剧。

根据巴以签署的相关协议，加沙地带 1994 年 5 月成为巴勒斯坦率先实行有限自治的地区之一，并一度成为巴勒斯坦的政治中心。2005 年 2 月，以色列政府决定在夏天将以色列军队撤出加沙地带，并放弃所有以色列在加沙地带的居民点。撤军后，以色列将依然控制加沙地带的海岸线，以及加沙地带与埃及之间的一个狭长区域。

但以色列国内对撤军计划有很大分歧。2005 年 8 月 15 日，以色列关闭加沙古什·卡提夫犹太定居点，正式开始撤出加沙，结束了以色列 38 年来对加沙的占领。但长期以来，由于以色列动辄实行封锁政策，加沙地带民众处于极端贫困状态，60%的人生活在贫困线以下。

2007 年 6 月，哈马斯与巴民族解放运动（法塔赫）在加沙地带发生冲突，哈马斯夺取了加沙地带控制权。自哈马斯全面控制加沙地带后，以色列关闭了加沙地带通往外界的关口。以色列的封锁造成加沙地带生活用品极度短缺，民众生活十分艰难。

4. 有国无防遭受灭顶之灾

在历史上，科威特曾是奥斯曼帝国所辖巴士拉省的一个县，20 世纪初沦为英国的保护国。1961 年科威特独立，伊拉克的卡塞姆政府不予承认，要求把伊拉克边界延伸到科威特南方，同时派军队向伊科边界集结，形成了两国之间的第一次领土危机。此后，英国迅速出面干涉，5000名英军、2000名沙特军队和7000名科威特军队和志愿人员部署在伊、科边界。后来在埃及的调解下缓解了危机。

伊、科边界

20世纪70年代，在伊拉克多次提出的割让或租借沃尔拜岛和布比延岛，并重新划定两国边界的要求遭到科威特拒绝后，伊军于1973年侵入了乌姆卡斯尔附近的科威特领土，双方发生了激烈的武装冲突，伊、科之间爆发了第二次领土危机。在埃及、叙利亚和巴解组织的调解下，伊军陆续从科边境地区撤出。两伊战争中，两国边界争端暂时搁置。

【地理小常识】科威特

科威特是一个位于西南亚阿拉伯半岛东北部、波斯湾西北部的君主制国家。在南部与沙特阿拉伯、北部与伊拉克分别接壤。科威特的石油和天然气资源丰富。该国首都科威特城与该国名称相同。科威特的已探明石油储量940亿桶，约为世界总储量的10%。石油、天然气工业为国民经济的支柱，其产值占国内生产总值的45%。

科威特面积17818平方千米（包括阿拉伯半岛的东北角及其附近的布比延、费莱凯等岛屿）。位于亚洲西部阿拉伯半岛东北部，波斯湾西北岸，西、北与伊拉克为邻，南部与沙特阿拉伯接壤，东濒波斯湾。海岸线长213千米。全境为一波状起伏的荒漠，西南部的杜卜迪伯高平原海拔275米，为全国地势最高的地方。

1990年8月2日，伊拉克10万军队入侵科威特，并于1天内占领科威特全境，科威特埃米尔贾比尔等政府官员逃离科威特。1991年1月17日，以美军为首的多国部队开始实施“沙漠风暴”计划，开始了“多国部队收复科威特”进程。1991年2月28日，科威特城已全部被阿拉伯部队控制，多国部队收复科威特的使命基本完成。因此，这一天美国总统下达了暂时停火的命令，伊拉克最终接受联合国660号决议，并从科威特撤军，海湾战争宣告结束。

两伊战争中科威特曾是伊拉克的政治盟友，始终站在伊拉克一边，并曾在经济上资助伊拉克150亿美元。1988年，两伊实现停火后，科威特埃米尔提出，以免除伊拉克的全部债务并向伊提供巨资，以换取两国间划定永久性边界，但遭到萨达姆的拒绝。

1990年7月中旬，伊拉克指责科威特和阿联酋等国大量超额出口石油，损害了伊拉克的经济利益，并抨击科威特在两伊战争期间蚕食伊拉克领土，在属于伊拉克的领土上建立哨所和石油设施，在伊拉克的鲁迈拉油田“偷采”石油，因此要求科威特赔偿伊经济损失，并租借科威特的布比延岛。

与此同时，伊军开始向伊科边界地区集结。科威特迅速反驳，谴责伊对科实行威胁与讹诈政策，两国关系骤然紧张，爆发了第三次领土危机。在埃及等国的调解下，伊科两国于7月31日在沙特吉达进行谈判，但由于双方都坚持强硬立场，谈判失败。

1990年8月2日凌晨2时（巴格达时间），伊拉克出动14个师10万余人，在空军支持和海军配合下，突然大举入侵科威特。伊军第一梯队2个师，在伊科边界东段分两路迅速突破科军边境防线，尔后沿科威特东部公路，快速向科威特首都科威特城挺进；第二梯队3个师随后跟进；另9个师前出至伊科边境地区待命。

当时，伊拉克自诩世界第四军事强国，总兵力逾百万。而科威特国土仅有1.78万平方千米，人口214万，只有2万疏于训练的军队，自然不是伊拉克的对手。

伊军突破科军边境防线后，长驱直入，当日11时已推进至科威特城。与此同时，伊海军陆战队也轻取布比延岛和沃尔拜岛，并在科威特城沿海登陆，配合主力部队进攻科威特城。到中午，伊军占领了科威特电台、电视台等，包围了科威特国王埃米尔的王宫，关闭了科威特国际机场，并以一部分兵力继续南下。下午 2 时半，伊军攻占了埃米尔王宫，控制了科威特城。

埃米尔带着部分王室成员乘直升机躲到了波斯湾的美国军舰上，后又转移到沙特阿拉伯。8 月 3 日，伊军控制了整个科威特。在 10 余小时的战斗中，科军亡 600 余人，5000 人撤到沙特，其余大部溃散或投降，而伊军只付出了很小代价就全面占领了整个科威特。

第二节　军事优势是边界谈判的重要砝码

边界谈判是解决边界争端的重要途径和方式，由于事关争端双方的国家核心利益，谈判过程通常比较艰难。边界谈判与军事斗争相似，双方所持的决心和底线完全建立在己方的军事实力基础上。占据军事优势的一方在谈判中通常拥有更多的话语权，在边界谈判中更为主动。

边界谈判的曲折进程和最终结果能够直接反映出争端双方当前所处战略态势，能够反映出彼此的军事硬实力。古今中外的多场边界谈判的结果都毫无例外地印证了这一点。因此，为掌握未来谈判主动，在谈判中拥有更大的底气，可能进行边界谈判的当事国要么在战场上主动夺势，要么在国防上加大投入，都希望获得自己满意的结果。例如，我国解放战争前重庆谈判期间，国民党军队为争取谈判主动，对我解放区实施大规模进攻。又如，在朝鲜战争后期，以美国为首的联合国军与我中朝联军在“三八线”附近对个别山头的你争我夺，都是为在谈判中取得优势。因此，一个国家要想在日后的边界谈判中占据主动，获取最大利益，就应该加快自身军事力量建设，提高提升军队的作战能力。

1. 苏联仗势夺领土

1938 年 4 月，德国吞并奥地利不久，苏联政府派特使同芬兰政府谈判，苏联政府认为德国正策划对苏联发动进攻，其中包括利用芬兰领土采取行动。如果芬兰政府允许德国将芬兰领土当作进攻苏联的跳板，苏联将向芬兰进军；如果芬兰对德国进行武装抵抗，苏联政府将向芬兰提供军事、经济援助。

【地理小常识】芬兰

芬兰全称芬兰共和国，是北欧国家，陆地上与瑞典、挪威和俄罗斯接壤，西南面被波罗的海环绕，东南部为芬兰湾，西面则为波的尼亚湾，海岸线长1100千米，有“千湖之国”之称。

芬兰最早的居民为拉普人，故芬兰又称拉普兰，以后芬兰人迁入，建立了芬兰大公国，12世纪后半期被瑞典统治，1809年俄瑞战争后并入帝俄，成为大公国，1917年12月6日芬兰共和国宣布独立。芬兰是世界高度发达国家，国民享有极高标准的生活。

芬兰政府则表明，如果发生战争，将严守中立，因为芬兰奉行独立和中立政策，接着苏方又以保卫列宁格勒的安全为由，向芬兰提出租用或以土地交换芬兰海内岛屿。对此，芬兰政府表示，芬兰海内岛屿对芬兰国防具有重要意义。不能让外国占领，同时，这也违反芬兰的中立国策。

1939年10～11月，在苏联政府的要求下，苏联和芬兰就两国边界问题进行谈判，在会谈中，苏联要求租借汉科岛30年，以建立海军基地，将列宁格勒以北卡累利阿地峡的一部分割让给苏联，使苏芬边界离列宁格勒的距离从32千米延至80千米。

通过谈判，使苏联重镇列宁格勒免遭敌炮火威胁，拆除卡累利阿两侧的军事设施，将芬兰湾的岛屿和北部渔人半岛的芬兰部分割让给苏联，苏联以东卡累利阿林区作补偿。芬兰政府认为这破坏了芬兰领土完整，损害了芬兰的独立和主权。同时也破坏了芬兰的防务，因而拒绝了苏联的要求，最后谈判破裂。

【地理小常识】汉科岛

汉科岛地处北欧的芬兰西南部，位于波罗的海芬兰湾入口处的汉科半岛。1874年建成汉科港，为常年不冻港。主要出口木材、纸张、鱼和乳制品。该地区是芬兰的旅游胜地。1940年，该港在芬兰战败后被迫租借给苏联，成为苏联军事基地。1944年，芬兰以波卡拉半岛换回。

苏芬谈判失败，两国关系处于紧张状态。11月26日晚，苏联政府召见芬兰驻苏使节，指责芬兰炮兵射击驻扎在卡累利阿地峡梅尼拉村的苏联部队，致使苏军伤亡13人。对此，苏联向芬兰提出抗议，并要求芬兰部队从边界后撤20～25千米。

芬兰政府拒绝苏联的抗议，指出梅尼拉的炮弹是从苏联方面发射的。同时，建议双边讨论从边界撤军问题。随后，苏联单方面宣布废除1932年签订的《苏芬互不侵犯条约》，并召回外交人员。苏宣布与芬兰断交。两日后，苏联陆、海、空三军向芬兰发动全面进攻。苏芬领土战争爆发。

在苏芬战争爆发后第二天，在卡累利阿地峡的一个被苏军占领的帖里约基村。出现一个“芬兰民主政府”。政府首脑是1918年逃亡苏联的芬兰共产党人库西宁。库西宁政府出现后便立即宣称苏军是在“芬兰民主政府”的“请求”下越过边界的，是来“帮助”芬兰人民的，次日就同苏联签订为期25年的《芬苏互助条约》。条约满足了苏联的领土要求。条约还规定了在缔约一方受到进攻或进攻威胁时，另一方将“给予包括军事援助在内的各种援助”。

条约公布后，激起了芬兰人民的无比愤慨，在国际上也受到舆论的强烈谴责。在这种情况下，苏联不得不抛弃库西宁政府。然后大量增兵，加紧军事进攻。但是，由于苏军对芬兰军队抵抗力量估计不足，作战的各项准备工作较差，因而在初战时进展并不顺利。

苏军在受挫后加强了作战准备，1940年1月7日组建了西北方面军，随即以强大的兵力向卡累利阿地峡发起强大攻势，同时

苏芬战争中，被芬兰军队缴获的苏军坦克

对芬军防线后方进行猛烈轰炸。苏军集中第7集团军和新编的第1集团军向维堡方向实施主要突击，经过3天激战，苏军突破芬军曼纳林防线的主要防御地带，但到第二防御地带时进攻受阻。

苏军调整兵力部署再次发起进攻，突破芬军后方防御地带，从东北向维堡推进。苏军另一支部队则从冰上通过维堡湾由西北迂回维堡，切断了维堡—赫尔辛基公路，随后登纳林防线也被苏军摧毁。苏军歼灭了芬军的主要兵力，攻占了维堡的大部分地区。到此，芬兰败局已定，被迫求和，接受苏联提出的条件。

1940年3月12日，芬兰迫不得已在《苏芬和平条约》上签字：根据条约规定的新国界线，苏联获得整个卡累利阿地峡和维堡城、维堡湾及其岛屿、拉多加湖西北岸、芬兰湾中的一些岛屿以及其他一些领土。尔后，苏联便将这4万平方千米的土地并入苏联卡累利阿自治共和国。此外，芬兰还必须以30年为期限将汉科半岛租给苏联作为海军基地。

苏芬战争的结果，使芬兰失去了南部最富饶的农业区和部分工业基地。位置重要的塞玛河河口被苏联掌握，使芬兰湖泊运输失掉出海口。汉科半岛的丢失，使芬兰国防失去了天然屏障。根据停战协定，芬兰割让给苏联的土地41880平方千米，约占芬兰领土的10%，居民约45万人，约占芬兰全国人口的1/12。苏联还提出，遗留在原地居住的居民，限期10天迁出。迫使45万人几乎全部按期离开了他们世世代代居住的家园，移居芬兰各地。

2. 南亚大象染指克什米尔

印巴分治时，“蒙巴顿方案”规定克什米尔可自行加入印度或巴基斯坦，为两国关系埋下了祸端。分治后印度政府就煽动土邦王公归属印度，而巴基斯坦却鼓动穆斯林群众归顺巴基斯坦。为取得该地区的实际控制，两国还不断向克什米尔派出军队，矛盾激化的结果，终于导致了印巴于 1947 年 10 月至 1948 年 11 月发生了第一次武装冲突。

在战争中，印巴双方出动了当时所有的常规武器，从装备水平和作战水平上印度一方占有较大优势，印度先后出动 10 万人向克什米尔全面进攻，而巴基斯坦出于各种原因，最初仅投入不足 3 万人的部族武装力量。

面对占据绝对优势的印军，巴军节节败退。虽然巴基斯坦后期增援部队也达到了 5 万人，但从作战实力来说，确实与印度军队存在较大差距，作战中始终处于被动的防御状态，印度通过战争进一步扩大在克什米尔的占领范围，相继占领克什米尔谷地西部几座重镇，直逼巴基斯坦边境。

随着战争不断升级，联合国开始外交斡旋，并成立了由美国、比利时、阿根廷、哥伦比亚和捷克斯洛伐克 5 国组成的“印巴问题委员会”前往调解争端。在联合国印巴问题委员会多次调停下，印巴双方于 1949 年 1 月 1 日在克什米尔实现停火。

此后，印巴之间便展开了长达 7 个月的艰苦谈判，由于当时印度在军事实力和交战态势上明显占据优势，在谈判中巴基斯坦被迫进行了退让。

1949 年 7 月 27 日，印巴双方在巴基斯坦城市卡拉奇正式签订关于军事停火线的协定，划定双方在克什米尔的临时停火线，并得到双方政府的批准。该协定规定：停火线南起马纳瓦尔，北至开伦，然后由开伦向东至冰冻地区。这条停火线是按照当时印巴军队在克什米尔的实际对峙线确定的，协定的结果正是双方战略态势和军事势力的客观反映。

此后，印度控制了克什米尔地区约 3/5 的土地和 499 万人口，并占据了对巴基斯坦农业生产具有重要意义的杰纳布河和拉维河的上游，而巴基斯坦则仅获得了克什米尔地区约 2/5 的土地和 199 万人口。

第一次印巴战争结束后，两国曾就克什米尔问题多次举行谈判，由于双方态度过于强硬，未能予以解决。中印边境战争结束后，印度开始加强军事实力建设，积极积蓄力量，1962 ~ 1964 年军费开支增长了近 70%，军队数量也由 20 世纪 60 年代初的 51 万人增至 1965 年的 73 万多人，增长了 43%。

然而，此时的巴基斯坦已今非昔比，由于外交政策上实施亲美方针，军队从中受益匪浅，大量美式武器装备军队，战斗力快速提升。加上印度在中印边境战争的失利，使其斗志高昂，大有同印度在克什米尔问题上一决雌雄的决心。

1965 年 8 月 5 日，在巴基斯坦的支持下，印占克什米尔的穆斯林居民因反抗印度统治者的残酷压迫和宗教迫害，举行了大规模的武装起义。随后，印度政府派出军队实施镇压，在完全控制印占克什米尔局势的同时。于 8 月 24 日悍然越过印巴停火线，入侵巴基斯坦。9 月 1 日，巴方集结大量兵力，实施代号为“大满贯行动”的对印反击作战，第二次印巴战争全面爆发。

战争进行了 20 天，双方在战场上旗鼓相当，印军陆军占有优势，巴军则控制制空权；印军炮兵略占上风，巴军坦克则略占优势。双方都无力彻底战胜对方，形成了僵持局面。交战中巴基斯坦战术运用得利，攻占了原本印方控制的凯姆格伦和穆保镇等地，总体上处于有利态势。

印军空降部队

1965 年 9 月下旬，在无法承受战争带给本国政治、经济上的巨大压力下，印度向联合国提出了无条件停火的请求，得到了巴方的赞同。在随后进行的双边谈判中，巴基斯坦以目前取得的军事优势，始终控制着和谈的主动权，在占领小部分争议地区后，巴基斯坦与印度正式签订停火协议。翌年1月4日，印巴双方领导人举行会晤并发表了《塔什干宣言》，双方军队撤退到1965年8月5日前所在的地区。

1971年3月，印度内阁、议会国大党分别开会，通过了支持东巴基斯坦建立“孟加拉国”的决议，并在印巴边境集结军队，进行军事演习。7月，印度又制订了“解放孟加拉”的战争计划。为了寻求国际支持，印度还于8月间同苏联签订了《和平友好合作条约》，并从苏联手中获得了坦克、装甲输送车和地空导弹等武器装备。巴基斯坦高度警惕印度的战争准备，也进行了相应备战。

【百科小常识】苏印《和平友好合作条约》

苏印和平友好合作条约全称《苏维埃社会主义共和国联盟和印度共和国和平友好合作条约》，是苏联和印度缔结的具有军事性质的条约。1971年8月9日在印度首都新德里签订，同年8月18日生效，有效期20年。并可以顺延，每次5年。条约由序言和12条正文组成。条约主要内容是：1. 缔约双方将继续发展和加强两国友好、睦邻与全面合作关系。2. 双方保证不缔结也不参加针对另一方的任何军事同盟，不对另一方进行侵略，也不容许利用本国领土进行可能对另一方造成军事损失的任何行为，不向参加与另一方发生武装冲突的任何第三方提供任何援助。3. 缔约国任何一方受到进攻或进攻威胁时，双方应立即共同协商以消除这种威胁，并采取适当的相应措施以保障和平与两国安全。4. 双方声明不向他国承担与本条约不相容的任何秘密或公开义务。

该条约的签订不仅是苏联南下战略的需要，也是苏联利用印度牵制中国的一个步骤，同时也助长了印度肢解巴基斯坦的胆量。苏联在南亚的介入程度大大增强，美国几乎完全丧失了对印度的影响。条约签订后不久，印度即在苏联支持下于同年11月发动了第三次印巴战争。苏印军事合作关系推到了历史的新高。1990年7月，两国决定条约期满后再顺延 5 年。

到 1971 年 11 月，双方的兵力部署基本完成。印度在东巴方向投入的兵力共 3 个军部、7 个师、空军 12 个中队、作战飞机 200 架、海军舰艇 26 艘，约 17 万人；在西巴方向投入的兵力共 13 个师、8 个旅、空军 20 个中队、作战飞机 300 架、海军舰艇 20 艘，约 30 万人。

巴基斯坦在东巴方向投入的兵力共 4 个步兵师、空军 2 个中队、作战飞机 150 架，约 9 万人；在西巴方向投入的兵力共 12 个师、6 个旅、空军 20 个中队，作战飞机 200 架、海军舰艇 20 余艘，约 25 万人。双方兵力对比，在东巴方向，印军占有明显优势，巴军处于劣势。在西巴方向，两军旗鼓相当。印军略占优势。

1971 年 11 月 21 日，印军向巴基斯坦发起突然进攻，印巴战争爆发。11 月 23 日巴总统叶海亚宣布全国处于紧急状态，巴军全力抗击印军。战争在东巴和西巴两个战场展开。在东巴战场，印度陆军在海、空军密切配合下，集中兵力，从东、西、北 3 个方向对东巴实施“多路向心突击”。12 月 15 日，印军完成从 3 个方向对达卡的合围，海、空军则从海上和空中实施严密封锁，完全切断了东巴与西巴以及外部的任何联系。

在这种情况下，东巴守军于 12 月 18 日向印军投降。东巴战场的攻防作战遂告结束。在西巴战场，双方进行了以空战为主的交战。地面上两军各有攻势行动，其中印军以多路发动进攻，先后占领了西巴信德省和萨克加尔地区 3600 平方千米的领土。此时，印军已在东巴战场取得胜利，因此印度于 12 月 17 日宣布，在西巴地区实行“单方面停火”。巴基斯坦接受了印度的停火建议，西巴战场的作战行动至此结束。

停火后印巴再次就克什米尔问题进行了长时间谈判，此时巴基斯坦军事上的弱势和战场上的失败再次让其在谈判桌上失去了话语权，不得不忍气吞声地承受印度提出的不合理条件，最终结果东巴脱离巴基斯坦，成立了孟加拉共和国，此外印度还占领了巴控克什米尔地区的320平方千米的土地。

1972年7月，印巴签署了《西姆拉协定》，双方同意在查谟和克什米尔尊重1971年双方停火后形成的实际控制线。可以预见，巴基斯坦的军事实力在对印度处于劣势的情况下，在克什米尔边界划界谈判中将长期处于下风。

3. 山姆大叔首尝不胜

朝鲜停战谈判历时747天，在世界军事史上罕见。两易会场，5次中断，58次双方代表团大会，733次各种小会，创造了两项历史纪录——有史以来时间最长的停战谈判和持续最久的武装休战。到今天，还有一条240千米长、4千米宽的非军事区拦腰截断了朝鲜半岛，将这个民族一分为二。

从1950年10月25日发动第一次战役，到1951年4月22日第五次反击战役，朝、中两军将士浴血奋战，彻底粉碎了美军和李承晚南韩伪军攻势，将战线稳定在“三八线”附近。当时的美国总统杜鲁门，下令撤了顽固主战的“联合国军”总司令麦克阿瑟，将指挥权移交给第8集团军司令李奇微结束朝鲜战争，恢复战前状态，在“三八线”上停战谈判。

谈判是异常艰难的，双方代表就谈判议程好容易才达成协议。可是一谈到实际问题，谈判就陷入了僵局。

在军事分界线问题上，中、朝方提出以“三八线”为军事分界线实现停战，双方各自后退5000米，建立非军事区，脱离接触。因为“三八线”是世界上公认的南北分界线，同时这条线基本上也是当时双方的实际控制线。

美国国务卿杜勒斯到“三八线”

当时战场上“联合国军”

在东线越过“三八线”占领了一块山区，志愿军在西线占领了“三八线”以南的一块平原和延安半岛及翁津半岛。美方则不同意以“三八线”为界，他们坚持认为，地面部队的战线，不能反映双方军队的实际力量。“联合国军”拥有“海空军优势”，在划定地面分界线时应得到适当“补偿”。

【军事小知识】“联合国军”

朝鲜战争爆发后，由美国驻联合国代表于1950年7月7日向安理会提交了动议案，提出：“建议联合国成员国向韩国提供为制止武装进攻，并恢复这一地区的国际和平与安全所必需的援助。”安理会通过第84号决议（苏联缺席会议），组成以美国、英国、土耳其、加拿大、泰国、新西兰、澳大利亚、荷兰、法国、菲律宾、希腊、比利时、哥伦比亚、埃塞俄比亚、卢森堡和南非联邦16国联军支援韩国。主力是美军，其他国家只是派出少量部队参战，当中以英军人数最多。敌对方是朝鲜人民军及由中华人民共和国派出的中国人民志愿军。

这一无理提议将军事分界线划在中朝军队阵地后方，企图不战而攫取1.2万平方千米的土地。稍微有点常识的人都知道，当时朝鲜战争的地面战线恰恰是双方各军兵种综合力量对比的结果，“联合国军”如果没有海、空军优势，其部队在地面早就没有立足之地了。

这一要求遭到严正拒绝后，美方自恃战场形势有利于已，公然宣称：“让飞机、火炮和机关枪去辩论吧！”李奇微也宣称：“用我们联合国军的威力，可以得到联合国军代表团所要求的分界线位置。”随后，美方开始挑衅扰乱谈判，中途轰炸扫射我方代表团的车辆，枪杀我方负责保卫会场安全的军事警察姚庆祥排长，甚至出动飞机轰炸我方代表团住所。由于联合国军诉诸武力，停战谈判遂于8月23日中断。

1951年8月18日，美军发动了夏季攻势。由于中朝军队早有准备，依托阵地顽强抗击敌人的进攻。经过1个月的激烈战斗，“联合国军”只在局部地区向前推进了2～6千米，却付出了4.6万人的惨重代价。在夏季攻势未达到目的后，李奇微又组织发动了秋季攻势，结果，在付出了近8万人的代价后，才在局部地区向前推进了3～8千米。

敌人在秋季攻势的同时展开的“绞杀战”也被彻底地粉碎了。两次进攻后，“联合国军”共占得土地646平方千米，在长达250千米的战线上，平均推进2千米，距鸭绿江直线距离还有400多千米。

美参谋长联席会议主席不无幽默地说：“用这种战法，李奇微至少要用20年的光景才能到达鸭绿江。”战场上一连串打击，让李奇微清醒了许多。战场枪炮的辩论，证明了“联合国军”的海、空优势并不能对推进其地面战线帮多大的忙。地面上真正的军事优势掌握在志愿军手中。

随着战场上连连失利，杜鲁门的口气完全变了，声称美国“愿尽一切努力促使朝鲜冲突获得和平解决”。因为战场上实在讨不到便宜，美国人只好灰溜溜地又回到谈判桌前，放弃了之前的无理要求，于11月27日的会议通过了划分军事分界线的协议。

谈判进行到关于停火休战的问题时，美方在遣返战俘问题上故意发难，提出所谓“自愿遣返”的荒谬主张，企图将我被俘人员交给李承晚集团和蒋介石集团。谈判又陷入僵局，美方于1952年10月8日单方面宣布停战谈判无限期休会。

为了在谈判中占据有利地位，美军于1周后发动了以上甘岭地区志愿军阵地为主要进攻目标的“金化攻势”。这次战役中，联合国军出动6万多兵力和18个炮兵营，176辆坦克，3000架次飞机，对志愿军五圣山附近两个重要阵地进行攻击，这就是众所周知的上甘岭战役。经过43昼夜的顽强抗击，尽管敌人倾泻炮弹190万发，志愿军阵地却岿然不动，反而歼敌2万余人。1953年4月26日，敌人又不得不回到谈判桌边，并于6月8日达成了交换战俘协议。

为了积极配合停战谈判，中朝人民军队从1953年5月中旬开始举行“战役性反击作战”，先后对敌人实施了3次进攻，歼敌5.6万余人，收复土地180平方千米，给予李承晚伪军沉重打击，促使双方停战。

在中朝人民军队的胜利面前，以美军为首的“联合国军”终于向中朝方面做出了签订停战协定的保证。历时两年零半个月的朝鲜停战谈判，终于达成协议，于1953年7月27日在板门店签字。美军上将克拉克在签署停战协定时，伤心地哀叹：“我是美国第一个在没有取得胜利的停战协议上签字的将军。”

“金化攻势”中的美军坦克

【地理小常识】板门店

板门店是位于韩国与朝鲜之间北纬三十八度停战线上的一个村落。朝韩的代表在1953年7月27日于此签订《朝鲜停战协定》而闻名。板门店之名，得自于停战条约签订地点附近一个卖香烟的杂货店。板门店与柏林围墙一同被视为冷战时期的象征。

板门店离首尔约60千米，离平壤则约215千米，分属韩国京畿道坡州市以及朝鲜开城特级市管辖，为韩国与朝鲜之间唯一的接点，并且设有中立国停战军事委员会，由瑞士、瑞典、捷克、波兰四国监察。附近除了会议室之外，还设有韩国的和平之家与朝鲜的统一阁等设施。板门店周边为“共同警备区”，在直径800米的圆周区域内，分别设立联合国军和朝鲜的警备岗哨。2006年10月31日，美方把板门店共同警备区域警备任务正式移给韩国。

第三节　边防事业亟待戍边开拓者

自古边塞出英雄。纵观中国数千年历史，在那广阔的边疆地区，曾经发生过千百次血与火的战斗，洒下了中华儿女驰骋疆场保家卫国的热血和汗水，涌现出许许多多可歌可泣的英雄事迹。

古往今来，一批又一批、一代又一代，中华民族的热血儿女和志士精英，义无反顾地奔赴守疆卫国的要塞边关，奔赴硝烟弥漫的御敌战场，用他们的青春、汗水、血肉和生命，演绎出了一幕又一幕名存千古的壮丽人生，谱写了一曲又一曲慷慨激昂的英雄颂歌，筑起了民族不朽的长城。

近代和当代戍边英雄可歌可泣、永垂青史的戍边壮举，无不闪耀着中华儿女爱国传统的不朽光辉，是当代边防军人学习和效仿的榜样。

1. 林则徐禁烟报国

19 世纪 30 年代，以英国为首的资本主义列强向我国加紧倾销鸦片，使中国人民身心健康遭到了极大摧残。为了有效控制和治理鸦片蔓延，清道光皇帝委派林则徐为钦差，奉旨处理鸦片问题。

林则徐是福建闽侯人，曾先后任过浙江、江苏、湖北等省地方官。54 岁的林则徐抱着置生死于度外的决心，来到广州清除鸦片祸害。他一到任，立即采取果断措施，勒令中外烟贩全部缴出现存鸦片，并要求外籍商人具结保证不再偷运鸦片。“如有带来，一经查出，货尽没官，人即正法。”英国大鸦片贩子颠地，无视限令，拒交鸦片，破坏禁烟，林则徐下令将其逮捕，迫使外国鸦片贩子将 2 万多箱鸦片全部交出。6 月 8 日，林

林则徐铜像

则徐下令将所缴鸦片在虎门海滩上全部焚烧，表现了中国人民维护民族尊严，反抗外国侵略的英雄气概。

林则徐为防止外国侵略者的武装报复，精心布防，增修炮台，训练水勇，加强备战。1839 年 9 月，英军在义律的带领下，利用兵舰和武装商船向九龙进攻。林则徐指挥军民英勇抵抗，取得七战七捷的胜利。由于林则徐等爱国将领防守有方，英军对广东、福建的入侵始终未能得逞。可惜，由于清朝政府腐败透顶，林则徐不久便被革职，禁烟运动终归失败。但林则徐在反对外国侵略的斗争中所表现出来的伟大爱国主义精神，将永载史册。

2. 冯子材威震镇南关

19 世纪 80 年代，在英帝国主义不断蚕食我国云南、西藏的同时，法国侵略者对我国的西南边疆也虎视眈眈。

法国侵略者在占领越南谅山之后，就直扑中越边境，向我国西南地区的重要门户——镇南关（今友谊关）进犯。广西巡抚潘鼎新弃关而逃，造成清军全线溃退，镇南关陷落。法军入关后，放火焚烧关楼，炸毁城关，到处抢劫财物，杀戮百姓。法军统帅尼格里竟骄狂地派人在镇南关上立起一块木牌，上写：“广西的门户已不复存在！”

在广西边境的危急关头，清政府派沙场老将冯子材率军抗敌。冯子材原是广西提督，因力主抗战，遭李鸿章等主降派的排斥，于 1883 年告老还乡。镇南关失陷后，清政府重新起用冯子材，任命他为“帮办广西军务”到抗法前线指挥作战。

德高望重的冯子材临危受命后，立即召集旧部，广募新兵，很快组织起一支士气高昂的抗法大军。冯子材率军抵达镇南关前线后，首先会同各路将领亲临前线勘察地形，构筑防务，选定距关 10 里的关前隘口作为决战的战场。他指挥部队在隘口修建防御工事，垒起一道 3 里长墙，深挖战壕，以备攻守。

1885 年 3 月 22 日凌晨，法国侵略军 3000 多人在炮队的掩护下，分兵向关前隘口发动进攻。正值法军爬上长墙的危急时刻，冯子材手执长矛振臂高呼，全军一拥而上，与法军肉搏。一场白刃战，直杀得法军丢魂丧胆，被打死1000多人，伤者无数，俘虏数百。血战两天，在我各路军民夹攻下，入侵法军几乎全部被歼，侵略军头子尼格里也身负重伤而死。冯子材挥师追击，大获全胜。这就是威震中外的“镇南关大捷”。

3. 杨靖宇东北抗日

在抗日战争中，活跃在日军战略后方的抗日将军杨靖宇，组织东北抗日联军在敌后开展了轰轰烈烈的抗日斗争，有效地打击了日本侵略者的嚣张气焰。

杨靖宇原名马尚德，是河南确山人。1925年，杨靖宇加入中国共产主义青年团，1927年加入中国共产党，曾领导了确山农民起义和刘家店秋收起义。

1929年春，杨靖宇被派往东北工作，同年冬天，由于叛徒告密杨靖宇被日本特务机关逮捕。敌人用各种酷刑和软化办法对他进行了连续6夜的轮番审问，但始终没有获取半句口供。

“九一八”事变后，杨靖宇历任东北反日救国总会会长、中共哈尔滨市委书记兼代中共满洲省委军委书记、东北抗日联军第一路军总指挥兼政治委员，在东北长期坚持了艰苦卓绝的抗日游击战争。

1933年年初，杨靖宇担任南满游击队政治委员，从此结束了白区地下工作，走上了抗日战争的战场，在他领导下，短短的3个月内，就打了许多胜仗，连续粉碎了日军的4次“大讨伐”，狠狠打击了日寇气焰，发展壮大了游击队。

1936年年初，东北抗日联军成立，杨靖宇担任总司令兼第1军军长和政治委员。为了对付抗联，日军几次更换驻东北关东军司令，不断增兵，还拼凑了以汉奸邵本良为首的伪军，对抗联进行“讨伐”。1936年夏，日伪军对杨靖宇领导的部队进行“围剿”。杨靖宇采取灵活机动的战术，一举歼灭了邵本良伪军，打死日本顾问，邵本良也重伤致死。这一仗抗联声威大震，日寇闻风丧胆。

【军事小知识】东北抗日联军

东北抗日联军是在中国共产党领导下的一支英雄部队。它的前身是东北抗日义勇军余部、东北反日游击队和东北人民革命军，是20世纪三四十年代中国人民抵抗日本帝国主义侵略的伟大民族解放战争的重要组成部分，在中国的革命史上有不可磨灭的伟大功绩。

在日本侵略者的大后方，他们14年的艰苦斗争牵制了数十万日伪正规军，有力地支援了全国的抗日战争，他们可歌可泣、英勇无畏的牺牲精神，是中华民族争取独立宁死不屈精神的集中体现。

1938年10月以后，抗日战争进入相持阶段。1939年9月，日寇再次调集数十万日伪军，对抗联举行大规模围攻。日寇施放毒气和化学药剂，使草木枯萎，以断绝抗联的军粮。为了割断抗联同人民群众的联系，还残杀群众，合村并屯，制造大片无人区。加上叛徒告密，抗联的粮食和营地遭到破坏，供给极端困难。战士们经常以草根树皮充饥，在冰天雪地围火而坐，抱枪而眠，药品也极端缺乏。为了保存力量，便于行动，抗联决定化整为零。杨靖宇带领一支部队在长白山大森林坚持斗争。

1940年年初，在突破敌人最残酷的一次冬季“扫荡”之后，杨靖宇率领部队到濛江东部活动，由于叛徒丁守龙告密，日寇调集飞机侦察，用重兵包围了杨靖宇的部队。杨靖宇与抗联战士在异常困难的情况下，在林海雪原中与大批敌人周旋。

2月18日，护卫杨靖宇的两名战士不幸牺牲，杨靖宇被敌人层层包围。他只身一人，忍着病痛和饥饿，在濛江县保安村（现靖宇村）外的树林中，对付着上千名敌人的追捕。2月23日下午，杨靖宇与敌遭遇，腹背受敌他双手持枪还击敌人，左腕负伤后，右手握枪继续战斗，打死许多敌人。终因寡不敌众，敌人的子弹打中他的胸部，不幸壮烈牺牲。

杨靖宇同志牺牲后，敌人解剖了他的腹部，发现胃里没有一粒粮食，只有树皮、草根和棉絮。残暴的日本侵略者无法理解，在完全断绝粮食的冰天雪地，是什么力量支撑这位英雄顽强地坚持战斗，杨靖宇牺牲时，年仅35岁。杨靖宇是中国共产党的优秀党员，伟大的抗日民族英雄。1949年5月，郭沫若为杨靖宇同志题诗：“头颅可断腹可剖，烈忾难消志不磨，碧血青蒿两千古，于今赤旗满山河。”

抗日英雄杨靖宇

新中国成立以来，虽然没有发生帝国主义、霸权主义对我国发动全面侵略的大规模战争，但在边境局部地区的入侵却多次发生。我驻守边防的热血男儿，没有辜负祖国和人民的重托，以自己的鲜血和生命保卫着国家的安宁，做出了惊天地、泣鬼神的英雄业绩，不愧为祖国的英雄儿女，不愧为人民赞誉的“新一代最可爱的人”。

4. 罗光燮滚雷开通路

1962年，印度军队入侵我西藏边境地区。一次，罗光燮所在连接受了参加反击敌人盘踞的一个据点的任务。这个据点工事坚固，易守难攻，据点前面还埋满了地雷。战斗打响后，由于部队的前进道路被印军密集炮火和地雷封锁，部队伤亡在不断增加。此刻，排除地雷打通道路成了取胜的关键。

罗光燮眼看着冲上去的战友在敌人的弹雨中一个个倒下，肺都要气炸了。当排长下达“二班上”的命令刚出口，罗光燮就冲了上去。只见他双手紧握爆破筒，巧妙地避开敌据点里喷出的火舌，很快接近了雷区，一声巨响，敌人的地雷爆炸了。

罗光燮醒来，只见身边鲜血一地，自己的一条腿被炸飞了。耳边敌人的枪炮声还在呼啸。他想到战友们的安危和胜利，顾不得疼痛，一个惊天动地的壮烈场面出现了……罗光燮就地速滚，用他那伤残的身躯，向敌人的雷区滚去，引起一连串的轰轰巨响。罗光燮舍身为战友们开辟通向胜利的道路，献出了自己年轻的生命。

5. 李成文捐躯炸敌堡

1978 年对越自卫还击作战中，2 月 17 日凌晨，李成文所在的云南边防某部 3 连，奉命担任正面主攻越军新官据点的任务。越军这个据点，建有 94 个火力点和 79 个明碉暗堡。

战斗打响后，担任突击任务的 1 排在火力掩护下，疾速扑向敌阵。正当他们冲到离敌据点 20 米的地方，突然从几个暗火力点飞出密集的子弹，夺去了 1 排长和几名战士的生命。两个暗堡封死了通向敌据点的唯一通路。而兄弟连队正从其他方向不断向敌据点推进，如不迅速炸掉这两个暗堡，就会影响战斗全局。

营长刚下达组织爆破的命令，李成文第一个站出来说：“我去，我是预备党员，我要在火线上转正，请党考验我！”连长答应了他的请求，并指定他为爆破组长。李成文抱起爆破筒，和战友曹永文一起冲了上去。在接近敌人设在路口的一个暗堡时，李成文突然趔趄栽倒在地。原来，一颗子弹打伤了他的左腿。他趁势把爆破筒抱在怀里，就地一滚，到了敌碉堡前，用力把爆破筒塞进了射孔。一声巨响，碉堡和敌人一起飞上了天。

这时，李成文才发现曹永文在接近另一个敌堡时已中弹牺牲。他强忍伤痛冲了过去，抓起小曹身下的炸药包，一个箭步冲到敌碉堡下。抬头一看，敌射孔离地约有 4 米多高，周围又找不到支撑的东西，如果把炸药包放在碉堡下面引爆，又怕不能炸毁这个敌火力点。这时，只见李成文毅然把身体朝碉堡上一靠，左手高高举起炸药包，右手猛地拉燃了导火索，一声震天惊雷，敌人的另一个碉堡又被炸飞了。胜利后，为了表彰他舍生忘死的英雄壮举，中央军委授予他“董存瑞式的战斗英雄”光荣称号。

6. 无悔戍边英雄史光柱

1984 年 4 月 28 日，收复老山地区的战斗打响了。年仅 20 岁的代理排长史光柱，利用我炮火的急袭，率领全排勇猛地攻向敌人固守的一个高地。

敌人的机枪、冲锋枪猛扫着，拼命阻止他们前进。史光柱命令战士们迅速散开隐蔽，他自己抄起火箭筒，瞄准敌人的一个机枪火力点射击，敌人的机枪立刻变成了哑巴。接着，他带领战士们向高地冲击。这时，他的左腿突然被敌人子弹打中，可他继续指挥朝前冲，直到将这个高地上的越军全歼。

英雄排长史光柱

接着，史光柱又指挥全排攻打另一个敌军高地。这是越军的一个连部，工事坚固，火力猛烈，防守严密。史光柱率领全排冒着密集的弹雨向高地冲击。突然，一颗炮弹在他身旁爆炸，巨大的气浪将他掀出二三米远，顿时昏了过去。醒来时，他觉得左背火辣辣的痛，但战斗仍在进行，全排等他指挥。他忍着剧痛，一面对着电台呼唤炮火支援，一面组织全排向敌人再次发起进攻。这时，史光柱的喉部和左膝又被敌人甩来的手榴弹炸伤了。

就在他们冲到距敌第二道堑壕二三米远的地方，冲在史光柱身旁的一名同志踩响了一颗地雷，几十块碎片打进了史光柱的脸部，他的眼前一片漆黑。用手一摸，血肉模糊，在左眼的下方，粘着一个肉团，拉了一下，左眼疼得非常厉害，他意识到这是自己的眼球，便咬紧牙关把它塞回了眼眶。一摸右眼，也打进了两块弹片。这时，连长让他下去，他怎么也不肯，强忍剧痛，以万分顽强的毅力，高声喊道："同志们，现在是最关键的时刻，党和人民在看着我们，为党为人民杀敌立功的时候到了，向前冲啊！"喊罢，他摸着拿起冲锋枪爬着继续向敌人阵地方向冲去。

全排战士为史光柱的英雄行为所激励和鼓舞，猛虎般地奋勇杀向敌阵，冲上了高地。战斗胜利了，史光柱英勇杀敌、顽强战斗的精神，不但受到了党和人民的赞誉，也为新一代边防军人赢得了骄傲和自豪。

7. 用忠诚奉献固牢边疆

在中国近代史上，有边无防，主权沦丧，曾使我们中华民族蒙受了上百年的奇耻大辱。今天，中华复兴的巨轮正朝着建设富强、文明、民主的社会主义现代化强国启航，迫切需要有一个良好的和平外部环境。然而，这毕竟不能一厢情愿，变幻的国际风云随时都在提醒我们：世界并不太平，我国的周边同样也不太平。

新中国成立以来，在祖国边疆的一座座军营和哨卡里，汇集了一批又一批来自祖国四面八方矢志戍边的优秀儿女。在辽阔的边境地区，成长起一代又一代赤胆忠心，艰苦创业的各族民兵和人民群众。他们继承和发扬了中华民族爱国主义的优良传统，把边境的安宁、祖国的利益和人民的幸福放在至高无上的地位，几十年如一日，热爱边疆，安心边疆，保卫边疆，建设边疆，创造了许许多多可歌可泣的英雄业绩，涌现出一批批先进模范人物。

作为当代革命军人，我们应该时刻铭记：从我们这一代起，绝不能再让我们的孩子在侵略者的刺刀下啼哭，绝不能再让我们的父母拄着拐杖去逃难，绝不能再给任何别国的军人在中国的土地上加官晋爵的机会，守卫边防的使命，重比千钧！

对于一个国家来说，仗可以十年不打，边不可一日不守。在当今这个最终还要靠实力说话的世界上，要守好我们的疆界，护好我们的版图，确保国家利益不受损害，民族尊严不被凌辱，就需要边防军人忠贞为国，执戈守边。有道是："安边须劲旅，定国赖戎衣"，黄金有价，国土无价，为护卫祖国的寸土寸水和神圣主权，为维护民族千秋大业的物质基础，国土守卫者必须做到无愧于先人，无愧于来者。

“当兵不习武，不算尽义务。”我们每一个新时代的革命军人，特别是边防部队官兵，要爱军习武，刻苦训练，练就真本领、硬功夫。熟练掌握各种战术、技术，力争做到十八般武艺样样精通。

特别是驻防在边疆的广大官兵，在克服恶劣自然条件的情况下，首先要尽快熟悉边界，熟悉地形，熟悉边防政策，熟悉管区内情，熟悉当面邻国边情，达到四能，即能单独和全天候执勤、能在各种复杂情况下圆满完成边防勤务、能运用政策正确处理边境事务、能果断应付突发事件。再次是针对边防特点，搞好体能训练，练就一身在各种极端恶劣的条件下能够耐严寒、耐酷暑、耐饥渴、耐疲劳的硬功夫，练就坚韧不拔的毅力和顽强的生存能力、执勤能力和战斗能力。只有这样，才能确保一旦有突发事件发生，也能以一当十，守好祖国的陆疆大门。

随着人类社会文明的发展，人类终究有一天要彻底消灭战争这个怪物。但是，当战火硝烟造就了军人这个特殊的职业时，它就意味着流血牺牲。在今天，霸权主义和强权政治依然存在，我国周边仍然存在着各种各样容易引发战争的因素，既然我们短时间内无法彻底消除战争，那就拿起自己的武器，守好祖国的疆土和门户。

祖国把大门交给我们军人来守卫，我们就要随时做好应付突发事件的一切思想准备，当祖国需要的时候，不惜用生命捍卫祖国的领土完整。

参考文献

1 潘光 . 当代国际危机研究 . 北京：中国社会科学出版社，1998

2 梁月槐 . 推卸不掉的历史责任 . 北京：军事科学院科研指导部，1994

3 吕一燃 . 中国近代边界史 . 成都：四川人民出版社，2007

4 卡 · 古普塔 . 中印边界秘史 . 北京：中国藏学出版社，1990

5 魏大庆 . 中国有多大 . 郑州：文心出版社，1999

6 秦晓东 . 世界地理地图集 . 中国大百科全书出版社，2012

7 张泰亚 . 杀气腾腾的美国史 . 杭州：浙江人民出版社，2011

8 熊志勇等 . 美国的崛起问题和问鼎之路 . 北京：时事出版社，2012

9 丁建弘 . 德国通史 . 上海：上海社会科学院出版社，2012

10 金重远 . 百年风云巴尔干 . 上海：复旦大学出版社，2010